Arbeiterkulturen zwischen Alltag und Politik

*Veröffentlichung des Ludwig Boltzmann-Instituts, Linz
in Verbindung mit der Friedrich-Ebert-Stiftung, Bonn*

*Gefördert durch
Bundesministerium für Wissenschaft und Forschung, Wien
Auswärtiges Amt, Bonn
Maison des Sciences de l'Homme, Paris*

Arbeiterkulturen zwischen Alltag und Politik

Beiträge zum europäischen Vergleich
in der Zwischenkriegszeit

Herausgegeben von
Friedhelm Boll

Europa-Verlag
Wien – München – Zürich

Medieninhaber Europaverlag Ges.m.b.H. Wien
Satz: satz+druck gmbh, Düsseldorf
© 1986 bei den Autoren
Herstellung: Plöchl Druck Ges.m.b.H. und Co. KG, Freistadt
ISBN 3-203-50987-3

Inhalt

Einleitung

Friedhelm Boll, Vergleichende Aspekte europäischer Arbeiterkulturen . 7

Forschungsberichte

Madeleine Rébérioux, Arbeiterbewußtsein und Arbeiterkultur in Frankreich zwischen den beiden Weltkriegen 17

Adelheid von Saldern, Arbeiterkulturbewegung in Deutschland in der Zwischenkriegszeit 29

Dietrich Mühlberg, Zum Stand kulturgeschichtlicher Proletariatsforschung in der DDR 71

Helmut Konrad, Zur österreichischen Arbeiterkultur der Zwischenkriegszeit 89

Fallstudien

Jutta Scherrer, „Proletarische Kultur": Die Entstehung des Konzepts und seine Umsetzung in der Organisation des frühen „Proletkul't" 101

Danielle Tartakowsky, Von der Ablehnung dominanter Kultur zu ihrer produktiven Veränderung. Die Entwicklung der Kulturpolitik der KPF in der Zwischenkriegszeit 123

Stefano Musso, Skilled Metal Workers and Fascist Unions in Turin in the 1930s 133

Noëlle Gérôme, Das Sankt-Eligius-Fest in den Schmieden der Renault-Betriebe von Billancourt. Industrielle Kultur und Klassenkämpfe 143

Alf Lüdtke, „Deutsche Qualitätsarbeit", „Spielereien" am Arbeitsplatz und „Fliehen" aus der Fabrik: Industrielle Arbeitsprozesse und Arbeiterverhalten in den 1920er Jahren – Aspekte eines offenen Forschungsfeldes . . . 155

Helmut Gruber, Working Class Women in Red Vienna: Socialist Concepts of the „New Woman" v. the Reality of the Triple Burden 199

Karin Schmidlechner, Die Frauen in der Arbeiterkultur der Zwischenkriegszeit am Beispiel Österreichs 213

Peter Friedemann, Die Krise der deutschen Arbeitersportbewegung am Ende der Weimarer Republik 229

Verzeichnis der Autorinnen und Autoren 241

Friedhelm Boll

Vergleichende Aspekte nationaler Arbeiterkulturen

Arbeiterkulturforschung ist in Mode gekommen. Manche Beobachter fürchten sogar, die intensivierte Beschäftigung mit diesem Thema sei so plötzlich erfolgt, daß ein baldiges Ende dieser Erscheinung eintreten könnte.[1] Dem sollen die hier zusammengeführten Forschungsüberblicke und Einzelstudien entgegenwirken, zeigen doch die teils sehr bekannten Namen der auf diesem Feld hervorgetretenen Historikerinnen und Historiker, vor allem jedoch die Ergebnisse der Forschung und ihre weiteren Problemstellungen, daß es sich um weit mehr als eine Mode handelt: Seit Jahren gewachsene innerwissenschaftliche Erkenntnisprozesse aber auch gesellschaftliche Veränderungen der 1970er Jahre haben dazu geführt, das Verhalten von Arbeiterinnen und Arbeitern nicht nur aus ihren Mitgliedsbüchern und ihren Wahlentscheidungen, sondern auch aus ihren je verschiedenen, auch kapitalistisch geprägten Lebenswelten heraus zu beschreiben und zu interpretieren.

Die hier in überarbeiteter Form publizierten Beiträge sind anläßlich des II. Internationalen FORUMs zur Geschichte der Arbeiterbewegung entstanden, das im Juni 1985 eine große Zahl von Bibliothekaren, Archivaren und Forschern aus Instituten zur Geschichte der Arbeiterbewegung in den Räumen der UNESCO/Paris zusammengeführt hat. Die Initiatoren glaubten, die Gelegenheit eines internationalen Zuhörerkreises nutzen zu sollen, eine Zwischenbilanz zur Erforschung der Arbeiterkultur der 1920er und 1930er Jahre vorzulegen, in der neben einzelnen nationalen Forschungsüberblicken auch komparatistische Arbeiten vertreten sein sollten. Ausgangspunkt der Überlegungen war die Feststellung Dieter Langewiesches, daß (mit Ausnahme Österreichs) die internationalen Forschungen zur Arbeiterkultur bisher schwerpunktmäßig auf das 19. Jahrhundert ausgerichtet waren.[2]

Eine Zusammenfassung des jeweiligen nationalen Forschungsstandes und die Vertiefung in komparatistischen Einzelbeiträgen schien daher sinnvoll und lohnend zu sein.[3] Zudem brachte die Zwischenkriegszeit gravierende Veränderungen in der Arbeiterkultur mit sich, die die genauere Untersuchung und den internationalen Vergleich als besonders reizvoll erscheinen ließen. In dieser Zeit größter organisatorischer Ausdehnung der Arbeiterkulturbewegung fiel auch der Beginn ihrer inneren Auflösung. Als Stichworte seien erwähnt: rapides Ansteigen

---

1 Siehe den problematisierenden Überblicksaufsatz von *Yves Lequin,* Jalons pour une histoire de la culture ouvrière en France, in: Milieux Nr. 7-8, Oktober 1981 – Januar 1982, S. 70-79.
2 *Dieter Langewiesche,* Politik – Gesellschaft – Kultur. Zur Problematik von Arbeiterkultur und kulturellen Arbeiterorganisationen in Deutschland nach dem I. Weltkrieg, in: Archiv für Sozialgeschichte XXII, 1982, S. 359-402. Dies bestätigt auch der Aufsatz von *Lequin,* der ursprünglich auf dem I. Internationalen FORUM 1980 in Paris gehalten wurde.
3 An dieser Stelle möchte ich Herrn Dieter Langewiesche für die Mitarbeit bei der Planung der Pariser Tagung herzlich danken.

kommerzieller Konkurrenz durch die Freizeitindustrie (Radio, Kino, Foto, Sport), dadurch mitbedingte Annäherung von Arbeiterschaft und bürgerlichen Schichten im Freizeitverhalten sowie Abschwächung kultureller Klassengegensätze; dazu im Gegensatz stehend eine verstärkte Entwicklung und Politisierung sozialistischer Fest- und Feierkultur, die wiederum die Momente der Abgrenzung gegenüber anderen Gesellschaftsgruppen verstärkte; Aufkommen des Faschismus, gegen den sich die proletarischen Kultureinrichtungen als Bollwerke nur mangelhaft zur Wehr setzen konnten; breiter industrieller Rationalisierungsschub mit den dadurch hervorgerufenen und durch die politische Spaltung der Arbeiterbewegung verschärften Bruchlinien innerhalb der Arbeiterschaft. Um diese Problemkomplexe der Rationalisierung, der Konkurrenz durch die Freizeitindustrie und der Haltung gegenüber dem Faschismus gruppieren sich die folgenden Beiträge.

Das ursprüngliche Konzept erwies sich jedoch vor allem für die länderübergreifenden Vergleichsstudien als ein (noch) unerfüllbarer Wunschtraum. Für fundierte Vergleiche von nationalen und regionalen Arbeiterkulturen (vor allem für die Umbruchphase der Zwischenkriegszeit) fehlen sowohl entsprechende Vorarbeiten wie geeignete Ansätze und Forschungskapazitäten. G. A. Ritters schon vor einigen Jahren geäußerte Überzeugung, daß „die fruchtbarsten Fragestellungen und die interessantesten Ergebnisse von einer komparatistischen Arbeitsweise (...) zu erwarten (sind)", die die verschiedenen Regionen, Nationen und Religionen mit ihren jeweiligen berufs- und gewerbespezifischen Besonderheiten in Beziehung setzt, wird daher noch einige Zeit auf ihre Verifizierung warten müssen.[4]

Angesichts des noch sehr vorläufigen und weit offenen Forschungsfeldes können die folgenden Bemerkungen in komparatistischer Absicht nicht mehr als einige wenige Akzente setzen, von denen nicht einmal mit Bestimmtheit gesagt werden kann, daß es die zentralsten sind.

Kennzeichnend für die jüngere Arbeiterkulturforschung ist die Orientierung an einem möglichst weit gefaßten *Kulturbegriff,* bei dem schichtenspezifische Lebensweise, gruppenspezifische Normen und Verhaltensweisen, Wertvorstellungen und Institutionen im Mittelpunkt der Untersuchung stehen.[5] Daß derartige Forschungen zu den unterschiedlichen proletarischen Lebensweisen neben ökonomisch und politisch-rechtlichen Determinanten auch die Bedeutung religiöser, ethnischer und vor allem berufsspezifischer Traditionen ins Licht heben und damit eine abstrakte Klassenbegrifflichkeit einer Revision unterwerfen, belegt der Beitrag des Berliner (DDR) Kulturwissenschaftlers Dietrich Mühlberg. Trotz dieser begrifflich-konzeptionellen Bemühungen, trotz der von Langewiesche in wünschenswerter Klarheit vorgenommenen Unterscheidungen (Oberschichtenkultur, Gruppenkultur, Subkultur, Gegenkultur) ist die augenblickliche Forschung weniger von begrifflichen und konzeptionellen Problematisierungen als von einem empirischen Ausgreifen der Ansätze in die verschiedensten Richtungen, vor allem in die der Arbeiteralltagskultur hinein geprägt.

Die Forschungsüberblicke von Rebérioux, von Saldern, Mühlberg und Konrad fassen diese verschiedensten Ansätze zusammen und versuchen, durch den Aufweis der aktuellen Forschungsdesiderata auch der konzeptionellen Arbeit neue Impulse zu geben. Adelheid von Salderns umfassende Synthese der bundesrepu-

---

4 *Gerhard A. Ritter* (Hrsg.), Arbeiterkultur, Einleitung, Königstein 1979, S. 3.
5 Ebda., S. 1.

blikanischen Forschung greift die begrifflichen Differenzierungen Langewiesches auf mit dem Ziel, die sich gegenseitig beeinflussenden und überschneidenden Momente von spezifischen Gruppenkulturen, selbständigen, im Widerspruch zu gesamtkulturellen Normen stehenden Subkulturen und politisierten, gegen die bestehende Gesellschaft gerichteten Gegenkulturen herauszuarbeiten.[6] Auf diese Weise beleuchtet sie die Ambivalenz vieler Kulturphänomene, die bisher vielfach nur äußerlich beschrieben, in ihren subjektiven Intentionen aber noch unzureichend erfaßt sind. So kann z. B. das Bestreben von Arbeitern, im Sonntagsanzug auszugehen, oder die Übernahme bürgerlichen Liedguts in Arbeitersängervereinen sowohl als Anpassung an hegemoniale Kultur als auch als Demonstration der Kulturfähigkeit des Arbeiters bei anhaltender gesellschaftskritischer oder klassenorientierter Grundhaltung gedeutet werden.

Für die jüngere Forschung von einigem Gewicht ist die Unterscheidung zwischen Arbeiterkultur im Sinne proletarischer Lebensweisen und Arbeiterbewegungskultur, die die Gesamtheit der Konsum-, Freizeit-, Wohnungs- oder auch Bildungseinrichtungen sowie die Organisation der kollektiven Interessenvertretung (Partei und Gewerkschaften) umfaßt.[7] Bezogen auf diese sogenannte dritte Front der Arbeiterbewegung, gemeint ist die Vielfalt der im Umfeld der Sozialdemokratie nicht von oben, sondern meist aus Eigeninitiative entstandenen Organisationen des Reproduktionsbereichs, wird präziserweise besser von der Arbeiterkulturbewegung gesprochen. Davon waren dann die verschiedenen Formen von Arbeiterkultur zu unterscheiden, bei der es vor allem um den Lebensstil von Arbeitern geht, „um die Werte und Normen, mit denen sie ihr Zusammenleben, aber auch ihr Verhältnis zu anderen Klassen und Schichten sowie zur dominierenden Kultur gestalten".[8] Die Beiträge von v. Saldern, Mühlberg, Konrad, Lüdtke, Gruber, Schmidlechner und Friedemann gehen explizit auf diesen Aspekt ein, wobei häufig jedoch die mangelhafte oder einseitige Berücksichtigung alltäglicher Lebensumstände in der Arbeit der Kulturbewegung akzentuiert wird. Doppel- und Dreifachbelastung des Frauenalltags blieb ebenso ein unterbelichtetes Betätigungsfeld der Kulturbewegungen wie der Fabrikalltag oder das Leben von Arbeiterjugendlichen.

Im Vergleich zu den französischen Beiträgen wird besonders deutlich, wie sehr die überwiegende Arbeiterkulturforschung in Österreich und Deutschland sich auf die Arbeiterkulturbewegung, speziell den Kultursozialismus der zwanziger Jahre, konzentrierte, während die französische (und übrigens auch die englische) Forschung sich weitaus stärker den Lebenswelten innerhalb und außerhalb des Betriebes zugewandt hat.[9] Angesichts derartig grundlegender, die nationalen Ar-

---

6 *Dieter Langewiesche*, Arbeiterkultur in Österreich: Aspekte, Tendenzen und Thesen, in: Gerhard A. Ritter (Hrsg.), Arbeiterkultur, Königstein 1979, S. 40 f.
7 *Ritter*, Arbeiterkultur, Einleitung, S. 1.
8 *Michael Grüttner*, Arbeiterkultur versus Arbeiterbewegungskultur. Überlegungen am Beispiel der Hamburger Hafenarbeiter 1888-1933, in: Albrecht Lehmann (Hrsg.), Studien zur Arbeiterkultur. Beiträge der 2. Arbeitstagung der Kommission „Arbeiterkultur" in der Deutschen Gesellschaft für Volkskunde in Hamburg vom 8. bis 12. Mai 1983, Münster 1984, S. 244-282, hier S. 247.
9 Zur Einführung sei lediglich verwiesen auf *Dick Geary*, Arbeiterkultur in Deutschland und Großbritannien im Vergleich, in: *Dietmar Petzina*,(Hrsg.), Fahnen, Fäuste, Körper. Symbolik und Kultur der Arbeiterbewegung, Essen 1986, S. 91-100. Für Frankrcich neben den hier abgedruckten Beiträgen siehe das von *Madeleine Rebérioux* herausgegebene Heft Nr. 91 der Zeitschrift Le mouvement social, April–Juni 1975.

beiterbewegungen charakterisierenden Unterschiede entschloß sich der Herausgeber, einen zusätzlichen Beitrag von Alf Lüdtke aufzunehmen, der einen breiten Einblick in die Lebens- und Verhaltensweisen von Fabrikarbeitern, ihre inneren Hierarchien, Rationalisierungs- und Dequalifikationsprozesse und die darauf bezogenen gewerkschaftlichen Reaktionen erlaubt. Gleichzeitig dokumentiert Lüdtkes Anmerkungsapparat den Stand der bundesrepublikanischen Forschung auf diesem Gebiet und ermöglicht so den Vergleich zu einzelnen Kapiteln des Beitrags von Rebérioux.

Es ist zweifellos wichtig, den Vergleich nationaler Arbeiterkulturen mit der Feststellung zu beginnen, daß es *eine* deutsche, britische, französische oder österreichische Arbeiterkultur nicht gibt, daß vielmehr eine Vielzahl von Arbeiterkulturen nebeneinander existierten und grundlegenden Wandlungsprozessen unterlagen.[10]

Erinnert sei lediglich an Unterschiede, ja sogar Gegensätze in den Lebenswelten und Gruppenkulturen von Industrie-, Berg- und Hafenarbeitern.[11] Trotz dieser Feststellungen halten Mühlberg und andere es für sinnvoll, Elemente einer die beruflichen, religiösen und regionalen Unterschiede übersteigenden einheitlichen nationalen Klassenkultur herauszuarbeiten.[12] Einige dieser Elemente sollen hier ohne Anspruch auf Vollzähligkeit angedeutet werden, wobei zur Abrundung des Vergleichs auch die britische Arbeiterkultur Erwähnung findet.

In Anlehnung an Eric Hobsbawn zählt der an der Teilnahme in Paris leider verhinderte Dick Geary folgende Kennzeichen der *English working class culture* der Jahrhundertwende auf: *the flat cap* (Arbeitermütze), populäre Sonntagspresse *(News of the World), Association Football,* der sich in Großbritannien schon vor 1914, in Deutschland erst seit Mitte der 1920er Jahre zum massenwirksamen Zuschauersport entwickelte, *fish and chips shops,* die populären *music halls* sowie das proletarische Einkaufen in der Stadtmitte im *cooperative retail stores* und das beliebte Fußballtoto.[13] Besonders auffallend jedoch ist der Gegensatz der britischen *working-class culture* zur deutschen Arbeiterbewegungskultur in den Organisationsformen. Während die Vielzahl von britischen Arbeitern gegründeten Freizeit- und Hilfsvereine lokal begrenzt und von parteipolitischen Einflüssen weitgehend frei blieben, setzte in Deutschland – trotz der vielfach ohne oder gegen die sozialdemokratische Führung durchgesetzten Gründung – eine starke Zentralisierung der Vereine ein, die den gewerkschaftlichen Konzentrationsprozeß noch überholte.[14] Gleichzeitig war der sozialdemokratische Parteieinfluß allgegenwärtig und die durch diese Subkultur verstärkte Trennung zwischen Arbeiterklasse und Bürgertum dominant. Vor allem das die deutsche Sozialdemokra-

---

10 *Geary,* Arbeiterkultur in Deutschland und Großbritannien im Vergleich.
11 Ebda.
12 Ebda. sowie *Mühlbergs* Beitrag in diesem Band.
13 *Geary,* Arbeiterkultur in Deutschland und Großbritannien im Vergleich, S. 91 f.
14 *Adelheid v. Salderns* Beitrag in diesem Band sowie *Gerhard Hauk,* „Armeekorps auf dem Weg zur Sonne". Einige Bemerkungen zur kulturellen Selbstdarstellung der Arbeiterbewegung, in: *Dietmar Pelzina* (Hrsg.), Fahnen, Fäuste, Körper, S. 69-90, hier S. 70, der Mitte der 1920er Jshre eine wichtige Periodisierungsgrenze ansetzt. Dabei verweist er auf dss verstärkte Interesse von SPD und Gewerkschaften an der Arbeiterkultur, die 1926 erfolgte Gründung des „Sozialistischen Kulturbunds", das Aufkommen kommerzieller Freizeiteinrichtungen sowie der Massenmedien, die verstärkte Entwicklung sozislistischer Fest- und Feierkultur.

tie ausgrenzende Gesellschafts- und Verfassungssystem des Kaiserreichs ist mit G. A. Ritter für diese Entwicklung zur Zentralisierung, Politisierung und zur Frontstellung gegenüber dem Bürgertum verantwortlich zu machen.[15] Diese Entwicklungen konnten während der 14 Jahre der Weimarer Republik nur in geringem Umfang korrigiert werden.

Auch für Frankreich ist die Feststellung von größter Bedeutung, daß man lediglich in Bezug auf einige Charakteristika von einer gemeinsamen Arbeiterkultur sprechen kann. Auch hier ist vielmehr von regional- und berufsspezifisch sehr unterschiedlichen Kulturen auszugehen, die gerade angesichts der sektoral weitaus differenzierteren Industrialisierungsgeschwindigkeit stärker als in Deutschland ausgeprägt waren. Rebérioux hebt diese Unterschiede stark hervor, so daß für die Periodisierung der Arbeiterkultur mit den nach der Jahrhundertwende einsetzenden technologischen Wandlungsprozessen begonnen werden müßte. In der französischen Sicht stellen sich die zwanziger Jahre somit als eine Periode des Übergangs dar, die zwar mit dem front populaire einen politischen Höhepunkt erlebte, in technologischer Hinsicht aber noch darüber hinaus reichte. Rebérioux erscheint daher die Zwischenkriegszeit gerade unter dem Aspekt des technischen Wandels als zu kurze Periodisierungseinteilung.

Kennzeichnend für die britische/französische Entwicklung dürfte die Tatsache sein, daß angesichts des schon im 19. Jahrhundert langsameren technologischen Transformationsprozesses die Arbeiterautonomie stärker als im Deutschen Reich im Produktionsprozeß selbst verankert war, so daß die Ausprägungen der Arbeiterkultur auch klarer von den industriellen Wandlungsprozessen beeinflußt wurden. Für Frankreich wird sowohl von Rebérioux wie von Tartakowsky der Übergangscharakter der Nachkriegszeit betont, der von einer fundamentalen Krise der *culture de metier* der Facharbeiter, der verstärkten Verbreitung einer „Kultur der Armut"[16] sowie einer Krise des politisch und lokal zersplitterten Gewerkschaftssystems gekennzeichnet war. So gab es in einigen industriellen Mittelstädten wie im Bereich der CGT Ansätze zu einer Gegenkultur, jedoch blieben diese marginal und von daher nicht mit den österreichischen oder deutschen Vorbildern vergleichbar.[17] Mitgliederrückgang, verminderte Streiktätigkeit und Zersplitterung sind Kennzeichen einer Epoche, die erst mit dem *front populaire* endete. Tartakowskys Beitrag schildert diese Entwicklung von der Marginalität der Gegenkultur zur zugkräftigen Massenkultur der Volksfront am Beispiel der KPF. Jetzt wurde die neue Freizeitkultur nicht mehr wie in Deutschland und Österreich als Konkurrenz, sondern als Partner angesehen, mit dessen Hilfe man

---

15 *Geary,* Arbeiterkultur in Deutschland und Großbritannien im Vergleich, sowie *Gerhard A. Ritter,* Arbeiterkultur im Deutschen Kaiserreich. Probleme und Forschungsansätze, in: *ders.,* Arbeiterkultur, Königstein 1970, S. 15-39, hier S. 16 f. Siehe auch *Vernon Lidtke,* Recent Literature on Workers' Culture in Germany and England, in: *Klaus Tenfelde* (Hrsg.), Arbeiter und Arbeiterbewegung im Vergleich, München 1986, S. 337-362 (HZ Sonderheft 15).

16 Für eine äußerst fruchtbare und differenzierte Anwendung dieses Konzepts siehe *Michael Grüttner,* Arbeiterkultur versus Arbeiterbewegungskultur.

17 Siehe unten, S. 23 ff.; 126 – Für die kommunale Arbeiterkultur möchte *Lequin,* Jalons, S. 78, wenigstens zwischen drei Typen von Städten unterscheiden: Großstädte mit Metropolcharakter, reine Industriestädte mit beherrschender Stellung der Unternehmerschaft und die Kategorie der „Fabrike auf dem Dorf" mit vornehmlich agrarischer Arbeiterschaft.

neue Kunstwerke (z. B. Filme wie „La vie est à nous", „La Marseillaise") produzieren und so eigene Ideen massenwirkssm umsetzen konnte.

Unter bewußter Aufnahme der demokratisch-revolutionären Traditionen des Landes formulierte die KPF nach ihrer grundlegenden Wende zur Volksfrontpolitik 1931/32 eine neue Kulturpolitik, die man ebenso wie die deutsch-sozialdemokratische der 1920er Jahre, als eine „Kultur der Teilhabe" am demokratischen nationalen Erbe bezeichnen könnte.[18] Im Gegensatz zu Deutschland, wo die „Teilhabe" eine politisch-pragmatische Akzeptierung auch sozialdemokratischer Organisationen neben bürgerlichen beinhaltete, konnte die KPF durch ihre Politik auch Teile des Bürgertums ansprechen. Die Verschmelzung von proletarischen und französisch-revolutionären Traditionen (erstmaliges Feiern des 14. Juli 1935 durch die kommunistische Partei mit der roten Fahne ebenso wie mit der Trikolore, mit den Plakaten der Enzyklopädisten, den Phrygiermützen etc.) mündete in die Vision, die französische Revolution im Sinne der sozialen Gerechtigkeit zu vollenden.[19] Die fließenden Übergänge von Arbeiterschaft und Kleinbürgertum in Frankreich sowie die politische Allianz mit einem Teil des liberalen Bürgertums zur Verteidigung der Republik markieren hier grundlegende Unterschiede zu Deutschland, Österreich oder Rußland, wo die Arbeiterkulturbewegung trotz partieller Übernahme in kommunale Trägerschaft vornehmlich Institutionen der Abgrenzung gegenüber dem Bürgertum blieben.

Die Unterschiede reichen jedoch noch weit tiefer.

Konrad formuliert das austromarxistische Selbstverständnis in dem Satz: „Die österreichische Arbeiterbewegung war, speziell in der Phase der Dominanz des Austromarxismus, vor allem eine Kulturbewegung". Mit Hilfe machtvoller Kulturorganisationen sollte von der Wiege bis zur Bahre „eine umfassende Alternative zum geltenden Wert- und Normensystem entwickelt werden".[20] Da die Revolution weder im Bereich der Politik noch in dem der Produktion durchzusetzen war, kam der austromarxistische Kultursozialismus einem dritten revolutionären Anlauf gleich, der nicht zuletzt wegen der weitgehenden Ausblendung der betrieblichen Kampfebene, der geringen Verhaftung in der Provinz sowie der mangelhaften Reflexion der vielfachen Diskriminierung der Arbeiterfrau sein Ziel nicht erreichte. Kultursozialismus aus Schwäche? Weil andere Wege zur grundlegenden Veränderung von Gesellschaft und Wirtschaft nicht offenstanden? Jutta Scherrers Beitrag zeigt diese Problematik am Beispiel des Proletkul't deutlich auf. Da sich die Machtfrage weder im politischen noch im ökonomischen Bereich stellte, sollte die Revolution wenigstens in den Köpfen der Arbeiter beginnen.

Ohne Zweifel sind Arbeiterkulturbewegungen wohl fast immer aus einem Bewußtsein der Schwäche und der Unterlegenheit heraus entstanden. Lesen und

---

18 Der Begriff der Teilhabe wurde von *Lutz Niethammer,* Rekonstruktion und Desintegration: Zum Verhältnis der deutschen Arbeiterbewegung zwischen Krieg und Kaltem Krieg übernommen; siehe den Beitrag von *von Saldern* unten S. 36.

19 *Danielle Tartakowskys* Beitrag in diesem Band sowie *dies.,* Stratégies de la rue 1934-1936, in: Le mouvement social 135, April–Juni 1986, S. 31-62. Für die anhaltende Bedeutung der Französischen Revolution in der politischen Auseinandersetzung siehe *Ursula A. J. Becher,* Ist die französische Revolution zu Ende? Politische Erfahrung und historisches Symbol im Frankreich des 20. Jahrhunderts, in: Geschichte und Gesellschaft, 11. Jg. 1985, S. 5-18.

20 Siehe *Helmut Konrads* Beitrag, unten S. 89, 92.

Schreiben können, allgemeines und politisches Wissen erwerben, Mitreden können bei der Formulierung der eigenen wie der allgemeinen Interessen und nicht zuletzt die Verbesserung der beruflichen Qualifikation waren gewichtige Antriebe für viele. Die Geschichte dieses im breitesten Sinne verstandenen Bildungshungers lenkt den Blick auch auf das russische Beispiel der Vorkriegszeit, da es das vermutlich konsequenteste Modell einer sozialistisch-revolutionären, von Intellektuellen entworfenen und angeleiteten Arbeiter*gegen*kultur darstellte. Die Idee, in Ermangelung von Alternativen wenigstens auf dem Weg (Umweg) über „eine ganzheitliche sozialistische Erziehung" Elemente des Sozialismus in der (noch kapitalistisch geprägten) Gegenwart auszubilden, war auch westlichen Sozialismen nicht fremd.[21] Das Problem der Ghettoisierung[22], das mit klassenspezifisch ausgerichteten Kulturbewegungen immer gegeben ist, wird von mehreren Beiträgen angesprochen (v. Saldern, Konrad, Schmidlechner). Obwohl führende Sozialdemokraten in ihren programmatischen Äußerungen mehrfach betonten, diese Klassengrenze übersteigen zu wollen (von Saldern), blieben die deutsche, ebenso wie die österreichische Arbeiterkulturbewegung gerade aufgrund der verstärkten Ausbildung klassenspezifischer Symbole (geballte Faust, rote Fahne, nackte Körper, Weihespiele etc.) ihrem Ghetto verhaftet. Die gerade erst begonnene Symbolforschung hat dies stark hervorgehoben.[23] Trotz der im Austromarxismus begründeten Unterschiede zwischen deutschem und österreichischem Kultursozialismus kommen v. Saldern und Konrad zu ähnlichen Schlußfolgerungen, denen zufolge die Arbeiterkulturbewegung der Zwischenkriegszeit eine „historisch abgeschlossene Zwischenphase" darstellte, deren „Niedergang in den Strukturveränderungen der Gesamtgesellschaft begründet lag".[24] Die zunehmend kritischere Sichtweise in den jüngeren, gerade auch den Forschungen über die damals so starke österreichische Arbeiterbewegungskultur, dokumentiert sich des weiteren in den Arbeiten von H. Gruber und K. M. Schmidlechner. In ihrem Mittelpunkt steht die Inkongruenz der Programmatik der „Neuen Frau" und des Frauenalltags in Wien sowie in der österreichischen Provinz.

Der Vergleich mit einigen Charakteristika der französischen Arbeiterkultur gewinnt seinen besonderen Reiz aus der Gegensätzlichkeit der Vergleichspartner. Kaum eine Idee könnte der französischen Situation unangepaßter sein als die Vorstellung einer auf starke Organisation gegründeten, tendenziell allumfassenden, den „Neuen Menschen" anstrebenden Arbeiterkulturbewegung. Rebérioux hebt daher kaum auf diesen organisatorischen und kulturkonzeptionellen Bereich ab.[25] Sie skizziert die französische Arbeiterkultur vielmehr als eine *culture au travail* (Kultur der Arbeit), die man, nach von Saldern, viel stärker als die deutsche eine *Kultur der Widerständigkeit* nennen könnte. Dennoch ergeben sich

---

21 Siehe *Jutta Scherrers* Beitrag, unten S. 105.
22 Einen umstrittenen Beitrag zu diesem Thema lieferte *Theo Pirker,* Arbeiterbewegung und Arbeiterkultur, in: Gewerkschaftliche Monatshefte, Jg. 56, 1985, S. 676-692.
23 Siehe beispielsweise *Gottfried Korff,* Volkskultur und Arbeiterkultur. Überlegungen am Beispiel der sozialistischen Maifesttradition, in: Geschichte und Gesellschaft, Jg. 5, 1979, S. 85-102, sowie *ders.,* Rote Fahnen und geballte Faust. Zur Symbolik der Arbeiterbewegung in der Weimarer Republik, in: *Dietmar Petzina* (Hrsg.), Fahnen, Fäuste, Körper, S. 27-60.
24 Siehe *von Salderns* Beitrag, unten S. 69 f.
25 Dieser Bereich steht etwas stärker im Vordergrund in: Le mouvement social, Nr. 91, April-Juni 1975.

eine Reihe interessanter Parallelen zu dem, was Lüdtke den Eigensinn der Arbeiter, den Willen, sich Frei- oder Dispositionsspielräume, auch unter den Bedingungen der Massenproduktion, zu erhalten, nennt. Sticheleien, Streiche spielen, Krankfeiern, turn over, Blaumachen etc. waren offenbar Verhaltensweisen, die diesseits wie jenseits des Rheins zum Repertoire der Arbeiterwiderständigkeit gehörten.[26] Diese Formen des Eigensinns waren jedoch im französischen Fall auf eine gänzlich andere Art in die Gewerkschaftsstrategie des *Syndicalisme révolutionaire* integriert als in Deutschland. Rebérioux betont, daß gerade diese vom Facharbeiter bestimmten traditionellen Formen der Arbeitsorganisation auch in der Zwischenkriegszeit noch in weiten Teilen der verarbeitenden französischen Industrie, auch der Textilindustrie, weiterlebten.[27] In der Form eines Idealtypus des französischen Facharbeiters hat Michelle Perrot dieses Ineinandergreifen von Widerständigkeit im Arbeitsprozeß und Gewerkschaftsstrategie wie folgt beschrieben:[28] Sein Fachwissen basierte auf einer in langen Jahren angesammelten Erfahrung, bei dem die intime Kenntnis des Materials (z. B. die „Wissenschaft vom Feuer" bei den Gießern) und der Besitz des eigenen Werkzeugs eine große Rolle spielten. Das Symbol dieser auf ihr Können stolzen Arbeiter ist das der verschränkten Hände, wie überhaupt den menschlichen Sinnen, dem Fühlen, Riechen, Sehen in der Werkstatt eine überaus große Bedeutung zukam. Das eigene, gepflegte und geliebte Werkzeug bildete zusammen mit dem akkumulierten Erfahrungswissen, das noch die Gesamtheit des Produktionsprozesses umfaßte, die Grundlage der beruflichen Unabhängigkeit. Diese Facharbeiter waren es, die über die Einhaltung des Lohntarifs wachten, die Einstellung von neuen Mitarbeitern bzw. Hilfskräften oder die Anstellung von Lehrlingen entschieden und die den günstigsten Augenblick für Lohnforderungen oder Streiks kannten.[29] Ihr Syndikalismus der direkten Aktion basierte weitaus stärker auf dieser unabhängigen Stellung im Produktionsprozeß als – wie im deutschen Fall – auf der Kampfstärke bzw. dem finanziellen Rückhalt ihrer Organisation. Ihre (sozialistischen) Zukunftsvorstellungen richteten sich daher stärker an ihrem Selbstvertrauen als unmittelbare Produzenten aus und hatten die von Arbeitern selbstbestimmte Fabrik zum Inhalt, nicht oder kaum jedoch den Sieg der Organisation. Ihr besonders ausgeprägtes Autonomiebewußtsein war von einem starken individuellen Verantwortungsbewußtsein begleitet, wobei sich berufliche Fortbildung und menschliche Allgemeinbildung besonderer Hochschätzung erfreuten. Berufliche und gewerkschaftliche Autonomie gingen Hand in Hand, versagten sich organisatorischem Zentralismus und zielten auf den selbstverantworteten Generalstreik. Daher bedrohte die nach der Jahrhundertwende einsetzende und sich in Frankreich branchenspezifisch differenziert und langsam durchsetzende Rationalisierung das individuelle und kollektive Selbstverständnis der Facharbeiter auf grundsätzlichere Weise als in Deutschland. Die beginnend mit den Streikniederlagen von 1906/07 einsetzende Krise der *cultur de metier* brachte das dominierende Gewerkschaftssystem des Syndicalisme révolutionaire ebenso ins Wanken wie die mit ihm eng verbundene Idee des Generalstreiks, der jedoch

---

26 Siehe unten, S. 20, 23, 49, 171 f.
27 Siehe unten, S. 19.
28 *Michelle Perrot,* Les problémes de la main d'oeuvre industrielle, in: *Maurice Daumas,* (Hrsg.), Histoire générale des techniques, Bd. 5, Paris 1979, S. 477-509, hier S. 487.
29 Was die „Diktatur" dieser Facharbeiter, auch „grandes culottes" genannt, in der Pariser metallverarbeitenden Industrie ausmachte, beschreibt *Denis Poulot,* Le sublime ou le travailleur comme il est en 1870 et ce qu'il peut être, Paris 1980 (Reprint).

seine Leitbildfunktion erst in den 1920er Jahren endgültig einbüßte.[30] Neue massengewerkschaftlich fundierte Tarifvertragskonzeptionen, die auch in Frankreich schon während des 19. Jahrhunderts existierten, setzten sich daher viel langsamer als in Deutschland, letztlich wohl erst mit dem Matignonvertrag (1936), durch.[31] Die hier illustrierte starke Gleichzeitigkeit des Ungleichzeitigen und die Überlagerung bzw. Umformung älterer Traditionen durch moderne Gewerkschaftsaktivitäten illustriert der Beitrag von N. Gérôme über die von CGT-Mitgliedern organisierten Patronatsfeiern des Heiligen Eligius bei Renault.

Im Hinblick auf den Niedergang der Arbeiterkulturbewegung stellt sich die Frage nach Ursachen aufgrund von gesellschaftlichen Strukturveränderungen und – davon abgehoben – der Rolle des Faschismus (von Saldern, Mühlberg). Darüber hinaus wurde in jüngerer Zeit zunehmend die Frage aufgeworfen, warum der Widerstand der Arbeiterkulturorganisationen gegen den Faschismus nicht erfolgreicher war, warum die Aus- oder Gleichschaltung (teils sogar der Übertritt) nicht auf größere Schwierigkeiten stieß (Friedemann, von Saldern, Konrad). Auch ist zu fragen, an welchen Entwicklungen der Hitlerfaschismus in mehr oder weniger starker Umformung ansetzte, welche Bedürfnisse er befriedigen konnte. Hierzu liegen noch die wenigsten Ergebnisse vor. Einige wichtige Hinweise liefert die Symbolforschung, die sich z. B. auf die Ästhetisierung der Politik, die Begeisterungsfähigkeit für Sportidole und für sportliche Großereignisse überhaupt sowie auf die militärische Metaphorik, auch der Sprache der Arbeiterorganisationen, richten.[32] Auffallend ist die vielfache Bedeutung von Ordnung und Disziplin in der Selbsteinschätzung der Arbeiterkulturbewegung, vor allem bei Sport-, Fest-, Weiheveranstaltungen sowie in Ordnungs- und Freiübungsritualen. Über diese Fest- und Weihespiele, die Höhepunkte der Bundesfeste und Arbeiterolympiaden darstellten, hieß es: „Die Sprech- und Bewegungschöre verliehen dem Weihespiel Rhythmus und Gestalt. Sie formten die Massen, banden sie in die *Disziplin,* um damit ihrem Sehnen und Wollen umso beredter Ausdruck zu verleihen".[33]

---

30 Siehe *Tartakowskys* Beitrag, unten S. 123, sowie *Jacques Juillard,* Théorie syndicaliste révolutionnaire et pratique gréviste, in: le mouvement social, Oktober-Dezember 1968, S. 55-69. Als jüngste Einschätzung des französischen Syndikalismus, gerade unter vergleichender Perspektive, siehe: *Peter Schöttler,* Syndikalismus in der europäischen Arbeiterbewegung. Neuere Forschungen in Frankreich, England und Deutschland, in: *Klaus Tenfelde* (Hrsg.), Arbeiter und Arbeiterbewegung im Vergleich, München 1986 (HZ Sonderheft 15), S. 419-475. – Auf die enge Verknüpfung von Syndicalisme révolutionnaire und Generalstreik kann hier nicht näher eingegangen werden.

31 Siehe den Beitrag von *Rébérioux,* unten S. 27.

32 *Hauk,* „Armeekorps auf dem Weg zur Sonne", S. 85, der mit seinen außerordentlich interessanten Thesen, z. B. warum es nicht zu einer Tabuisierung militärähnlicher Formen kam, oder bezüglich der Annäherung von politischer und kultureller Arbeiterbewegung auf dem Wege kollektiv symbolischer Formen militärisch-autoritativen Typs, allerdings mehr Fragen aufwirft als Antworten geben kann. Kritisch gegenüber *Henning Eichberg* u.a., Massenspiele, NS-Thingspiel, Arbeiterweihespiel und olympisches Zeremoniell, Stuttgart–Bad Cannstatt 1977, ist jedoch festzustellen, daß zwar Ähnlichkeiten zwischen diesen kulturellen Veranstaltungen bestanden, die Einordnung in einen pluralen Sozialismus auf parlamentarisch-demokratischer Grundlage einerseits bzw. in den faschistischen Führerstaat andererseits jedoch grundlegend divergierten.

33 *Horst Überhorst,* Die Arbeitersportbewegung in Deutschland (1893-1933), in: *Dietmar Petzina* (Hrsg.), Fahnen, Fäuste, Körper. Symbolik und Kultur der Arbeiterbewegung, Essen 1986, S. 61-67, hier S. 66.

Die Einhaltung dieser Disziplinforderungen war keineswegs selbstverständlich, denn es gab bei aktiven Arbeitersportlern vielfachen Widerstand gegen die häufige Inanspruchnahme für derartige Freiübungsrituale ebenso wie gegen den Kommißton mancher Funktionäre.[34] Die umfassende Bedeutung dieser „proletarischen Disziplin[35]" kennen wir auch aus dem politischen Geschehen des Ersten Weltkrieges. Susanne Miller führte gerade auf diesen sozialdemokratischen Disziplinbegriff die Tatsache zurück, daß es während der Weltkriegszeit bei einer relativ kleinen Abspaltung innerhalb der Reichstagsfraktion geblieben ist.[36] Die „proletarische Disziplin" reichte jedoch auch in den Produktionsbereich hinein und wurde teilweise sogar im Hinblick auf die besondere Qualität deutscher Waren apostrophiert.[37] Wir haben es daher mit einem Merkmal der organisationsgeprägten Arbeiterbewegung zu tun, das dieser Zwischenkriegszeit einen besonderen, noch stärker zu untersuchenden Stempel aufgedrückt hat. Es darf allerdings nicht vergessen werden, daß ein solcher sozialdemokratisch geprägter Disziplinbegriff je nach Organisationszugehörigkeit (Partei, Einzelgewerkschaften, Kulturorganisationen) durchaus divergierende, ja sogar sich widersprechende Ausrichtungen kannte und daher grundlegend von faschistischer Disziplinierung und Einordnung in den autoritären Führerstaat zu unterscheiden ist.

Der Vergleich nationaler Arbeiterkulturen unterstreicht einen bedeutenden Unterschied zwischen englischer und französischer Ausprägung auf der einen Seite und den Arbeiterkulturformen in Mitteleuropa andererseits. Die in Westeuropa vorhandene stärkere Einbindung der Arbeiterkulturen in die demokratischen Traditionen ihrer Länder verhinderte eine ausgeprägte Ghettoisierung wie sie der Kultursozialismus österreichischer oder deutscher Prägung gekannt hat. Das Beispiel der KPF zur Zeit des front populaire zeigt, daß es hier leichter und auch vergleichsweise erfolgreicher war, an die demokratisch-revolutionären Traditionen der Nation anknüpfend der kulturellen Entwicklung des gesamten Landes neue, bis weit in die Nachkriegszeit hinein wirkende Impulse zu verleihen. Demgegenüber waren die Arbeiterbewegungen Rußlands, Österreichs und Deutschlands stärker isoliert und weitgehend auf sich selbst angewiesen. Die Ausbildung ihres vielfältigen demokratischen Organisationsgeflechts stellte die spezifische Form der deutschen bzw. österreichischen Kulturbewegung dar, die – wie die Entstehung der christlichen Gewerkschaften zeigt – auch indirekt über ihren sozialistischen Einflußbereich hinaus formbildend gewirkt hat.

Die Arbeiterbewegung als Kulturbewegung (siehe die Beiträge Konrads und Schmidlechners) stellt inzwischen eine Art demokratisches Kulturerbe dar, das heute – von ihrem Ghettocharakter befreit – den verschiedensten, nicht nur proletarischen Gruppen (Studentenbewegung, Friedensbewegung, Ökobewegung, Selbsthilfegruppen) als Element ihrer Selbstfindung dient und ebenso wie in westeuropäischen Demokratien ein Teil der politisch-demokratischen Kultur ausmacht.

---

34 Siehe den Beitrag *Peter Friedemanns*, unten S. 233 sowie *Hauk*, „Armeekorps auf dem Weg zur Sonne", S. 83.
35 Siehe den Beitrag *von Salderns*, unten S. 35.
36 *Susanne Müller*, Burgfrieden und Klassenkampf. Die deutsche Sozialdemokratie im Ersten Weltkrieg, Düsseldorf 1974.
37 Siehe den Beitrag von *Alf Lüdtke*, unten S. 182 f.

Madeleine Rebérioux

Arbeiterbewußtsein und Arbeiterkultur in Frankreich zwischen den beiden Weltkriegen

Da dieser Vortrag eine Synthese bieten soll, möchte ich nicht auf die Vieldeutigkeit des Begriffs Arbeiterkultur zurückkommen, sondern von vornherein zwei andere Probleme hervorheben, auf die ich gestoßen bin. Unzweifelhaft decken die neueren Arbeiten die französische Arbeiterkultur nur ungleichmäßig ab. Der Bergbau und die eisenschaffende Industrie, auch die Automobilproduktion, haben mehr Aufmerksamkeit auf sich gezogen als die Textilherstellung. Da die Frauen nach dem Krieg angeblich an den Kochtopf zurückgeschickt worden waren, hat man sich mehr für ihre sozialen und Nachbarschafts-Initiativen und zur Not auch für ihren Zustrom in den tertiären Sektor interessiert als für die Spezifik der Arbeiterinnenkultur.[1] Und wenn die roten Pariser Vororte inzwischen ihre ersten Historiker gefunden haben[2], so sind die kulturellen Verhaltensweisen der Arbeiter in der Provinz noch fast gänzlich unerforscht. Die Hauptschwierigkeit liegt indessen woanders. Es ist nämlich keineswegs sicher, daß die Untersuchung des vorgegebenen Zeitraums überhaupt zu relevanten Ergebnissen vorstoßen kann. Und dies aus drei Gründen: Die Kürze der Zeitspanne – gerade zwei Jahrzehnte – läßt es kaum zu, die eventuellen Umwälzungen im kulturellen Verhalten klar einzuschätzen, mögen diese zwanzig Jahre auch mitten in einer Epoche intensiver wirtschaftlicher und sozialer Turbulenzen stehen. Vielleicht ist die gewählte Zeitspanne andererseits auch wiederum zu lang: wie tief die Volksfront in den Alltag der Franzosen und insbesondere in die kulturellen Verhaltensweisen der Arbeiter eingegriffen hat, werden wir anläßlich ihres fünfzigsten Jahrestags vielleicht besser kennenlernen. Hat man schließlich die spezifischen Herrschaftsbeziehungen im Auge, in deren Rahmen ein Großteil der Kultur der Beherrschten zu sehen ist, wäre es wohl besser gewesen, die Periode stürmischer industrieller Entwicklung herauszugreifen, die in Frankreich von der Jahrhundertwende bis zur Krise der Dreißiger Jahre währte.
Daher werde ich zunächst die Besonderheit der französischen Entwicklung kurz skizzieren und mich dann den Veränderungen der Kultur im Arbeitsbereich (culture au travail) zuwenden, bevor ich über ihren Wandel im Freizeitbereich spreche (freilich fühle ich mich hier weniger kompetent) und mich schließlich den Fragen widme, die sich aus den der Volksfront zuzuschreibenden Veränderungen ergeben.

---

* Falls nichts anderes angegeben, sind die zitierten Arbeiten in Paris erschienen.
1 Ein Gegenstück zu den Arbeiten von *Madeleine Guilbert* und *Marie Hélène Zylberberg* über die Zeit von 1870–1914, die sich mit der Epoche zwischen den beiden Weltkriegen befaßt, steht noch aus.
2 *Jean-Paul Brunet*, Saint-Denis la ville rouge, (Hachette) 1980. Die Buchveröffentlichung der Thèse von *Annie Fourcaut*, La banlieue rouge, Bobigny, ist noch nicht erschienen.

1. Der Sonderfall Frankreich

Hier geht es in der Tat um einen Sonderfall. Denn in engem Zusammenhang mit der lange Zeit gemächlichen Gangart der Industrialisierung Frankreichs haben sich in den Berufen und Unternehmen, die oft an der Wiege der Gewerkschaften standen und in denen diese ihre organisatorische Basis hatten, tief verwurzelte Arbeiterkulturen von langem Bestand herausgebildet[3]. Andererseits beeinflußten Lebens- und Denkweisen von Arbeitern, die zugleich von landwirtschaftlicher Tätigkeit lebten, dauerhaft die für den Bergbau oder die Eisenhütte frisch rekrutierten Arbeitskräfte.[4] Daher die Koexistenz einer alten, auf Autonomie gegenüber allen anderen Gesellschaftsklassen und dem Staat – selbst dem republikanischen – bedachten, Werkstattkultur und den aus dem Agrarbereich stammenden Gewohnheiten, die in der Handhabung des täglichen Zeitbudgets und in der Schwierigkeit der Unterordnung unter die industrielle Disziplin deutlich hervortreten.

Seit dem Ende des 19. Jahrhunderts jedoch, und besonders seit 1906, gerät Frankreich in eine Periode rascher Industrialisierung, die der Krieg und der Wiederaufbau bisweilen verlangsamen, aber nicht stoppen. Dank des massiven Sinkens bestimmter Lebenshaltungskosten und der Ansätze zu einer sozialen Wohnungsbaupolitik zeichnet sich ein Markt für Massenkonsumgüter ab.[5] Wenn allerdings der Anteil des Einkommens aus beruflicher Tätigkeit an der Gesamtheit der privaten Einnahmen lebhaft steigt[6], so ist doch nicht erwiesen, ob dies auch für die Arbeitslöhne gilt, und noch weniger steht fest, wofür sie ausgegeben werden. In Longwy zum Beispiel schlagen sich die Lohnerhöhungen erst nach der Volksfront im Kauf von Fahrrädern, Tandems und auch Motorrädern nieder.

Die Rationalisierung entwickelt sich jedoch nach vielversprechenden Anfängen am Vorabend des Ersten Weltkriegs erst mit dem Entstehen der großen Fabrik: Zwischen 1906 und 1931 werden eine Million Arbeiter von großen (über 500 Beschäftigte) und sehr großen (über 1 000) Betrieben aufgesogen. Die Automobilunternehmen Berliet, Citroën, Renault und Michelin stehen an der Spitze dieser Entwicklung[7], nur die Werkstätten bestimmter Eisenbahnunternehmen[8] und, in geringerem Ausmaß, die eisenschaffende Industrie können mithalten. Die Rationalisierung und Taylorisierung – die Begriffe tauchen in Frankreich ab 1907 auf und werden ab 1912/1913 teilweise in die Praxis umgesetzt – halten in diesen Be-

---

3 Siehe *William Sewell*, Work and Revolution in France, (Cambridge University Press), Cambridge u. a., 1980; *Bernard H. Moss*, The origins of the French Labor Movement 1830/1914, (University of California Press), Berkeley u. a., 1980; *Madeleine Rebérioux*, Les ouvriers du Livre et leur Fédération, (Temps actuels) 1981.

4 Siehe *Rolande Trempé*, Les mineurs de Carmaux, (Editions ouvrières) 1971; *Gérard Noiriel*, Longwy, immigrés et prolétaires, (PUF) 1984.

5 Die Sozialwohnungsbaubüros vervielfachen sich in den Zwanziger Jahren. Die Rolle, die Henri Sellier gespielt hat, war Gegenstand eines Kolloquiums, dessen Protokolle 1986 in den Presses universitaires de Vincennnes erscheinen werden.

6 Sein prozentualer Anteil steigt von 45 % im Jahre 1913 auf 52 % im Jahre 1929.

7 Siehe *Patrick Fridenson*, Histoire des usines Renault, Bd. 1: Naissance de la grande entreprise, 1898/1939, (Le Seuil) 1972, und *Sylvie Schweitzer*, Des engrenages à la chaîne. Les usines Citröen, 1915/1935, (Presses Universitaires de Lyon) 1982.

8 Vgl. die Untersuchungen von *Georges Ribeill*, besonders Le personnel de la SNCF, 1937/1981, (Rapport de la DGRST) 1982.

trieben ihren Einzug in Form von Zeitmessungsverfahren.[9] Ungefähr gleichzeitig tritt das trübe, um nicht zu sagen finstere Phänomen des Fließbandes zum ersten Mal in Erscheinung.[10] Der Kohlebergbau bleibt von dieser Entwicklung lange Zeit unbehelligt: Erst während der Krise der Dreißiger Jahre unternimmt die Compagnie d'Anzin den Versuch, ein vom Taylorismus abgeleitetes Zeitmessungsverfahren, das sogenannte Bedaux-System, einzuführen.[11] Das Ausmaß der französischen Entwicklung hin zur Rationalisierung sollte man weder unternoch überbewerten. Obwohl sie sich in einigen Sektoren stark ausbreitet, werden weder die Eisenbahnen im eigentlichen Sinn noch die Textil- und Bauindustrie davon berührt, und die Debatte über die wissenschaftliche Organisation der Arbeit belebt sich erst wahrhaft zwischen 1926 und 1932, als Hyacinthe Dubreuil aus den Vereinigten Staaten seine Bewunderung für den Fordismus mitbringt.[12] Auch in sehr groben Strichen läßt sich der Hintergrund der Arbeiterkultur zwischen den beiden Weltkriegen nicht skizzieren, ohne zwei Aspekte zu erwähnen, die, obgleich verschiedener Natur, eine gemeinsame Wurzel in der Vergangenheit aufweisen. Der Krieg hat die seit dem Ausgang des 19. Jahrhunderts sehr ungünstige demographische Entwicklung Frankreichs außerordentlich verstärkt. Im ausgebluteten Frankreich müssen die Industriellen während der Konjunkturphase massiv Ausländer heranziehen, um die während des Krieges umgekommenen bzw. nicht geborenen Arbeiter zu ersetzen: 1919 beträgt die Zahl der Ausländer 1,4 Millionen und knapp 3 % der Gesamtbevölkerung, 1931 dagegen 2,7 Millionen und damit 7 %.[13] Als Proletarier und Einwanderer sind sie in einer Gesellschaft, für deren Wiederaufbau sie arbeiten, gleich doppelt diskriminiert, und auch ihr Platz innerhalb der Arbeiterkultur ist ungefestigt. Dies um so mehr, als in Frankreich die kleinen Leute – ob in der Stadt oder auf dem Lande, ob Arbeiter oder nicht – seit den Zeiten der Französischen Revolution die Zugehörigkeit zu ihrer Nation außerordentlich hoch bewerten, selbst wenn dies ihrem Status als Proletarier widerspricht oder ihm schadet.

2. DIE KULTUR DER ARBEIT (CULTURE AU TRAVAIL)

Diese Voraussetzungen schränken den Einfluß der Rationalisierung auf den Wandel der französischen Arbeiterkultur aus mindestens drei Gründen ein. Zunächst einmal, weil die traditionellen Formen der Arbeitsorganisation in weiten Bereichen dominant bleiben; dies gilt sowohl für die Baumwollindustrie, die der nationale Wirtschaftsrat 1932 dazu beglückwünscht, daß sie sich nicht standardisiert und damit wechselnden Markttrends gegenüber anpassungsfähig gehalten

---

9 Siehe *Maurice de Montmollin/Olivier Pastré* (Hrsg.), Le taylorisme, (La Découverte) 1984.
10 „Quel chronomètre, quelle chaîne?": So lautet die Überschrift eines Kapitels in dem Buch von *Sylvie Schweitzer*, in dem sie hervorhebt, daß sogar die Citroën-Werke nur langsam und Zug um Zug zur Fließbandproduktion übergehen.
11 Siehe *Odette Hardy*, „Rationalisation technique et rationalisation du travail à la Compagnie des Mines d'Anzin, 1927/1938", in: Le Mouvement Social, Juli–September 1970.
12 *Standards* erscheint 1927.
13 Zu ihrem Status in Frankreich siehe: *Jean-Charles Bonnet*, Les pouvoirs publics français et l'immigration dans l'entre deux guerres, (Centre Pierre Léon, Univ. Lyon II), Lyon, 1976.

habe, als auch für die Kleinbetriebe im Bereich des Maschinenbaus, die vor der Einführung des Zeittakts wie des Waschraums, vor der Zerlegung der Arbeit wie vor der Modernisierung des Werkzeugs gleichermaßen zurückscheuen.[14] Sogar in der rationalisierten Eisen- und Stahlindustrie halten sich die alten Arbeitsformen.[15] Sodann, weil die Arbeiter altes, empirisch erworbenes und durch Nachahmung überliefertes Wissen oft auf neue Tätigkeiten übertragen: So bleibt der ehemalige Arbeiter am Puddelofen als Gießer angewiesen auf die „Wissenschaft vom Feuer", die Perfektionierung seiner Körperhaltung angesichts gefährlicher Situationen. Und zu guter Letzt, weil die vom Kollektiv des von Gérard Noiriel so genannten „gerissenen Arbeiters" entdeckten und verfeinerten Methoden individuellen Widerstands – Stichelein und Streichespielen, Krankfeiern[16], turn over, Blaumachen – sich gerade bei jüngeren Arbeitern besonderer Beliebtheit erfreuen.[17]

Die Funktion des Historikers beschränkt sich nicht darauf, Ausmaß und Grenzen zu bestimmen. Er versucht auch, die Vielseitigkeit einer in großen Zügen bekannten und anerkannten Entwicklung aufzudecken. Kein Zweifel: der hier sich abzeichnende kulturelle Wandel beinhaltet unterschiedliche Aspekte je nach Qualifikation der Arbeiter, Geschlecht und Staatsangehörigkeit – Elemente, die sich an manchen Stellen überschneiden, ohne doch ganz zur Deckung zu gelangen.

Beginnen wir mit den Qualifikationsstufen, die bis zu jenem Zeitpunkt noch nicht präzise fixiert sind.[18] Die Haupterscheinung ist besonders am Beispiel der lothringischen Eisen- und Stahlindustrie und des Automobilherstellers Citroën untersucht worden, läßt sich aber auch anhand vieler individueller Zeugnisse, etwa der berühmten Memoiren von Simone Weill[19], ausmachen. Handlanger[20] und Facharbeiter (wie Grob- und Kupferschmiede oder Former), diese Säulen der Arbeiterklasse zur Zeit der Jahrhundertwende, treten zurück zugunsten von Un- und Angelernten, deren Zahl sich verdoppelt, sowie von Wartungspersonal, Einrichtern und Vorarbeitern, die sich in 35 Jahren um das Viereinhalbfache vermehren. Der strukturelle Wandel und das Zurücktreten früherer Modelle werden von einem jeweils stark modulierten Gefühl von Abwertung begleitet: So fühlt der Facharbeiter sich selbst bei gleichbleibendem Lohn bedroht von neuen, an-

---

14 Siehe *Henri Vieilledent*, Souvenirs d'un travailleur manuel syndicaliste, (La Pensée Universelle) 1978.
15 In der Thèse, aus der sein Buch hervorgegangen ist, hat *G. Noiriel* dies anhand zahlreicher Befragungen gut belegt. Schriftliche Quellen dazu existieren nicht.
16 Die Praxis, willkürlich Unfälle herbeizuführen, wird von der gewerkschaftlichen und politischen Moral verworfen, findet aber trotzdem Verbreitung.
17 *G. Noiriel* zitiert den Fall eines italienischen Arbeiters, der in Longwy innerhalb von 15 Jahren fünfundzwanzigmal den Arbeitsplatz wechselt. Mehr als 80 % der 1926 in den Gruben von Longwy beschäftigten Arbeiter kündigen vor Ablauf eines Jahres.
18 Dies geschieht erst durch Dekrete von Parodi-Croizat nach der Befreiung Frankreichs. Siehe *Annie Lacroix*, „Un ministre communiste et les salaires: A. Croizat", in: Le Mouvement social, April–Juni 1983, und das Protokoll eines vom CNRS veranstalteten Kolloquiums über „Mutations technologiques, emplois, qualifications, dans cinq branches professionnelles de l'entre deux guerres à nos jours", Technologies, Idéologies, Pratiques, 1985, Jg. V, Nr. 2.
19 Sie berichtet von der Unzufriedenheit an Maschinen beschäftigter Facharbeiter, denen der Einrichter verbieten will, daß sie ihr Material selbst warten.
20 In Longwy stellen sie 1911 50 % der Arbeiter, 1936 nur noch 33 %.

geblich wissenschaftlich fundierten Kenntnissen, z. B. denen des Einrichters. Sein empirisches Wissen wird in Frage gestellt. Der ehemalige Handlanger, der jetzt im exakt bemessenen Zeittakt schuftet, hat zwar kein Wissen verloren, das er nie besaß, reagiert aber seinerseits empfindlich auf die neue Machtstellung des Vorarbeiters.[21] Diese Machtstellung signalisiert, wie David Montgomery für die Vereinigten Staaten gezeigt hat, den Verfall des Arbeitskollektivs angesichts der von neuem schulischen Wissen gestützten Chancen individuellen Aufstiegs,[22] so daß der individuelle Rollenwechsel zwar die Lebenserfahrung älterer Arbeiter oft über den Haufen wirft, jüngeren aber dafür auch neue Horizonte eröffnet.

Männer oder Frauen? Das „ideale Subjekt der rationalisierten Arbeit"[23] ist die Arbeiter*in* der Zeit zwischen den Weltkriegen. Sie verfügt über keinerlei technische Kompetenz, keine Schulbildung, keine von den Älteren abgeschaute Berufserfahrung. Darüber hinaus ist sie – wie Fürsorgerinnen bei ihrem obligatorischen Praktikum in oft taylorisierten Betrieben nicht ohne Bestürzung entdecken[24] – scharf aufs Geld: Die nur in geringem Umfang gewerkschaftlich organisierten und für den Familienunterhalt verantwortlichen Lageristinnen des Warenhauses Galeries Lafayette und Fließbandarbeiterinnen bei Renault und Géo reißen sich um Prämien, Sonderzahlungen, Gratifikationen. Ob sie Etiketten kleben, Schrauben einsetzen oder Schinken schneiden: Sie ermüden, heißt es, rascher als die Männer. Dies könnte um so eher zutreffen, als sie mit individuellem Aufstieg kaum rechnen dürfen: Der Einrichter, Zeitnehmer, Schichtführer, überhaupt alle, die Führungsaufgaben wahrnehmen und Beförderungen vorschlagen, finden es ganz natürlich, den Frauen systematisch die am wenigsten qualifizierten Tätigkeiten zuzuteilen. Einer Frau eine schwierige Aufgabe anvertrauen? Unmöglich: „Dann geht alles zu Bruch."[25]

Schließlich die nationale Variable: In Venissieux ebenso wie in Longwy liegt klar auf der Hand, daß die Mehrzahl der ungelernten Arbeiter Ausländer ist.[26] Philippe Videlier hat dies für die Textil- und die Metallindustrie nachgewiesen, und Gérard Noiriel ist es gelungen, zwei anthropologisch unterschiedene Welten auszumachen: einmal die des ledigen Arbeiters, insbesondere italienischer, erst recht aber polnischer Herkunft, zum anderen die Welt des Arbeiters, der verheiratet und Familienvater ist und – sei es auch erst in der zweiten Generation – die französische Staatsangehörigkeit hat.

Wie problematisch die Ausarbeitung der Grundzüge einer neuen Kultur im Arbeitsbereich, oder auch nur neuer kultureller Einstellungen, in Wirklichkeit ist,

---

21 Der Chronometer gilt als vergleichsweise objektive Instanz, dem Vorarbeiter wird stets nachgesagt, daß er „seine Launen" habe.

22 Das Gesetz über die Lehrlingsausbildung von 1919 („Loi Astier") beläßt dem Betrieb seinen Platz neben der Schule, aber die Berufsschulen entwickeln sich weiter: Siehe *Bernard Charlot/Madeleine Figeat*, Histoire de la formation des ouvriers, 1789/1984, (Minerve) 1985.

23 Siehe *Annie Fourcaut*, „Ouvrières et surintendantes d'usine dans les entreprises françaises de l'entre deux guerres", Pénélope, Herbst 1983.

24 Zu den Fürsorgerinnenberichten siehe: *Annie Fourcaut*, Femmes à l'usine, (Maspero) 1982.

25 Interview mit einer Glasarbeiterin, die über in ihrem Umkreis aufgeschnappte Bemerkungen berichtet. Der Text ist im Centre de recherche historique an der EHESS archiviert.

26 Siehe die Thèse von *Philippe Videlier*, Banlieue Sud: Venissieux entre les deux guerres, (Univ. Lyon II), Lyon, 1982.

dürfte inzwischen klar geworden sein. So sehr die vorliegenden Studien auch nur Teilbereiche betreffen, der Eindruck ist unabweisbar, daß die alte, auf der Beherrschung eines Berufs aufbauende Arbeiterkultur stark erschüttert ist. Der Sinn für „das schöne Werkstück" – seine Verbreitung ist übrigens seit dem 19. Jahrhundert fragwürdig geworden[27] – ist weithin zurückgegangen. Und die Kultur des Widerstands, individuell oder kollektiv, scheint genauso zurückzuweichen. Was sich statt dessen abzeichnet, ließe sich von heute aus gesehen eine „modernere" Kultur nennen. Schon Jaurès hatte wiederholt die Möglichkeiten einer von den Gewerkschaften gestützten „industriellen Demokratie" beschworen.[28] Sie gewann innerhalb der Arbeiterbewegung in dem Maße an Anhängern, wie sich während des Krieges die Perspektive auf die „industrialisierte Verstaatlichung"[29] herauskristallisierte. In diesem Sinne konnte man durch Verstärkung der Arbeiterkontrolle in den Betrieben zur Vermeidung von Schlamperei und Verlusten den Weg zu einer anderen, „ökonomischeren" Arbeiterkultur entwerfen bzw. vorsichtig andeuten... Denn diese Bewegung gelangte nicht sehr weit, weil die Unternehmen und auch die Ingenieure kaum Wert darauf legten.[29] Trotz ihres offiziell geäußerten Wunsches nach neuen industriellen Arbeitsbeziehungen erwarteten sie von Seiten der Arbeiter nicht mehr Autonomie, sondern mehr Gehorsam, mehr Anpassung an die Rationalisierungsmethoden, die, ob nach Fordschem Muster oder nicht, ihnen unabdingbar schienen.[30] In den Kohlegruben der Region Nord–Pas-de-Calais galt es noch bis 1938 als eine Art Gewaltstreich, einen Ingenieur am Arbeitsplatz zur Rede zu stellen.[31]

Kurz, die Thesen des Hyacinthe Dubreuil vom Ende des Klassenkampfes schienen nicht besonders glaubwürdig.[32] Hinzu kam noch, daß sich auch die ernsthaftesten Anstöße in diese Richtung angesichts der Weltwirtschaftskrise nicht mehr halten ließen: Gegen Ende der Zwanziger Jahre schrumpfte der Inlandsmarkt, und die Ausfuhr brach zusammen – ein in der Geschichte der Dritten Republik nie dagewesener Vorgang. Seinen Arbeitsplatz behalten wurde das entscheidende Ziel. Inzwischen hatte die Arbeiterkultur jedoch andere Wege zu ihrer Erneuerung beschritten.

Der Verfall der Autonomie der Facharbeiter und das Ansteigen der Zahl ungelernter Maschinenarbeiter hatten zu einer partiell neuartigen Strategie geführt, die das Bewußtsein der Arbeiter auf andere Weise fördern und neuen Machtverhältnissen zum Durchbruch verhelfen sollte. Vor dem Krieg hatte der revolutionäre Syndikalismus dem Generalstreik im wesentlichen das Ziel gesteckt, die Vereinheitlichung des Arbeiterbewußtseins voranzutreiben.[33] In den Zwanziger

---

27 Man vergleiche die Bemerkungen über die Mechaniker, die der Pariser Kleinunternehmer *Denis Poulot* 1870 in seinem Buch Le Sublime niedergelegt hat.
28 Siehe M. Rebérioux, „Jaurès devant le problème de la croissance industrielle au début du XXe siècle" (erscheint in der Bundesrepublik Deutschland in den Protokollen des Kolloquiums über Jaurès, das im November 1984 in Berlin stattfand).
29 Vgl. den Artikel von *John Horne*, „L'idée de nationalisation dans les mouvements ouvriers européens jusqu'à la Deuxième guerre mondiale", in: Le mouvement social, Januar–März 1986.
30 Siehe L'ingénieur dans la société française, Etudes recueillies par *André Thépot*, (Editions ouvrières) 1985.
31 a. a. O., S. 169.
32 Zu H. Dubreuil vgl. den Artikel von *Martin Fine*, in: Le mouvement social, Januar–März 1979.
33 Aus diesem Grunde spricht *Georges Sorel* vom „Mythos des Generalstreiks".

Jahren behalten die Facharbeiter die Initiative. Trotz der Repression bleiben in den großen Betrieben die Streiks relativ zahlreich.³⁴ Auch in der neuen Fabrik werden Formen individueller Verweigerung keineswegs angeprangert: Im Gegenteil, „Fabrikzeitungen" wie *L'Humanité* oder *La Lorraine industrielle et paysanne* geißeln mit größter Schärfe den Arbeiter, der „sich kaputtmachen läßt"; Ironie und beißender Witz, diese aus dem 19. Jahrhundert überkommenen Kampfmittel, in ihrer Wirkung oft härter als die Empörung, zielen mit Vorliebe auf Werkmeister und Ingenieure.³⁵ Aber diese Betriebskultur wird unbestreitbar von der Offensive der Taylorisierung in Mitleidenschaft gezogen, und dies um so mehr, als sie bei weitem nicht von allen Arbeitern abgelehnt wird, führt sie doch bisweilen zu besserer Entlohnung und setzt an die Stelle der Willkür des Werkmeisters immerhin die Objektivität des Chronometers.³⁶ In jenen wirren Jahren, in denen der Mythos vom Generalstreik zusammenbricht, geht es folglich darum, ein zum Teil neues Bewußtsein der Arbeiter zu formulieren. Wie läßt sich ihrer Kultur der Gedanke integrieren, daß unter dem Lack der Rationalisierung die Logik des Profits weiterlebt?

An den Toren der Betriebe, in denen „die Politik" selbstverständlich verboten bleibt, setzen sich neue kulturelle Praktiken fest. Neben den Gewerkschaftshäusern werden auch die Fabrikumgebungen zu Stätten der Begegnung und der Solidarität. Nicht nur die nahe Eckkneipe, auch die Betriebstore, die sich bei jedem Schichtwechsel öffnen und schließen, werden Agitationslokale. Zeitungen werden verkauft, Flugblätter verteilt, Reden gehalten³⁷: Der „Außenraum" greift auf den „Innenraum" über und versucht, das Schweigen innerhalb des Betriebs zu brechen. Die Agitatoren, meist Kommunisten, mühen sich, den von dieser oder jener Seite aufgestellten, mürbe gewordenen Parolen Sinn einzuhauchen, sie in den Hochburgen der Produktion und des Profits, den Fabriken, zum Leben zu erwecken.

3. Bewusstsein und Kultur der Arbeiter ausserhalb der Fabrik: Die Stadt

Die Problematik der Beziehungen zwischen Arbeiterbewußtsein und Arbeiterkultur stellt sich uns nun in einem veränderten Rahmen. Unsere Untersuchung wendet sich ab von der im Verfall begriffenen Werkstattkultur und jenem Raum zu, in dem sich Elemente einer zum Teil neuen Kultur, vielleicht auch eines neuen Bewußtseins, heranbilden: der Stadt. Wir können uns ihr auf unterschiedliche Weise nähern. Ich entscheide mich hier gegen den Zugang über die politischen und gewerkschaftlichen Organisationen³⁸ und halte mich an die kulturellen Verhaltensweisen, unter denen ich einerseits die fortdauernden Unternehmerinitiativen, andererseits die Demonstrationen und andere Manifestationen mit ih-

---

34 Zwischen 1921 und 1930 schwankt die Zahl der Streiks von Jahr zu Jahr sehr stark, insgesamt ist sie rückläufig.
35 Siehe *G. Noiriel*, a. a. O., S. 158 f.
36 Wie *S. Schweitzer* für Citroën gezeigt hat.
37 Siehe *Jean-Paul Depretto/Sylvie Schweitzer*, Le communisme à l'usine. Vie ouvrière et mouvement ouvrier chez Renault, 1920/1939, Roubaix (EDIRES) 1984.
38 Anders gehen vor: *Michel Launay* in seiner großen Thèse *Le syndicalisme chrétien en France, 1885/1940* (Ed. F. Reder) 1980 und *Georges Lefranc* in seinen verschiedenen Untersuchungen über das Centre confédéral d'éducation ouvrière.

rem Beitrag zur Stärkung des Arbeiterbewußtseins herausgreife. Schließlich seien die neu entwickelten Instrumente einer Massenkultur erwähnt, die Arbeiter und Nicht-Arbeiter außerhalb traditioneller Formen der Aufklärung, ja gefeit gegen sie, zusammenführt – ein neues Opium fürs Volk?

Wie im Betrieb, so prägen auch in der Stadt die kollektiven Praktiken das Bewußtsein. Die Anstrengungen der Unternehmer und die der organisierten Arbeiterbewegung stehen sich hier frontal gegenüber. Was nicht heißt, daß sie sich auf gleicher Ebene begegnen: Dem Unternehmerpatriotismus, der noch in vielen Orten mit starker Arbeiterbevölkerung die Mehrheit behält, stellt sich der Dynamismus vieler linker Bürgermeister und Aktivisten der roten Vorstädte entgegen, in denen neue Modelle der Massenkommunikation entwickelt werden.[39] Gewiß haben die Unternehmer nicht darauf verzichtet, mit Hilfe von Arbeitervereinen und Festlichkeiten die Gesamtheit ihrer Arbeiter auch außerhalb der Fabrik zu erfassen. Das bereits zitierte Standardwerk von Gérard Noiriel über Longwy berichtet uns darüber. Hier stehen die Hüttenbarone persönlich Vereinen vor, die auf den Militärdienst vorbereiten und sich auf Jeanne d'Arc berufen. Sie finanzieren so manche angeblich unabhängige Gruppierung, so manchen von der katholischen Kirche betreuten Verband. Die Zahl der Rituale, Inszenierungen und subventionierten Festlichkeiten ist hoch. Dennoch: „Der Fabrik, obgleich Hauptveranstalter von Volksbelustigungen innerhalb der Region, ist es nicht gelungen, diesen ihren Stempel aufzudrücken. Sie begnügt sich damit, Elemente des republikanischen und des religiösen Rituals zu vereinnahmen. Die Feier anläßlich des fünfzigjährigen Bestehens der Stahlwerke von Longwy (am 20./21. September 1930) ist ein gutes Beispiel dafür."[40] Verfügen die Unternehmensleiter über die notwendigen Mittel, so fehlt es ihnen doch an eigener Tatkraft. Fällt diese Schwäche schon in Lothringen auf, wo eine gemeinsame patriotische Kultur Unternehmer und Arbeiter ohnehin einander näherbringt, so findet sie sich vermutlich noch ausgeprägter in Gegenden, in denen die schmerzliche Erinnerung an den Ersten Weltkrieg nicht wie von selbst in Begeisterung über die Wiedereroberung der „verlorenen Provinzen" übergehen konnte.[41]

Hingegen stärkt sich das kollektive Arbeiterbewußtsein bei jenen zahlreichen kulturellen Veranstaltungen, die von der Arbeitswelt selbst ausgehen: Dies gilt in den roten Vorstädten von Paris – Bobigny, Saint-Denis oder Lyon-Venissieux – wie auch in Longwy, dieser Unternehmerbastion, kurz überall dort, wo der Rhythmus der Fabrik das Leben in der Stadt bestimmt. Diese Veranstaltungen datieren bei weitem nicht alle erst aus der Zeit nach dem Ersten Weltkrieg. Aber auch dann, wenn ihre Symbolik aus einer früheren Epoche stammt, erfahren sie einen neuen Aufschwung. So zum Beispiel die gewiß alten Initiativen, die sich auf etwas zurückführen, was man „rote Pädagogik" nennen könnte – schon die republikanische Regierung der Achtziger Jahre hatte einen panischen Schrecken

---

39 Zur Politik der Kommunistischen Partei in den Pariser Vorstädten siehe: *Jacques Girault* (Hrsg.), Sur l'implantation du PCF dans l'entre deux guerres, (Ed. Sociales) 1977. Vgl. auch die von *Danielle Tartakowsky* in den Cahiers d'histoire de l'Institut de recherches marxistes, 1985, Nr. 23 herausgegebene und kommentierte Bibliographie.
40 *G. Noiriel*, a. a. O., S. 208.
41 Über die Stärke des Patriotismus bei den französischen Arbeitern der lothringischen Eisen- und Stahlindustrie vgl. die Textsammlung von *Serge Bonnet*, L'Homme du fer, Bd. 1, Metz, (SMEI) 1975 und Bd. 2, Nancy (Centre lorrain d'études sociologiques) 1977.

vor dieser Farbe⁴² –, deren revolutionäre Dimension aber, von der Russischen Revolution mit neuen Hoffnungen aufgeladen, jetzt frisch ans Licht tritt. Das Rot der Fahnen, der Rosen (des Symbols der alten SFIO, der französischen Sektion der II. Internationale), der Schlagzeilen der Betriebszeitungen: Die „Farbe des Blutes der Arbeiter", in deren Adern die Lebenskraft rollt.⁴³ Die rote Farbe beherrscht die Demonstrationen. Ihr Leuchten hebt den Arbeiterstolz. Zeremonien assoziieren der roten Fahne den Gesang der Internationale, die erhobene Faust und auch den Kult um die bolschewistische Revolution: Jean-Paul Brunet hat nachgewiesen, daß er in Saint-Denis weit über die kommunistische Wählerschaft hinaus Verbreitung findet.
Jedes Jahr zu Beginn des Frühlings bietet der Erste Mai Anlaß, sich den Raum der Stadt unübersehbar anzueignen.⁴⁴ Von den Wohnvierteln bis zu den Kneipen den vertrauten Arbeiterbereich durchziehend, erfahren die Demonstrationen ihren Höhepunkt meist vor der Fabrik. Die Gesänge, die Fanfarenklänge der alten Blaskapellen steigern die Begeisterung.⁴⁵ Im Unterschied zu dem von staatlicher Seite organisierten 14. Juli und den von Industriellen veranstalteten Arbeiterfesten bleibt der Erste Mai im Arbeiterrevier aufgeladen mit jener Militanz, die aus dem unmittelbaren Kontakt zwischen dem Veranstaltungskomitee, der Bevölkerung und dem Raum hervorgeht.
Übrigens sind der Erste Mai und der Gedenktag der Commune nicht die einzigen Anlässe für die Arbeiter, zusammenzukommen, sich zu begeistern und die persönliche Erinnerung – jene zerstreute Heimstatt einer zu rekonstruierenden Kultur – mit Bildern zu sättigen. Die Oktoberrevolution und die Ermordung von Jaurès – ein jährlicher Anlaß zu Demonstrationen, die in der Einweihung dem historischen Führer gewidmeter Standbilder ihren Höhepunkt finden – bieten ebenfalls Stoff zu symbolischen Gebärden.⁴⁶ Die Arbeitertheatergruppen, über deren Zusammenfassung unter dem Dach der FTOF Danielle Tartakowsky hier referiert, stellen häufig Arbeiter als Protagonisten auf die Bühne in Stücken, die episch sein wollen und in denen Sprechchöre als Mahninstanz fungieren.⁴⁷ Sie treten bei Solidaritätsveranstaltungen zugunsten etwa der Hungeropfer in Rußland, Saccos und Vanzettis oder der Streikenden bei Citroën auf.⁴⁸ Sicher darf man den Anklang, den diese extrem tagespolitisch ausgerichteten Stücke bei den Massen finden, nicht überschätzen. Jacques Prévert und seine Oktobergruppe bringen ganz gewiß ein größeres Publikum auf die Beine. Außerdem ist die Ver-

---

42 Ich habe dies in meiner Geschichte des „Mur des Fédérés" bereits erwähnt: Siehe *Pierre Nora* (Hrsg.), Les lieux de mémoire, Bd. 1, La République, Gallimard, 1983.
43 Durch diese Formulierung ist das von Paul Brousse komponierte Lied „Le drapeau rouge" berühmt geworden. Siehe *Robert Brécy*, Florilège de la chanson révolutionnaire de 1789 au Front Populaire, (Ed. Hier et demain) 1978.
44 Siehe *Miguel Rodriguez*, Discours et représentations du mouvement ouvrier: le 1er Mai, (Univ. Paris VII) 1983.
45 Siehe *Philippe Gumplowicz*, L'Orphéon, (Univ. Paris VIII) 1983.
46 Siehe die vier Beiträge zum kollektiven Gedenken an Jean Jaurès, in: *Jaurès et la classe ouvrière*, (Ed. ouvrières) 1981, sowie auch *Jaurès et ses images*, (Société de Bibliologie et de schématisation) 1985.
47 Die beste Studie über das revolutionäre französische Arbeitertheater verdanken wir dem deutschen Forscher *Josef Bessen*; sie erscheint demnächst in: Le mouvement social.
48 Siehe *Madeleine Rebérioux*, „Théâtre d'agitation: le Groupe Octobre", in: Le mouvement social, April–Juni 1975.

breitung der Ideologie, in deren Dienst dieses Theater steht, nicht das entscheidende kulturelle Element solcher Veranstaltungen: Sehr oft gibt man darüber hinaus Clownnummern, Musikeinlagen, Tanzvergnügungen, ja sportliche Darbietungen zum besten, denn Fahrrad und Fußball werden bei den jungen Arbeitern immer beliebter. Freilich finden diese wiederholten Bemühungen um die Einigung der Arbeiterklasse auf kulturellem Boden in symbolisch gekennzeichnetem Rahmen statt: Wieviele Säle tragen nicht, wie der in Bobigny, den Namen von Jean Jaurès! Oft sind diese Säle städtische Einrichtungen, denn in den roten Vorstädten von Paris marschieren die Stadtvertreter an der Spitze. In ihrem Einflußbereich bildet sich die Symbiose gewerkschaftlicher und politischer Aktivitäten mit kulturellem Charakter heraus, hier schöpft die seit März 1936 wiedervereinigte CGT jene Kräfte, mit denen sie die vom Juni 1936 ausgehende Massenbewegung auffängt.

Aber die Freizeitkultur der Arbeiter reflektiert sich im wesentlichen nicht in dem Spiegel, den ihr die Aktivisten der roten Wohnblocks vorhalten. Annie Fourcaut hat gezeigt, daß sogar in Bobigny traditionelle kulturelle Praktiken – Wahl der Musen, Umzüge in Wagen durch die Stadt, öffentliche Bälle zweifelhaften Rufs – und die Boulespieler- und Anglervereine aus der Zeit vor dem Ersten Weltkrieg weiterbestehen.[49] Und die Fortsetzungsromane verschwinden zwar nach und nach aus der überregionalen Presse, halten sich aber in den lokalen Blättern: *Le Petit Marseillais, Le Petit Dauphinois, L'Avenir du Plateau Central* werden weiterhin wegen des „Romans" nicht weniger gekauft und gelesen als wegen der „Nachrichten".[50]

Vor allem aber tauchen neue Massenvergnügungen auf, die eine regelrechte Kulturindustrie finanziert, und denen sich der Arbeiter nicht leichter entzieht als der Kleinhändler. Unter welchen Bedingungen setzen sie sich im Bewußtsein der Bevölkerung fest? Darüber wissen wir noch nicht viel. In Reims zum Beispiel, wo Kriegseinwirkungen die Radrennbahn ebenso wie das 1909 eingeweihte Sportstadion zerstört haben[51], konzentriert die Stadt sich unter einer radikalsozialistisch-gemäßigten Verwaltung auf den Sport und erstellt dank dieses Einsatzes der Behörden großzügige Anlagen, die Reims „berühmt" machen. Bei aller Anhänglichkeit gegenüber ihren kleinen Clubs haben die Arbeiter der Hegemonie des großen, reichen Vereins „Stade de Reims" nichts entgegenzusetzen, der die Fußballwelt beherrscht, und von dem man hat behaupten können, daß er ein Ventil für die Klassenkämpfe darstellt.

Der Familie näher und noch massiver in seiner Wirkung tritt das Kino auf den Plan, die „Zerstreuung der kleinen Leute und Arbeiter", wie eine Reklame der Filmgesellschaft Pathé erläutert. Die schon vor Kriegsbeginn begonnene Ausstattung der Arbeiterviertel mit Vorführsälen schreitet mit Riesenschritten voran: In Saint-Denis gibt es 1921 drei Säle, 1929 acht, von denen einer über tausend Zuschauer faßt.[52] Ein persönliches Zeugnis unter Dutzenden anderer: Der Arbeiter und volkstümliche Schriftsteller Constant Malva beschreibt in seinem „Tagebuch" den Raum, den das „Kino" in der Freizeit eines Bergarbeiters aus Anzin einnimmt: „Auf dem Weg von meinem Haus bis zur Grube gibt's drei Ki-

---

49 Vgl. das demnächst erscheinende Werk von *Annie Fourcaut* über Bobigny.
50 Die Provinzpresse setzt ihren Aufschwung zwischen den beiden Weltkriegen fort.
51 Siehe *Gilles Baillat*, Le sport et la cité (1919/1939), (Univ. de Reims), Reims, 1984.
52 Siehe *J.-P. Brunet*, a. a. O.

nosäle. Wenn ich Nachtschicht habe, komme ich da vorbei, wenn Pause ist, und sehe Männer, Frauen und Kinder herauskommen ... Das Kino ist eins der schönsten Vergnügen, die sich die Arbeiterklasse leisten kann."[53] Die Säle wurden lange Zeit nur am Wochenende bespielt, schließen aber um 1935 mehr und mehr nur noch ein Mal in der Woche. Die technologische Neuheit Tonfilm setzt sich innerhalb von zehn Jahren durch: Zwischen 1928 und 1938 werden die 4 800 Kinosäle in Frankreich auf die Wiedergabe auch von Sprache und Musik umgerüstet. Von Ausnahmen abgesehen, weiß der Film lange genug agitatorischem Einfluß zu entgehen: Musikalische Komödien made in USA, Liebesgeschichten, Kriminalfilme, ja Pornostreifen, das ist im großen und ganzen die Mischung aus banalisierten Träumen, die am Arbeiterbewußtsein nicht spurlos vorüberzieht. Übrigens machen Hollywood-Produkte 1937 nur 50 % der in Frankreich gezeigten Filme aus, während ihr Anteil in Großbritannien 85 % beträgt. Aber die Vereinigten Staaten haben nun einmal kein Privileg auf Mittelmäßigkeit.[54]
Gegenüber dieser „Kultur von der Stange", wie Saint-Exupéry sagte, bietet der Rundfunk, jenes andere, in den Zwanziger Jahren aufgekommene Massenmedium, mehr als eine Abwechslung: ein Produktionsmittel, oder doch jedenfalls ein Instrument zur Verkaufsförderung. Nach dem Phonographen mit seinen drei oder vier immer wieder abgeleierten Platten dringt „das Radio" in den Dreißiger Jahren in den Alltag der Arbeiter ein: 500 000 Apparate werden bis 1930 aufgestellt, 3 Millionen bis 1936, 6 Millionen bis 1939. Damit kommerzialisiert sich das Lied; der Sender, in dem Bleustein-Blanchet sein „Häkchen"-Spiel darbietet, wird der Hauptträger dieser Entwicklung.[55] Verführerische Männer und verführte Frauen – Lucienne Boyer, Jean Sablon, Tino Rossi – sind zu hören, der von sexuellen Tabus befreite Humanismus und die Lebensfreude der Mireille und des jungen Charles Trenet bestimmen das Programm der Dreißiger Jahre.

4. UND DIE VOLKSFRONT?

Mit diesen summarischen Hinweisen haben wir bereits auf die Jahre der Volksfront vorgegriffen. Obgleich sie unter unserem Gesichtswinkel noch kaum untersucht worden sind[56], läßt sich doch feststellen, daß mit ihnen der Arbeiter endgültig als Kulturkonsument die Szene betritt. Die durch das Matignon-Abkommen vom 7.-8. Juni 1936 prinzipiell festgelegten und in den darauffolgenden Wochen tarifvertraglich fixierten, starken Lohnerhöhungen machen endlich bis dahin aufgeschobene, wohl auch unterdrückte Kaufwünsche realisierbar. Dies stellt Gérard Noiriel in Longwy fest, und Constant Malva schreibt am 1. August 1937 in sein „Tagebuch": „Großes Ereignis im Haus. Ein Rundfunkempfänger wurde installiert. Schon lange habe ich von einem Radio geträumt, aber weil das Kleingeld knapp war, habe ich es von Jahr zu Jahr aufgeschoben ... Es wird mich 80 Francs im Monat kosten, plus Stromverbrauch." Jetzt kann sich der Arbeiter wie jedermann von den Reizen der Massenkultur überschwemmen lassen. Vermut-

---

53 Siehe *Constant Malva*, Ma nuit au jour le jour, (Maspero) 1978.
54 Siehe *François Garçon*, De Blum à Pétain. Cinéma et société française (1936/1944), (Le Cerf) 1984, S. 21.
55 Siehe *Danielle Tartakowsky/Claude Willard*, Des lendemains qui chantent?, (Messidor) 1986.
56 Im September 1986 organisiert das Centre d'histoire du syndicalisme an der Universität Paris I ein Kolloquium zu diesem Thema.

lich hat die Beglückung über die ersten bezahlten Ferien die Erinnerung an die Bedeutung dieser ersten individuellen Kulturausstattung in den Hintergrund gedrängt.

Da übrigens zur gleichen Zeit unter dem Eindruck nicht nur der Streiks, sondern auch des politischen Sieges der Druck von Unternehmerseite nachläßt, entstehen neue Arbeiterorganisationen. Während der Jahre 1936 und 1937 veranstaltet das Volksfrontkomitee von Longwy Massendemonstrationen mit mehreren tausend Teilnehmern. Die mehr oder weniger vergessenen Immigrantenverbände leben wieder auf. Zum ersten Mal stellen Gewerkschaften sich an die Spitze des Kulturlebens: Der Gewerkschaftsbund Seine gründet eine Hochschule für Zeichnen, Malerei und Bildhauerei, an deren Spitze Frans Masereel tritt, und die CGT übernimmt die Schirmherrschaft über die Aufführung des *14. Juli* Romain Rollands. In Venissieux organisiert die Kommunistische Partei Fußwanderungen durch die Stadt und einen Wettbewerb zur Ermittlung des besten Zeitungsverkäufers, dem ein „Leninteller" gestiftet wird.[57] Diese Politisierung des Lebensraums durch Arbeiterorganisationen unterstreicht die Tatsache, daß die Massen weithin eine kulturelle Praxis angenommen haben, die nicht aus der Massenkultur hervorging, noch im Sektierertum befangen blieb. In diesen Zusammenhang gehört auch, daß die Bibliothek von Bobigny neben den Werken von Barbusse und Gorki die von André Gide und Victor Margueritte, neben Texten von Marx und Engels die von Fernand Pelloutier erwirbt: Kommunisten und liberale Bürger, Marxisten und Anarchisten – in den Bibliotheksregalen wie auf der Straße findet man sie eine Weile lang einträchtig nebeneinander.

Getragen von dieser Einheitsfront halten die neuen, außerhalb der Fabrik entstandenen Formen der Arbeiterkultur ihren Einzug in diese abgeschlossene Welt. Mit welchen Motiven auch immer die Betriebsbesetzungen legitimiert wurden: Schutz vor Aussperrung, Erhaltung der Produktionsmittel, ihre Bedeutung geht weit darüber hinaus. Sie zeugen von einer neuen Beziehung zum Unternehmen, die mit der Wiederaufnahme der Arbeit nicht wieder verschwinden wird. Die CGT gründet in den Betrieben Sektionen ihrer „Fédération Sportive et Gymnique du Travail", um den Arbeitersport zu fördern. Die Filmgesellschaft „Ciné-Liberté", die mit Jean Renoirs *La vie est à nous* den Wahlkampf der Kommunistischen Partei unterstützt hatte, dreht 1937 *La Marseillaise* mit Geldern, die durch eine öffentliche Subskription zusammenkommen. Hauptsächlich beteiligt sich die CGT.[58] Die Subskriptionslisten zirkulieren in den Fabriken, der Krieg in Spanien institutionalisiert sie gewissermaßen[59]

Wie lange dauerten die Flitterwochen zwischen der Agitatorenkultur und einer in vollem Wandel befindlichen Arbeiterkultur, wie weit reichte ihr Einfluß? Darüber kann ich hier nicht ausführlicher sprechen. Aber es ist an der Zeit, die kulturelle Dimension jenes außergewöhnlichen Zusammentreffens von politischer und sozialer Bewegung im Juni 1936 zu untersuchen und zu begreifen, daß es sich nicht bloßem Zufall verdankt.

---

57 Siehe *Philippe Videlier*, a. a. O.
58 Zu „Ciné-Liberté" vgl. *Pascal Ory*, „De Ciné-Liberté à La Marseillaise", in: Le mouvement social, April 1975.
59 Siehe *Sylvie Schweitzer*, „Les ouvriers des usines Renault de Billancourt et la guerre civile espagnole", in: Le mouvement social, April/Juni 1978.

Adelheid von Saldern

Arbeiterkulturbewegung in Deutschland
in der Zwischenkriegszeit*

Einleitende Bemerkungen

Die Forschungen über die Arbeiterbewegung konzentrierten sich lange Zeit auf die Geschichte der Parteiführer und „ihrer" Organisationen sowie auf die Geschichte der Theorien und Strategien. Dies ist seit etlichen Jahren anders geworden. Heute geht es mehr um basisbezogene Studien zur Arbeiterbewegung. Wichtig werden hierbei insbesondere die Bereiche der Arbeiter-(Alltags-)-Kultur, der Arbeitergruppenkultur[1] sowie der Arbeiterkulturbewegung, worunter man vor allem die Arbeiterkulturvereine und die Arbeiterbewegungskultur (d. h. die Kultur- und Bildungspraxis im Umfeld der Arbeiterorganisationen) versteht.
Dabei ist es bei einem *Teil* der Forscher/innen zu einem Methoden- und Perspektivenwechsel gekommen. „Geschichte auch von unten" ist gefragt; der Kommunikationsprozeß der Geschichtswissenschaft wird betont (Oral-History; Geschichtswerkstätten-Bewegung). Anspruch und Herausforderung sind groß: Fasziniert vom ganzheitlichen Charakter der zu erforschenden Lebenswelten, ist man bestrebt, zum einen die Verzahnung zwischen dem Produktions- und dem Reproduktionsbereich zu entschlüsseln, zum anderen den Zusammenhang von alltäglichen Lebenswelten einerseits und gesellschaftlichen Gesamtprozessen andererseits zu analysieren und zum dritten die subjektiven Deutungsmuster objektiv verlaufener politisch-kultureller und sozio-ökonomischer Prozesse durch die Betroffenen zu rekonstruieren (politische Kultur).[2] – Hinsichtlich der Arbei-

---

* Für Kritik und Anregungen danke ich Friedhelm Boll, Alfred Georg Frei, Peter Lösche, Hartmut Lohmann, Alf Lüdtke, Gerald Sider, Irmgard Wilharm.
1 Für die empirische Forschung ist die Arbeitergruppenkultur besonders wichtig. Hierbei ist sowohl an berufs-, betriebs- und branchenbezogene Studien zu denken, als auch an Analysen zur Lebens- und Arbeitssituation und den entsprechenden Erfahrungshorizonten bestimmter Gruppen (z. B. Frauen und Jugendlicher) und bestimmter Regionen (z. B. im katholischen Milieu). Da sich die Erforschung der Weimarer Republik jahrzehntelang vor allem auf politische Prozesse konzentriert hat, besteht für diese Phase seit langem ein besonderer Nachholbedarf, der bisher nicht befriedigt werden konnte. – In den folgenden Ausführungen muß leider aus Platzgründen auf diese arbeitergruppenspezifische Differenzierung, die ja auch die Arbeiterbewegungskultur tangierte, weitgehend verzichtet werden. Verwiesen sei jedoch auf den Beitrag von *Alf Lüdtke* in diesem Band.
2 Dazu siehe stellvertretend für zahlreiche andere Titel: *Robert M. Berdahl* u. a., Klassen und Kultur. Sozialanthropologische Perspektiven in der Geschichtsschreibung, Frankfurt 1982 (vor allem die Einleitung); *Alf Lüdtke*, Organizational Order or Eigensinn? Workers' Privacy and Workers' Politics in Imperial Germany, in: *Sean Wilentz* (Hrsg.), Rites of Power. Symbolism, Ritual, and Politics Since the MiddleAges, Philadelphia 1985; *Hannes Heer/Volker Ullrich*, Geschichte entdecken. Erfahrungen und Projekte der neuen Geschichtsbewegung, Reinbek 1985; *Dieter Groh*, Base Processes and the Problem of Organization: Outline of a Social History Research Project, in: Social History 4, 1979.

terkulturbewegung geht es unter solchem Blickwinkel um die Frage, ob und gegebenenfalls wie intensiv diese mit der Arbeiteralltagskultur verbunden war. Überlegungen dazu sind unter der Annahme wichtig, daß die Alltagskultur sozusagen den Humus ausmacht, aus dem heraus sich politisch-kulturelle Prozesse von gesamtgesellschaftlicher Relevanz formieren *können* und an dem in produktiver Weise gesellschaftspolitische Strategien anknüpfen müssen, wollen sie Erfolg haben. In den Worten Negts:

> „Nur in dem Maße, wie Politik in den Alltag eingefügt ist und mithilft, Sinnfragen öffentlich zu stellen und Antworten darauf wenigstens provisorisch und experimentell vorzuschlagen, kann auch große Kultur der Vergangenheit mit ihrem Utopiegehalt wieder eine alltägliche Bedeutung für die praktische Selbstverwirklichung der Menschen gewinnen, für den erweiterten Wahrnehmungshorizont ihrer Autonomie und Selbstbestimmung."[3]

Die Impulse für dieses relativ junge Forschungsfeld entstammen unterschiedlichen Quellen. Von den Nachbardisziplinen gewannen die historische Anthropologie, die Ethnologie bzw. die Volkskunde vermehrten Einfluß, insbesondere wenn es um Interpretationen bestimmter kultureller Praxisformen (Ritual- und Symbolwelten[4]) geht, wobei Fragen nach den Überlagerungsprozessen von plebejischen und proletarischen Kulturelementen nach wie vor relevant sind.[5] – In-

---

3 *Oskar Negt*, Lebendige Arbeit, enteignete Zeit. Politische und kulturelle Dimensionen des Kampfes um die Arbeitszeit, Frankfurt/New York 1984; vgl. auch: *Helene Maimann*, Bemerkungen zu einer Geschichte des Arbeiteralltags, in: *G. Botz* u. a. (Hrsg.), Bewegung und Klasse. Studien zur österreichischen Arbeitergeschichte, Wien u. a. 1978, S. 600.

4 Bei der Erforschung der Symbole und Rituale geht es vor allem um das Verhältnis von symbolisch-affektiver und verbal-argumentativer Bewußtseinsbildung sowie um die Frage nach den Anteilen eigensinniger Symbolik einerseits und formalisiert-bürokratisierter Politik andererseits. Dazu siehe *Norbert Schindler*, Spuren in der Geschichte der „anderen" Zivilisation. Probleme und Perspektiven einer historischen Volkskulturforschung, in: *Richard van Dülmen/Norbert Schindler* (Hrsg.), Volkskultur. Zur Wiederentdeckung des vergessenen Alltags (16. bis 20. Jahrhundert), Frankfurt 1984, S. 13 ff.; sowie: *Gottfried Korff*, Volkskultur und Arbeiterkultur. Überlegungen am Beispiel der sozialistischen Maifesttradition, in: *Jürgen Kocka* (Hrsg.), Arbeiterkultur im 19. Jahrhundert (= Geschichte und Gesellschaft, 5. Jg., H. 1), Göttingen 1979, S. 129.

5 Im Zuge des Vordringens des kapitalistischen Industriesystems und seiner neuen Normen (Rationalität, Zeitökonomie) wurden – so scheint es – ältere traditionelle Wertmuster und Verhaltensweisen, wie z. B. Normen der moralischen Ökonomie (Thompson; Vester), symbolisch vermittelte kollektive Traditionen, lustbetonte Praxisformen, spontane eruptive Aktionsweisen etc. zunehmend überdeckt bzw. verdrängt durch die erfolgreichen Versuche zur Disziplinierung, Versittlichung und Verregelung der Verkehrsformen sowohl in den Betrieben als auch im Reproduktionsbereich und in der Öffentlichkeit (Arbeitsordnungen, Sauberkeits-, Sittlichkeits- und Sparsamkeitsvorstellungen, Verregelung kollektiver Auftritte). Dabei zeigt sich auch die bedeutsame Rolle, die die Arbeiterorganisationen als Vermittlungsinstanzen bürgerlicher Wertvorstellungen gespielt haben. Hierauf bezieht sich auch die neuerdings entfaltete Kritik an den klassischen Arbeiterorganisationen, wobei z. T. die große historische Bedeutung, die den Arbeiterorganisationen insgesamt zukommt, zu stark in den Hintergrund gerückt wird bzw. nur die negativen Seiten hervorgekehrt werden. Vgl. allgemein zum Überlagerungsprozeß auch die Überlegungen von *Hans Medick*, Plebejische Kultur, plebejische Öffentlichkeit, plebejische Ökonomie. Über Erfahrungen und Verhaltensweisen Besitzarmer und Besitzloser in der Übergangsphase zum Kapitalismus, in: Berdahl u. a., a. a. O., bes. S. 164.

nerhalb der Historiographie ist der sich in den letzten Jahren verstärkende Trend zur Erforschung von Mikro-(Alltags-)Strukturen mittels der Lokal- und Regionalgeschichte wichtig geworden.[6] Hier ist die Erkenntnis von der Ungleichzeitigkeit (Bloch) des Kulturprozesses (infolge der Ungleichzeitigkeit und Ungleichmäßigkeit gesamtgesellschaftlicher Entwicklung) zentraler Ausgangspunkt und Grundlage für Vergleichsstudien. – Große Bedeutung kommt auch immer noch den kulturmaterialistischen Arbeiten von E. P. Thompson und seinen Zentralbegriffen „Erfahrung" und „Kultur" zu.[7] Außerdem ist noch auf den Einfluß von Raymond Williams zu verweisen. Ihm ist es mit zu verdanken, wenn man heute dazu tendiert, die Arbeiterkulturbewegung nicht nur auf die Kultur- und Bildungsarbeit der Arbeiterorganisationen sowie auf die Arbeiterkulturvereine zu beschränken, sondern wenn man den Begriff weiterfaßt: Sieht man nämlich – wie Williams – den eigentlichen Kernpunkt der Arbeiterkulturbewegung in den „alternativen Ideen über die Natur gesellschaftlicher Beziehungen", so fallen *im Prinzip* auch die Gewerkschaften, die Arbeiterparteien und die Genossenschaften darunter,[8] zumal sich die Arbeiterorganisationen stets selbst als Kulturbewegung begriffen haben.[9]

Fruchtbar waren ferner die Diskussionen über Otto Bauer und den Austromarxismus, weil hier Fragen nach dem Verhältnis von Kultur, Gesellschaft, Arbeiterbewegung und Politik an zentraler Stelle standen.[10] Darüber hinaus hat auch die Gramsci-Renaissance Spuren hinterlassen. Seither findet man häufiger in der Literatur den zu bestimmten analytischen Zwecken nützlichen Begriff der bürgerlichen kulturellen Hegemonie.[11]

---

6 Vgl. neuerdings: *Gerd Zang*, Die unaufhaltsame Annäherung an das Einzelne. Reflexionen über den theoretischen und praktischen Nutzen der Regional- und Alltagsgeschichte (= Schriftenreihe des Arbeitskreises für Regionalgeschichte e. V. Nr. 6), Konstanz 1985.

7 Von den vielen Arbeiten Thompsons sei hier auf sein wohl einflußreichstes Buch hingewiesen: *Edward P. Thompson*, The Making of the English Working Class, Harmondsworth 1963.

8 *Raymond Williams*, Gesellschaftstheorie als Begriffsgeschichte, München 1972, S. 390 ff.; Die Kultur, die die Arbeiterklasse geschaffen hat, „und die anzuerkennen wichtig ist, sind die kollektiven demokratischen Einrichtungen, heißen sie Gewerkschaften, Genossenschaftsbewegungen oder politische Parteien". Die Kultur der Arbeiterklasse ist, wenn sie „in dem richtigen Zusammenhang betrachtet wird, ... eine außerordentlich bemerkenswerte schöpferische Leistung..." (S. 392); vgl. *Michael Vester*, Was dem Bürger sein Goethe, ist dem Arbeiter seine Solidarität. Zur Diskussion der „Arbeiterkultur", in: Ästhetik und Kommunikation 7. Jg., 1976, H. 24, S. 62 ff. Allerdings bringt eine solche Begriffsausweitung analytisch-methodische Probleme mit sich.

9 *Gewerkschafts-Zeitung*. Organ des Allgemeinen Deutschen Gewerkschaftsbundes, 38. Jg., 1928, S. 502 (Reprint, Berlin/Bonn 1984).

10 Vgl. vor allem *Detlef Albers* u. a. (Hrsg.), Otto Bauer und der „dritte" Weg, Frankfurt 1979.

11 Wenngleich es auch zu den Wirkungen der hegemonialen bürgerlichen Kultur gehört, daß bestimmte Werte und Normen scheinbar zwanglos auf die Zustimmung der beherrschenden Klassen stoßen, so handelt es sich dabei nicht minder um kulturelle Herrschaftsstrukturen. Doch darf daraus nicht geschlossen werden, daß die bürgerliche hegemoniale Kultur eine hermetisch-geschlossene, widerspruchsfreie Totalität sei, aus der es kein Entrinnen gäbe. Dazu *Dieter Kramer*, Theoretische Probleme bei der Bestimmung der Arbeiterkultur, in: *Helmut Fielhauer/Olaf Bockhorn* (Hrsg.), Die andere Kultur. Volkskunde, Sozialwissenschaften und Arbeiterkultur, Wien/München/Zü-

Bezüglich der Interpretations- und Bewertungsprobleme auf diesem Forschungsfeld geht es zentral um die Frage, ob die Arbeiterkulturvereine und die kulturellen Praxisformen der Arbeiterorganisationen besser mit dem Begriff der Subkultur oder mit dem Begriff der Gegenkultur zu kennzeichnen seien.[12] Drei Teilprobleme sind hierbei angesprochen:

1. Welche Einzelphänomene werden überhaupt interpretiert (einseitige Sichtweise)?
2. Wird nicht nur nach den Erscheinungsformen und Wirkungen, sondern auch nach den Intentionen der Subjekte gefragt?
3. Welche Bedeutung kommt dem interpretierten Einzelphänomen im Gesamtzusammenhang zu?

Hierzu ein konkretes Beispiel: Der Arbeiter im „feinen" Sonntagsanzug hat sich offensichtlich der äußeren Form nach einer bestimmten Norm der bürgerlichen hegemonialen Kultur angepaßt. Aber zu welchem Zwecke? Um sich besser in die bürgerliche Gesellschaft einzufügen? Mag sein. Vielleicht sollte dieser Anzug aber auch dazu beitragen, sein Selbstbewußtsein zu stärken bzw. in den Augen des nun einmal dominanten Bürgertums respektiert zu werden sowie seine Kulturfähigkeit nach außenhin zu demonstrieren – unter Umständen gerade aufgrund seiner klassenorientierten (und gesellschaftskritischen) Grundeinstellung? – An diesem einfachen Beispiel wird deutlich, wie unterschiedlich die Interpretationen ausfallen können. In der Literatur besteht die Tendenz, vor allem die *äu-*

---

rich 1982, S. 65. Drei Gründe sind anzuführen: 1. Gab und gibt es sehr unterschiedliche Formen bürgerlicher hegemonialer Kultur, die verschiedenen bürgerlichen Fraktionen (und Parteigruppierungen) zuzuordnen sind und die wegen der Frage der Dominanzen innerhalb der bürgerlich-hegemonialen Kultur zum Teil in Widerstreit zueinander stehen (z. B. bürgerlicher Konservatismus versus bürgerlichen Sozialliberalismus). 2. Muß man berücksichtigen, daß gerade seit den zwanziger Jahren die „industrialisierten Produktionsöffentlichkeiten" (Massenmedien etc.) die bürgerliche kulturelle Hegemonie in ihren klassischen Formgebungen überlagert und auch verändert haben, so daß seither die kulturellen Strukturen wesentlich komplexer wurden und ihr Hegemoniecharakter manchmal bis zur Unkenntlichkeit verdeckt wurde. Vgl. dazu *Oskar Negt/Alexander Kluge*, Öffentlichkeit und Erfahrung. Zur Organisationsanalyse von bürgerlicher und proletarischer Öffentlichkeit, Frankfurt/Main 1972, S. 30 ff. 3. Darf man sich das Verhältnis nicht als hermetisch voneinander abgeschlossene und sich feindlich gegenüberstehende Kulturblöcke vorstellen. Gerade der Hegemoniecharakter der bürgerlichen Kultur besteht ja darin, daß Teile der bürgerlichen Kultur von der Arbeiterkulturbewegung aufgenommen wurden. Aber auch die bürgerliche hegemoniale Kultur vereinnahmt für sich Elemente der Arbeiterkulturbewegung (vgl. z. B. den erneuten Ausbau bürgerlicher Arbeitervereine seit den 1890er Jahren). Bei solchen wechselseitigen Rezeptionsvorgängen kommt es jedoch meist zu Veränderungs- und Deformierungsprozessen.

12 Zum Begriff der Subkultur siehe vor allem die noch heute häufig zitierte Arbeit von *Günther Roth*, The Social Democrats in Imperial Germany. A Study in Working-Class Isolation and National Integration, Totowa/New Jersey 1963. Zur Kritik daran siehe z. B. *Dieter Dowe*, Die Arbeitersängerbewegung in Deutschland vor dem Ersten Weltkrieg – eine Kulturbewegung im Vorbild der Sozialdemokratie, in: *Gerhard A. Ritter* (Hrsg.), a. a. O., S. 122 f.; vgl. auch die diversen Studien in: *Jürgen Kocka* (Hrsg.), a. a. O., passim. Zum Begriff der Gegenkultur – in Abgrenzung zur Subkultur – siehe *J. Milton Yinger*, Contraculture and Subculture, in: American Sociological Review 25, 1960, No. 5, S. 629. Unter Gegenkultur ist eine gegen die bestehende Gesellschaft politisierte Subkultur zu verstehen.

ßeren Formen der Kulturpraxis zu analysieren. Da die äußeren Formen sich stark an die äußeren Formen der bürgerlichen *hegemonialen* Kultur anlehnten – wie sollte es aufgrund des Hegemoniecharakters der bürgerlichen Kultur auch anders sein –[13], kommt es leicht zu Überbewertungen des Adaptionsvorganges. Bezieht man hingegen außerdem auch die Intentionen und den Gesamtkontext in die Analyse mit ein, dann fallen nicht selten die Interpretationsergebnisse der Einzelphänomene differenzierter aus; dann treten nämlich die Ambivalenzen und Widersprüche stärker hervor, und aus eindeutigen und einschichtigen Interpretationsresultaten werden mehrdeutige und mehrschichtige. Die Arbeiter(bewegungs)kultur wies eben keine homogene, konsistente und statische Struktur auf, weil man sie einerseits (in einem fortlaufenden Prozeß) stets mehr oder weniger in die herrschende Kultur einzubinden trachtete, weil sie andererseits – ebenfalls prozessual – immer wieder von neuem versuchte, relativ eigenständige kulturelle Praxisformen zu entwickeln, die ihrerseits wiederum die bürgerlich-hegemoniale Kultur herausforderten.[14]

1. ENTWICKLUNGSSTAND DER ARBEITERKULTURBEWEGUNG AM ENDE DER WILHELMINISCHEN ZEIT

Die Arbeiterkulturbewegung erreichte in den Jahren von 1895 bis 1914 ihre erste große Blütezeit. Dies hing mit der rapiden Entwicklung der Arbeiterbewegung zusammen.[15] Zahlreiche Kultur- und Bildungseinrichtungen wurden relativ unabhängig von der Partei- und der Gewerkschaftsorganisation von der Basis aus gegründet, ein deutliches Zeichen vorhandener Bedürfnisse.[16]
Für die SPD bestand der politische Wert der relativ autonomen sogenannten Vorfeldorganisationen (worunter z. B. Arbeiterturnvereine gemeint waren) vor allem in der Möglichkeit, auf diese Art neue Mitglieder und Wähler zu bekom-

---

13 Geht man von der Kultur als einem Lebenszusammenhang aus (vgl. *Maimann*, S. 615), so liegt die Einsicht nahe, daß die hegemoniale Kultur – verstanden als „Gestaltungsweise der Gesellschaftlichkeit des menschlichen Lebens" (*Will/Burns*) – die Menschen durch Strukturen und Institutionen sowie kulturelle Leitbilder umschlossen hält, deren klassenspezifische Inhalte sich der unmittelbaren Erfahrung und erst recht der Erkenntnis meist verschließen und infolgedessen auch häufig nicht in Frage gestellt werden. Vgl. *Wilfried Will/Rob. van der Burns*, Arbeiterkulturbewegung in der Weimarer Republik. Eine historisch-theoretische Analyse der kulturellen Bestrebungen der sozialdemokratisch-organisierten Arbeiterschaft, Frankfurt 1982, Bd. 1, S. 241 f.
14 Schindler bezeichnet solche wechselseitigen Prozesse als „Dialektik kultureller Reziprozitäten"; *Schindler*, 1984, S. 58; vgl. auch *Birgit Mahnkopf*, Verbürgerlichung. Die Legende vom Ende des Proletariats, Frankfurt/New York 1985, S. 195; grundlegend neuerdings: *Gerald M. Sider*, Culture and Class in Anthropology and History. A Newfundland Illustration, Cambridge Univ.Press, Cambridge 1986.
15 Die rapide Entwicklung der Arbeiterbewegung war selbst wiederum zu großen Teilen das Resultat des sich weiter verbreitenden und tiefer die gesellschaftlichen Strukturen verändernden kapitalistischen Industrialisierungsprozesses.
16 In diesem Zusammenhang sind zu nennen a) die verschiedenen Freizeit- und Bildungsvereine (Arbeitersportverein, Arbeitersängerbund, Arbeitertheaterverein etc.), b) die Selbsthilfe-Einrichtungen mit spezifischen Aufgaben: Arbeitersekretariate, Bibliotheken, Genossenschaften, Bildungsausschüsse, Volksbühnen, Rechtsberatungsstellen, spezifische Kommissionen, wie z. B. Kinderkommissionen etc., c) die Jugendausschüsse.

men. Deshalb stellte sie im allgemeinen etwaige prinzipielle Bedenken zurück. Dagegen artikulierten die Linken in der Partei ihre Vorbehalte am deutlichsten: Sie befürchteten – zumindest von den freizeitorientierten Kulturvereinen – eher eine Ablenkung als eine Hinwendung zur Politik, weil nämlich tatsächlich die Politik in diesen Vereinen seit der Legalisierung der gesamten Arbeiterbewegung im Jahre 1890 keine *direkte* Rolle mehr spielte und weil der Trend vieler Mitglieder, sich in ihrem subkulturellen Milieu häuslich einzurichten („Lagermentalität"; „negative Integration"[17]), vermutlich tatsächlich recht verbreitet war. Doch daraus resultierte keine Milieu-Idylle. Einer Entpolitisierung der Mitglieder wirkten nämlich die Überwachungen und Repressalien seitens der kommunalen Verwaltungen bzw. der Polizei während der gesamten wilhelminischen Zeit entgegen.[18] Ferner machten die Arbeiterkulturvereine negative Erfahrungen mit den gleichfalls erfolgreich tätigen bürgerlichen und kirchlichen Konkurrenzeinrichtungen auf dem Bildungs- und Freizeitsektor (z. B. Deutsche Turnerschaft, Evangelische Arbeitervereine).[19] Dies alles bedeutete: Die Gesamtsituation, in der sich die Arbeiterkulturvereine damals befanden, war so strukturiert, daß das subkulturelle Milieu (wie übrigens auch die schon damals zum Teil vorfindbaren Tendenzen, bürgerliche Kulturnormen zu akzeptieren) immer auch gleichzeitig – ohne besonderes Zutun der Mitglieder – politisch oppositionelle Züge trug, die ein gegenkulturelles Klima schufen. Diese gegenkulturellen Strukturen der Arbeiterkulturvereine wurden zudem noch durch die gerade in diesen Organisationen gediehenen alternativen Vorstellungen über die Natur gesellschaftlicher Beziehungen (Williams) verstärkt. Gemeint sind die vielfach in diesen Vereinen auffindbaren Praxisformen der Solidarität und Kollektivität, die aus dem Grundbedürfnis vieler Mitglieder nach „anderen und besseren" gesellschaftlichen Verkehrsformen entstanden waren.

Das Problem des komplizierten Ineinandergreifens von bürgerlicher hegemonialer Kultur und gegenkulturell angelegter Arbeiterkultur wird auch an der damaligen Bildungs- und Kulturpraxis der SPD und der Gewerkschaften deutlich.

1. SPD und Gewerkschaften orientierten sich hauptsächlich an bestimmten (intentional allerdings veränderten) Werten der sogenannten „Hochkultur" (z. B. klassische Literatur; vgl. die Schillerfeier von 1905[20]) und an den (ebenfalls intentional veränderten) Normen der hegemonialen bürgerlichen Gesellschaft (z. B. diszipliniertes Benehmen). Doch nicht in der Rezeption der bürgerlich hegemonialen Kultur lag – für sich alleine gesehen – die entscheidende

---

17 *Negt/Kluge*, passim; *Dieter Groh*, Negative Integration und revolutionärer Attentismus. Die deutsche Sozialdemokratie am Vorabend des Ersten Weltkrieges, Frankfurt 1973.
18 Die Gründe für die Repressionspolitik gerade gegenüber den Arbeiterkulturvereinen lagen darin, daß man annahm, hier wäre das Reservoir, aus dem für die SPD und für die Gewerkschaften neue Mitglieder rekrutiert werden würden.
19 *Adelheid v. Saldern*, Wilhelminische Gesellschaft und Arbeiterklasse: Emanzipations- und Integrationsprozesse im kulturellen und sozialen Bereich, in: Internationale wissenschaftliche Korrespondenz für die Geschichte der deutschen Arbeiterbewegung (= IWK), 13. Jg., 1977, H. 4, passim; in einer Einzelanalyse: *dies.*, Vom Einwohner zum Bürger, zur Emanzipation der städtischen Unterschicht Göttingens 1890 bis 1920. Eine sozial- und kommunalhistorische Untersuchung, Berlin 1973, S. 319 ff.
20 Dazu siehe die eindringliche Studie von *Martin Rector*, Wozu der Arbeiter die bürgerliche Kultur braucht. Anmerkungen zur Schiller-Feier der SPD von 1905, in: *Peter Eric Stüdemann/Martin Rector* (Hrsg.), a. a. O., S. 74 ff.

Problematik in der Kultur- und Bildungspraxis der damaligen Arbeiterorganisationen, sondern in der Einseitigkeit und *Überbetonung* eines solchen Vorganges. Gleichzeitig wurden nämlich alle jene politisch-kulturellen Ressourcen (Arbeiteralltag, Arbeiteralltagskultur), die für die Herausbildung einer relativ eigenständigen und basisbezogenen politischen Kultur hätten bedeutsam werden können, allenfalls nur unter parteirelevanten Gesichtspunkten (also selektiv) aufgenommen.[21] Besonders deutlich wird dies bei der Standardisierung, der Hierarchisierung und der (überdimensionalisierten) Parteibezogenheit vieler öffentlicher Versammlungen besonders seit der Jahrhundertwende (dazu siehe auch Kapitel 6).

2. Die also schon für die damalige Zeit auf dem kulturellen Sektor erkennbare Handlungsasymmetrie der SPD und der Gewerkschaften hatte allerdings in bezug auf die Einstellung gegenüber dem Gesamtsystem zunächst nur geringe politisch-kulturelle Auswirkungen: Ähnlich wie schon für die Arbeiterkulturvereine konstatiert, bewirkte das wilhelminische Gesellschaftssystem nämlich von „ganz alleine", daß die kulturellen Praxisformen der SPD und der Gewerkschaften in einem gegenkulturell bestimmten *Gesamtkontext* verhaftet blieben. Außerdem waren die Intentionen, die die gesamte sozialdemokratische (weniger die gewerkschaftliche) Kultur- und Bildungsarbeit trugen, gleichfalls deutlich gegenkulturell bestimmt (fundamentale Sozialkritik am Gesamtsystem auf der Basis der Erkenntnis des Klassencharakters der Gesellschaft sowohl im Produktions- als auch im Reproduktionsbereich; Glaube an die (sozialistische) Befreiung der Arbeiterklasse und gleichzeitig der ganzen Menschheit durch die immer größer werdende Arbeiterbewegung). Während sich im Ersten Weltkrieg diese fundamentale Sozialkritik noch zusätzlich verdichtete, so daß schließlich eine (vor-)revolutionäre Situation an der Basis (1917/18) entstand, veränderte sich in der Weimarer Zeit gerade dieser gegenkulturell strukturierte Gesamtkontext, und es schwächten sich außerdem die gegenkulturellen Intentionen ab.

2. PARTEIPOLITIK UND ARBEITERBEWEGUNGSKULTUR

Kaum ein Ereignis in der Geschichte der Arbeiterbewegung hinterließ so tiefe Spuren wie ihre Spaltung. Der Kulturbereich konnte auf Dauer davon nicht ausgenommen bleiben, obwohl sich gerade auf diesem Gebiet auch einige Besonderheiten aufzeigen lassen: In der revolutionären und postrevolutionären Phase (1918 bis 1921/23) kam es zu kulturellen Aktivitäten, die zwar meist links von der Mehrheit der Sozialdemokratischen Partei Deutschlands (MSPD) bzw. der SPD angesiedelt waren, die aber trotzdem noch nicht das Stigma der Spaltung trugen. Vielmehr entsprangen sie einer damals weit verbreiteten idealistisch-utopischen und politisch-radikalen (teilweise anarchistisch orientierten) Grundstimmung, die im übrigen auch von einer Reihe elitär-sozialistisch eingestellter bürgerlicher Intellektueller (z. B. Bruno Taut)[22] geteilt wurde. Euphorische Hoff-

---

21 Vgl. dazu die Forschungen von *Alf Lüdtke* (siehe Anm. 2). Als Fallstudie dazu: *Adelheid v. Saldern*, Auf dem Weg zum Arbeiter-Reformismus. Parteialltag in sozialdemokratischer Provinz (Göttingen 1870 bis 1920), Frankfurt 1984 (a), bes. S. 163 ff.
22 *Willi L. Guttsmann*, Bildende Kunst und Arbeiterbewegung in der Weimarer Zeit: Erbe oder Tendenz, in: Archiv für Sozialgeschichte, 22, 1982, S. 338 ff. Vgl. auch *Jost Hermand/Frank Trommler*, Die Kultur der Weimarer Republik, München 1978, S. 125.

nungen, kollektives Selbstbewußtsein, Aufbruchstimmung, Spontaneität und Militanz bildeten den Nährboden, auf dem sich vielfältige kulturelle Praxisformen entwickelten, so z. B. der „Arbeitsrat für Kunst" oder die „Proletarische Theaterbühne der revolutionären Arbeiter Großberlins" (Piscator).[23]

Diese Aufbruchszeit endet mit dem Verblassen der Revolutionshoffnungen (1921/23). Eine neue Phase setzte ein. Die in den Arbeiterorganisationen entwickelten Kulturinitiativen entbehrten nunmehr des ganzheitlichen Charakters und der Überzeugung, daß eine solche Kulturpraxis im Einklang mit dem Gang der Geschichte stünde. Die Spaltung der Arbeiterbewegung auf politischem Gebiet begann sich nun auch auf kulturellem Gebiet auszuwirken. Dies führte sowohl zu Unsicherheit und Orientierungslosigkeit als auch zu Verkrampfungen, Überspitzungen und Einseitigkeiten.

Die *Sozialdemokraten* und die ihnen nahestehenden Gewerkschafter hörten – trotz der vielen Rückschläge – nicht auf, die Republik als großen Vorteil zu preisen und ihre politischen und sozialen Hoffnungen auf sie zu projizieren. Sie betrachteten die bürgerlichen Parteien und Organisationen – soweit sie sich einigermaßen zur Republik bekannten – nicht mehr als Klassengegner, sondern allenfalls als politische und soziale Kontrahenten, aber auch als (mögliche) „Koalitions- und Sozialpartner". Aufgrund der breiten Palette neuer Partizipationschancen[24] verstanden sie sich in dieser pluralistischen Demokratie als Mitwirkende unter anderen Mitwirkenden, als Träger einer „Kultur der Teilhabe".[25] – So waren (M)SPD und Gewerkschaften auch überzeugt, daß die Kulturarbeit klassenneutral und auf das Ganze hin ausgerichtet sein müsse, daß es eine „proletarische Kultur" gar nicht geben könne und daß die kulturellen Praxisformen erst recht nicht im Dienste einer Partei stehen dürften.[26] Die Begründung dafür lautete:

„Wir wollen keinen Kulturkampf, weil wir wissen, daß das Kulturbewußtsein einem organischen Wachstumsvorgang unterworfen ist."[27]

---

23 Zur proletarischen Theaterbühne siehe *Richard Weber*, Proletarisches Theater und revolutionäre Arbeiterbewegung 1918 bis 1925, Köln 1978 (2. Aufl.), S. 83 ff.
24 Die Anfänge gehen allerdings schon auf die Zeit vor 1914 zurück. Zu nennen sind hier Tarifverträge und ihre Schiedskommissionen, Gewerbegerichte, Arbeiterausschüsse, Einigungsämter etc.
25 *Lutz Niethammer*, Rekonstruktion und Desintegration: Zum Verhältnis der deutschen Arbeiterbewegung zwischen Krieg und Kaltem Krieg, in: *Heinrich August Winkler* (Hrsg.), Politische Weichenstellungen im Nachkriegsdeutschland 1945 bis 1953 (= Geschichte und Gesellschaft, Sonderheft 5), Göttingen 1979, S. 32 f.
26 *Will/Burns*, Bd. 1, S. 181, 237; vgl. auch *Christoph Rülcker*, Arbeiterkultur und Kulturpolitik im Blickwinkel des „Vorwärts" 1918 bis 1928, in: Archiv für Sozialgeschichte 16, 1974, S. 154. Deswegen kam es auch in der „Volksbühne" zum Konflikt mit dem künstlerischen Leiter Erwin Piscator (1927), weil dieser gegen die Ansicht der Parteiführung opponierte, daß Kunst und Kultur politisch neutral zu sein habe (*Will/Burns*, 1. Bd., S. 125). – Die im Umfeld der SPD entstandene sogenannte Arbeiterdichtung (z. B. Werke von Max Barthel) verzichtete auf eine realistische Analyse und auf eine kritische Auseinandersetzung mit der bestehenden Gesellschaftsordnung. Statt dessen wurde in ihr eine Hymne auf die bäuerlich-handwerkliche Welt gesungen und eine Scheinwirklichkeit heraufbeschworen. *Christoph Rülcker*, Ideologie der Arbeiterdichtung 1914–1933. Eine wissenssoziologische Untersuchung, Stuttgart 1970, S. 20, 108.
27 In: Die Gemeinde, Jg. 4, 1927, H. 20.

Die SPD lehnte es deshalb sogar ab, ihre alte Parteischule wieder zu eröffnen,[28] woran die qualitativ neuen Momente ihrer Kulturkonzeption am deutlichsten erkennbar waren. Die neue Qualität bestand darin, daß die SPD noch eindimensionaler als in wilhelminischer Zeit bestrebt war, sich das kulturelle Erbe der Nation anzueignen – nach wie vor freilich in emanzipativer Absicht (z. B. klassische Musik, klassische Literatur usw.). Diese Handlungslinien standen zudem in der Weimarer Zeit in einem anderen Wirkungszusammenhang als in der Zeit des Deutschen Kaiserreiches, und zwar deshalb, weil sich nun *gleichzeitig* die gegenkulturellen Konturen verflüchtigten und die sozialistische Programmatik vollends brüchig wurde. Der schon in der Vorkriegs-Sozialdemokratie vertretene (und auch schon damals Bruchstellen aufweisende) programmatische Anspruch, durch Kulturarbeit sowohl die eigene Klasse, als auch die ganze Menschheit zu befreien,[29] erstarrte in der Weimarer Zeit gänzlich zur leeren Formel und öffnete – unterhalb dieser programmatischen Prophetie – einem sich verselbständigenden kulturellen Pragmatismus Tür und Tor. Dazu ein Beispiel: Die pragmatisch durchgezogene Modernisierung der Stadt Altona unter sozialdemokratischer Führung bewertete die SPD mit leichter Zunge als ein Exempel dafür,

> „wie eine gewollte Interessenvertretung des Proletariats identisch sein kann mit wirtschaftlichem Wohlstand und *allgemeiner Kultur*." (Hervorhebungen von A.v.S.)[30]

Die *Kommunistische Partei* nahm gegenüber der (bürgerlichen) Hochkultur einen *nach außen hin* recht ähnlichen Standpunkt ein wie die SPD. Gertrude Alexander, die maßgebliche Kunstkritikerin der „Roten Fahne", wollte das bürgerliche Kunsterbe in musealer Weise konservieren, ja sie wandte sich sogar gegen jegliche Form der künstlerischen Bearbeitung eines Klassikers. Doch der gravierende Unterschied in der Kulturpolitik beider Parteien bestand darin, daß der Kontext, in dem die jeweilige Kulturpolitik stand, fundamental differierte. Die Kommunistische Partei bekämpfte bekanntlich die Weimarer Republik, und zwar derart, daß der politische Kampf der zentrale Punkt allen Handelns, also auch der Kulturarbeit, darstellte. Von daher erklärt es sich auch, daß die Kulturpolitik in der KPD eine relativ geringe Rolle gespielt hat.[31] Erst auf dem Parteitag von 1927 wurde die Bildung einer „Roten Kulturkampffront" beschlossen. Dabei sollte der politische Kampf nun zum Werkzeug der Kulturarbeit für das Proletariat werden.[32] Damit versuchte man jene Leitlinie von 1921 in die Praxis um-

---

28 Dazu *Josef Olbrich*, Arbeiterbildung in der Weimarer Republik. Konzeption und Praxis, Braunschweig 1977, S. 24.
29 Für die Vorkriegszeit betont dies vor allem *Brigitte Emig*, Die Veredelung des Arbeiters. Sozialdemokratie als Kulturbewegung, Frankfurt/New York 1980, passim. Es ging dabei nicht zuletzt darum, die „Voraussetzungen (zu) schaffen zur Erkenntnis dessen, was ihnen von der gegenwärtigen Gesellschaft versagt wird."
30 So *Arthur Molkenbuhr*, in: Die Gemeinde, 7, 1930, H. 15.
31 *Dieter Heinemann*, Proletarische Kulturvereine in der Weimarer Republik, in: Wissenschaftliche Zeitschrift der Universität Halle, Jg. 31, 1982, H. 31, S. 73.
32 Ebd., S. 74. Zum ganzen Komplex siehe auch: *Walter Fähnders/Martin Rector*, Linksradikalismus und Literatur. Untersuchungen zur Geschichte der sozialistischen Literatur in der Weimarer Republik, Bd. 1, vor allem S. 107, 114 ff., 127; vgl. auch *Guttsman*, S. 345. *Gerhard Friedrich*, Politische Literatur und politische Organisation. Die Literaturpolitik der KPD in der Weimarer Republik und die proletarisch-revolutionäre Literatur, Frankfurt/Main und Bern 1981, bes. S. 48 ff.; vgl. auch *Guttsman*, S. 345.

zusetzen, die schon damals einen „Kampf um die Schaffung einer höheren, sozialistischen Kultur" proklamierte.

Die politische Gegnerschaft beider Parteien wirkte sich auf die Kulturarbeit in unterschiedlicher Weise aus: Zum einen kann davon ausgegangen werden, daß das scharfe Konkurrenzverhältnis beider Parteien die Kulturpraxis stimulierte; zum anderen bedeutete aber das übergroße Bedürfnis beider Parteien nach gegenseitiger Abgrenzung wohl doch auch ein Hemmnis für die Entfaltung produktiver Kulturarbeit, weswegen nicht zufällig die großen kulturpolitischen Leistungen jener Zeit bezeichnenderweise von Künstlern stammten, die *zwischen* den beiden Parteien standen (allerdings mehr mit der KPD als mit der SPD sympathisierten). In diesem Zusammenhang ist an Willi Münzenberg, Erwin Piscator, Hanns Eisler, Berthold Brecht, Friedrich Wolff, Heinrich Vogeler, John Heartfield, Georges Grosz u. a. zu denken. Eine besondere Rolle spielte in solchen linkssozialistischen bzw. linksradikalen Kulturzirkeln Willi Münzenberg – und zwar wegen seines erfolgreichen Aufbaus einer alternativen innovationsfreudigen kulturpolitischen Großorganisation (vgl. Kap. 7), wobei es ihm offensichtlich gelang, die Arbeiter auch im Alltag anzusprechen: Seine „Arbeiter-Illustrierten-Zeitung" erreichte eine Auflage von 300 000 und seine „Welt am Abend" wurde das populärste Arbeiterblatt Berlins.[33] – Auch unterschied sich die Kunstauffassung dieser Intellektuellen und Künstler von jener der KPD und der SPD: Für sie ging es um eine Aneignung des kulturellen Erbes der Hochkultur in Form einer zeitbezogenen und politisch emanzipativen Umarbeitung. Sie lehnten die Auffassung von der überzeitlichen, klassentranszendierenden und unantastbaren Gültigkeit der hochkulturellen Schöpfung ab, weswegen eine produktive Umgestaltung dieses Kulturerbes (entsprechend den Interessen des Proletariats) nicht nur möglich, sondern auch notwendig sei.[34]

3. Arbeiterkulturvereine

Mit der Etablierung der Republik festigten sich erneut die alten Arbeiterkulturvereine.[35] Die Mitgliederzahlen stiegen beträchtlich an (z. B. Arbeiter-Turn- und -Sportverein: 1912: 169 000; 1928: 570 000 Mitglieder; Arbeiter-Sänger-Bund: 1908: 100 000; 1928: 440 000 Mitglieder[36]). Der Erfolg beruhte vor allem auf der Tatsache, daß die Arbeiterkulturvereine nun von der bürgerlichen Gesellschaft toleriert wurden, so daß eine Mitgliedschaft keine Nachteile mehr mit sich

---

33 Nach *Hermand/Trommler*, S. 126; vgl. auch *Will/Burns*, Bd. 1, S. 237.
34 Auch Thalheimer, damals Chefredakteur der Roten Fahne, vertrat eine differenzierte Position zur bürgerlichen Hochkultur und setzte sich für eine Veränderung des kulturellen Erbes im Zuge des Aneignungsprozesses ein. Dazu *Fähnders/Rector*, S. 107. – Außerdem gab es aber noch eine linksradikale-extreme Position zum kulturellen Erbe der Nation, vertreten vor allem durch die Künstler John Hartfield und George Grosz (vgl. auch die „Kunstlump"-Debatte im Jahre 1920). Sie forderten einen „kompromißlosen Bruch mit der gesamten bürgerlichen Tradition und die Schaffung einer qualitativ neuen, proletarischen Klassenliteratur". Ebd., S. 102.
35 Zu den einzelnen Arbeitervereinen siehe einführend *Will/Burns* sowie *Hartmann Wunderer*, Arbeitervereine und Arbeiterparteien. Kultur- und Massenorganisationen in der Arbeiterbewegung 1890–1933, Frankfurt/New York 1980.
36 Zahlen nach *Will/Burns*, Bd. 1, S. 93, 106. Die Zahlen variieren in der Literatur beträchtlich.

brachte.[37] Das Renommee der Vereine war dadurch in der Öffentlichkeit beträchtlich gestiegen. – Die Angebotspalette der Arbeiterfreizeitvereine war groß, bis hin zum gemeinsamen Briefmarkensammeln. Neben den vielen Arbeiterfreizeitvereinen ist noch an die ebenfalls bedeutsamen sozio-kulturellen Einrichtungen zu erinnern, vor allem an die weiter aufblühenden Konsumvereine, die Baugenossenschaften und die Arbeiterwohlfahrt. Dabei handelte es sich um Organisationen, die größtenteils an den unmittelbaren Lebensinteressen der Bevölkerung anknüpften, die kulturelle Vernetzung am Orte bzw. in den Stadtvierteln vorantrieben und wesentliches zur Ausprägung der (politischen) Arbeiterkultur beitrugen.

Die quantitativen großen Erfolge der Arbeiterkulturvereine relativieren sich allerdings, wenn man sieht, daß auch die bürgerlichen Konkurrenzeinrichtungen erfolgreich arbeiteten und schließlich „unterm Strich" noch immer mehr Menschen an sich binden konnten als die Arbeiterkulturvereine. So zählte die Deutsche Turnerschaft im Jahre 1930 1,6 Millionen Mitglieder, war also bedeutend größer als der Arbeiter-Turn- und -Sportverein.[38] Erfolgreich waren auch nach wie vor die kirchlichen Arbeiterkulturvereine,[39] die, soweit sie katholisch orientiert waren, mit der regional äußerst erfolgreich operierenden Zentrumspartei (bzw. der Bayerischen Volkspartei) zusammenarbeiteten.

Die entscheidende Veränderung in der Entwicklung der Arbeiterkulturvereine – im Vergleich zur Zeit vor 1914 – lag in der Veränderung des *Handlungsumfeldes* (Anerkennung von Behörden, zum Teil finanzielle Unterstützung). Die Arbeiterwohlfahrt beispielsweise „avancierte" zu einem freien Wohlfahrtsverband, der fortan als offiziell unterstützungswürdig galt.[40] Die gegenkulturellen Konturen der „Außenbeziehungen" schwächten sich entscheidend ab,[41] was sich auch auf den subkulturellen Innenbereich auswirkte. Trotzdem ist es wohl nicht gerechtfertigt, von einer völligen Auflösung aller gegenkulturellen Züge zu sprechen:

---

37 Heinemann unterscheidet hinsichtlich des Entstehungsprozesses der Arbeiterkulturvereine drei Typen: a) Vereine, die sich aus der Bildungs- und Kulturtradition der Arbeiterbewegung direkt herleiteten (Arbeiterbildungsvereine etc.), b) Spontangründungen Gleichgesinnter an der Basis zur Befriedigung bestimmter Bedürfnisse (z. B. Arbeiterradfahrvereine), c) Kulturvereine, die gegründet und ins Vereinsregister eingetragen wurden, um einen besseren Stand bei der betreffenden Kommunalverwaltung zu haben. *Heinemann*, S. 64 ff.

38 *Volker Schmidtchen*, Arbeitersport. Erziehung zum sozialistischen Menschen. Leitwerte und Jugendarbeit in zwei Ruhrgebietsvereinen der Weimarer Republik, in: *Jürgen Reulecke/Wolfhard Weber* (Hrsg.), Fabrik, Familie, Feierabend. Beiträge zur Sozialgeschichte des Alltags im Industriezeitalter, Wuppertal 1978, S. 347. Dazu siehe auch als Einführung die einzelnen Aufsätze in: Die *bürgerlichen Parteien* in Deutschland. Handbuch der Geschichte der bürgerlichen Parteien und anderer bürgerlicher Interessenorganisationen vom Vormärz bis zum Jahre 1945, hrsg. von einem Redaktionskollektiv unter der Leitung von *Dieter Fricke*, 2 Bde., Leipzig 1968.

39 Z. B.: Volksverein für das katholische Deutschland; katholische Gesellen- und Kolpingvereine, Evangelischer Arbeiterverein etc.

40 Dazu die Fallstudie von *Cordula Tollmien*, Die Geschichte der Arbeiterwohlfahrt in Hann.-Münden, Volkmarshausen 1983. Zu erwähnen ist auch die Zusammenarbeit der Arbeitersportvereine im deutschen Reichsausschuß für Leibesübungen.

41 Dazu neuerdings *Heinrich August Winkler*, Der Schein der Normalität. Arbeiter und Arbeiterbewegung in der Weimarer Republik 1924 bis 1930, Berlin/Bonn 1985, S. 122 ff.

Denn die alternativen Vorstellungen über die Natur gesellschaftlicher Beziehungen (Williams) waren nach wie vor in den Arbeiterkulturvereinen lebendig geblieben![42] Allerdings ist auch unübersehbar, daß diese noch immer gegenkulturell bestimmte Gesellschaftsauffassung (die sich auch auf die Verkehrsformen niederschlug) im allgemeinen von Seiten der Arbeiterparteien entweder nur einseitig-instrumentell (seitens der KPD) oder in politisch-neutralisierender Weise (seitens der SPD z. B. hinsichtlich ihrer Bildungspolitik) aufgegriffen wurde. So blieb die potentielle Kraft politisch-gegenkultureller Vereinssozialisation sozusagen im subkulturellen Milieu „gefangen". Dort war sie selbst wiederum partiell einem Erosionsprozeß ausgesetzt –

> „teils infolge der Desillusionierung und Unsicherheit über Weg und Ziel der Arbeiterbewegung, teils gerade infolge der verfassungspolitischen Integration von Partei und Gewerkschaften. Deren staatspolitische Verantwortung mediatisierte die sozialistische Utopie, die gleichzeitig durch die sozialpolitischen Fortschritte, die Eingliederung von ehemals gewerkschaftlichen Funktionen in die staatliche Sozialpolitik partiell neutralisiert wurde."[43]

Sieht man von diesem sehr unterschiedlich intensiv wirkenden Erosionsprozeß ab, so hat sich das subkulturelle Milieu der Arbeiterkulturvereine im Vergleich zur Vorkriegszeit relativ wenig verändert; es handelte sich auch weiterhin um einen von den Arbeiterparteien relativ autonomen sozialen Gestaltungsbereich mit relativ solidarischen Verkehrsformen und einer ausgeprägten Festkultur. Verstärkt machte sich die zunehmende Loslösung von allen kirchlichen Bindungen (Freidenkerbewegung) bemerkbar sowie die große Relevanz, die die Natur nunmehr spielte: Ausflüge, Kleingärten, vorstädtische Siedlungen, lebensreformerische Zielsetzungen (Gesundheit, Sonnengenuß, Abstinenzbewegung). In diesen Arbeiterkulturvereinen wurde überdies proletarisches Selbstbewußtsein gestärkt und politisch-soziale Identitätsfindung sowie Gruppenintegration erleichtert.[44] Allerdings gab es auch hier sozio-kulturelle geschlechtsspezifische Integrationsgrenzen. Die Frauen waren nämlich in diesen Arbeiterkulturvereinen nach wie vor unterrepräsentiert – wenn auch weniger als in der Vorkriegszeit. (Immerhin machte der Prozentsatz der Mitgliedschaft von Frauen im Arbeiter-

---

42 Ähnlich Ueberhorst, wenn er von einer „sozialistischen Subkultur" spricht. Es bestand eben in diesen Arbeiterkulturvereinen – ohne spezielle Schulungsarbeiten – ein Klassenbewußtsein bzw. ein sozio-kulturelles Bewußtsein der Andersartigkeit. *Horst Ueberhorst*, Bildungsgedanke und Solidaritätsbewußtsein in der deutschen Arbeitersportbewegung zur Zeit der Weimarer Republik, in: Archiv für Sozialgeschichte, 14, 1974, S. 231. Vgl. auch: *Schmidtchen*, S. 364 ff. sowie *Lutz Niethammer* (Hrsg.), „Hinterher merkt man, daß es richtig war, daß es schiefgegangen ist". Nachkriegserfahrungen im Ruhrgebiet. Lebensgeschichte und Sozialkultur im Ruhrgebiet 1930 bis 1960, Berlin/Bonn 1983, S. 13.
43 *Josef Mooser*, Auflösung der proletarischen Milieus. Klassenbindung und Individualisierung in der Arbeiterschaft vom Kaiserreich bis in die Bundesrepublik Deutschland, in: Soziale Welt, 34, 1983, S. 301.
44 Diese Seite bleibt bei *Winkler* (1985) unterbeleuchtet. Vgl. dazu *Wunderer*, S. 220 f.; ferner: *Hartmut Lohmann*, Sozialdemokratische Vereinskultur in der Weimarer Republik. Beispiele aus der Arbeitersportbewegung in Hannover (= Schriftliche Hausarbeit zur wissenschaftlichen Prüfung für das Lehramt an Gymnasien), Hannover 1984 (Masch.schr.), S. 140; *Ueberhorst*, S. 291; *Siegfried Reck*, Arbeiter nach der Arbeit. Sozialhistorische Studie zu den Wandlungen des Arbeiteralltags, Lahn/Gießen 1977, S. 177.

turnverein Hannover 30,5 aus und lag somit höher als bei den bürgerlichen Konkurrenzeinrichtungen (19 %).[45])
In Führungspositionen kamen Frauen kaum. Nur die freien Wohlfahrtsverbände (früher: Arbeiterwohlfahrt) wurden häufig von Frauen „beherrscht". Die klassische geschlechtsspezifische Arbeitsteilung (Zuständigkeit der Frauen für Wohlfahrtsfragen) reproduzierte sich also auch innerhalb der Arbeiterkulturvereine. Obwohl man sich teilweise durchaus Mühe gab, die Frauen als Sportskameradinnen zu betrachten, waren die Arbeiterturnvereine auch nicht frei von der Vorstellung, daß selbst der Sport geschlechtsspezifische Funktionen haben sollte. So hätte er nicht nur der Gesundheit der Frauen, sondern auch ihrer Anmut und Grazie – also spezifisch weiblichen Eigenarten – zu dienen.[46]
Als Höhepunkt der Arbeiterkulturvereine galten die vielen Festlichkeiten, von denen einige den Zeitgenossen aufgrund der Größendimensionen besonders im Gedächtnis blieben, obwohl sie in keiner Weise für den Vereinsalltag typisch waren. In Sprech- und Bewegungschören[47] nahmen bei solchen Mammutveranstaltungen bis zu 1 000 Menschen teil. Sie bauten eine zeremoniell-ästhetische Welt des Rituals und der Symbolik auf (Weihespiele) und lösten so die Arbeiter/innen von den Mühsalen ihres Alltags (aber auch von ihrer Alltagskultur!). Massenauftritte und Massenspiele der Arbeitersportler sollten den kollektiven Machtwillen und die Gestaltungskraft des Proletariats nach außen hin demonstrieren, ungeachtet der Gefahren, die von einer solchen pompösen proletarischen Festkultur ausgehen mußten (Realitätsentfremdung, Machtvortäuschung).[48]
Auch bei den Arbeiterkulturvereinen der Weimarer Zeit stellt sich erneut das eingangs schon angesprochene Interpretationsproblem bezüglich der Adaption bürgerlicher hegemonialer Kultur. Beck u. a. sprechen z. B. von „identischen Repräsentationsformen bürgerlicher und proletarischer Vereine"; vom Unterscheidungsbewußtsein zwischen bürgerlicher und proletarischer Kulturarbeit spricht dagegen z. B. Zimmermann.[49] Geht man davon aus, daß beide Aussagetypen ver-

---

45 *Lohmann*, S. 83. In Arbeiterdörfern und Kleinstädten waren die Frauen wohl weniger stark vertreten. So wissen wir aus dem „dunkelroten" Mössingen, daß die Frauen in den Arbeiterkulturvereinen gar nicht repräsentiert waren. *Hans Joachim Althaus* u. a., Das Rote Mössingen, in: *Fielhauer/Bockhorn*, a. a. O., S. 97.
46 Vgl. die entsprechenden Aussagen im „Vorwärts", in: *Rülcker*, 1974, S. 132.
47 Vgl. dazu: *Vernon L. Lidtke*, Songs and Politics: An Exploratory Essay on Arbeiterliedern in the Weimar Republic, in: Archiv für Sozialgeschichte, 14, 1974, passim; sehr anschaulich *Rainer Stübling*, Kultur und Massen. Das Kulturkartell der modernen Arbeiterbewegung in Frankfurt am Main von 1925 bis 1933, Offenbach a. M. 1983, passim.
48 Dazu einführend *Dieter Langewiesche*, Politik – Gesellschaft – Kultur. Zur Problematik von Arbeiterkultur und kulturellen Arbeiterorganisationen in Deutschland nach dem Ersten Weltkrieg, in: Archiv für Sozialgeschichte, 22, 1982, S. 386. Berühmt wurden die Leipziger Festspiele. In ihrer formalen Gestaltung hatten diese Feste Ähnlichkeiten mit den NS-Feiern; der Gesamtkontext war allerdings grundlegend unterschiedlich. Dies wird zu wenig herausgestellt von *Henning Eichberg* u. a., Massenspiele. NS-Thingspiel, Arbeiterweihespiel und olympisches Zeremoniell, Stuttgart-Bad Canstatt 1977. *Stefan Beck* u. a., Leben in der Arbeiterkulturbewegung. Zum Freizeitverhalten von Arbeitern in drei württembergischen Gemeinden, in: Demokratie und Arbeitergeschichte, Jahrbuch 3, Stuttgart 1983, S. 72, 74.
49 *Michael Zimmermann*, „Ein schwer zu bearbeitendes Pflaster": Der Bergarbeiterort Hochlamark unter dem Nationalsozialismus, in: *Detlev Peukert/Jürgen Reulecke* (Hrsg.), Die Reihen fast geschlossen. Beiträge zur Geschichte des Alltags unterm Nationalsozialismus, Wuppertal 1981, S. 52; *Reck*, S. 177.

schiedene Realitätselemente einfangen, dann sollte man ihren inneren Zusammenhang herauszufinden versuchen. Vielleicht kann man diesen auf die folgende Formel bringen: Man machte tatsächlich vielfach das gleiche wie die bürgerlichen Vereine und meinte aber immer noch etwas anderes damit (gleiche Formen, aber Unterschiede hinsichtlich der Intentionen und Funktionen). Dieser Versuch zu einer subtileren Interpretation entspricht auch dem damaligen Selbstverständnis. Ein Beispiel – bezüglich des Umganges mit Disziplin – soll dies verdeutlichen: Disziplin, so gab ein Vertreter des Arbeitersports im Jahre 1930 von sich, sei eben nicht Disziplin. Man habe zwischen bürgerlicher und proletarischer Disziplin zu unterscheiden. „Proletarische Disziplin will Einordnung, nicht Unterordnung. Sie will Einsicht, die dem Ganzen dient, eigenes Denken und Mitverantwortung"[50] (wenn wohl auch meist von den Männern und weniger von den Frauen). (Die Gefahr, daß solche Argumentationsweise dem politisch-kulturellen Vortäuschen und Mißbrauch dient, darf nach den Erfahrungen, die man seither gemacht hat, nicht übersehen werden.)

Dort, wo es trotzdem nicht nur zu formalen, sondern auch zu intentionalen Adaptionsvorgängen gekommen ist, versuchte man zum Teil die davon ausgehenden Wirkungen „abzufedern" bzw. für Ausgleich zu sorgen. Ein Beispiel: Ohne Zweifel drang im Arbeitersport das Leistungsdenken weiter vor, doch man vergab nach wie vor keine Leistungsabzeichen und Preise, und vermied – wo immer es möglich war – den mit dem Leistungskult eng verknüpften Personenkult und förderte bewußt auch sportlich unbegabte Mitglieder. Ein anderes Beispiel: Die Arbeitersportvereine versuchten, der Atomisierung und Spezialisierung des Kulturbetriebes entgegenzuwirken: So trieb man in den Arbeitersportvereinen nicht ausschließlich Sport, sondern sang auch gemeinsam, hörte sich unter Umständen gemeinsam politische Vorträge an, rezitierte gemeinsam Arbeitergedichte, pflegte Geselligkeit, spielte sogar gemeinsam Theater und machte vor allem viele gemeinsame Ausflüge.[51] Außerdem ging man als Gruppe in andere Arbeiterkulturvereine, vor allem, wenn es um das Feiern ging.

Das Verhältnis von Sozialdemokraten und Kommunisten in den Arbeiterkulturvereinen, in denen man ja noch bis 1928/29 meist vereint organisiert war, war komplex und uneinheitlich. Ob es in diesen Vereinen zu einem gegenseitigen relativ guten Verhältnis und zur Zusammenarbeit oder ob es zu internen Gegnerschaften und haßerfüllten Auseinandersetzungen gekommen ist, hing wesentlich von den jeweiligen lokalen Verhältnissen ab. Vielleicht kann man allgemein sagen: Je mehr die Kommunisten die reformistische Linie sozialdemokratischer Vereinsführung de facto akzeptierten, desto besser war tendenziell das Zusammenleben von Kommunisten und Sozialdemokraten an der Basis. Auch hielten sich die Kämpfe um die jeweilige Mehrheit im Vorstand des Vereins in Grenzen, weil die Kommunisten meistens (widerwillig) die Übermacht der Sozialdemokraten respektierten. Die sozialdemokratischen Vorstandsmitglieder ihrerseits achteten sehr darauf, die Majorität zu behalten, was ihnen auch meistens gelang (Ausnahme: Arbeitertheaterbund). Dies galt auch für die organisatorische Zu-

---

50 *Paul Franken*, Vom Werden einer neuen Kultur. Aufgaben der Arbeiterkultur- und -sportorganisationen (= Arbeiterkultur 1), Münster 1979 (Reprint der 1. Aufl.: Berlin 1930), S. 53 f.
51 Dazu siehe *Beck* u. a., S. 74; *Reck*, S. 177 ff.; *Schmidtchen*, S. 367 ff., 369 ff.; *Lohmann*, S. 120, 130 sowie mündliche Auskunft von Lohmann.

sammenfassung aller Arbeiterkultureinrichtungen am jeweiligen Orte.[52] Hier waren entscheidende Nahtstellen zwischen „harter" sozialdemokratischer Interessen- und Parteienpolitik einerseits und praktischer Vereinskultur andererseits.[53]

Die Spaltung der Arbeiterkulturvereine im Jahre 1928/29[54] wurde zwar auch von der SPD vorangetrieben, sie stand aber primär in direktem Zusammenhang mit der neuen ultralinken Politik der kommunistischen Parteiführung. Demnach sollte nun auch der kulturelle Bereich stärker politisiert und gleichzeitig mehr an die Partei gebunden werden, d. h., die Kulturaktivitäten hatten vorrangig der Partei zu dienen. Damit verkürzte die KPD das dialektische Verhältnis von Gesamtgesellschaft, Politik und alternativer Kultur noch mehr, als es bis zu diesem Zeitpunkt der Fall gewesen war. Es entstand *partiell* eine Art Parteikultur. Die KPD erzielte zwar auf diese Art teilweise beträchtliche Wirkungskraft (z. B. durch die eindringliche Kampfmusik bei politischen Feiern[55]), aber der Kreis, der diese parteibezogene Kulturpolitik initiierte bzw. konsumierte, blieb dann doch recht begrenzt; es kam deshalb „nur" zu einer Art kulturpolitischen „Einheitsfront mit sich selbst", wie dies sich einmal ein kommunistischer Funktionär eingestand.[56] Insgesamt kann festgestellt werden, daß, obwohl die Politik in den Vereinen nach wie vor keine direkte Rolle spielte, diese trotzdem in vielfacher, wenn auch komplexer Weise in den (partei)politischen Kontext eingebunden waren.

4. Zur Kultur- und Bildungspraxis

Je mehr die sozialistische Programmatik bei der SPD und den Gewerkschaften verschwamm und je mehr sich die Hoffnung auf eine evolutionäre Einführung des Sozialismus in naher Zukunft als trügerisch erwies, desto wichtiger wurde es

---

52 *Beck* u. a., S. 78. *Will/Burns*, Bd. 1, S. 85; *Manfred Brauneck* (Hrsg.), Die Rote Fahne. Kritik, Theorie, Feuilleton 1918 bis 1933, München 1973, S. 27 ff.

53 Die Parteipolitik spielte auch noch in einem anderen Zusammenhang eine Rolle: Man wollte über das Vertrauen zu einzelnen Personen, die sowohl in der Partei als auch im Arbeiterkulturverein aktiv waren, die sozialdemokratische Mitglieds- und Wählerschaft vergrößern. *Will/Burns*, 1. Bd., S. 96. Wunderer bezweifelt die Funktion einer solchen Brücke; *Wunderer*, S. 220.

54 Vgl. *Will/Burns*, Bd. 1, S. 246; *Wunderer*, S. 163 ff., 224. Der Abspaltungsprozeß verlief in den einzelnen Städten und Vereinen sehr unterschiedlich. In Hannover-Linden z. B., wo es wenige Kommunisten gegeben hat, hat man auch nach 1928/29 meist gemeinsam Sport gemacht (*Lohmann*, S. 82); es war dies wohl noch immer die Folge der Tatsache, daß mancherorts im proletarischen Sozialmilieu den politischen Spaltungen der Arbeiterbewegung relativ geringe Bedeutung zukam. Vgl. dazu *Alexander von Plato*, „Ich bin mit allen gut ausgekommen" oder: War die Ruhrbergarbeiterschaft vor 1933 in politische Lager gespalten, in: *Lutz Niethammer* (Hrsg.), „Die Jahre weiß man nicht, wo man sie heute hinsetzen soll". Faschismuserfahrungen im Ruhrgebiet, Lebensgeschichte und Sozialkultur im Ruhrgebiet 1930 bis 1960, Bd. 1, Berlin/Bonn 1982, S. 60.

55 Von den politischen Feiern sind vor allem die Liebknecht- und Luxemburg-Feiern sowie die Lenin-Feiern und die Jugendweihen zu nennen. Dazu siehe *Wolfgang Jacobeit*, Volkskunde und Arbeiterkultur, in: *Fielhauer/Bockhorn* (Hrsg.), a. a. O., S. 23.

56 So der Generalsekretär der Roten Gewerkschaftsinternationalen Losowski, in: *Wunderer*, S. 227.

wieder für die Partei und die Gewerkschaften, die Vorbedingungen „zur Verwirklichung der sozialistischen Ziele" zu verbessern.[57] Im Zentrum standen hierbei nun die Bemühungen um die „kulturelle Hebung des Volkes", verbunden mit der Hoffnung, einen „neuen Menschen" zu schaffen. (Diese Bemühungen wurden auch als „Kultursozialismus" apostrophiert). Waren früher Klassenbewußtsein und Aktions- bzw. Revolutionsbereitschaft die postulierten subjektiven Vorbedingungen für die Revolution (z. B. bei Rosa Luxemburg), so wurde offensichtlich nun das Kulturniveau ganz allgemein zur Vorbedingung gesellschaftlicher Veränderungen erklärt, wovon starke Impulse für den Ausbau und die Intensivierung kultureller Praxis ausgingen.

Sucht man nach Verschiebungen in der gewerkschaftlichen und sozialdemokratischen Bildungspraxis während der Weimarer Republik (im Vergleich zur Vorkriegszeit), so ist sicherlich an vorderster Stelle die Funktionärsausbildung zu nennen. Hierauf lag eindeutiger als früher – sowohl quantitativ als auch qualitativ gesehen – das Schwergewicht der Bildungsarbeit. Der Allgemeine Deutsche Gewerkschaftsbund (ADGB) gab 1927 allein 8 Millionen RM für Bildungs- und Unterrichtszwecke aus.[58] Zwar blieb – ähnlich wie in der Zeit vor 1914 – bei der konkreten Bildungsarbeit der Zusammenhang von Ausbildung und Gewerkschaftsfunktion erhalten, doch hatte sich der Ausbildungsradius wesentlich erweitert. Ziel der vielfältigen Bemühungen war es nämlich nun, für die zahlreichen und vielfältigen (neu zu besetzenden) Ämter in Staat und Gesellschaft[59] fachlich gute und den Gewerkschaften nahestehende Leute auszubilden, damit die Interessen der arbeitenden Bevölkerung optimal vertreten sein würden. Allein das Betriebsrätegesetz von 1920 verlangte eine breite Ausbildung in Fragen der Volkswirtschaft, des Arbeitsrechts etc. Deshalb wurden eigene Betriebsrätekurse eingerichtet und Betriebszeitschriften gegründet. Hinzu kam noch die Vorbereitung auf die Erfüllung jener Aufgaben, die im Zuge der Etablierung staatsinterventionistischer Regelungsverfahren anstanden (Tarifausschüsse, Schlichtungsausschüsse etc.). Jedenfalls zählte im Jahre 1927 der Allgemeine Deutsche Gewerkschaftsbund ca. 200 000 ehrenamtlich tätige Funktionäre.[60] In diesem Zusammenhang ist auch auf die Bildungsaufgaben hinzuweisen, die dadurch entstanden, daß im Zuge der Demokratisierung (vor allem) der Kommunalverfassungen neue Partizipationschancen für die Vertreter der Arbeiterbewegung entstanden, die auch genutzt werden wollten.

Neben der Ausbildung der Funktionäre spielte die berufliche Fortbildung eine wichtige Rolle. Hier handelte es sich um eine alte Tradition gewerkschaftlicher Bildungsarbeit, die in der Weimarer Republik entsprechend den zeitgemäßen

---

57 In: *Langewiesche*, 1982, S. 383.
58 *Will/Burns*, Bd. 1, S. 81; vgl. z. B. Gewerkschafts-Zeitung, 38. Jg., 1928, Nr. 12, S. 181.
59 Hier sind vor allem die Betriebsräte, aber auch die Krankenkassen, die Bauarbeiterschutzkommissionen sowie andere Kommissionen mit speziellen Aufgaben zu nennen. Ferner die kommunalen und staatlichen Beamtenstellen.
60 Dazu siehe *Dieter Langewiesche*, Kompetenzerweiterung und Bildung: Zur Bedeutung der Bildungsarbeit für die Gewerkschaften in der Weimarer Republik, in: Gewerkschafts-Zeitung, a. a. O., Jg. 1924–1928 (Einleitung), 1984 (a), bes. S. [16]; vgl. darüber hinaus auch die ältere Arbeit von *Fritz Gumpert*, Die Bildungsbestrebungen der Freien Gewerkschaften, Jena 1923, bes. S. 135; ferner auch *Peter Krug*, Gewerkschaften und Arbeiterbildung. Zum Zusammenhang von Funktion, Selbstverständnis, Organisation, Politik und Bildungsarbeit der Gewerkschaften, Göttingen 1978.

Anforderungen allerdings weiterentwickelt wurde. So legte man nun vermehrt Wert darauf, in speziellen Kursen und durch die Verbreitung beruflicher Fachblätter die Angehörigen eines Berufszweiges an der Entwicklung der Technik ihrer Branche teilhaben zu lassen. Dadurch sollten ihre fachtechnischen Fertigkeiten und ihre fachliche Bildung verbessert sowie der Berufsgedanke (und der Berufsstolz) gepflegt werden.[61]

Der dritte Schwerpunkt lag auf der allgemeinen Bildungsarbeit. Dieser Schwerpunkt wurde insofern in der Weimarer Zeit wesentlich erweitert, als SPD und Gewerkschaften im Vergleich zur Zeit des Deutschen Kaiserreiches nun einen starken Zuwachs an Mitgliedern zu verzeichnen hatten, die man durch ein breites Bildungsangebot „versorgen" wollte. Der Ausbau der Bildungseinrichtungen schritt deshalb weiter fort. Die Freien Gewerkschaften verfügten schließlich im Jahre 1928 über 767 Bibliotheken, 405 Bildungsausschüsse und 315 (ebenfalls z. T. bildungsorientierte) Jugendausschüsse.[62] Im Jahre 1931 bestanden noch 2 000 Arbeiterbüchereien, die der SPD nahestanden. Hinzu kamen Buchgemeinschaften (vor allem die Büchergilde „Gutenberg"), die Freien Volksbühnen[63] und ein breites Angebot an Vorträgen, Kursen und Broschüren.

Die Bildungsarbeit vollzog sich vor allen Dingen auf lokaler Ebene. Da den Gewerkschaften der direkte Zugang zu den Betrieben nicht gestattet war (nur über Betriebsräte und Einzelpersonen), fand der bedeutsamste Teil der Bildungsarbeit außerhalb der Betriebe statt. Zu räumlichen Kulturzentren wurden in vielen Städten die Gewerkschaftshäuser, an denen noch häufig eine Kneipe angeschlossen war. In den dort abgehaltenen zahlreichen Veranstaltungen gelang es den Gewerkschaften und der SPD, ein dichtes Informations- und Kommunikationsnetz zu schaffen. Höhepunkte (mehr oder weniger) gegenkulturell bestimmter Aktivitäten bildeten nach wie vor die Demonstrations- und Streiköffentlichkeiten sowie die großen Maifeiern, bei denen traditionellerweise auch die Arbeiterkulturvereine mitwirkten.

Ein weiterer wichtiger Punkt der Bildungs- und Kulturarbeit seitens der Arbeiterorganisation lag in der traditionsreichen Herstellung und Verbreitung überlokaler bzw. branchenübergreifender Zeitschriften, beispielsweise der Gewerkschaftszeitung. Auch fehlte dabei nicht der internationale Bezug. Nach eigener gewerkschaftlicher Darstellung ging es darum, eine

> „in der Gesinnung wurzelnde übernationale Verbindung, für eine Weltgemeinschaft der abhängigen Arbeit" zu schaffen.[64]

Dadurch gelang es zum Teil, eine über den Betrieb, die einzelne Branche, die einzelne Region hinausgreifende Solidargemeinschaft der Mitglieder untereinander zu fördern. – Auch besaß die Arbeiterbewegung damals noch einen namhaften Anteil am Zeitungsmarkt: Im Jahre 1932 zählte man 195 sozialdemokratische Zeitungen![65]

Ein weiteres wichtiges Kennzeichen der Bildungs- und Kulturpraxis, wie sie von SPD und Gewerkschaften betrieben wurden, war deren weitgehende Abkoppelung von einer Klassenkulturpolitik. So heißt es in der Gewerkschafts-Zeitung:

---

61 *Gumpert*, S. 129 ff.
62 *Langewiesche*, 1984 (a), S. [16].
63 Vgl. *Herbert Scherer*, Die Volksbühnenbewegung und ihre interne Opposition in der Weimarer Republik, in: Archiv für Sozialgeschichte, 14, 1974, S. 214 ff.
64 In: Gewerkschaftszeitung, 37. Jg., 1927, Nr. 16, S. 216.
65 *Langewiesche*, 1982, S. 378.

„Keine Absonderung, sondern Einreihung in das Volksganze . . . wird erstrebt."[66]

Diese Einstellung erleichterte die Zusammenarbeit der beiden Arbeiterorganisationen SPD und Gewerkschaften mit kommunalen, staatlichen und bürgerlichen Einrichtungen. So wurde bezeichnenderweise schon in der Weimarer Republik ein Teil der Arbeiterbüchereien in sogenannte Städtische Büchereien überführt. Zur Zusammenarbeit kam es ferner beispielsweise im Hinblick auf die Bildungsarbeit der Volkshochschulen (Kurse für Arbeiter)[67]. Auch vollzog sich ein Großteil der gewerkschaftlichen Funktionärsbildung nunmehr in öffentlichen Schulen, wobei die Gewerkschaften das Unterrichtsgeld für „ihre" Schüler/innen bezahlten. Auf systemkritische Bildung (z. B. Kritik der politischen Ökonomie) mußte unter solchen Umständen weitgehend verzichtet werden. Allenfalls konnten sich partiell noch Restelemente sozialistischer Bildungsarbeit erhalten.[68]

Während die Gewerkschaften und die SPD hinsichtlich der Abkoppelung der Bildungspolitik von der Klassenpolitik weitgehend am selben Strange zogen (hier ist ein wesentlicher Unterschied zur Bildungsarbeit in Wien zu verzeichnen), stand die Bildungspraxis der Kommunistischen Partei ganz im Zeichen des Kampfes um politische Macht. Zunächst boykottierte die KPD die bürgerlichen Bildungseinrichtungen, dann versuchte sie, darauf Einfluß zu gewinnen, was ihr aber allenfalls punktuell gelang. An selbständigen, der KPD nahestehenden Bildungsinstitutionen ist vor allem die marxistische Arbeiterschule („Masch") zu nennen. 1926 wurde die erste Schule in Berlin gegründet. Bis zum Herbst 1931 gab es fast 40 Schulen dieser Art in ganz Deutschland, die sogar einen wachsenden Zulauf zu verzeichnen hatten. In diesen Bildungsstätten ging es vor allem um die Schulung von Funktionären und Mitgliedern der KPD. Trotzdem gerieten jene Einrichtungen nie ganz ins bildungspolitische Abseits: So haben dort auch gelegentlich bekannte Nicht-Marxisten, wie Walter Gropius, Bruno Taut und Albert Einstein Vorträge gehalten.[69]

---

66 In: Gewerkschaftszeitung, 38. Jg., 1928, Nr. 12, S. 182.

67 *Langewiesche*, 1984 (a), S. [27]; vgl. *ders.*, Freizeit und „Massenbildung". Zur Ideologie und Praxis der Volksbildung in der Weimarer Republik, in: *Gerhard Huck* (Hrsg.), Sozialgeschichte der Freizeit. Untersuchungen zum Wandel der Alltagsstruktur in Deutschland, Wuppertal 1980, S. 226 f.

68 *Krug*, S. 338. Es gab allerdings auch der KPD nahestehende Räteschulen, so in Berlin, Gothar, Erfurt und Chemnitz. Hier versuchte man eine an der Revolutionstheorie orientierte Arbeiterbildung zu lehren. *Olbrich*, S. 23. – Wichtig wurde auch noch der Aufbau von Heimvolkshochschulen. Besondere Bedeutung erlangte die Weltanschauungsschule Tinz in Thüringen. Hier wurde noch die Erziehung zu sozialistischen „Lebensformen des Alltags" angestrebt. Vgl. dazu *Dieter Langewiesche*, „Arbeiterkultur". Kultur der Arbeiterbewegung im Kaiserreich und in der Weimarer Republik. Bemerkungen zum Forschungsstand, in: Ergebnisse Bd. 26, 1984 (b), S. 23, 25. – Im allgemeinen zeichnete sich die Bildungsarbeit der Gewerkschaften allerdings mehr dadurch aus, daß sogenanntes Schulungslernen stärker als früher zu Lasten des sogenannten Erfahrungslernens sowie des exemplarischen Lernens eine Rolle spielte. Vgl. *Langewiesche*, 1984 (a), S. [13]. Beim exemplarischen Lernen geht es darum, die traditionelle Arbeitsteilung zwischen den Einzelwissenschaften zu überwinden, ferner um den Versuch, die gesellschaftlichen Zusammenhänge von einem Einzelfall ausgehend, aufzuzeigen. Dazu grundlegend *Oskar Negt*, Soziologische Phantasie und exemplarisches Lernen. Zur Theorie und Praxis der Arbeiterbildung, Frankfurt 1971.

69 Vgl. *Winkler* (1985), S. 700, 707, 129. – Wenigstens am Rande seien noch die sozial engagierten Christlichen Gewerkschaften genannt (1922: 1 Mio; 1927: 606 000 Mitglie-

5. Alltagskultur im Betrieb, Kultur der Arbeit, alternative Produktions- und Konsumtionskultur

Obwohl gerade auf diesem Gebiete der Forschungsstand unzureichend ist, kann davon ausgegangen werden, daß die betriebliche Alltagskultur bei zahlreichen Arbeitern – ungeachtet des Gegensatzes von Kapital und Arbeit – nach wie vor stark berufs- und produktionsorientiert war, was sich nicht zuletzt in ihrem tradierten Stolz auf den Beruf, auf ihr handwerkliches Können, auf ihr technisches Verständnis und auf ihre Maschinenbeherrschung äußerte. Auch wer die Schriften von Karl Marx nicht kannte, begriff sich selbst in irgendeiner Weise als einen unmittelbaren Produzenten und betrachtete die hergestellten Waren noch immer als „seine" Produkte, was sich bei einem Teil der Arbeiter (vor allem bei den nicht gewerkschaftlich eingebundenen Arbeitern) leicht auch auf die Firma ausweiten konnte („unsere Firma"). Die Unternehmer unterstützten eine solche produktbezogene Alltagskultur auf ihre Weise: In den mittlerweile (1928) in 65 Großunternehmen bestehenden Werkszeitungen mit einer Auflage von insgesamt 450 000[70] wurde der Werksgemeinschaftsgedanke und der Stolz aller Betriebsangehörigen auf die hergestellten Produkte und die neu eingeführten Techniken betont, wobei die Betriebsjubilare regelmäßig in besonderer Weise geehrt wurden.

Eine andere Dimension betrieblicher Alltagskultur bestand in der Herausbildung solidarischer und kommunikativer Binnen-Gruppenstrukturen, die freilich nicht konfliktfrei waren und deren Ausmaß und Intensität auch nicht überschätzt werden sollten.[71] Vor allem in den Anfangsjahren kam es jedoch zu einer großen

---

der). Als kulturelles Leitbild galt den Christlichen Gewerkschaften die Erziehung zum „ganzen Menschen", d. h. zur charaktervollen Persönlichkeit. Diese Bemühungen waren eingebettet in den traditionellen weltanschaulich-religiösen Kontext, in die Einstellung zu einer (bedingten) Bejahung der Republik sowie in nationales Gedankengut, deren „propagandistische Ausformulierung kaum ohne nationalistische, zum Teil auch rassistische Elemente auskam". Unter der Flagge „christlich-neutral" wollte man einer Kultur das Wort reden, die von der Gemeinschaftsidee in Familie, Beruf und Staat (berufsständische Idee) getragen sein würde, um dem Ziel einer „seelisch-sittlichen" Reinheit des Gesamtvolkes näherzukommen (wobei die Gefahr der „Ausgrenzung einer diesen Werten nicht entsprechenden Kultur" nicht übersehen werden kann). *Michael Schneider*, Die Christlichen Gewerkschaften 1894 bis 1933, Bonn 1982, bes. S. 452, 461 ff., 575 f., 547. Daneben gab es noch die liberalen Hirsch-Dunckerschen Gewerkvereine, die aber hier wegen der geringen Größe (1922: 231 000, 1927: 168 000 Mitglieder) vernachlässigt werden können. Zahlen aus: ebd., S. 452.

70 Gewerkschaftszeitung, 38. Jg., 1928, Nr. 3; Jg. 37, 1927, Nr. 8. Dabei ging es ausgesprochenermaßen um die Beeinflussung der Arbeiter zwecks Produktionsförderung. Vgl. zu diesem Komplex auch *Alf Lüdtke*, Arbeiterpolitik versus Politik der Arbeiter? Zu Unternehmensstrategien und Arbeiterverhalten in deutschen Großbetrieben zwischen 1890 und 1914, in: *Jürgen Kocka* (Hrsg.), Arbeiter und Bürger im 19. Jh., München 1985, passim.

71 Allein schon die verschiedenen Richtungsgewerkschaften in den Betrieben erschwerten die Konsensfindung, ganz abgesehen von den unterschiedlichen Mentalitäten, Erwartungshaltungen und Lebenshorizonten der einzelnen Arbeitergruppen. In jenen Betrieben, deren Beschäftigten in großem Ausmaße gewerkschaftlich organisiert waren, übte man auf neu eintretende Arbeitskollegen/innen häufig so starken „solidarischen Druck" aus, bis die Betreffenden der Gewerkschaft tatsächlich beitraten. Vgl. *Bernd Rabe*, Der sozialdemokratische Charakter. Drei Generationen aktiver Partei-

Anzahl von betrieblichen Widerständigkeiten und Solidaraktionen, die sich häufig zu sogenannten „wilden Streiks" verdichteten (gegen den Lohnsteuerabzug durch Unternehmen, gegen Akkordarbeit, gegen die Nichteinhaltung des 8-Stunden-Tages, verbunden mit einer mehr oder weniger ausgeprägten betrieblichen (z. B. wilde Hofversammlungen) und zum Teil außerbetrieblichen Streikkultur[72]). Wie am Beispiel der BASF deutlich wird, war durchgängiges Kennzeichen vieler dieser Konflikte auf Seiten der Arbeiterschaft ein hohes Maß an Spontaneität und ein Durchbrechen der vertraglich fixierten Konfliktregelungsmechanismen, meist ohne das Einverständnis bzw. gegen den erklärten Willen der Gewerkschaften und zum Teil auch der Betriebsvertretung. Nicht selten trugen diese Aktionen auch symbolischen Charakter: Über den konkreten Anlaß hinaus richteten sie sich „immer auch gegen tatsächliche und vermutete längerfristige Absichten der Unternehmensleitung".[73] Dabei ging es in der Phase bis zum Herbst 1920 meist um die Zurückweisung des Herrschaftsanspruchs der Direktion, also um die Frage der kulturellen-betriebsökonomischen Hegemonie und dem damit verbundenen vielfältigen Wirkungszusammenhang auf das betriebliche Alltagsleben.

Wenn von betrieblicher (Alltags-)Kultur die Rede ist, muß auch der im Jahre 1920 neu eingeführten *Betriebsräte* gedacht werden.[74] Diese enttäuschten zwar alle, die noch im Kontext einer Basisdemokratie und eines rätekulturellen Hegemonieanspruchs standen; gleichwohl veränderten die Betriebsräte trotz der stark eingeschränkten Mitwirkungsrechte das betriebliche Sozial- und Kommunikationsgefüge. Betriebliche Versammlungsaktivitäten waren nun in gewissen Grenzen erlaubt; die Betriebsratswahlen konnten bewußtseinsschärfend wirken; die Listenverbindungen vor den Wahlen ließen Unterschiede, aber auch Gemein-

---

mitglieder in einem Arbeiterviertel, Frankfurt/New York 1978, S. 107; *Stefan Bajohr*, Vom bitteren Los der kleinen Leute. Protokolle über den Alltag Braunschweiger Arbeiterinnen und Arbeiter 1900 bis 1933, Köln 1984, S. 178 f. Zu erinnern ist in diesem Zusammenhang auch an die unsolidarische Verhaltensweise der männlichen Arbeiter gegenüber der großen Entlassungswelle von Frauen im Zuge der Demobilmachung der Jahre 1919/20, gegen die es so gut wie keine Opposition gegeben hat. Beispiele auch bei *Willy Albrecht* u. a., Frauenfrage und deutsche Sozialdemokratie vom Ende des 19. Jahrhunderts bis zum Beginn der zwanziger Jahre, in: Archiv für Sozialgeschichte, 19, 1979, S. 509; *Uta Stolle*, Arbeiterpolitik im Betrieb. Frauen und Männer, Reformisten und Radikale, Fach- und Massenarbeiter bei Bayer, BASF, Bosch und in Solingen (1900 bis 1933), Frankfurt/New York 1980, S. 47.

72 Vgl. *Stolle*, S. 55 f., 125, 139 ff., 178 f., 181. Hinsichtlich des Widerstandes gegen die Einführung von Leistungslöhnen 1918/19 vgl. auch *Rudi Schmiede/Edwin Schudlich*, Die Entwicklung der Leistungsentlohnung in Deutschland. Eine historisch-theoretische Untersuchung zum Verhältnis von Lohn und Leistung unter kapitalistischen Produktionsbedingungen, Frankfurt/New York 1978, S. 247 f.; *Dieter Schiffmann*, Von der Revolution zum Neunstundentag. Arbeit und Konflikt bei der BASF 1918 bis 1924, Frankfurt/New York 1983, S. 161 ff.

73 Ebd., S. 397.

74 Monographien über die Tätigkeit der Betriebsräte in einzelnen Betrieben gibt es nicht. Einige Aufschlüsse erhält man bei: *Hans O. Hemmer*, Betriebsrätegesetz und Betriebsrätepraxis in der Weimarer Republik, in: *Ulrich Borsdorf* u. a., Gewerkschaftliche Politik: Reform aus Solidarität. Zum 60. Geburtstag von Heinz O. Vetter, Köln 1977, S. 241 ff.; *Deutscher Textilarbeiter-Verband* (Hrsg.), Aus dem Tagebuch eines Betriebsrates, Berlin 1925; *Kurt Brigl-Matthiaß*, Das Betriebsräteproblem, Berlin, Leipzig 1926.

samkeiten hinsichtlich der gewünschten Interessenvertretung deutlich hervortreten. Die funktionelle Zwittersituation der Betriebsräte zwischen Unternehmensleitung und Belegschaft, ihr Spannungsverhältnis zu den Gewerkschaften, ihre eingeschränkte Kompetenz (bei gleichzeitiger Aufgabenfülle) und ihre geringe Machtposition gegenüber der Direktion verhinderten, daß sich aus den Betriebsräten gegenkulturelle betriebliche Zentren herausbilden konnten.[75] Doch gelang es ihnen immerhin, einen Teil der Interessen der Arbeiter, vor allem soweit es um Arbeitsplatzverbesserungen, Kündigungen, Akkordfestsetzungen, Überstunden und Unfallverhütungen ging, durchzusetzen.[76] Durch ihre gesetzlich festgelegte Aufgabenstellung wirkten sie in ruhigen Zeiten darüber hinaus jedoch nicht selten disziplinierend auf die Belegschaften ein (durchaus in „guter Absicht" bzw. im emanzipativ gemeinten Sinne). Dabei ging es unter anderem konkret nicht nur um Ermahnungen, die Sicherheitsvorschriften zu befolgen, sondern auch darum, daß die Arbeiter/innen den technologischen Wandel diszipliniert hinnehmen und sich im übrigen ganz allgemein „ordnungsgemäß" betragen würden.[77]

Während Konfliktbereitschaft und Kampffähigkeit vor allem in der ersten Phase – also vor 1923 – sehr verbreitet waren, flauten die betrieblichen Kämpfe nach 1924 im allgemeinen ab. Es war dies eine Folge der Verschiebung der Kräftekonstellation zwischen Kapital und Arbeit und eine Folge der vielen Niederlagen sowie der katastrophalen Auswirkungen der Hyperinflation.[78] Gerade in diesen Jahren erfolgte nun aber ein großer, wenn auch ungleichzeitig und ungleichmäßig verlaufener Rationalisierungsschub.[79] In diesem Kontext wurden aufgrund der Erkenntnisse des Taylorsystems die Arbeitsprozesse weiter zerlegt, mechanisiert und kontrolliert. Eine „Kultur des Widerstandes" gegen bestimmte technologische und arbeitsorganisatorische Neuerungen konnte sich jedoch nur in relativ geringem Ausmaße entwickeln.[80] Statt dessen waren die typischen Reaktionen vieler Arbeiter/innen auf den vor allem von Ingenieuren durchgezogenen Rationalisierungsprozeß (soweit sie nicht selbst davon durch Entlassung betroffen waren) passive innere Resistenz bzw. resignatives äußeres Hinnehmen. Besonders deutlich tritt dies bei den überlieferten Alltagsberichten gewerkschaftlich organi-

---

75 *Schiffmann*, S. 155 ff.
76 Gewerkschaftszeitung, 40. Jg., 1930, Nr. 18.
77 *Deutscher Textilarbeiter-Verband* (Hrsg.), 1925, z. B. S. 92. Dort findet man auch Beispiele für „undiszipliniertes Verhalten"; z. B. S. 61, 72 ff.
78 Die Gründe für die nach 1924 geschwächte Widerstandskraft der Arbeiter lagen außerdem in den bis dahin erfahrenen Niederlagen, in der strukturellen Arbeitslosigkeit, in der Verschlechterung der Arbeitsbedingungen und in der Säuberung der Betriebe von radikalen Kräften. Dazu *Stolle*, S. 259; auch *Langewiesche*, 1984 (a), S. [19 f.].
79 Zu den Anfängen vor dem Ersten Weltkrieg siehe die Studie von *Heidrun Homburg*, Anfänge des Taylorsystems in Deutschland vor dem 1. Weltkrieg. Eine Problemskizze unter besonderer Berücksichtigung der Arbeitskämpfe bei Bosch 1913, in: Geschichte und Gesellschaft, 4. Jg., 1978, H. 2, S. 170 ff. Allgemein zum Rationalisierungsprozeß vgl. noch immer die Studie von *Robert A. Brady*, Rationalization Movement in German Industry, New York 1933.
80 Vgl. z. B. *Stolle*, S. 251. Einige Meister und Facharbeiter konnten mittels Prämien als Befürworter der Rationalisierung gewonnen werden. Insgesamt: *Gunnar Stollberg*, Die Rationalisierungsdebatte 1908 bis 1933. Freie Gewerkschaften zwischen Nutzwirkung und Gegenwert, Frankfurt/Main 1981, S. 118.

sierter Textilarbeiterinnen zum Vorschein.[81] Selbst diese Frauen, die aus historischen sozio-kulturellen Gründen wohl stets nur — im Vergleich zu ihren männlichen Kollegen — ein geringeres Maß an betriebs- und produktbezogenem Engagement für ihre (minderbezahlte) Arbeit aufbrachten, berichteten darin häufig von ihren Reaktionen auf die ihnen entfremdete und monotone Arbeit. Sie entwickelten – wenn möglich – eine eigene „Überstehensstrategie", die im geistigen Abschalten gegenüber der Maschinenrealität und im Aufbau einer eigenen Welt der Phantasie, in der ihnen ein besseres Leben vergönnt sein würde, bestand. Diese Wach- und Tagträume können als gegenkulturelle Kümmerformen potentieller betrieblicher Alltags- und Arbeitskultur angesehen werden – Flucht, äußere Anpassung und innere Resistenz in einem.

Eine „Kultur der Resistenz" gegenüber den Rationalisierungsmaßnahmen konnte jedoch vor allem deshalb nicht so richtig entstehen, weil die Gewerkschaftsführung selbst die Rationalisierung voll mittrug.[82] Durch die Rationalisierung erwartete sie nämlich eine Produktivitätssteigerung, folglich auch eine Steigerung des Lebensstandards der Arbeiterschaft und weniger harte Verteilungskämpfe.[83] Außerdem meinte sie, daß die Technisierung des Produktionsablaufs – zusammen mit den zunehmenden Konzentrationstendenzen innerhalb der Wirtschaft und der Ausweitung des sogenannten gemeinwirtschaftlichen Sektors sowie der wirtschaftsdemokratischen Strukturen – die ökonomische Entwicklung in Richtung einer kapitalistischen Planwirtschaft fördern helfe, aus der die Gewerkschaften dann eine sozialistische Gemeinwirtschaft machen könnten.[84] Die Gewerkschaften waren allerdings nicht blind gegenüber den mit der Rationalisierung häufig gegebenen Verschlechterungen der Arbeitsbedingungen (Intensivierung, Monotonisierung, Dequalifizierung der Arbeit). Sie vertrösteten die Arbeiter aber auf die Zeit der Nicht-Arbeit. Sie selbst zogen daraus auch bestimmte Konsequenzen, indem sie ihren Aufgabenbereich erweiterten: Gewerkschaftliche Kulturpolitik galt fortan auch als Kompensationspolitik zur „weichen Handlungslinie" gegenüber allen Rationalisierungsmaßnahmen. So heißt es in einer Gewerkschaftssitzung von 1925 in bezug auf das neue kulturpolitische Mandat:

> „... in dem Maße, in dem die Mechanisierung fortschreitet – und sie wird fortschreiten – haben die Gewerkschaften die Pflicht, nicht nur Lohnpolitik, sondern auch Kulturpolitik zu treiben; sie haben sich nicht nur über das Was des Wohnens, des Kleidens, der Ernährung und der Erholung, sondern um das Wie zu kümmern".[85]

Schließlich sei noch auf die Ansätze alternativer Produktions- und Konsumtionskultur hingewiesen. Obwohl diese immer volkswirtschaftlich gesehen mar-

---

81 *Deutscher Textilarbeiterverband* (Hrsg.), Mein Arbeitstag, mein Wochenende. 150 Berichte von Textilarbeiterinnen, Berlin (1930), passim.
82 Dazu siehe *Stollberg* sowie *Richard Vahrenkamp*, Wirtschaftsdemokratie und Rationalisierung, in: Gewerkschaftliche Monatshefte, 34, 1983, H. 11, passim.
83 Vgl. dazu die auf dem Gewerkschaftskongreß von 1925 verabschiedete Resolution. Protokoll der Verhandlungen des 12. Kongresses der Gewerkschaften Deutschlands, Berlin 1925, S. 36 ff. Die Probleme der „Fehlrationalisierung", wie sie Otto Bauer herausgearbeitet hat, wurden von den deutschen Gewerkschaften nur wenig diskutiert.
84 *Stollberg*, S. 90.
85 In: *Dirk Schubert*, Stadtplanung als Ideologie. Eine theoriegeschichtliche, ideologiekritische Untersuchung der Stadt, des Städtebaus in Deutschland von ca. 1850 bis heute, Berlin 1981, S. 121.

ginal blieben, hatten solche Versuche gerade in der Weimarer Republik eine große Blütezeit; sie waren vor allem unter qualitativem Gesichtspunkt von einschlägiger Bedeutung für die damalige Arbeiterbewegung (Konsum- und Baugenossenschaft, Soziale Baubetriebe, Arbeiterbanken, „Volksfürsorge", Wohnungsbauunternehmen etc.). Von besonderer Relevanz waren die Konsumgenossenschaften, insofern sie „basisorientierte Einrichtungen in einem Geflecht von Nachbarschafts- und Stadtteilbeziehungen darstellten und damit eine eigenständige proletarische Gegenkultur zum Bürgertum schufen."[86] Kaufte man im Roten Konsum, „förderte man zugleich ein Programm, eine Lebensweise, aber auch ein Bündel von konkreten Zusatzleistungen im Bereich der Bildung und Freizeit"[87]. – In der Tradition der Produktivgenossenschaften standen die Sozialen Baubetriebe (auch „Bauhütten" genannt). Hierbei handelte es sich um demokratisierte Betriebe (Wahl der Betriebsleitung seitens der Belegschaft), die sich zunächst in der Hand der Belegschaften befanden, später aber (wegen des Kapitalmangels) in den Besitz der Gewerkschaften gerieten. Hier wie auch in den damals großgewordenen gemeinnützigen Wohnungsbaugesellschaften in gewerkschaftlichem Besitz (DEWOG) drangen zwar auch Normen moderner kapitalistischer Wirtschaftsorganisation vor (Bürokratisierung und einseitiges Effizienzdenken), doch im Vergleich zu den stark hierarchisch strukturierten privatwirtschaftlichen Betrieben waren hier immer noch ökonomische und kulturelle Ansätze dessen zu sehen, was die Gewerkschaften programmatisch und konzeptionell als „Gemeinwirtschaftsmodell" und als „Wirtschaftsdemokratie" anboten (Naphtali).[88] Dabei hoffte man – ohne die Machtfrage zu stellen – auf eine kontinuierliche Ausweitung vor allem des gemeinwirtschaftlichen Sektors und damit der Institutionalisierung wirtschaftlich-kultureller Gegenmacht. Die öffentliche Wirtschaft, die auch zum gemeinwirtschaftlichen Sektor gezählt wurde, sei „das wichtigste Fundament moderner städtischer Kultur" und ein „wichtiger Teil unserer sozialistischen Zukunft", so äußerte sich ein Sozialdemokrat im Jahre 1929.[89]
Gewiß entbehrte die Konzeption der Gemeinwirtschaft und der Wirtschaftsdemokratie, so wie sie angelegt war, nicht illusorischer Momente, doch zeigt sich ebenso, daß die kulturellen Intentionen auch in diesem Bereich noch immer gegenkulturelle Züge trugen (eben in Form der Vorstellung von der Notwendigkeit einer alternativen Produktions- und Konsumtionsökonomie); und diese Vorstellungen hatten gegenüber den allgemeinen „Sozialisierungs-Absichtserklärungen" der Vorkriegszeit den Vorteil, daß sie konkreter waren und daß man auf schon verwirklichte Ansätze verweisen konnte. (Allerdings muß auch in Erinnerung gerufen werden, daß die MSPD- und die Gewerkschafts-Führungen während der Revolution von 1918/19 selbst jegliche Versuche zur Sozialisierung der Wirtschaft blockiert hatten.)

---

86 *Vahrenkamp*, S. 732 f.
87 Ebd., S. 733.
88 Vgl. hierzu die Resolution, die auf dem Gewerkschaftskongreß von 1925 verabschiedet worden ist. *Protokoll* der Verhandlungen, 1925, a. a. O.
89 So *Ernst Reuter*, in: Die Gemeinde, 6, 1929, H. 21/22.

6. Zum Verhältnis von Arbeiterbewegungskultur und Alltagskultur

Vorbemerkung: Wenn eingangs, in Anlehnung an Negt und Maimann, gesagt wurde, daß die Alltagskultur sozusagen der Humus ist, aus dem heraus sich basisgetragene politisch-kulturelle Emanzipationsprozesse formieren *können*, so fragt man sich, was damit konkret gemeint ist. Geht man davon aus, daß politische Kultur sich nicht zuletzt durch die Erfahrung konkreter alltäglicher Situationen und Verhaltensweisen vermittelt, so steht die Frage im Zentrum, wie die „Leute unten" ihre alltäglichen Wahrnehmungen verarbeitet haben. Hierzu gehören auch die Erfahrungen mit den Arbeiterorganisationen selbst sowie die oft recht eigenwilligen und eigensinnigen (Lüdtke) subjektiven Reaktionen auf gesellschaftliche Konfliktlagen und Widersprüche.

Gemäß diesen allgemeinen Überlegungen kann es bei den kommenden Ausführungen nicht darum gehen, nach absoluten Gegensätzen zwischen Alltagskultur und Arbeiterorganisationen zu suchen bzw. sie zu konstruieren oder gar die großen historischen Verdienste der Arbeiterorganisationen schmälern zu wollen. Vielmehr geht es um die Frage, was man über das Verhältnis von Arbeiterorganisationen und Alltagskultur aufgrund der bisherigen (zu diesem Thema marginalen) Forschung weiß und wo möglicherweise die Stärken und Schwächen bei der Rezeption und produktiven Verarbeitung des Impulsstromes „von unten nach oben" lagen.[90]

Als erstes fällt auf, daß die Arbeiterorganisationen ihren Kulturbegriff gerade in der Weimarer Zeit nicht verengten, sondern im Zuge ihrer Wunschvorstellung, den „neuen Menschen" zu schaffen, wesentlich erweitert haben.

Neue Gebiete wurden ihren kulturellen Bemühungen subsumiert. In diesem Zusammenhang ist vor allem der gesamte Wohnbereich zu nennen, der durch den in großem Maßstab initiierten und subventionierten sozialen Wohnungsbau der Weimarer Zeit auch eine allgemein stärkere politisch-kulturelle Bedeutung als früher erhielt.[91] Gute Wohnverhältnisse[92] galten nämlich nun als unabdingbare

---

90 Die Arbeiterorganisationen hatten die von ihren Mitgliedern gestellte Aufgabe, die aus realen Alltagssituationen entstandenen Wahrnehmungen und Forderungen in Politik umzusetzen. (Die Arbeiterorganisationen konnten dies nur tun, wenn ihre Organisationen eine gewisse Stabilität und Berechenbarkeit (im Sinne von Max Weber) gewannen und wenn sie sich bewußt auf bestimmte Aufgaben konzentrierten, ungeachtet der damit verbundenen Gefahr der Verengung des Handlungsspektrums. (Bei einer zu starken Reduzierung des gegenseitigen Beziehungssystems schrumpfen Organisationen leicht zu Sekten zusammen. Kommt es aber zu einem Überschuß an wechselseitigen Beziehungen, so erhält die Organisation in starkem Maße instabilen Bewegungscharakter.) Deshalb bestand von vornherein ein Spannungsverhältnis zu der politisch konturenlosen Alltagskultur. Dieses Spannungsverhältnis konnte jedoch selbst wieder ganz unterschiedliche Linien aufweisen und unterschiedliche Auswirkungen sowohl auf die Arbeiterbewegung als auch auf die Alltagskultur haben. So stellt sich die Frage nach der Struktur und der Intensität des wechselseitigen Bezugssystems.

91 Die Analyse der Wohnungspolitik und des Wohnumfeldes steht im Zusammenhang mit dem von der VW-Stiftung finanzierten Forschungsprojekt über die Neubauviertel der 20er und der 60er Jahre. Vgl. dazu auch den Aufsatz von *Adelheid v. Saldern*, Sozialdemokratie und kommunale Wohnungsbaupolitik in den 20er Jahren – am Beispiel von Hamburg und Wien, in: Archiv für Sozialgeschichte, 25, 1985.

92 Unter guten Wohnverhältnissen verstand man damals luftige und sonnige, abgeschlossene Wohnungen mit einem gewissen Komfort (fließend kaltes und warmes Wasser,

Voraussetzung für die gewünschte kulturelle Hebung des Volkes, d. h. für die schon erwähnte Schaffung des „neuen Menschen". So ist im SPD-nahen „Hamburger Echo" 1929 zu lesen:

„In diesen gewaltigen Wohnblocks, die in den letzten Jahren geschaffen worden sind, ist eine neue Wohnkultur entstanden. Der Gemeinschaftsgeist, die Solidarität, die in der modernen Arbeiterbewegung lebendig ist, haben hier greifbare Gestalt angenommen."[93]

Und bei anderer Gelegenheit (1927) hieß es im „Vorwärts":

„Arbeiterwohnungskultur ist ... ein wesentlicher Teil der gesamten Arbeiterkultur."[94]

Außer dem Wohnbereich erkannte man den sozio-politischen Wert der basisnäheren Arbeiterkulturvereine uneingeschränkter an als dies in der Zeit vor 1914 der Fall gewesen war. Die personelle Verflechtung und die gegenseitigen Kontakte zwischen diesen Vereinen und den Arbeiterorganisationen waren groß.[95] Dies zu erwähnen ist umso wichtiger, als die Arbeiterkulturvereine wiederum selbst aufgrund ihrer stärkeren Vernetzung an der Basis als wichtige Transmissionsriemen zwischen den klassischen Arbeiterorganisationen und der Arbeiteralltagskultur angesehen werden dürfen. In diesem Zusammenhang ist nicht nur an die Freizeitorganisationen, sondern auch an die Genossenschaftskultur (Konsumgenossenschaften, Baugenossenschaften) zu denken. Vielleicht kann man daraus thesenartig folgenden Schluß ziehen: Nicht in der Verengung des Kulturbegriffes und auch nicht im Negieren der Alltagskultur (über das Scharnier der Arbeiterkulturvereine) lag also das Hauptproblem bezüglich des Verhältnisses von Arbeiterorganisationen und Alltagskultur, sondern im Gegenteil in der Art und Weise, wie die Alltagskultur von der Partei bzw. von den Gewerkschaften verarbeitet worden ist. Einige dieser Probleme seien im folgenden kurz angerissen:

1. Die Verarbeitung von Alltagskultur erfolgte stark partei- bzw. gewerkschaftsbezogen und war zudem hierarchisch strukturiert. Dies gilt vor allem für die (öffentlichen) Versammlungen, in denen alles, was der jeweiligen Parteilinie nicht dienlich war, tendenziell unterdrückt wurde und es wohl selten zu gleichen Durchsetzungschancen der „Kontrahenten" gekommen ist. (Dementsprechend „einseitig" war auch meist die Delegiertenauswahl für die Parteitage.) Die zwischen SPD und KPD hochstilisierten gegenseitigen Abgrenzungszwänge blockierten eine Öffnung der Partei nach unten hin und ermöglichten statt dessen, unliebsame Basisbewegungen zu diskriminieren und auszugrenzen. Dies gilt auch für die Gewerkschaften. So standen diese beispielsweise in der Inflationszeit den Kämpfen der Chemiearbeiter um Lohnverbesserungen verständnislos gegenüber. Die streikenden Kollegen wurden als „naiv, kindisch und verrannt" gekennzeichnet, und das ganze Unterfangen wurde schließlich als eine „Schablone

---

Vorraum, Zentralheizung, Bad oder Dusche, ausreichende Zimmeranzahl, Balkon und z. T. sogenannte Mietergärten).

93 In: *Christoph Timm*, Gustav Oelsner und das neue Altona. Kommunale Architektur und Stadtplanung in der Weimarer Republik, Hamburg 1985.
94 In: *Rülcker*, 1974, S. 128.
95 Vgl. z. B. *Bajor*, S. 198.

kommunistischer Taktik" diskriminiert.[96] – Auch erregten alle nicht von oben kontrollierten Mieteraktivitäten, für deren Disziplinierung sich weder die Partei noch die Gewerkschaften „zuständig" fühlten, großes Mißtrauen und fanden im allgemeinen bei ihnen keine aktive Unterstützung. Die Politik dürfte in den Quartieren (vor allem in den Neubausiedlungen) keine Rolle spielen.[97]

Aber nicht nur die SPD und die Gewerkschaften, sondern auch die Kommunisten hatten Probleme, mit der Alltagskultur produktiv umzugehen. Als eine Partei, die sich selbst als radikal und revolutionär einstufte, hatte sie zwar ein starkes politisches Eigeninteresse daran, die jeweils aktuellen Konfliktlagen an der Basis aufzuspüren und die Leute zu mobilisieren bzw. sich in bestehende unorganisierte Aktivitäten „einzuklinken". In diesem Zusammenhang ist wiederum an die „wilden Streiks" und andere betriebliche Widerständigkeiten zu denken, aber auch an Versuche zur Aktivierung der Mieter, an Erwerbslosendemonstrationen sowie an die Unterstützung des Kampfes eines Teils der Frauen gegen den § 218. Und immer wieder kam es dabei zu (punktuellen) Erfolgen der KPD, was sich nicht zuletzt auch in den Betriebsrätewahlen niederschlug. Doch mißlang den Kommunisten – wegen der parteibezogenen Instrumentalisierung der Massenaktionen (im Sinne Lenins) sowie wegen der zum Teil phrasenhaften kommunistischen Propaganda und schließlich wegen ihrer generellen politischen Schwäche – die von ihnen angekurbelte Erwartenshaltung der Mobilisierten auch nur im entferntesten zu befriedigen. So blieben dauerhafte Rekrutierungserfolge aus, ja durch diese Art der parteipolitisch-instrumentellen Mobilisierung einzelner Gruppen verstärkte die KPD sogar (unfreiwillig) die Disposition eines Teils der Mobilen, mit der ebenfalls so tatkräftigen NSDAP zu liebäugeln.[98]

2. Von der SPD und den Gewerkschaften wurden vorwiegend nicht-politisierbare Typen von Alltagsfragen aufgegriffen. In den Siedlungs-Zeitschriften wurden z. B. – ähnlich wie in den unternehmereigenen Werkszeitungen – viele Ratschläge für kulturelle Alltäglichkeiten vor allem bezüglich der Pflege von Wohnung und Garten, gegeben. Auffallend ist, daß mit Vorliebe jene Alltagsbereiche behandelt wurden, die beim besten Willen keine politischen Aspekte aufwiesen und stark detaillistischen Charakter trugen, z. B.: Wie putze ich meine Fliesen? Gewiß, das Aufgreifen solcher Fragen war wichtig und vergrößerte die positive

---

96 *Eva Cornelia Schöck*, Arbeitslosigkeit und Rationalisierung. Die Lage der Arbeiter und die kommunistische Gewerkschaftspolitik 1920 bis 1928, Frankfurt/New York 1977, S. 136.

97 Diesen Eindruck gewinnt man bei der Durchsicht der Siedlungszeitschriften (Einfa-Nachrichtenblatt; GEHAG-Nachrichten (in Privatbesitz); vgl. auch *Barbara Miller Lane*, Architecture and Politics in Germany 1918 bis 1940, Cambridge, Mass. 1968, S. 104. Auch waren die Beziehungen zwischen den Mietern und den gewerkschaftlichen Wohnungsverwaltungen hierarchisch strukturiert. Nicht einmal Mieterausschüsse wollte man beispielsweise in der neuaufgebauten international renommierten Siedlung Britz/Berlin dulden, ausgehend von der nur einen Teilaspekt der Realität einfangenden und im übrigen prinzipiell gefährlichen Überlegung, daß es in solchen gewerkschaftsnahen Siedlungen keine schweren Konflikte zwischen den Mietern und der Verwaltung geben könne, insofern es sich ja um „unsere gemeinsame Siedlung" handle. So kam selbst in den Siedlungszeitschriften kein wirklicher Dialog zwischen Mietern und Vermietergesellschaft, geschweige denn eine gleichberechtigte Mitarbeit der Mieter, zustande.

98 *Schöck*, S. 136.

Resonanz bei den Lesern und Leserinnen. Doch auch hier floß wiederum ein stark hierarchisches Moment ein: Die Zeitschriftsredaktion wußte alles besser! Außerdem fehlten eben jene Alltagsaspekte, die geeignet gewesen wären, anhand eines kommunikativen Dialogs die politische Kritikfähigkeit zu fördern. Beispielsweise: Warum gelang es den Wiener Sozialdemokraten, „soziale Mieten" einzuführen,[98a] während die Mieten für Neubauwohnungen in deutschen Großstädten für Arbeiter kaum bzw. gar nicht aufzubringen waren? Oder: Wie kam es zur City-Bildung und zur Tertialisierung der Innenstädte, und was bedeutete dies für den Alltag und die Alltagskultur der stadträndischen Siedlungsbewohner/innen?

3. Dem völlig unpolitischen Detail-Alltagswissen auf der einen Seite entsprach auf der anderen Seite der Hang der SPD zur großen (die Alltagskultur außer acht lassenden) gesellschaftlichen Zusammenschau, während die mittlere Ebene, die gerade geeignet gewesen wäre, Alltag und Politik zu verbinden, wie gesagt, nur schwach entwickelt war. So galt für die Gewerkschaften – wie schon in anderem Zusammenhang erwähnt – der Taylorismus als erstrebenswert, weil dieser ein Schritt auf dem Wege zum Sozialismus darstellen würde; doch die Frage, was der Taylorismus für die Alltagskultur der einzelnen Menschen tatsächlich bedeutete und welche negativen Wirkungen davon speziell für eine „Kultur der Arbeit(er)" ausgingen (Entmündigung und Atomisierung vieler Arbeiter/innen), wurde unter politisch-kulturellem Aspekt nur wenig diskutiert, und zahlreiche Arbeiter/innen fühlten sich wohl mit ihren diesbezüglichen direkten Wahrnehmungen und Erfahrungen vielfach alleingelassen. Die Gewerkschaften empfahlen statt dessen, daß der Arbeiter sich „in Gedanken immer wieder die Bedeutung seines Schaffens *innerhalb des Ganzen* klarmachen" müsse (Hervorhebung von A.v.S.).[99] Einmal gestand man sich in der Gewerkschafts-Zeitung jedoch selbstkritisch ein, daß dieses Journal wegen der ständigen „Wiederkehr lediglich propagandistischer oder sozialpolitischer Artikel" bei vielen Lesern nicht so recht Anklang finden würde, und es heißt weiter: „Sie [die Leser] vermissen das, was sie persönlich mehr angeht." Die früheren basisnäheren Berufsverbände hätten hier besser als die neuen großen Industrieverbände gewirkt; auch registrierte man, daß sowohl die kommunistischen Betriebszeitungen, als auch die von Unternehmern herausgegebenen Werkszeitungen manchen Bedürfnissen der Leser offensichtlich näher kamen als die (sozialdemokratisch orientierten) Gewerkschaftszeitungen.[100]

4. Die Alltagskultur wurde ferner nicht selten an einer parteiorientierten, hierarchisch festgesetzten (d. h. vorentschiedenen) reinen Zweckrationalität gemessen, entsprechend dem Handlungsprinzip der Arbeiterorganisationen. Entstand hier in Ansätzen vielleicht schon ein Verhältnis zwischen Basis und Arbeiterorganisation, das weniger emotional, weniger auf der Grundlage von Klassenzugehörig-

---

98a Die sozialen Mieten entstanden vorwiegend aufgrund der Tatsache, daß der Wohnungsneubau von der Kommune aus Steuern finanziert wurde, so daß weder Eigen- noch Fremdkapitalzinsen anfielen.
99 In: *Vahrenkamp*, S. 729. Vahrenkamp verweist auch auf den Widerspruch zwischen dem Konzept der Wirtschaftsdemokratie und der (eingeschränkten) Zustimmung der Gewerkschaften zur Entmündigung vieler Arbeiter/innen.
100 Gewerkschafts-Zeitung, 37 Jg., 1927, H. 8.

keit, Klassenbewußtsein und Klassenkultur, sondern mehr auf rational-kalkulierenden Überlegungen beruhte, d. h. aber auch leichter aufkündbar war? Das Postulat zweckrationalen Handelns konzentrierte sich eben nicht allein auf den (partei)politischen Bereich, sondern umfaßte tendenziell auch alle anderen Lebensbereiche, einschließlich der Rationalisierung der individuellen Lebensführung (vgl. z. B. die alle Probleme ausklammernde Zustimmung zu selbst extrem funktionalistischen Wohnungsgrundrissen incl. der rund 6 m² großen, nur für die Frau berechneten Frankfurter Küche[101] und zur kargen (wenngleich ehrlich gemeinten) Neuen Sachlichkeit bei der Wohnkultur.[102]

Die eigentliche Problematik entstand vor allem dann, wenn und soweit die rigiden, einseitigen kulturellen Normensetzungen dazu führten, daß auf selbstbestimmte Handlungsorientierungen an der Basis nur mehr wenig Wert gelegt wurde. Auch für die oben erwähnten Ungleichzeitigkeiten (Bloch) fehlte das Verständnis. Die an sich vielfältigen Aneignungsmöglichkeiten von Raum und Zeit schrumpften auf relativ wenige Normen zusammen, wodurch nonkonforme Ver-

---

101 Die alte traditionelle Wohnküche wurde im Jahre 1926 offiziell als unhygienisch erklärt, was bei der SPD- und Gewerkschaftsführung im großen und ganzen akzeptiert wurde, ohne daß man sich viele Gedanken über die „kulturellen Kosten" machte. Vgl. dazu auch allg.: *Gisela Stahl*, Von der Hauswirtschaft zum Haushalt oder wie man vom Haus zur Wohnung kommt, in: Neue Gesellschaft für bildende Kunst (Hrsg.), Wem gehört die Welt – Kunst und Gesellschaft in der Weimarer Republik, 4. Aufl., Berlin 1977, S. 87 ff.

102 Fragen der Wohnkultur wurden zwar von den Arbeiterparteien aufgegriffen, aber die Direktiven eher normativ als Handlungsanweisung von oben (mit Unterstützung bekannter Architekten wie Bruno Taut, Ernst May, Walter Gropius, Otto Haesler u. a.) gesetzt: Die neuen Wohnungen sollten den hochgeschraubten Sauberkeits- und Ordnungsnormen entsprechen und im Sinne der Neuen Sachlichkeit eingerichtet werden (keinen Kitsch, keine Überladung der Wohnung, klare einfache Formgebung bei den Möbeln etc.). Am liebsten hätte man für die Facharbeiter (andere Arbeitergruppen konnten wegen der hohen Mieten sowieso nicht in diese Siedlung einziehen) die Wohnungen komplett eingerichtet (vgl. den Kult der Musterwohnungen und der Muster-Möbelausstellung) und durch Wohnungspflegerinnen bzw. Hausverwalter von Zeit zu Zeit überprüfen lassen. Gewiß, hier – wie in den anderen Beispielen – sind auch immer bedeutsame emanzipative Intentionen zu finden (die Befreiung von der ornamentreichen Raum- und Lebensgestaltung des Wilhelminischen Bürgertums; die Frontmachung gegen den Spießbürger). Trotzdem konnte die Befreiung vom Kitsch von den Betroffenen nicht unbedingt als ein progressiver Akt, sondern unter Umständen sogar als eine Form der Selbstenteignung erscheinen. Dazu siehe vor allem *Peter Gorsen*, Zur Dialektik des Funktionalismus heute. Das Beispiel des kommunalen Wohnungsbaus im Wien der 20er Jahre, in: *Jürgen Habermas* (Hrsg.), Stichworte zur „geistigen Situation der Zeit", Bd. 2: Politik und Kultur, Frankfurt 1979, passim. In diesem Zusammenhang ist auch auf den Trend zur Rationalisierung des generativen Verhaltens zu verweisen. Vgl. dazu die ersten Hinweise bei *Adelheid Castell*, Unterschichten im „demographischen Übergang". Historische Bedingungen des Wandels der ehelichen Fruchtbarkeit und der Säuglingssterblichkeit, in: *Hans Mommsen/Winfried Schulze* (Hrsg.), Vom Elend der Handarbeit: Probleme historischer Unterschichtenforschung, Stuttgart 1981, passim, vgl. auch den Hinweis bei *Vahrenkamp*, S. 723 und bei *Reinhard Spree*, Die Entwicklung der differentiellen Säuglingssterblichkeit in Deutschland seit der Mitte des 19. Jahrhunderts, in: *Edith Heischkel-Artelt* u. a. (Hrsg.), Mensch und Gesundheit in der Geschichte (= Abhandlungen zur Geschichte der Medizin und der Naturwissenschaften), Husum 1980, vor allem S. 266 ff.

haltensmuster und kulturelle Aktivitäten wie Phantasie, Experimentierfreudigkeit und Spontaneität sowie nicht-organisationsfunktionales Verhalten leicht von vornherein als abwegige, zumindest für die Organisationen uninteressante Phänomene betrachtet wurden, ohne daß sich die Organisationen auf ein „kommunikatives Handeln als kooperativen Deutungsprozeß" (Habermas) eingelassen hätten.[103]

5. Schließlich ist sowohl das Bild vom „Neuen Menschen" als auch die darauf aufbauende Kulturpraxis häufig einseitig von einer patriarchalischen Familienkultur bestimmt worden. Zwar gab man sich in der SPD modern, wollte die geplagte Hausfrau durch Haushaltsrationalisierung entlasten, aber die so gewonnene Zeit sollte von ihr nicht in selbstbestimmter Weise angeeignet werden, sondern der Familie und – „falls dann noch Zeit bliebe" – ihrer Bildung zugute kommen. Hausarbeit und Kindererziehung wurden in Verlautbarungen und erst recht in der Realität weiterhin den Frauen überlassen (worunter auch viele Arbeitertöchter zu leiden hatten). Relativ neu war allerdings dabei die Aufpolierung dieser Tätigkeiten in Form einer Pseudo-Professionalisierung (pseudo: weil ohne Bezahlung). – Die Arbeiterfrauen waren als Mitkämpferinnen des Proletariats, als Staatsbürgerinnen und vor allem als Wählerinnen geachtet, ihre Alltagsprobleme (z. B. größere Entlastung bei der Kindererziehung durch ausreichende und

---

[103] *Jürgen Habermas*, Aspekte der Handlungsrationalität, in: Vorstudien und Ergänzungen zur Theorie des kommunikativen Handelns, Frankfurt/M. 1984, vor allem S. 469 f. – Die SPD vermochte es auch nicht, etwaige Impulse, die von der Arbeiterjugend ausgingen, produktiv aufzunehmen. Dazu: *Josef Mooser*, Arbeiterleben in Deutschland 1900 bis 1970, Frankfurt/Main 1984, S. 195 f. Zwar gab es eigene Jugendorganisationen (Sozialistische Arbeiterjugend der 14- bis 18jährigen mit zeitweise 100 000 Mitgliedern sowie die Jungsozialisten bis zu 25 Jahren), doch diese waren meist ohne wesentliche Mithilfe der Partei entstanden und erregten sofort den Unmut der vielen Alten in der Partei, wenn sie sich nicht den von ihnen vorgeschriebenen Normen fügten bzw. wenn sie sich von der offiziellen Parteilinie weg bewegten. (Dazu siehe auch *Franz Walter*, Jungsozialisten in der Weimarer Republik. Zwischen sozialistischer Lebensform und revolutionärer Kaderpolitik, Kassel 1983.) – Die KPD tat sich im Vergleich zur „vergreisten" SPD leichter, die Jugend anzusprechen und jugendliche Hoffnungen zu schüren. Der ruhelose Aktivismus konnte geschickt an entsprechende Mentalitäten gerade dieser Altersgruppe anknüpfen. Doch in einem Punkt waren die beiden großen Arbeiterparteien sich wiederum auch „einig": Beide hatten für experimentelle neue Lebensformen (z. B. Sexpol-Bewegung) keinen Sinn und standen diesen Normdurchbrechungen äußerst mißtrauisch gegenüber. – Auch die in Weimarer Zeit gerade in den alten Arbeitervierteln entstandenen „wilden Jugendcliquen" mit ihren oft ungestümen und schwerverständlichen Formen von Alltagskultur fühlten sich von keiner Arbeiterpartei angesprochen. Der nicht organisationsfähige Jugendliche wurde schließlich „als – zumindest latent – delinquent eingestuft". – *Rolf Lindner*, Bandenwesen und Klubwesen im wilhelminischen Reich und in der Weimarer Republik. Ein Beitrag zur historischen Kulturanalyse, in: Geschichte und Gesellschaft, 10. Jg., 1984, H. 3, S. 375. Vgl. hierzu auch: *Elisabeth Domansky/Ulrich Heinemann*, Jugend als Generationserfahrung: Das Beispiel der Weimarer Republik, in: SOWI, 13. Jg., 1984, H. 1, S. 18; *Wunderer*, S. 198 ff. Siehe zu diesem Themenkomplex auch *Eve Rosenhaft*, Organising the „Lumpenproletariat": Cliques and Communistes in Berlin during the Weimar Republic, in: *Richard J. Evans* (Hrsg.), The German Working Class 1888–1933. The Politics of Everyday-Life, London 1982; *Hellmut Lessing/Manfried Liebel*, Wilde Cliquen. Szenen einer anderen Arbeiterjugendbewegung, Bensheim 1981.

vor allem unentgeltliche Nutzung von Kindergärten) galten als nicht durchsetzbar. Und zur Selbstorganisation ihrer Interessen fehlte den Hausfrauen Zeit und Selbstvertrauen. Noch immer träumten im übrigen viele Arbeitermänner – und die SPD hat dies wiederholt aufgegriffen – von „ihren" Frauen als den willigen Ehefrauen, den tüchtigen Hausfrauen und den guten Müttern, die – nur wenn es wirklich nötig war – noch etwas „hinzu"verdienen sollten. Die Frauen ließen sich dies meist gefallen. Die kulturellen Auswirkungen einer etwaigen doppelten Ausbeutung der Frau, die Problematik der Geschlechterhierarchisierung als einem kulturellen Produkt gesellschaftlicher Entwicklung kam keinem so recht in den Sinn. – Alternative Wohnformen, Phantasie und Kollektivexperimente, wie sie einst in der Tradition der Frühsozialisten entwickelt worden waren, wurden schon lange nicht mehr seitens der offiziellen Arbeiterbewegung ernstlich diskutiert.[104] Als allgemein gültige Norm kulturellen Zusammenlebens galt *einzig und allein* nurmehr die „geschlossene Kleinfamilie" in einer geschlossenen Kleinwohnung. Gewiß entsprang dies auch einem großen historischen Nachholbedürfnis weiter Teile der Arbeiterschaft, einem kulturellen Nachholbedürfnis in bezug auf eine wirkliche Familiengründung, auf Privatisierung und auf ein individuell bestimmtes Leben.[105] Doch dies hieß ja nicht automatisch, daß andere Traditionsstränge nun auch gänzlich begraben werden müßten, indem man sie marginalisierte bzw. einfach nicht mehr aufgriff.

Zusammenfassend gesehen muß man allerdings auch darüber nachdenken, welche Relevanz den aufgezeigten Handlungslinien der Arbeiterorganisationen im Gesamtkontext allgemeingesellschaftlicher Entwicklung zukam. Diese sollte hinsichtlich ihrer Wirksamkeit nicht überschätzt werden, allenfalls ist von verstärkenden Funktionen auszugehen.[106]

---

104 Hier ist z. B. an das Kollektivmodell Einküchenhaus, das von den männlich strukturierten Arbeiterorganisationen nie ernstlich diskutiert worden ist, zu denken. Dazu siehe einführend: *Günter Uhlig*, Kollektivmodell „Einküchenhaus". Wohnreform und Architekturdebatte zwischen Frauenbewegung und Funktionalismus 1900 bis 1933 (= Werkbundarchiv Bd. 6), Gießen 1981, passim. Ferner ist noch an die Landkommunen, die immerhin neue Lebensformen erprobten, zu erinnern. Diese führten nach dem Abebben der anfänglich euphorischen Aufbruchstimmung und Siedlungsbegeisterung ein in jeder Beziehung abseitiges Leben. Dazu einführend *Ulrich Linse* (Hrsg.), Zurück, o Mensch, zur Mutter Erde. Landkommunen in Deutschland 1890 bis 1933, München 1983.

105 *Mooser*, 1984, S. 298. (Allerdings ist diese Aussage auf die Zeit der Bundesrepublik bezogen.)

106 Dazu ein Beispiel: So darf man annehmen, daß jene Facharbeiter, die in die neuen Siedlungen zogen, auch von sich aus bereit waren, die damit verbundene sozio-räumliche Segregation zu akzeptieren. Ihre sozio-räumliche Entfernung von den alten, innerstädtischen Arbeitervierteln mit ihren *klassenorientierten* informellen, intensiv ausgeprägten (durchaus konfliktbeladenen) Kommunikations- und zum Teil auch Solidarstrukturen (proletarisches Großstadtmilieu) mit Verdichtungseffekten in Richtung einer politischen Kultur der Arbeiterklasse, mußte sie verändern. Das neue Wohnumfeld und der engere Kontakt mit den sozial höherstehenden Angestellten und Beamten in den Neubausiedlungen schufen innerhalb der Arbeiterklasse neue Heterogenitätslinien, die nun nicht mehr *direkt* (allerdings über die relativ guten Positionen in den Betrieben sehr wohl *indirekt*) vom Produktionsbereich bestimmt wurden. Bei der sozio-räumlichen „Absetzung" jener Facharbeiter verstärkten die Arbeiterorganisationen nun ihrerseits den Wirkungszusammenhang dieser neuen strukturell angelegten Heterogenitätslinien. Die SPD wollte nämlich auch von sich aus in diesen Mustersiedlungen „Mustermenschen" mit Vorbildcharakter für die anderen

7. Die neue grosse Konkurrenz: Die Massen(freizeit)kultur

Die Entwicklung der modernen Technik griff in den zwanziger Jahren verstärkt auf den Freizeitsektor über (Film, Radio, Schallplatte, Fotografie, Reise, Verkehr, Fahrrad).[107] Die Massenmedien bildeten neue „industrielle Produktionsöffentlichkeiten" (Negt/Kluge), die zum Teil die bürgerliche Kultur popularisierten, zum Teil aber auch neue Chancen für kulturelle Praxisformen unterschiedlichen Inhalts mit sich brachten, deren reale Nutzungsmöglichkeiten allerdings asymmetrisch auf die einzelnen gesellschaftlichen und politischen Gruppen verteilt waren.[108]

Kommunistische und linkssozialistische Intellektuelle, wie Willi Münzenberg, erkannten rasch die Bedeutung des Einsatzes moderner Techniken für spezifische Formen proletarischer (Kampf)Kultur (politisches Plakatwesen, Fotomontage, Filme etc.). In diesem Zusammenhang sind auch die sogenannten Agitprop-Gruppen zu nennen. Hierbei handelte es sich um politische Spielgruppen, die für ihre Agitation und Propaganda moderne Techniken in effektiver Weise einzusetzen verstanden und zudem durch eindringliche Kampfmusik und politisches Kabarett für Unterhaltung sorgten.[109] Ferner zeugen einige Filme noch heute von den gelungenen (aber quantitativ sehr begrenzten) Versuchen, die neuen Massenmedien für progressiv-schöpferische Arbeiterkultur zu nutzen.[110]

SPD und Gewerkschaften waren im Umgang mit den modernen Techniken auf dem Freizeitsektor zurückhaltender als Willi Münzenberg und andere linkssozialistische bzw. kommunistische Intellektuelle.[111] Sie bejahten zwar auch, daß die-

---

Teilschichten der Arbeiterklasse heranwachsen sehen, und sie handelte dementsprechend. (Zieht man eine Entwicklungslinie bis hinein in die Bundesrepublik, dann werden die kulturellen Veränderungen besonders deutlich. Dabei ist die traditionelle proletarische Wohnkultur (z. B. die Wohnküche und die halboffenen Familienstrukturen) auf der Strecke geblieben. Dazu siehe die Forschungen von *Michael Grüttner*, Soziale Hygiene und soziale Kontrolle. Die Sanierung der Hamburger Gängeviertel 1892 bis 1936, in: *Arno Herzig* u. a. (Hrsg.), Arbeiter in Hamburg. Unterschichten, Arbeiter und Arbeiterbewegung seit dem ausgehenden 18. Jahrhundert, Hamburg 1983 – Vgl. auch *Anthony McElligott*, Das Abruzzenviertel. Arbeiter in Altona 1918 bis 1932, in: ebd., bes. S. 495. Natürlich handelte es sich dabei um keine solidarisch abgeschlossene Gegenwelt, worauf vor allen Dingen Parisius verweist. *Bernd Parisius*, Mythos und Erfahrung der Nachbarschaft. Auf der Suche nach Nachbarschaften, die nicht zertrümmert wurden, in: *Lutz Niethammer* (Hrsg.), a. a. O., 1982, S. 221.

107 Dazu siehe die grundlegenden Arbeiten von *Max Horkheimer/Theodor W. Adorno*, Die Dialektik der Aufklärung, Amsterdam 1947, vor allem das Kapitel über die Kulturindustrie (S. 144 ff.); siehe auch *Siegfried Kracauer*, Das Ornament der Masse: Essays, Frankfurt/M. 1963 (Neuauflage). Zur differenzierten Kritik an der Frankfurter Schule im Kontext neuer Forschungsperspektiven in der Geschichtswissenschaft vgl. die anregenden Überlegungen von *Schindler*, S. 66 ff.

108 Vgl. z. B. *Peter Dahl*, Arbeitersender und Volksempfänger, Proletarische Radiobewegung und bürgerlicher Rundfunk bis 1945, Frankfurt 1978, vor allem S. 18.

109 Dazu siehe *Ludwig Hoffmann/Daniel Hoffmann-Ostwald*, Deutsches Arbeitertheater 1918 bis 1933, 2 Bde., München 1973; *Will/Burns*, Bd. 1, S. 237.

110 Dazu: *Helmut Korte*, Film und Realität in der Weimarer Republik, München/Wien 1978, bes. S. 93 ff.

111 Nur im Zusammenhang mit der Reichstagswahl von 1928 versuchte die SPD mittels Werbefilmen und sonstigem Einsatz von Technik die Wähler zu ihren Gunsten einzustimmen.

ses Gebiet gegen- bzw. subkulturell besetzt werde (z. B. Fotografenbund, Reiseprogramme der Naturfreunde, Import russischer Spielfilme, eigene Bildungs- und Werbefilme,[112] Filmkritiken, Arbeiter-Radio-Bewegung, Hörergemeinschaften, gewerkschaftlich orientierte Rundfunksendungen etc.), aber ihre eigenen Bemühungen hielten sich auf diesem Gebiet dann doch in Grenzen.[113] Die Gewerkschaften lehnten vor allem die Pläne innerhalb der sozialdemokratischen Arbeiterschaft ab, einen eigenen Rundfunksender aufzubauen.[114] Hier setzten sie ganz auf die Karte der „paritätischen Mitbestimmung" in öffentlich-rechtlichen Anstalten. Dies war ein Zeichen zunehmenden Abrückens von der umfassenden Idee eigenständiger Arbeiterkulturorganisationen und entsprach ihren neuen Vorstellungen von einer „pluralistischen Kulturarbeit", von einer „Kulturpolitik der Teilhabe". Doch hatten sie mit einer solchen Strategie relativ wenig Erfolg: Ihr Einfluß auf die neuen öffentlichen Rundfunkanstalten blieb gering. Dies wog um so schwerer, als schon damals angenommen wurde, daß von den 3,7 Millionen Rundfunkteilnehmern 2,6 Millionen Hörer zum Proletariat gehören würden.[115] Der Rundfunk war also schon zu einem bedeutenden kulturellen Einflußfaktor geworden und wurde vielleicht nurmehr von den aus dem Boden schießenden Kinos übertroffen. (So war jeder Hamburger im Jahr 1929 statistisch gesehen dreizehn Mal während des Jahres im Kino.[116])
Doch der Freizeitsektor änderte seine Strukturen auch noch in anderer Hinsicht. Auf dem Gebiet des Sports erlebten in damaliger Zeit gerade jene Sportarten einen großen Aufschwung, die in der deutschen Arbeitersportbewegung keine Tradition hatten, nämlich Fußball und Boxen. Damit erhöhte sich das an der Oberfläche entpolitisiert erscheinende Freizeitangebot *außerhalb* der Arbeiterkulturvereine, verbunden mit einer zunehmenden Konsumhaltung auch auf dem Gebiete des Sports (als Zuschauer-Sport), des Hochtreibens von Leistungsanforderungen (vgl. das beliebte 6-Tage-Rennen im Fahrradsport) und der damals verbundenen Idolisierung von Einzelpersonen durch zusammengewürfelte (atomisierte) Zuschauermassen. (Das neue Frankfurter Stadion faßte 40 000 Leute.)
Unerforscht ist noch, in welchem Maße und in welchen Formen die (jungen) Arbeiterfrauen auf die neue Massenfreizeitkultur ansprachen, insbesondere jene, die nicht so sehr in der Arbeiterbewegung integriert waren. Ohne Zweifel ist *ein* Bereich „industrialisierter Produktionsöffentlichkeit" für die Frauen besonders wichtig geworden, nämlich der Bereich der Mode. Während der Sonntagsanzug des Arbeiters einst seine Kulturfähigkeit gegenüber der kulturellen bürgerlichen Hegemonie demonstrieren sollte, war das relativ schnelle Wechseln modischer Kleidung, das damals seinen Anfang nahm, ein Signal dafür, daß man im Prinzip bereit war, die neugeschaffenen Normen „industrialisierter Produktionsöffentlichkeiten" zu akzeptieren. Reklame und entsprechende (vielfach allerdings zu

---

112 Die Gewerkschaften bauten 1925 einen eigenen Filmverleih auf. Bis inclusiv 1928 kam es zu 276 Veranstaltungen mit ca. 60 000 Besuchern (*Gewerkschaftszeitung*, 38. Jg.,1928, Nr. 20).
113 So hatten Sendungen zum kollektiven Hören und Diskutieren keinen großen Erfolg.
114 *Langewiesche*, 1982, S. 395, 397; *ders.*, 1984 (a), S. [30].
115 *Ders.*, 1982, S. 397.
116 *Projektgruppe Arbeiterkultur* Hamburg (Hrsg.), Vorwärts – und nicht vergessen. Arbeiterkultur in Hamburg um 1930. Materialien zur Geschichte der Weimarer Republik, Hamburg 1982, S. 298. Diverse Zahlen auch in: *Der Städtetag*. Mitteilungen des Deutschen Städtetages, 21. Jg., 1927, Nr. 11.

teure) geschlechtsspezifische Angebote sorgten für eine schnelle Verbreitung des „Bildes von einer modebewußten (jungen) und modernen Frau".[117] Hier eröffnete sich den Frauen und Mädchen eine neue Welt, die zwar letztendlich eine Traumwelt blieb, aber durchaus punktuelle Anreize und reale (Ersatz-)Befriedigungen anzubieten hatte.[118]

Von der „modernen Welt" fühlten sich vor allem die Verkäuferinnen und Sekretärinnen angesprochen, soweit die häufig starke Eingebundenheit im Elternhaus ihnen überhaupt Handlungsfreiräume ließ. Die jungen Angestelltinnen, die ihre beruflichen Tätigkeiten meistens nur als eine vorübergehende Beschäftigung bis zur Ehe- und Familiengründung betrachteten (in der Hoffnung, daß ihnen Ehe und Familie mehr Autonomie über Raum und Zeit ermöglichen würden[119]), erotisierten ihren Berufsalltag teils freiwillig, teils weil man sie in diese Rolle drängte.[120] Das Sich-und-Anderen-Gefallen war auch eine Möglichkeit dieser jungen Frauen, Aufmerksamkeit auf sich zu lenken und die Monotonie des beruflichen Alltags zu überdauern. Daß die Ästhetisierung des Berufslebens, die eine individualistische Handlungsweise als Überlebensstrategie mit einschloß, die Kollegialität und Solidarität der Arbeitskolleginnen untereinander nicht gerade erhöhte, liegt auf der Hand,[121] woran im übrigen auch die gesellschaftliche Bedingtheit geschlechtsspezifischen Verhaltens aufgezeigt werden kann.

Die neue Massen(-Freizeit-)Kultur, von der mannigfache Wirkungen auf Lebensstil und Lebensentwürfe ausging, tangierte auch die Arbeiterbewegungskultur und die Arbeiterkulturvereine. Die neuen technisch faszinierenden Massen-

---

117 So gaben die berufstätigen weiblichen Angestellten im Schnitt monatlich 25 Mark für Kleider aus (Sample: 5 678). Dazu und zur wichtigen Rolle des Äußeren siehe *Susanne Suhr*, Die weiblichen Angestellten. Arbeiter- und Lebensverhältnisse. Eine Umfrage des Zentralverbandes der Angestellten, Berlin 1930, bes. S. 44. – Zum Bild der „Neuen Frau" siehe unten die Beiträge von *Helmut Gruber* und *Karin Maria Schmidlechner*.

118 Die hauptsächlichen Verbreitungsmedien waren Film- und Literaturproduktion, vor allem die Magazine („Scherl's Magazin", „Die Dame"). Dazu siehe auch: *Frauenalltag und Frauenbewegung* im 20. Jahrhundert. Materialsammlung zu der Abteilung 20. Jahrhundert im Historischen Museum Frankfurt, Bd. 2, Frankfurt am Main 1980, S. 120 ff.

119 Tröger sieht in der „konservativen" Grundhaltung vieler Frauen eine rationale Überlebensstrategie in einer Gesellschaft, die den Frauen letztlich wenig Chancen bot. *Annemarie Tröger*, Die Dolchstoßlegende der Linken: „Frauen haben Hitler an die Macht gebracht". Thesen zur Geschichte der Frauen am Vorabend des Dritten Reiches, in: Frauen und Wissenschaft, Beiträge zur Berliner Sommeruniversität für Frauen, Berlin 1976, S. 350.

120 Der Gebrauch von Kosmetika (Lippenstift, Puder etc.) wurde von befragten Frauen signifikant häufiger bejaht als von befragten Männern. Allgemein akzeptiert waren dagegen meist die kurzen Kleider und der Bubikopf, die damals am Ende der Weimarer Republik (incl. der Seidenstrümpfe) schon weit verbreitet waren. Dazu *Erich Fromm*, Arbeiter und Angestellte am Vorabend des Dritten Reiches. Eine sozialpsychologische Untersuchung (bearbeitet und herausgegeben von *Wolfgang Bonß*), München 1983, bes. S. 168, 175 f.

121 Vgl. hierzu *Ute Frevert*, Vom Klavier zur Schreibmaschine – weiblicher Arbeitsmarkt und Rollenzuweisungen am Beispiel der weiblichen Angestellten in der Weimarer Republik, in: *Annette Kuhn/Gerhard Schneider* (Hrsg.), Frauen in der Geschichte, Bd. 1, Düsseldorf 1979, bes. S. 96 ff. Frevert sieht hierin auch eine „hilflose Artikulation latenter Kritik". Ebd., S. 100.

medien sowie die konsumorientierten Massen-Sportvereine kamen nämlich bei vielen Arbeitern gut an, galten diese modernen Vergnügen (wozu auch die wachsende Trivialliteratur[122] gehörte) doch als gute Möglichkeit, sich von der anstrengenden Erwerbsarbeit zu entspannen (kurzweilige Spannungseffekte als Surrogate zur zunehmenden Nervenanspannung während der Arbeit). Besonders beliebt waren die leichten Unterhaltungsfilme, nicht zuletzt auch als „Sorgenbrecher": eine romantische Traumwelt ließ häufig die Alltagsprobleme für kurze Zeit vergessen machen. Der neue Kult der Zerstreuung förderte die Atomisierung und Entdifferenzierung der Individuen und wirkte tendenziell auch entpolitisierend.[123] Dabei handelte es sich um eine unterschwellig auftretende (damit nicht wirklich „greifbare") Konkurrenz für das Freizeitangebot der Arbeiterkulturvereine. So klagten die Gewerkschaften:

> „... viele unserer Mitglieder suchen Lebensfreude weckende Betätigung in der Freizeit auf anderen [als den gewerkschaftlichen] Gebieten, die ... von dem Verbandsleben hinwegführen".[124]

Die Gewerkschaften bemühten sich zwar, einen Teil ihrer Veranstaltungen massenanziehender zu machen.[125] Doch trotz dieser Versuche blieb die Bedrohung durch die neue Massenfreizeitkultur bestehen. Die Wertmuster der alten Arbeiterkulturbewegung verloren an Bedeutung, zwar wohl (noch) nicht für die in der Arbeiterkulturbewegung integrierten Arbeitergruppen, aber als allgemeinverbindliche Klassenorientierung für die Arbeiterklasse insgesamt, vor allem für die Jugendlichen.[126] Die neue Massenfreizeitkultur erschwerte durch ihre „Einheitsangebote an alle" die Bildung gegen- und subkultureller Strukturen seitens der Arbeiterkulturbewegung.[127] In den Worten von Dieter Langewiesche:

> „Der alte Traum der Arbeiterbewegung vom quasi naturgesetzlichen Kulturfortschritt zerbrach an der Realität einer Gesellschaft, die erweiterte Freizeit nicht in Muße verwandelte, in der der Mensch zur Selbstverwirklichung fand. Die Arbeiterbewegung hatte ihre kulturellen Organisationen stets als ein Stück vorweggenommener Zukunft

---

122 Das galt nicht nur für Sozialdemokraten. So stellte man z. B. 1930 fest, in welchem starken Maße auch Kommunisten Trivialliteratur lasen. *Heinemann*, S. 77.
123 Vgl. *Kracauer*, S. 53.
124 In: Gewerkschaftszeitung, 38. Jg., 1928, Nr. 20, S. 319.
125 Ebd.; Die SPD, die irgendwie auch ihre „Fälle davonschwimmen" sah, wetterte lautstark gegen das seichte Großstadtamüsement, zu dem sie im übrigen auch Jazzveranstaltungen und das in Mode gekommene Lösen von Kreuzworträtseln rechnete. *Rülcker*, 1974, S. 148.
126 Hinweise bei *Domansky/Heinemann*, S. 98; *Will/Burns*, Bd. 1, S. 69; *James Wickham*, Arbeiterpolitik und Arbeiterbewegung in den 1920er Jahren in einer Großstadt. Das Beispiel Frankfurt am Main, in: SOWI, 13., 1984, H. 1, S. 22 ff.
127 *Wickham* bringt das Auseinanderfallen von Arbeiter(kultur-)bewegung und Arbeiter(Alltags-)Klassenkultur in einen engen Zusammenhang mit den Nazistimmen in der Arbeiterschaft: The „ideological influence of the working-class movement on the everyday life of the working class became weaker over time ... In the silence of the poll booth the worker could express his (or more unusually her) resentment against the insistence of the „working-class' parties, that they were the working class." *James Wickham*, Working-class movement and working-class life: Frankfurt am Main during the Weimar Republic, in: Social History, 8, 1983, Nr. 3, S. 342.

der gesamten Gesellschaft betrachtet. Die kapitalistische Vermarktung der Freizeit hatte diese optimistische Zukunftsaussicht nicht eingeplant."[128]

8. Provinz und Arbeiterkultur

Gewiß gab es in Deutschland nicht das Problem einer alle anderen Städte überragenden Hauptstadt, wie Paris in Frankreich oder Wien in Österreich. Deshalb stellt sich das Problem des Verhältnisses von metropolitaner Arbeiter(bewegungs)kultur zur provinziellen Arbeiterkultur nicht in der gleichen Schärfe wie in den Nachbarländern. Trotzdem sind auch in Deutschland Unterschiede zwischen Provinzen und Zentren zu verzeichnen, die sich nicht zuletzt im politisch-kulturellen Bereich finden lassen. Mooser spricht sogar in diesem Zusammenhang von zwei deutlich voneinander getrennten „Fragmenten sozialer Klassen".[129] Diese Unterschiede resultierten aus den ungleichzeitig verlaufenen sozio-ökonomischen und kulturellen Prozessen. Von der Provinz aus gesehen, handelt es sich hierbei nicht um ein früheres, also bloß phasenverschobenes Entwicklungsstadium, sondern um eine komplexe Überlagerung und um eine widersprüchliche Symbiose gleichzeitiger *und* ungleichzeitiger Phänomene, die der provinziellen Arbeiter(bewegungs)-Kultur sowohl ein *allgemein* zeittypisches (d. h. im Grunde an den Zentren orientiertes) als auch ein provinz- (bzw. regional-)spezifisches Gepräge gaben.[130] So machten die moderne Massenfreizeitkultur und die verbesserten Infrastruktureinrichtungen nicht vor der Provinz halt – bei gleichzeitigem Fortbestand traditioneller dörflicher Lebensweisen, lokaler Sitte und einer Vielzahl wirtschaftlicher und sozialer althergebrachter Regelsysteme.[131]

Die im Vergleich zur Großstadt stärkere Präsenz alter volkskultureller Traditionen in den Provinzen bzw. in den Dörfern und Kleinstädten, die Überschaubarkeit des Raumes, die sozio-kulturelle Nähe zur Natur und Landschaft (mit anderen Konfliktlinien gegenüber dem Staat und der Gesamtgesellschaft), das dichte soziale Beziehungs- und Kommunikationsnetz, die sozio-ökonomischen Ängste vor bestimmten gesellschaftlichen Entwicklungen sowie die vielfach starke Eingebundenheit in die Kirchen gaben im allgemeinen nur jenen politischen Bewegungen eine Chance, die an diese Strukturen anzuknüpfen verstanden. Ohne dem Klischee naturhaft bäuerlicher Konservativität aufsitzen zu wollen[132], kann doch für die Weimarer Zeit gesagt werden, daß vor allem die Konservativen und die

---

128 *Dieter Langewiesche*, Zur Freizeit des Arbeiters. Bildungsbestrebungen und Freizeitgestaltung österreichischer Arbeiter im Kaiserreich und in der Ersten Republik (= Industrielle Welt, Bd. 29), Stuttgart 1979, S. 300.
129 *Moser*, 1984, S. 173.
130 Dazu siehe einführend *Gerd Zang* (Hrsg.), Provinzialisierung einer Region. Regionale Unterentwicklung und liberale Politik in der Stadt und im Kreis Konstanz im 19. Jahrhundert. Untersuchungen zur Entstehung der bürgerlichen Gesellschaft in der Provinz, Frankfurt 1978, vor allem S. 18; sowie *Adelheid v. Saldern*, Arbeiterradikalismus – Arbeiterreformismus. Zum politischen Profil der sozialdemokratischen Parteibasis im Deutschen Kaiserreich. Methodisch-inhaltliche Bemerkungen zu Vergleichsstudien, in: IWK, 20, 1984, H. 4, bes. S. 494 ff.
131 Vgl. einführend *Wolfgang Kaschuba*, Leben im Dorf, in: Hannes Heer/Volker Ullrich (Hrsg.), a. a. O.
132 Vgl. die Forschungen über dörfliche Widerständigkeiten vor allem in der frühen Neuzeit.

Zentrumspartei „im Dorfe" erfolgreich agitieren konnten, wobei beide in ihrer Weise von der christlichen Kultur Nutzen zogen und diese auch wieder selbst zu reproduzieren halfen. Dagegen ist das teilweise erfolgreiche Vordringen der Nationalsozialisten gerade in der Provinz mehr das Resultat ihrer propagierten Sozialaufwertung des Dorfes (Agrarromantik, Blut- und Bodenideologie), ihrer agrarwirtschaftlichen Versprechungen und ihrer neusynthetisierenden Anordnung volkskultureller Elemente zwecks ideologischer Sinnstiftung (Gegenbesetzung zur anscheinend unheilbringenden Modernen). Was von außen gesehen als Übertölpelung und Manipulation der dörflichen Bevölkerung erschien, stellte sich aus der Perspektive des Dorfes häufig als eine (vermeintliche) Überlebensstrategie dar.[133]

Rote Dörfer und Provinzstädte waren eher die Ausnahme als die Regel. Die Arbeiterorganisationen blieben wegen ihres Hauptrekrutierungsfeldes nach wie vor in ihrer politisch-kulturellen Gesamtausrichtung (groß-)stadtbezogen. Mit anziehenden Agrarprogrammen tat sich die SPD von jeher schwer, und auch die Landarbeiter ließen sich nach 1918 offensichtlich nur kurzfristig in die Gewerkschaften einbinden. Die kommunistischen Agitprop-Gruppen (vgl. Kap. 7)[134], die ganz bewußt auch „auf die Dörfer gingen", erzeugten wohl meist mehr den Effekt eines interessanten Spektakels als die Möglichkeit zu einem dauerhaften „Fußfassen" (vielleicht von den partiellen Erfolgen der kommunistischen Landarbeiteragitation in den späten 20er Jahren abgesehen).

Doch gab es gelegentlich auch „rote Dörfer" und „rote Provinzstädte". Mössingen im Schwäbischen – allerdings schon damals längst kein reines Bauerndorf mehr – ist in der Literatur besonders bekanntgeworden.[135] Hier ist es offensichtlich zu jener fruchtbaren, wenn auch sicherlich spannungs- und konfliktreichen Synthese unterschiedlicher politisch-kultureller Lebenszusammenhänge und Gesellschaftsentwürfe gekommen, wobei sich sogar Arbeiterkulturvereine im Dorfe etablieren konnten. Dort gelang es offensichtlich besonders der lokalen KPD, ihre Politik in den dörflichen Traditionszusammenhang und dem ländlichen Interessengeflecht einzubinden. Deshalb wohl erhielt sie Sympathien bzw. Unterstützung von der Bevölkerung (Höhepunkt: Generalstreik gegen Hitler). Als Beispiel für eine „rote Kleinstadt" kann der bayrische Bergarbeiterort Penzberg gelten. Hier erlangten die proletarischen Vereine und die Arbeiterorganisationen unter sozialdemokratischer Dominanz ein eindeutiges Übergewicht vor den bürgerlichen Kulturvereinen und den bürgerlichen Parteien.[136]

---

133 Dazu siehe vor allem die Arbeit von *Wolfgang Kaschuba/Carola Lipp*, Dörfliches Überleben. Zur Geschichte materieller und sozialer Reproduktion ländlicher Gesellschaften im 19. und frühen 20. Jahrhundert, Tübingen 1982, vor allem S. 232 ff.

134 Dazu: *Daniel Hoffmann-Ostwald*, „Das Gesicht dem Dorfe zu!" Agitprop-Truppen des deutschen Arbeitertheaters im Kampf um das Bündnis zwischen Arbeitern und Bauern in der Weimarer Republik, in: *Wolfgang Jacobeit/Ute Mohrmann* (Hrsg.), Kultur und Lebensweise des Proletariats. Kulturhistorisch-volkskundliche Studien und Materialien, Berlin 1974, passim.

135 *Hans-Joachim Althaus* u. a., Da ist nirgends nichts gewesen außer hier. Das „Rote Mössingen" im Generalstreik gegen Hitler. Geschichte eines schwäbischen Arbeiterdorfes (= Rotbuch, Bd. 242), Berlin 1982.

136 *Klaus Tenfelde*, Proletarische Provinz. Radikalisierung und Widerstand in Penzberg/Obb., 1900 bis 1945, München/Wien 1982.

Dort, wo die Arbeiterbewegung in der Provinz Fuß fassen konnte, kam es *zum Teil* zu sich besonders deutlich abzeichnenden Überlagerungen plebejischer und proletarischer Kulturformen[137] (wie z. B. bei den 1. Mai-Feiern).[138] Das konkrete Mischungsverhältnis dieser „kulturellen Gemengelage" wurde durch mehrere Faktoren bestimmt. Bei der Suche nach diesen ist vor allem auch der Frage nachzugehen, inwieweit innerer Drang oder äußerer Druck, sich als provinzielle Arbeiterbewegungskultur der Arbeiterkulturmatrix der Zentren anzupassen, entwickelt waren.[139]

9. DIE ZERSCHLAGUNG DER ARBEITERKULTURBEWEGUNG IM DEUTSCHEN FASCHISMUS

Das Jahr 1933/34 bedeutete bekanntlich das Ende einer selbständigen Arbeiterbewegungskultur und auch das Ende der Arbeiterkulturvereine in Deutschland. Die Zerstörung war gründlich. Dabei[140] handelte es sich nicht „nur" um Verbote; vielmehr wurde von den Nationalsozialisten die Fragmentierung und Atomisierung der Arbeiterschaft in allen Lebensbereichen bewußt vorangetrieben.

Das NS-Regime versuchte aber auch, den vor allem durch Terror herbeigeführten Trümmerhaufen ehemaliger Sozialbeziehungen in seinem Sinne neu zu organisieren. Dazu gehörten punktuelle sozialpolitische Verbesserungen; so z. B. ab dem Jahre 1936 Lohnerhöhungen und Aufstiegshoffnungen bei vielen Arbeitern (allerdings bei gleichzeitiger Steigerung der Arbeitsintensität und der Arbeitszeit); dazu gehörten auch neue polyfunktionale Sozialeinrichtungen in Betrieben (Kantinen, Waschräume, Sportplätze, Schwimmbäder).[141] Auf außerbetrieblicher Ebene sorgte das Freizeitprogramm der „Kraft durch Freude"-Organisation für zum Teil wirklich verlockende (wenn auch für Arbeiter kaum erschwingliche) Angebote. (Dies gilt vor allem für die „KDF-Reisen".)[142] Im übrigen nahm die faschistische Kultur vieles aus der Arbeiterkultur in deformierter bzw. sinnverfälschender Weise auf, so z. B. bei betrieblichem und außerbetrieblichem „Gemeinschaftshandeln", bei den Weihe-Feiern etc. Obwohl die Nationalsozialisten von jeher unter den Arbeitern Anhänger und (partielle) Sympathisanten fanden,[143] gelang es ihnen trotzdem – alles in allem gesehen – nicht, die Arbeiter-

---

137 Solche Überlagerungen gab es natürlich auch (noch) in den Zentren der Arbeiterbewegungskultur, wenngleich in vielen Fällen nicht mehr sehr deutlich sichtbar.
138 Hinzu siehe vor allem *Manfred Korff*, „Heraus zum 1. Mai". Maibrauch zwischen Volkskultur, bürgerlicher Folklore und Arbeiterbewegung, in: *Dülmen/Schindler* (Hrsg.), a. a. O., passim. Vgl. auch *ders.*, Rote Fahnen und Tableaux vivants in: *Albrecht Lehmann* (Hrsg.), Studien zur Arbeiterkultur, Münster 1984, passim.
139 Dies ist aus dem Ergebnis der Studie über Göttingen zu schließen, *v. Saldern*, 1984 (a), passim.
140 Es spricht vieles dafür, die Große Wirtschaftskrise auch als kulturelle Identitätskrise zu kennzeichnen.
141 Vgl. dazu die wichtigen Studien von *Chup Friemert*, Die Organisation des Ideologischen als betriebliche Praxis, in: Faschismus und Ideologie, Bd. 2 (= Argument Sonderband 62), Berlin 1980, passim, vor allem S. 250 ff., 253 und von *Wieland Elfferding*, Opferritual und Volksgemeinschaftsdiskurs am Beispiel des Winterhilfswerks, in: ebd.
142 Vgl. dazu *Hasso Spode*, „Der deutsche Arbeiter reist": Massentourismus im Dritten Reich, in: *Gerhard Huck* (Hrsg.), a. a. O., S. 281 ff.
143 Dazu neuerdings *Wickham*, 1983, S. 343. Doch darf bei solchen Überlegungen nicht vergessen werden, daß die Arbeiter in der NSDAP unterrepräsentiert waren.

schaft insgesamt in die angebliche „Volksgemeinschaft" zu integrieren. Allenfalls kann man von einer höchst instabilen „Bändigung" sprechen. Terror und Gewalt waren zu allgegenwärtig. Zwang und Lähmung, aber auch Bestechung und punktuelle Befriedung haben es zwar vermocht, daß sich die Arbeiterschaft relativ ruhig verhielt und daß es zu keinen größeren Streikbewegungen gekommen ist. Sie haben es aber nicht geschafft, die Arbeiterschaft soweit zu instrumentalisieren, daß eine ins Uferlose gehende Aufrüstungspolitik in Friedenszeiten auf der Basis dieses Terrorsystems hätte längerfristig riskiert werden können.[144]

Die Zerschlagung der Arbeiterkulturvereine bewirkte bei den Betroffenen verschiedene Reaktionen:

– Ein Teil der Arbeiter zog sich ins Privatleben zurück und gab die entsprechende Tätigkeit, beispielsweise den Sport, ganz auf.[145]

– Ein anderer (größerer) Teil ließ sich in die bürgerlichen Vereine zwangsintegrieren, und zwar, wenn möglich, als geschlossene Gruppe. So gelang es, einen Teil der alten Kommunikationsstrukturen zunächst aufrechtzuerhalten. Offensichtlich setzte aber mit der Zeit ein Gewöhnungsprozeß an die neuen Vereinsstrukturen ein. Deshalb bestand nach Beendigung des Zweiten Weltkrieges tatsächlich an der Basis oftmals kein Bedürfnis mehr nach eigenen Organisationen.[146]

– Eine neue, heranwachsende Generation von Arbeitern hatte infolge der Arbeitslosigkeit (zum Teil auch schon während der Wirtschaftskrise) keine Erfahrung mehr mit den potentiellen Fähigkeiten der Arbeiterklasse als unmittelbare Produzenten machen können. Jene, die noch jünger waren, kannten schon gar keine anderen Vereinsstrukturen mehr als diejenigen der bürgerlichen bzw. der faschistischen Organisationen; besonders sei hier an die Deutsche Arbeitsfront und an die Hitlerjugend erinnert. In ihrer politischen Sozialisation fehlten die eigenen Erfahrungen im Umgang mit alternativen kulturellen Verkehrsformen.[147]

– Zum Teil kam es auch zum Aufbau von Tarnorganisationen, in denen arbeiterkulturelle Praxisformen im Sinne einer Traditionspflege, verbunden mit antifaschistischer Gesinnung, aufrechterhalten werden konnten, so beispielsweise in Ziegenzuchtvereinen, Gartenbauvereinen etc.

Für alle nichtfaschistischen Gruppen wurde der informelle Zusammenhalt („Gesinnungsfreunde") zum wesentlichen Punkt politisch-kultureller Überlebensstrategie. Dementsprechend spielte der kleinräumliche Bezugsrahmen im Reproduktionsbereich eine besonders wichtige Rolle. Wohnquartiere und Laubenkolonien konnten nämlich weniger gut überwacht werden als Betriebe. Mit Razzien und Terroraktionen versuchte man allerdings auch hier, die gewachsenen „politischen Nachbarschaften" zu zerstören. (Mehr Erfolg hatte man freilich mit der Methode, Nationalsozialisten in die roten Neubauquartiere (z. B. Britz/Berlin

---

144 *Timothy W. Mason*, Die Bändigung der Arbeiterklasse im nationalsozialistischen Deutschland, in: *Carola Sachse* u. a., Angst, Belohnung, Zucht und Ordnung. Herrschaftsmechanismen im Nationalsozialismus, Opladen 1982, bes. S. 18 f., 46; *dies.*, Innere Krise und Anfangskrieg 1938/39, in: *Friedrich Forstmeier/Hans-Erich Volkmann* (Hrsg.), Wirtschaft und Rüstung am Vorabend des 2. Weltkrieges, Düsseldorf 1975, passim; *Adelheid v. Saldern*, Permanente Krise? Stabilität und Instabilität des Herrschaftssystems im deutschen Faschismus, in: Prokla, H. 52, 1984, passim.
145 *Schmidtchen*, S. 274.
146 Ebd., S. 374; Zur Zwangsintegration vgl. *Lohmann*, S. 148 f.
147 Vgl. *Niethammer*, 1979, S. 41.

und Westhausen/Frankfurt) einziehen zu lassen.[148]) Denunziationen förderten das allgemeine Mißtrauen. Hierdurch sowie durch die vorhin erwähnten partiellen Integrationstendenzen von Teilen der Arbeiterschaft in das System muß sich im Laufe der Jahre tatsächlich auch das kulturelle Milieu bestimmter Wohnquartiere verändert haben.[149] Das quartierliche Alltagsleben begann sich – ähnlich wie in den Betrieben – zu atomisieren. Es kam zur Auflösung sozialer Bindungen, zur Schrumpfung der Erfahrungshorizonte, zum Verlust sozialer Handlungsfähigkeit, zur Entfremdung von arbeiterkulturellen Werten und Normen.[150] Die Nischen für alternative kulturelle Praxisformen schrumpften immer weiter zusammen, doch gab es sie noch immer. Solche Nischen, in denen trotz aller Repression alternative Kulturpraxis tradiert werden konnten, waren überall in Deutschland während des „Dritten Reiches" (zumindest bis Kriegsdienst und Evakuierung auch diese informellen Kommunikationsstrukturen weitgehend zerstörten) zu finden.[151] Besonders hervorhebenswert ist in diesem Zusammenhang die Tatsache, daß selbst in einem Teil der Konzentrationslager solche kulturellen Praxisformen eine Rolle spielten – vor allem im Kampf gegen die psychische Vernichtung der Menschen.[152]

---

148 Der Einzug der Nationalsozialisten in die Neubauviertel ging mühelos vor sich. Sozialdemokraten und Kommunisten verloren nämlich nicht selten nach 1933 ihren Beruf, konnten also die sehr hohe Miete nicht mehr bezahlen und mußten deshalb das Quartier räumen, so daß Nationalsozialisten nachrücken konnten. Außerdem standen Wohnungen leer.
149 *Lutz Niethammer* (Hrsg.), a. a. O., 1982, S. 7 ff. *Berliner Geschichtswerkstatt* (Hrsg.), Spurensicherung in Schöneberg 1933, Berlin 1983, S. 20 f.; vgl. auch *Zimmermann*, S. 73; *Detlev Peukert*, Volksgenossen und Gemeinschaftsfremde. Anpassung, Ausmerze und Aufbegehren unter dem Nationalsozialismus, Köln 1982, S. 282. Peukert glaubt, in manchen Arbeitersiedlungen fortexistierende Gegenöffentlichkeiten erkennen zu können. Zu einem anderen Ergebnis kommt die Untersuchung über die der Arbeiterorganisationen nahestehende Siedlung Lindenhof/Berlin. Dort verlagerten sich die arbeiterkulturellen Ansätze von der räumlichen Siedlungsbezogenheit hin zu kleinen siedlungsunabhängigen Gesinnungsgemeinschaften. *Berliner Geschichtswerkstatt* (Hrsg.), Der Lindenhof, Broschüre, Berlin 1985.
150 *Detlev Peukert*, Arbeiteralltag – Mode oder Methode, in: *Heiko Haumann* (Hrsg.), Arbeiteralltag in Stadt und Land. Neue Wege der Geschichtsschreibung (= Argument Sonderband 94), Berlin 1982, S. 162 f. Allerdings kam es schon zu großen Belastungen der Solidarstrukturen durch die verheerenden Auswirkungen der Wirtschaftskrise auf die Lebensverhältnisse eines Teils der Arbeiterschaft.
151 Neuerdings sind vor allem die sogenannten Edelweißpiraten entdeckt worden. Dabei handelte es sich um Jugendliche aus proletarischem Milieu, die sich vor allem während des Krieges in Banden zusammengeschlossen haben. Resistent gegenüber den Anforderungen des NS-Alltags wehrten sie sich gegen Drill und Militarisierung. Sie nahmen bestimmte Elemente proletarischer Subkultur auf, verarbeiteten diese jedoch in höchst eigenwilliger Weise: Ihre kulturellen Praxisformen knüpften nämlich auch an die bündischen Traditionen der bürgerlichen Jugendbewegung an (Fahrten, Lieder, Kleidung, Klampfe-Spielen etc.). Dazu siehe *Detlev Peukert*, Die Edelweißpiraten. Protestbewegungen jugendlicher Arbeiter im Dritten Reich, Köln 1980.
152 Dazu *Hermann Langbehn*, ... Nicht wie die Schafe zur Schlachtbank. Widerstand in den nationalsozialistischen Konzentrationslagern 1938 bis 1945, Frankfurt 1980, S. 335 ff.; *Eugen Kogon*, Der SS-Staat. Das System der deutschen Konzentrationslager, Frankfurt 1946, S. 325 f., vgl. 374; *Wolfgang Langhoff*, Die Moor-Soldaten. Dreizehn Monate Konzentrationslager, Tübingen 1973, S. II ff.

Wichtig wurde die arbeiterkulturelle Tradition auch für die verschiedenen sozialistischen und kommunistischen Widerstandsgruppen.[153] Da die Struktur des Arbeiterwiderstandes (wegen des gutfunktionierenden Terrorapparates der Gegenseite) den Charakter kleiner Verschwörergruppen trug, bildete Solidarverhalten untereinander eine wichtige Aktionsvoraussetzung. Während hinsichtlich dieser Solidarstrukturen die sozio-politischen und kulturellen Kontinuitätslinien aus der Zeit vor 1933 deutlich hervortraten, kam es bezüglich der Ausprägung der politischen Kultur zu zeitspezifischen Überlagerungen: Gemeint ist der Antifaschismus, der damals als politische Untergrunds- und Widerstandskultur in den Mittelpunkt rückte. Da die (potentielle) politische Effizienz des antifaschistischen Widerstandes von klaren und *allgemein*verständlichen Aussagen abhing, verdichtete (und vereinfachte) sich fast die gesamte politische Alternativ- und Widerstandskultur in der politischen Gegnerschaft zum Hitler-Faschismus als einer totalen Diktatur. Dies brachte eine hauptsächliche Orientierung an den klassischen Idealen der bürgerlichen Gesellschaft mit sich, nämlich an den Menschen- und Bürgerrechten, während der komplizierte Zusammenhang von Faschismus und bürgerlicher Gesellschaft (vgl. die diversen Faschismustheorien) wohl oder übel in den Hintergrund treten mußte. Unter solchem Aspekt betrachtet, kam der politischen Kultur des Antifaschismus und des antifaschistischen Widerstandes auch eine klassen- und schichtenübergreifende Funktion zu, wie sich dies in der Volksfrontpolitik der KPD (bzw. in deren antifaschistischen Blockbildungsversuchen bis 1948) einerseits und dem „Widerstand des 20. Juli 1944" andererseits anzudeuten schien.

Schlußbemerkungen

Gerade in den letzten Jahren ist wieder vermehrt darüber nachgedacht worden, weswegen die alte Arbeiterkulturbewegung nach 1945 nicht erneut belebt werden konnte. So wichtig es ist, in diesem Zusammenhang auf die Zerschlagung der Arbeiterkulturbewegung durch die Nationalsozialisten, auf den 12 Jahre währenden Ent- und Gewöhnungsprozeß sowie auf das Neu-Zusammenwürfeln der Bevölkerung bzw. das Auseinanderreißen der Kommunikationsstrukturen durch Krieg und Evakuierung zu verweisen, so genügen diese Erklärungen alleine nicht. Zwei weitere Argumentationsstränge sind wichtig:

1. Sowohl Sozialdemokraten als auch Kommunisten erhofften sich nach 1945 – nach der Diskreditierung des Kapitalismus und zum Teil auch des Konservatismus und Liberalismus –, daß es für Gegenwart und Zukunft möglich sein werde, eine (wie immer geartete) sozialistische hegemoniale Kultur zu errichten. Deswegen bevorzugte man vielfach überparteiliche Massenorganisationen, zumal dies auch den Vorstellungen der Besatzungsmächte entsprach.[154] Hinzu kam, daß das Mißtrauen der führenden Kräfte in der SPD gegenüber Basisbewegungen nicht nachgelassen, sondern sich eher wieder verstärkt hatte.[155] – Schließlich muß auch noch auf die tiefgreifenden Veränderungen hinsichtlich der Wirtschafts- und So-

---

153 Auf die Emigranten-Arbeiterkultur kann hier nicht näher eingegangen werden.
154 *Niethammer*, 1979, S. 40 f.; vgl. z. B. ihre Einstellung zu den Antifa-Ausschüssen.
155 *Wolfgang R. Langebucher* u. a. (Hrsg.), Kulturpolitisches Wörterbuch, Bundesrepublik Deutschland/DDR im Vergleich, Stuttgart 1983, (Stichwort „Arbeiterkultur"), S. 52.

zialstruktur (vor allem: Zunahme des tertiären Sektors bzw. der Angestelltenschaft) hingewiesen werden, ferner auf den ökonomischen Wiederaufbau und auf die damit verbundene Formgebung politischer Kultur in der Bundesrepublik der beginnenden 50er Jahre. Aus Klassenparteien wurden damals bekanntlich Volksparteien; „Wirtschaftswunder", „nivellierte Mittelstandsgesellschaft" und „soziale Marktwirtschaft" veränderten und verdeckten real – und erst recht ideologisch – die Widersprüche der Gesellschaft, vor allem ihren Klassencharakter.

2. Auch muß noch einmal der Blick zusammenfassend auf die Weimarer Jahre gelenkt werden: Was die Arbeiterbewegungskultur in jener Zeit angeht, so müssen die langfristig wirkenden Tendenzen zur Dekomposition der Arbeiterbewegung in Erinnerung gerufen werden. Einerseits: Die problem- und kritikbeladene Entwicklung des Sozialismus in der Sowjetunion und demnach auch der Kommunistischen Partei Deutschlands. Andererseits: Der für jede systemoppositionelle Partei schwierige Umgang mit der politischen Demokratie, den vielfältigen sonstigen Partizipationschancen sowie mit der relativen (wenn auch in Krisen ungesicherten) Reformfähigkeit des beginnenden modernen Interventions- und Wohlfahrtsstaates. Denn: Mit den politischen und kulturellen Partizipationsmöglichkeiten und mit dem modernen Interventions- und Wohlfahrtsstaat veränderte sich auch der Klassencharakter der Gesellschaft. Die Gesellschaft bekam viele verschiedene Gesichter, deren innerer Zusammenhang nicht mehr ohne weiteres einsichtig war. Wahrnehmungs- und Erfahrungszusammenhänge, die im Grunde in dialektischer Weise miteinander verbunden sein sollten, fielen mehr und mehr auseinander. Auch die Arbeiterorganisationen konnten ihrerseits die zunehmende Komplexität der bürgerlichen Gesellschaft in ihrer Ganzheitlichkeit nicht mehr erkennen und vor allem nicht mehr vermitteln; statt dessen verselbständigten sich Teilaspekte, und zwar in einer Weise, daß ein fruchtbarer Dialog innerhalb der Arbeiterbewegung durch die Barrieren zwischen den beiden (sich immer mehr auseinander entwickelnden) Arbeiterparteien (SPD/KPD) abgeblockt wurde, worunter – ungeachtet partieller Stimulationen – letztlich auch die Entfaltungsmöglichkeit der Arbeiterkulturbewegung leiden mußte, zumal die am Ende der Weimarer Zeit politisch-kulturell wirksamen Totalitarismustheorien von Seiten der SPD und der bürgerlichen Gruppierungen und der Sozialfaschismustheorie von Seiten der KPD die Restbereiche gegenseitiger kultureller Toleranz zerstörten. – Hinzu kam die Bedrohung der alten Arbeiterkulturbewegung durch die moderne Massenfreizeitkultur, die in jeglicher Hinsicht einen wuchtigen und tiefgreifenden Einschnitt bedeutete, dem die Arbeiterkulturbewegung – nach Lage der Dinge – relativ wenig entgegensetzte. Und schließlich muß noch einmal daran erinnert werden, daß SPD und Gewerkschaften die Alltagskultur mehr oder weniger nur eindimensional rezipierten und somit wohl nicht alle Ressourcen voll ausschöpften, aus denen sich unter Umständen neue politische und kulturelle Bewußtseinsprozesse und Praxisformen von der Basis aus hätten entfalten können.

Insofern spricht einiges dafür, die klassische Arbeiterkulturbewegung und die Geschichte der Arbeiterkulturvereine als eine historisch abgeschlossene Zwischenphase zu kennzeichnen, die zwischen dem Verblassen der alten „Culture of Poverty" bzw. der handwerksbezogenen Berufskultur einerseits und der Durchsetzung moderner Massenkultur andererseits gelegen hat.[156] Begreift man die Ar-

---

156 *Peukert*, 1982, S. 22.

beiterkulturbewegung unter solchem Aspekt als eine *historische* Bewegung, deren Niedergang letztlich in den Strukturveränderungen der Gesamtgesellschaft begründet lag, so kam unter *solchem* Blickwinkel der Politik des deutschen Faschismus gegenüber der Arbeiterkulturbewegung hauptsächlich zwei Funktionen zu: 1. Die Funktion eines Katalysators, der den Untergang der Arbeiterkulturbewegung beschleunigte, und 2. die Funktion eines Schlaghammers, mit dem plötzlich und mit einem Schlage all das in einzelne Bruchstücke zerhauen wurde, was sonst wahrscheinlich einem allmählichen und weniger gründlich verlaufenen Erosionsprozeß ausgesetzt gewesen wäre.

Und doch ist eine solche Betrachtungsweise zu einseitig, zu teleologisch. Andere Entwicklungen wären auch denkbar und möglich gewesen. Schließlich handelte es sich um eine große Blütezeit arbeiterkultureller Aktivitäten. Auf vielen Gebieten fand man damals neuauflebende Ansätze zur Praxis zeitgemäßer kultureller Formen. Vor allem sind hier die der Arbeiterbewegung nahestehenden Baugenossenschaften zu nennen, die gerade in der Weimarer Republik versuchten, auch den Wohnbereich in den Kontext politischer Kultur einzubeziehen. Die inneren Brüche – selbst dialektischer Ausdruck gesamtgesellschaftlicher Bedingtheit jeglicher Gegenkultur – hätten (wie die Ansätze zeigen) produktiv verarbeitet werden können. Unter Ausnutzung bestimmter Möglichkeiten, die die neue Massenfreizeittechnik bot, hätten sich – von den schon bestehenden Ansätzen aus – weitere neue zeitgemäße Formen und Inhalte gegenkultureller und vielleicht auch subkultureller Öffentlichkeit entwickeln können – in wechselseitigem Transfer zu den Arbeiterorganisationen.

Doch wie man die Dinge auch dreht und wendet, dies alles sind letztlich Spekulationen, allerdings äußerst fruchtbare zugunsten der bei uns häufig unterentwickelten und diskreditierten „historischen Phantasie". Kehrt man jedoch wieder zurück auf den Boden der Realität, so bleibt die Tatsache bestehen, daß die alte Arbeiterbewegungskultur und die alten Arbeiterkulturvereine heute meist nicht mehr existieren (Ausnahme: Naturfreunde[157]). Das heißt allerdings nicht, daß die alte Arbeiterkulturbewegung für uns deshalb heute und morgen unwichtig ist bzw. sein wird – und dies aus zwei Gründen: Zum einen kann man aus ihren Schwachstellen lernen, insbesondere eben aus ihrem Umgang mit der Alltagskultur. Zum anderen können jene Ansätze in ihrer Geschichte als Vorbild dienen, die von der Schaffung gegenkultureller Öffentlichkeiten zeugen, von einer nichtmanipulierten politischen Kultur, in deren Umkreis sich kulturelle Selbsttätigkeiten[158] und politischer Protest gegen die Widersprüche der Gesellschaft entfalten konnten.

---

157 Dazu siehe *Jochen Zimmer* (Hrsg.), Mit uns zieht die neue Zeit. Die Naturfreunde. Zur Geschichte eines alternativen Verbandes in der Arbeiterkulturbewegung, Köln 1984. – Es gibt wohl auch heute noch arbeiterkulturelle Erfahrungen. Dazu einführend *Mahnkopf*, vor allem S. 190 ff.

158 In diesem Zusammenhang ist vor allem an die Wiederbelebungsversuche der alten Genossenschaftsökonomie und -kultur zu denken.

Dietrich Mühlberg

Zum Stand kulturgeschichtlicher Proletariatsforschung in der DDR

1. Motive und Ausgangspositionen

Wissenschaftler der DDR haben in den letzten beiden Jahrzehnten eine ganze Reihe von Einzeluntersuchungen und Detailstudien zur Arbeiterkultur der „Zwischenkriegszeit" vorgelegt. Darunter sind keine Arbeiten, die diese Kultur in ihrer (wie immer auch aufgefaßten) Totalität darzustellen versuchen.[1] Anfänge übergreifender Betrachtungen der Kulturgeschichte der Arbeiterklasse gingen in jüngster Zeit von einer wissenschaftlichen Disziplin aus, die gerade erst begonnen hat, sich zu etablieren. Da sie sich der Arbeiterkultur anders als die traditionell damit befaßten Forschungsrichtungen – Geschichtswissenschaft, Volkskunde, Kunstwissenschaften, Bildungsgeschichte u. a. – zuwendet, sei zunächst die Entstehungsgeschichte dieser „Kulturwissenschaft" angedeutet, bevor auf Motive und erste Ergebnisse, auf Forschungsprobleme und weitere Absichten der von ihr ausgehenden Forschungen zur Arbeiterklasse eingegangen wird. Freilich muß schon hier einschränkend angemerkt werden, daß für die Zeit zwischen den beiden Weltkriegen bislang nur grobe Arbeitshypothesen vorgestellt werden können.

Kulturwissenschaftliche Studien setzten am Ende der fünfziger Jahre ein.[2] Es gab dafür vielfältige (teils modifizierte, bis heute fortwirkende) Gründe. Sie lagen zunächst auf der Ebene der philosophischen Gesellschaftstheorie. Angesichts der damaligen Aussagefähigkeit der marxistischen Philosophie wurde dem Marxismus der (wohl verständliche, aber faktisch unbegründete) Vorwurf einer fundamentalen Leerstelle gemacht: er habe zum lebendigen handelnden Menschen, zum Individuum nichts Rechtes zu sagen. Jean-Paul Sartre sprach 1960 vom „ei-

---

1 Die Zersplitterung in diverse Einzeluntersuchungen hängt mit Unklarheiten über die Position der Kulturgeschichtsschreibung innerhalb der Geschichtswissenschaft zusammen. Eine wichtige Anregung zu komplexer kulturgeschichtlicher Untersuchung und Darstellung kam von volkskundlicher Seite. Vgl.: Zur Geschichte der Kultur und Lebensweise der werktätigen Klassen und Schichten des deutschen Volkes vom 11. Jahrhundert bis 1945. Ein Abriß. Hrsg. *Bernhard Weißel/Herrmann Strobach/Wolfgang Jacobeit*, in: Wissenschaftliche Mitteilungen der Deutschen Historikergesellschaft. I–III, Berlin 1972. Wahrscheinlich erfordert Kulturgeschichtsschreibung eine weiter ausgreifende interdisziplinäre Zusammenarbeit. Vgl.: *Isolde Dietrich/Dietrich Mühlberg*, Zur Kulturgeschichte der Arbeiterklasse. Voraussetzungen ihrer interdisziplinären Erforschung, in: Jahrbuch für Volkskunde und Kulturgeschichte, Jahrgang 1979, Berlin 1979, S. 49–71.

2 In der Wissenschaftsgeschichte lassen sich kulturwissenschaftliche Forschungen selbstverständlich weit zurückverfolgen. Hier geht es um die Ansätze zur Bildung einer neuen gesellschaftswissenschaftlichen Disziplin, die von solchen Voraussetzungen abhängt, aber nicht mit ihnen gleichgesetzt werden kann.

gentlichen Frageversäumnis der marxistischen Philosophie".[3] Dies mochte (wie auch Sartre annahm) fortdauernder konzentrierter Betonung des politischen Charakters des Marxismus geschuldet gewesen sein. Sicher traf solch ein Vorwurf den „ökonomischen Determinismus" der alten deutschen Sozialdemokratie. Auch wendete er sich mit einiger Berechtigung gegen die Fetischisierung „objektiver Gesetzmäßigkeiten" in Stalinschen Vereinfachungen und Konstruktionen, Marx und den Marxismus konnte solch Vorwurf nicht treffen. Andererseits erschienen die Marx interpretierenden Theoriebildungen von Georg Lukàcs, von Ernst Bloch, von Jean-Paul Sartre, von Ernst Fischer u. a. in der DDR selbst aus theoretischen wie politischen Gründen als unannehmbar. Sie fielen in eine Zeit, in der eine verstärkte Marx-Rezeption das Verständnis vom dialektischen und historischen Materialismus wandelte. Die vielseitig ausdeutbaren „Frühschriften" waren inzwischen allgemein verfügbar und regten eine ganze Reihe von theoretischen „Humanisierungen" des Marxismus-Leninismus an.

Debatten über „Krise" und Weiterentwicklung des Marxismus sind nicht nur vor dem Hintergrund der ideologischen Auseinandersetzungen der europäischen Linken am Ende der fünfziger Jahre zu sehen. Zu dieser Zeit waren in der DDR grundlegende sozialökonomische und politische Veränderungen abgeschlossen, und es war zu klären, wie die Menschen in den neuen gesellschaftlichen Verhältnissen leben könnten und sollten und wie der zu ihrer Ausgestaltung nun zweifelsfrei notwendige „neue Mensch" sich bildet. In modifizierter Weise war damit die alte Kulturfrage der deutschen Arbeiterbewegung nach dem Verhältnis von bürgerlicher Kultur und alternativer sozialistischer Lebensweise aufgeworfen. Denn weltanschaulich war jetzt der Übergang von einer antifaschistisch-demokratischen, noch weitgehend bürgerlich-humanistischen und an den Grundwerten des nationalen deutschen Kulturerbes orientierten Idealvorstellung zu einem grundsätzlich sozialistischen Menschenbild zu vollziehen.

In dieser Umbruchsituation betonten fast alle Kulturideologen die Kontinuität: die neue Gesellschaft verwirkliche die humanistischen Ideale der Vergangenheit, der reale Sozialismus sei oder werde „realer Humanismus" – ein Terminus, der diese Transformation ideologisch ermöglichte.[4] Allerdings nur in den theoretischen Entwürfen. Doch es galt erst noch, empirisch-konkret ein breites Feld sozialer Sachverhalte zu analysieren, wenn positiv ausgesagt werden sollte, was aus dem einzelnen in einer wesentlich kollektivistisch organisierten Gesellschaft wird, wie also Sozialisten nun den Menschen sehen und bewerten sollten.

In dieser Situation wurden die Umrisse einer philosophischen Kulturtheorie ausgearbeitet. Damit wurden die einsetzenden analytischen kulturwissenschaftlichen Studien in eine bestimmte Richtung gewiesen. Als das Kernverhältnis jeder Kultur wurde das sozial aktive Dasein des Individuums bestimmt. Nach diesem Konzept waren Geschichte und Gegenwart nun darauf zu befragen, wie es

---

3 *Jean-Paul Sartre*, Marxismus und Existentialismus. Versuch einer Methodik, Reinbek 1964, S. 138. Sartre nannte hier den „Marxismus das unaufhebbare Grundgefüge des Wissens" und sagte eine befristete Berechtigung des Existentialismus bis zu dem Tage voraus, „da der Marxismus sich der Untersuchung der menschlichen Dimension" zuwendet, S. 140 u. 143.

4 Einen Einblick in die Argumentationsweise dieser Zeit geben Aufsätze, die sich mit dem „künstlerischen Menschenbild" beschäftigen. Vgl. dazu etwa: *Erwin Pracht/Dietrich Mühlberg*, Literatur, Individuum und soziale Perspektive, in: Weimarer Beiträge, Berlin 1967, Nr. 5, S. 733–761.

dem einzelnen jeweils erging, welche Entwicklungschancen er hatte, welchen Typ von Persönlichkeit er auszubilden vermochte, wie er aktiv in seine soziale Umwelt gestaltend eingriff und damit beitrug zur Entfaltung der menschlichen Wesenskräfte.[5] In solchem Ansatz wirkt ganz offensichtlich der für den europäischen Kulturkreis so folgenreiche bürgerliche Kultus des Individuums fort. Der einzelne wurde kulturtheoretisch begriffen als einzigartiges Universum an sozialen Bedürfnissen und Fähigkeiten, als eine Art Steuerzentrale des Bewußtseins, des Fühlens, Urteilens und Handelns – deutlich abgehoben sowohl von den anderen einzelnen als auch von der Umwelt, der er als regelndes Subjekt aktiv gegenübersteht. In einer gewissen abstrakten Rigorosität wie in der philosophischen Umfänglichkeit seiner Ableitung aus den Marxschen Selbstverständigungsschriften stand dieses kulturtheoretische Denken ganz in deutscher Tradition.
Die Einseitigkeit solcher Kulturtheorie mag heute befremden, doch betrachtet man die damalige philosophische Situation und den Stand der marxistisch orientierten Gesellschaftswissenschaft, so wird diese Zuspitzung verständlich. Praktische und wissenschaftliche Folgen haben sie inzwischen gerechtfertigt. Zunächst ermöglichte die konsequente Hinwendung zum Individuum ein aktivistisches und in bestimmten Hinsichten durchaus praktikables Kulturprogramm, das von einiger Tragweite sein sollte. Geschichte wie Gegenwart wurden nun aus der Perspektive des arbeitenden Menschen betrachtet und damit ein qualitatives Fortschrittskriterium gewonnen, das aktuell so wichtige Programmpunkte wie die Gleichstellung der Geschlechter und Generationen, die Humanisierung der Arbeit, die öffentliche Verantwortung des einzelnen und sein Recht auf Bedürfnisbefriedigung, Muße und höhere Tätigkeit begründete.
Wenn „objektive Kultur" die dem einzelnen zugewandte Seite von Geschichte und Gesellschaft ist, so war Kulturhöhe für den Sozialismus zu bestimmen als die menschenfreundliche, dem einzelnen handhabbare Gestalt aller Seiten des sozialen Lebens und daran zu messen, wie frei und sicher der einzelne mit seiner Gesellschaft umgehen kann. Damit zugleich konnte nun nur das als Kultur angesehen werden, was vermittelt über Handeln und Praxis der einzelnen sozial zu wirken vermochte. Damit war eine Art permanentes Gestaltungsprinzip der sozialistischen Gesellschaft begründet, weil nun die Anpassung aller gesellschaftlichen Formen und Abläufe an die Bedürfnisse und Sehnsüchte der arbeitenden Menschen kulturelles Gebot war. Damit wandelte sich ein abstrakt eingeführtes Theorem in ein recht irdisches, sozial-konkretes Kriterium. Es konnte beim Ausarbeiten einer menschennahen, bedürfnisorientierten Politik der Arbeiterpartei eine beträchtliche Rolle spielen.
Auf anderer Ebene lagen wissenschaftliche Folgen, auf die gleichfalls hingewiesen sein soll. Werden die handelnden Menschen als aktive Subjekte in einer zwar vorgeformten, durch sie aber zu beeinflussenden Umwelt verstanden, so zielt

---

5 Dieses Kulturkonzept wurde in folgenden Arbeiten vertreten: *Erhard John*, Probleme der Kultur und der Kulturarbeit. Berlin 1957. *Hans Koch*, Kultur in den Kämpfen unserer Tage. Berlin 1959. *Fred Staufenbiel*, Kultur heute – für morgen, Berlin 1966. *Dietrich Mühlberg*, Zur materialistischen Auffassung der Kulturgeschichte, in: Deutsche Zeitschrift für Philosophie, Berlin 1964, Nr. 9, S. 1037–1054. *Alfred Kurella*, Das Eigene und das Fremde. Neue Beiträge zum sozialistischen Humanismus, Berlin u. Weimar 1968. *W. Kelle/M. Kowalson*, Der historische Materialismus, Moskau 1975. *Alfred Kosing*, Kultur und Wissenschaft im Leben der Gesellschaft, in: Grundlagen des historischen Materialismus, Berlin 1976.

dies auf Triebkräfte gesellschaftlicher Veränderung. Das individuelle Gestaltungsvermögen als die subjektive Daseinsweise der Kultur steigert sich in der aneignenden Veränderung dessen, was seine Gesellschaft ihm zum Gebrauche an objektiver Kultur bereitstellt. In dieser Fassung der Dialektik von objektiver und subjektiver Kultur wurde ein Bewegungsmechanismus gesehen, der das Modell sozialer Aktion ergänzte und erweiterte, das durch die zusammenhängenden Kategorien Partei, Klasse und Masse gefaßt wird. Damit wurde in das gesellschaftliche Bewußtsein eingeführt, was in den sechziger Jahren allgemein (und bei vielen Historikern heute noch) die „Rolle des subjektiven Faktors" hieß. Dem Ansatz nach wurde damit die auf die großen politischen und ideologischen Machtkämpfe ausrichtende „zentristische" Geschichtsperspektive relativiert, bei der ja die größeren Teile des sozialen Geschehens unbeleuchtet links und rechts liegen bleiben.

Diese allgemeinste Fassung der individuellen Subjekt-Objekt-Dialektik diente der damals entstehenden Soziologie der Lebensweise zwar als Mittel synthetisierender Interpretation, konnte wissenschaftlich aber noch kaum operationalisiert werden. Sie war wohl insgesamt mehr weltanschaulich-appellativen Charakters und forderte vielleicht am stärksten zur kritischen Besichtigung erreichter politischer Kultur heraus. Doch die nun fälligen Folgerungen brachten die Kulturtheorie wissenschaftlich voran.

Jetzt waren als Kultur jene objektiv gegebenen Lebenswelten zu modellieren oder zu rekonstruieren, in die individuelles Denken und Handeln jeweils eingeschlossen war. Dazu mußte zunächst der Zusammenhang aufgesucht werden zwischen (einerseits) der geschichtlichen Bewegung als evolutionärer und revolutionärer Veränderung der Makrostrukturen, also der „gesellschaftlichen Verhältnisse" insgesamt, und (andererseits) den daraus folgenden Festlegungen und Modifikationen der Lebenswelten von Menschen, also der konkreten Arbeits-, Lebens- und Herrschaftsverhältnisse, die ein Ensemble von Lebensbedingungen bestimmter Struktur und Qualität bilden.

Da hier weder individualisierend-biographische noch abstrakt-typologisierende Untersuchungen greifen konnten, waren die Niederungen massenhafter sozialer Tatbestände aufzusuchen. Das geschah mit der nötigen Vorsicht und in zwei Etappen. Zunächst wurde die Lebenswelt einer sozialen Gruppe näher betrachtet, die originär marxistisch schon am weitesten untersucht worden war: die des doppelt freien Lohnarbeiters im Kapitalismus der freien Konkurrenz. So wurden Marxens Interpretationen der ihm einst zugänglichen Befunde zur sozialökonomischen Daseinsweise von Bourgeoisie und Proletariat studiert und die in diesem Kontext gegebenen Charakterisierungen der proletarischen Lebensbedingungen zusammengefaßt.[6]

Mit der Hinwendung zu den Lebensbedingungen einer Klasse von Individuen wurde nun der Klassenbegriff als kulturhistorische Kategorie benutzt und versucht, aus der Lebenswelt des industriellen Proletariats und der mit ihm enger verwandten Gruppen anderer Lohnarbeiter des 19. Jahrhunderts ein hypothetisches Modell von Klassenkultur abzuleiten. Die vorläufige Beschränkung auf die Zeit des klassischen Kapitalismus ermöglichte es, eine vorgreifende Antwort auf die aktuell diskutierte Frage auszusetzen, ob der Marxsche Begriff der Arbeiterklasse für die kulturelle Analyse der Gegenwart noch tauglich sei. Auch eine Pole-

---

6 Autorenkollektiv (Leitg. *D. Mühlberg*), Der Beitrag von Marx und Engels zur wissenschaftlichen Kulturauffassung der Arbeiterklasse. Berlin 1980.

mik mit jenen Autoren wurde vertagt, die aus den sozialstrukturellen Wandlungen des 20. Jahrhunderts auf das Verschwinden der Arbeiterklasse geschlossen haben, war doch kulturgeschichtlich noch nicht zu belegen, in welchen kulturellen Merkmalen sich die von Marxisten festgestellten stadialen Formen jeweils äußern, worin das Identische von Arbeiterklassenkultur bei allen geschichtlichen Wandlungen und Differenzierungen auszumachen ist.

Für den betrachteten Zeitraum wurde der Marxsche Begriff der Arbeiterklasse (und zunächst gleichbedeutend damit der des Proletariats) benutzt und nachgezeichnet, wie sich im Anschluß an die Konstituierungsphase des deutschen Proletariats[7] im Zeitraum zwischen 1860 und 1919 unter deutschen Bedingungen, getragen vor allem von großstädtischen Industriearbeitern, eine relativ selbständige Arbeiterklassenkultur in geradezu klassischer Form bildete. Das Ensemble beobachteter Merkmale legte die Vermutung nahe, daß sich gegen Ende dieser Phase viele jener kulturellen Formen zumindest ansatzweise gebildet hatten, die für das Leben arbeitender Menschen bis in die Gegenwart charakteristisch geblieben sind. Diese Beobachtung scheint doch die Auffassung jener Wirtschaftshistoriker zu bestätigen, die die sozialstrukturellen Veränderungen des 20. Jahrhunderts nicht als „Verbürgerlichung" des ehemaligen Proletariats, sondern umgekehrt als fortschreitende Proletarisierung ehemals nichtproletarischer Schichten interpretieren.

2. Charakteristische Eigenschaften der proletarischen Klassenkultur

Mit hypothetischen Überlegungen dieses Abstraktionsgrades traten Kulturtheoretiker in die kulturgeschichtliche Diskussion ein. Von welchem theoretischen Ansatz sie sich dabei leiten ließen, sei kurz umrissen.

Ausgangspunkt war die Annahme, daß innerhalb der durch das Kapitalverhältnis geprägten Gesellschaft beide Hauptklassen eine eigene Kultur hervorbringen. Die proletarische ist – wie die der Bourgeoisie auch – eine Einheit von klassenspezifischen und gesellschaftlich übergreifenden Zügen, Merkmalen und Inhalten. Beide Klassen sind in kultureller Hinsicht (wie die übrigen Gruppen und Schichten auch) der Formationsspezifik unterworfen. Das führt zu ähnlichen, analogen oder gleichen Merkmalen (nationalen wie internationalen) in den Klassen- und Gruppenkulturen. Zugleich sind die Kulturen beider Hauptklassen – wenn auch mit unterschiedlicher Wirkintensität – aufeinander bezogen, prägt doch mit fortschreitender Entfaltung des Kapitalismus ihr dialektischer Gegensatz die Entwicklung der nationalen Kultur.

In die proletarische Kultur gehen Elemente früherer Kulturen (vor allem arbeitender Klassen) ebenso ein wie solche, die aus der Kultur verschiedener Fraktionen des Bürgertums stammen. Die proletarische Kultur eines Landes kann aufgrund dieser innigen Wechselbeziehungen nur in der Abstraktion als relativ selbständiges (keinesfalls als ein isoliertes oder gar autarkes) System innerhalb der größeren Einheit „Nationalkultur" gefaßt werden. Sie ist real in allen ihren Seiten verwoben mit gesamtgesellschaftlichen Kulturprozessen, ist jeweils nur eine be-

---

7 Vgl. dazu die Diskussion über Strukturprobleme der Arbeiterklasse, in: Jahrbuch für Wirtschaftsgeschichte, Berlin 1972/III und *Hartmut Zwahr*, Zur Konstituierung des Proletariats als Klasse. Strukturuntersuchungen über das Leipziger Proletariat während der industriellen Revolution, Berlin 1978.

sondere Seite davon. In dieser Verflechtung liegt die Chance begründet, die hegemoniale bürgerliche Kultur auf allen Feldern durch Adaption, Verdrängung oder alternative Bildungen zu überwinden. Die relative Selbständigkeit proletarischer Klassenkultur ist in jenen Sphären am deutlichsten ausgebildet, die im antagonistischen Kampf der politischen Organisationen und der damit verbundenen Ideologien eine Funktion haben.

Die proletarische Klassenkultur hat ihre elementare Grundlage in den spezifischen Lebensbedingungen der Arbeiter, die gleichfalls diesen Doppelcharakter besitzen: sie enthalten übergreifende, gesamtgesellschaftliche Züge, wie sie generell für eine bestimmte gesellschaftliche Entwicklungsstufe, für ein Land usw. charakteristisch sind (die auch dann nicht vorschnell als bürgerliche identifiziert werden dürfen, wenn ihre Form und Funktion zunächst bürgerlich geprägt worden war). Zugleich sind diese Lebensbedingungen im Detail wie in ihrer jeweiligen Totalität spezifisch, ergeben sich aus der eigenartigen Lage nur der Arbeiter und unterscheiden sich dadurch von denen anderer großer Gruppen.

Noch in einem anderen Sinne haben sie einen Doppelcharakter. In ihnen bricht sich die innere Widersprüchlichkeit des Gesellschaftssystems und läßt in der Lebensweise systemstabilisierende wie zugleich systemsprengende Tendenzen entstehen. Alle Verhaltensweisen der Arbeiter haben ihre bestimmte Funktion im Reproduktionsprozeß der kapitalistischen Gesellschaft und „dienen" dadurch der Befestigung oder Weiterentwicklung des Bestehenden. Zugleich bilden sich in denselben Zusammenhängen subjektive Eigenschaften und Verhaltensstrukturen, denen die weitere Reproduktion des Kapitalverhältnisses nicht mehr angemessen ist. So wirken beispielsweise differenzierter ausgebildete konsumtive Bedürfnisse der Arbeiter als stärkste Fessel der Bindung an das Kapital, sind Ansatzpunkt für alle Arten ökonomischen Zwangs. Zugleich signalisieren sie das Ende der Genügsamkeit, höhere Lebensansprüche und damit Motiv wie Befähigung zu sozial veränderndem Handeln. Man könnte die modifiziert sich wiederholende Grundsituation als widerständiges Einpassen in das System der kapitalistischen Lohnarbeit bezeichnen. Die daraus hervorgehende Kultur entscheidet weitgehend darüber, welche systemgefährdenden Ideen und Kräfte von den Arbeitern jeweils hervorgebracht oder übernommen werden.

Mit dem Ausbilden einer eigenen Lebensweise schaffen Arbeitergruppen zugleich besondere Organisationen, Kommunikationen und Ideologien, mit und in denen sie ihre besonderen Interessen verständlich und geltend machen können. Damit objektivieren sich klassenspezifische Ansprüche wie Fähigkeiten und prägen als neue (sekundäre klasseneigene) Bedingungen die Lebenswelt der Proletarier mit.

Die Arbeiter sind – und das verbindet sie mit den anderen werktätigen Klassen der Geschichte – die entscheidende subjektive Produktivkraft ihrer Gesellschaft. Ihre Lebensweise ist zunächst durch die Formen der zu leistenden produktiven Arbeit determiniert. Seit dem Übergang zur industriellen Produktion stellen die Arbeitsfunktionen der Tendenz nach immer höhere Anforderungen an ihre Fähigkeiten und Fertigkeiten. Ökonomisch sind die Arbeiter durch das Lohnarbeitsverhältnis mit der Gesellschaft verbunden. Sie sind auf den Verkauf ihrer besonderen Ware Arbeitskraft angewiesen, die ihrem subjektiven Dasein unmittelbar angehört. Dies schränkt sie in den individuellen Reproduktionsbedingungen (deren abstraktes Maß formell die eigene Leistung ist) auf die Wiederherstellung der Arbeitskraft ein. Zugleich stachelt sie die Warengestalt des universellen

Reichtums (sie sind ja selbst Warenbesitzer, Warenverkäufer und Warenkäufer) in ihrer Begehrlichkeit allen Genüssen gegenüber an und fordert sie heraus. Diese Stellung im Reproduktionsprozeß der Gesellschaft verursacht die bestimmte Haltung der Arbeiter ihm gegenüber, ihr Auftreten gegenüber seinen Repräsentanten und ordnenden Mächten. Die Keime proletarischer Lebensweise liegen in fortschreitender Nutzung des Lohnarbeitsverhältnisses. Die Klassenspezifik proletarischen Verhaltens spitzt sich zu in den Formen der Auflehnung und des Kampfes gegen partielle wie systembedingte Schranken der eigenen Entwicklung wie denen der sozialen Gruppe.

So ist der Proletarier zwar in jeder Beziehung ein „Repräsentant" der kapitalistischen Gesellschaft, kann jedoch nicht darauf reduziert werden, weil seine besondere Daseinsweise über sie hinausweist und sie auch immer wieder grundsätzlich in Frage stellt. Die Geschichte der Klassenkultur ist als Entfaltung dieser widersprüchlichen Einheit in der Zeit zu sehen – bis hin zu ihrem mehr oder weniger gewaltsamen Aufbrechen von innen her.

Es wurde versucht, die relative Selbständigkeit proletarischer Kultur durch die Untersuchung mehrerer zusammenhängender Beziehungsfelder nachzuweisen. Sie lassen sich schwer voneinander abgrenzen, wie auch nicht mit Sicherheit gesagt werden kann, ob die Aufgliederung der Logik des Zugriffs oder der realen Strukturiertheit von Klassenkultur entspricht. Jedenfalls wurden Kulturprozesse bislang untersucht

- als Formenwelt und Lebensorientierung proletarischer *Lebensweise*, die sich mit den alltäglichen Reaktionen auf das sich wandelnde Ensemble gruppenspezifischer Lebensbedingungen gebildet hat;
- als eine besondere Weise der *Organisation*, die von den regelhaften Bindungen im Alltagsleben bis zu nationalen politischen Bewegungen reicht, und in der auf den einzelnen Ebenen auch spezifische kommunikative Strukturen sich bilden;
- als eine besondere *geistige Produktion*, die von der Ebene der verarbeitenden Alltagserfahrung und des Produktionsdenkens über die der politischen Ideen bis hin zu spezialisierter künstlerischer, wissenschaftlicher, juristischer, militärischer Arbeit reicht;
- als ein *kulturelles Wertsystem*, zu dem die alltäglichen Sehnsüchte und Ziele ebenso gehören wie die kulturell motivierte Sozialstrategie der Klassenorganisationen oder die philosophisch wie künstlerisch propagierten Ideale.

Jedes der hier angedeuteten Beziehungsfelder subsumiert die anderen jeweils auf besondere Weise unter sich. Die Darstellung der Klassenkultur wäre darum im Prinzip von jeder dieser „Seiten" her möglich, wird aber jeweils andere Akzente setzen und andere Erkenntnisbedürfnisse befriedigen. Überblickt man das erschlossene Material, so dominierten bislang die Forschungen zu den „höheren" Schichten der Organisations- und Ideologiegeschichte und zum politischen Kampf der Arbeiterbewegung. Auch die damit verbundene geistige Produktion ist – wenn auch nur in ihren Resultaten – schon breiter untersucht worden. Erst in jüngster Zeit nahm die Zahl der Wissenschaftler verschiedener Disziplinen zu, die im Unterschied dazu die proletarische Kultur vorrangig als eine besondere Lebensweise zu fassen suchten und von diesem Ausgangspunkt her die Gesamtheit klasseneigener kultureller Phänomene ordnend zu interpretieren sich bemühten. Diese Arbeitsweise erwies sich als geeignet, wissenschaftsgeschichtlich entstandene einseitige Spezialisierungen aufzuheben und integrierend zu wirken.[8]

Die proletarische Lebensweise wurde als die Art und Form der schöpferischen Reaktion der Arbeiter auf das Ensemble ihrer Lebensbedingungen und dessen Wandel definiert. Diese Formelemente entstehen aus der gelebten Erfahrung der Gruppe, aus den praktizierten Wertschätzungen, durch Tradierung und deren Befestigung in Mentalitäten, Regeln, organisatorischen, institutionellen und ideologischen Objektivationen.

Die so aufgefaßte Lebensweise hat eine Geschichte, die mit der Proletarisierung früherer arbeitender Klassen und Gruppen einsetzte. Mit vielen Rückschlägen und Deformationen und nach Abteilungen der Klasse sehr verschieden, entwickelten sich die Arbeiter dabei vom „reinen Arbeitstier" der kapitalistischen Frühzeit (extensiv ausgebeutet, aller einstigen sozialen Sicherheit und meist auch der eigenen Arbeitsqualifikation verlustig gegangen) zum gebildeten Produzenten mit vielseitiger gesellschaftlicher Orientierung und Bindung – also in Richtung auf das „reiche Individuum" im Marxschen Sinne. Vor allem für die Arbeiter der städtischen großen Industrie wurden dabei das disziplinierte Arbeiten in weiträumigen kooperativen Zusammenhängen, das Orientieren in einem wissenschaftlich geprägten Milieu, Rationalität, Leistungsverhalten und Bedürfnisreichtum charakteristische subjektive Qualitäten.

Die deutschen Arbeiter erreichten diesen kulturellen Zustand um die Jahrhundertwende. In ihrem Dasein waren subjektive Voraussetzungen für ein Leben in qualitativ veränderten gesellschaftlichen Verhältnissen entstanden. Das politische Bekenntnis großer Gruppen drängte in diese Richtung. Seit dieser Zeit halten sich Grundmerkmale proletarischer Lebensweise, die in jeder Phase der kapitalistischen Gesellschaft[9] in modifizierter Erscheinungsform anzutreffen sind:

- Anerkennung und Bejahung des Arbeiterdaseins als eines „normalen Zustands", ausgebildetes proletarisches Selbstbewußtsein, das sich auf Organisiertheit in kollektiver, gewerkschaftlicher und gesellschaftlicher Dimension gründet und Solidarität als Grundwert ansieht;
- Industrielles Produktionsdenken, damit verbundene Rationalität (auch des Verhaltens außer der Arbeit), Fähigkeit zur disziplinierten und bewußten Einordnung in weitdimensionierte Kooperation sowie kalkuliertes Leistungsver-

---

8 Die seit 1975 an der Humboldt-Universität zu Berlin bestehende Forschungsgruppe zur Kulturgeschichte der deutschen Arbeiterklasse verfolgt diesen Ansatz in Austausch und Zusammenarbeit mit Volkskundlern, Wirtschaftshistorikern, Historikern der Arbeiterbewegung, Literatur- und Kunstwissenschaftlern. Ihre interdisziplinären Tagungen „Probleme der kulturgeschichtlichen Forschungsarbeit" (1977), „Geschichte der Kultur und Kulturauffassung der Arbeiterklasse" (1978) und „Kulturgeschichtliche Probleme proletarischer Lebensweise" (1980) sind in den von der Forschungsgruppe herausgegebenen „Mitteilungen aus der kulturwissenschaftlichen Forschung" Nr. 2, 1978, Nr. 4 u. 5, 1979, und Nr. 9, 1981 protokolliert. Diese „Mitteilungen" erscheinen seit 1978. Es liegen 15 Lieferungen vor. Darunter drei Hefte einer fortlaufenden Bibliographie. Vgl. dazu auch den Überblick, den *Harald Dehne* in seinem Aufsatz „Aller Tage Leben. Zu neuen Forschungsansätzen im Beziehungsfeld von Alltag, Lebensweise und Kultur der Arbeiterklasse" gibt, in: Jahrbuch für Volkskunde und Kulturgeschichte, Jahrgang 1985, Berlin 1985, S. 9–48.

9 Solche Merkmale finden sich in modifizierter Form ebenso bei Arbeitern in sozialistischen Gesellschaften, bilden sie doch jene subjektiven Qualitäten, die als Voraussetzungen des Sozialismus anzusehen sind.

halten. Diese Eigenschaften machen die Kerngruppe der Klasse zum subjektiven Repräsentanten der industriellen Kultur ihrer Gesellschaft.
– Für viele der sozialen Grundbeziehungen außer der Arbeit werden klassentypische Verhaltensformen oder besondere Varianten allgemein üblicher Muster ausgebildet: für Zeitverhalten und Zeitbewußtsein, für Konsumtion und Disposition der lebensnotwendigen Mittel, für Sexualität und generatives Verhalten, für Siedeln und Wohnen, für elementare Rekreation und Gesunderhaltung, für Geselligkeit und Organisationsverhalten, für Freizeitdisposition und erstrebte Genüsse, für individuelle Lebensziele und soziale Perspektiven. Grundsätzlich werden dabei alle Verhaltensbereiche durch die Trennung der individuellen Reproduktion von der produktiven Sphäre (und der Arbeit in ihr) geprägt, durch marktvermitteltes Konsumverhalten, das arbeitende Menschen erstmals nur noch quantitativ vom Zugriff auf alle Formen des Reichtums und der Genüsse ausschließt. Ständiges Anwachsen der Bedürfnisse und deren Tendenz zur Universalität sind neue subjektive Merkmale.

Diese Grundzüge finden sich (mehr oder weniger stark ausgeprägt und teils auch überdeckt von fremden oder traditionellen Mustern) in der Lebensweise aller Arbeitergruppen. Sie trennen vom früheren Leben der Handwerker und Bauern ebenso wie von dem der bürgerlichen Gruppen.

Nachdem die hier skizzierte, im Stile des „Ableitungsmarxismus" vorgehende theoretisierende Hinwendung zur Kulturgeschichte der Arbeiterklasse abgeschlossen war, begann deren zweite Etappe. Die weitere Arbeit war den empirischen Tatbeständen näher und durch die Absicht bestimmt, die vorliegenden historischen Forschungsergebnisse auszuwerten und nach Möglichkeit zu synthetisieren. In sehr bescheidenem Umfange wurden auch eigene empirische Forschungen begonnen. Vor allem aber wurde versucht, ausgewählte Bereiche der proletarischen Lebenswelt und die dort ausgebildeten Kulturformen als vielfältig verflochtene und abhängige Phänomene zu rekonstruieren und darzustellen: Fabrikarbeit, Siedlungs- und Wohnweise, Zeitverhalten, Konsumtion, Familie, Organisation, Alkoholgebrauch, Literaturnutzung, Kulturpolitik, Wertvorstellungen.[10] Gleichfalls wurde versucht, die Klassenkultur des betrachteten Zeitraums so komplex wie möglich von der Lebensweise der Proletarier her darzustellen.[11]

---

10 Von den erarbeiteten Stoffen sind bereits erschienen: *Dietrich Mühlberg/Rainer Rosenberg* (Hrsg.), Literatur und proletarische Kultur. Beiträge zur Kulturgeschichte der Arbeiterklasse im 19. Jahrhundert, Berlin 1983. *Dietrich Mühlberg*, Woher wir wissen, was Kultur ist. Gedanken zur geschichtlichen Ausbildung der aktuellen Kulturauffassung, Berlin 1983. *Horst Groschopp*, Zwischen Bierabend und Bildungsverein. Sozialistische Kulturarbeit in der deutschen Arbeiterbewegung vor 1914, Berlin 1985.
11 Zu diesen Versuchen, Kulturgeschichte vom alltäglichen Leben arbeitender Menschen her zu erschließen und damit auch anschaulich zu machen, gehören u. a.: Das zusammen mit *Wolfgang Jacobeit* und *Erika Karaseck* entwickelte Konzept der Ausstellung „Großstadtproletariat – zur Lebensweise einer Klasse" (Staatliche Museen zu Berlin, 1980). Für 1986 ist die Eröffnung eines kleinen Museums „Berliner Arbeiterleben" vorgesehen, das sich auf die Zeit vor 1919 konzentrieren soll.
Autorenkollektiv (Leitg. Dietrich Mühlberg), Arbeiterleben um 1900. Berlin 1983. *Dietrich Mühlberg* (Hrsg.), Proletariat. Kultur und Lebensweise im 19. Jahrhundert, Leipzig 1986. Gegenwärtig laufen die Arbeiten am ersten Teil einer Kulturgeschichte der deutschen Arbeiterklasse.

3. Einige Forschungsprobleme

Im Rückblick auf diesen Versuch, von kulturtheoretischen Prämissen her die kulturgeschichtliche Forschung zur Arbeiterklasse des 19. Jahrhunderts zu beginnen, sollen einige der dabei deutlich gewordenen Schwierigkeiten genannt werden. Im folgenden soll dann angedeutet werden, welche Perspektiven daraus für die Untersuchung von Arbeiterkultur in der „Zwischenkriegszeit" folgen.
Zunächst entstanden Differenzen über den angestrebten Verallgemeinerungsgrad kulturgeschichtlicher Darstellungen und die damit verbundenen Bedeutungsverschiebungen bei bereits eingeführten Begriffen. Stark vereinfacht gesagt waren alle Publikationen doppelter Kritik ausgesetzt. Vom Standpunkt einer philosophischen Kulturtheorie waren die aus den vorliegenden kulturhistorischen Befunden gezogenen Verallgemeinerungen mikroskopisch klein geraten, überwog die Beschreibung, und die offensichtlich erwarteten wertenden Ableitungen für die Gegenwart waren gar völlig ausgeblieben. Viel gewichtiger waren ganz entgegengesetzte Einwände von historischen und volkskundlichen Forschern. Für ihr Wissenschaftsverständnis war die gewählte Verallgemeinerungsebene zu hoch angesetzt, die synthetisierenden Aussagen zu großflächig geraten, damit wohl nicht ausreichend empirisch absicherbar und so möglicherweise zufällig. In diesen Meinungsverschiedenheiten wurde sichtbar, wie unbestimmt Kulturgeschichte als relativ selbständige wissenschaftliche Disziplin mit eigenen Gegenständen und Erkenntnismethoden noch ist.[12]
Die Schwierigkeiten einer solchen Ansiedlung zwischen Philosophie und Historiografie waren schon bei der Aufbereitung der seit Marx beigebrachten Befunde zur Arbeiterklasse deutlich geworden. Obwohl in der marxistisch-leninistischen Geschichtswissenschaft seit Anbeginn die geschichtsmächtige Existenz der Arbeiterklasse geradezu vorausgesetzt wird, ließen sich kaum Untersuchungen finden, in denen die reale geschichtliche Existenz derer, die diese besondere Klasse von Menschen jeweils bildeten, empirisch aufgeschlossen war. Wohl hatten die sozialökonomischen Veränderungen des 20. Jahrhunderts Debatten ausgelöst, welche Gruppen von Lohnabhängigen nun zur Klasse zu rechnen wären, doch beschränkten sie sich auf die Modifikation von Strukturmodellen. In großer Fülle fanden sich ideologie- und geistesgeschichtliche Untersuchungen, die ihre Befunde allenfalls auf die gleichermaßen breit entfaltete Organisationsgeschichte zurückgeführt haben. Auf diese Weise war das wirkliche Leben der Arbeiter das Unbekannte in der eigenen Geschichte geblieben.
Bei dieser Lage war es verständlich, daß „Klassenkultur" kein Begriff der marxistisch-leninistischen Literatur sein konnte. Soziale Makrogruppen der großen Gesellschaften des 19. und 20. Jahrhunderts waren noch nicht als historische Subjekte mit eigener Kultur gesehen worden, der für Marxisten eigentlich naheliegende klassenanalytische Ansatz war noch durch keine der Kulturwissenschaften weiter verfolgt worden. Auf etwas unscharfe Weise war vom „Klassencharakter" der (oder einer jeden) Kultur die Rede, erläutert als deren Prägung durch antagonistische Klassengegensätze. In diesem Kontext wurden dann in vordergründiger Lenin-Exegese die Lebensbedingungen des Proletariats als Grundlage für

---

12 Einen Einblick in die Diskussion gibt die „Textsammlung zu Problemen der marxistisch-leninistischen Kulturgeschichtsschreibung" in 3 Teilen (Kulturhistorische Studientexte 5/I u. 5/II, Berlin 1978 sowie 5/III, Berlin 1985), in der 47 Beiträge nachgedruckt sind.

Elemente einer demokratischen und sozialistischen Kultur verstanden. Damit war mehr eine ideologiegeschichtliche Abgrenzungs- und Sortierungsabsicht verbunden. In der historischen Analyse hat diese Hypothese keine wesentliche Rolle gespielt.
Die neueren Strukturdiskussionen zur Arbeiterklasse wie die Veröffentlichungen von Hartmut Zwahr zum Konstituierungsprozeß der deutschen Arbeiterklasse brachten weitergehende Einblicke, doch noch keine Theorie der Klassenentwicklung, die die wesentlichen Seiten – also die Klassenkultur eingeschlossen – des permanenten Bildungsprozesses dieser Klasse durch alle Stadien hindurch in ihrer wechselseitigen Abhängigkeit erkennen ließe.
Aber gerade diese fortwährenden Entstehungsprozesse sind (in der sozialen Realität wie für die Forschung) das Entscheidende. Die elementare Existenz, das einfache Dasein doppelt freier Lohnarbeiter ist zwar Voraussetzung einer sozialen Klasse, führt aber keineswegs unter allen Umständen und zwangsläufig dazu. Nur unter bestimmten, noch keineswegs hinlänglich aufgeklärten Bedingungen entstehen auch solche relativ dauerhaften elementaren Gemeinsamkeiten in der Lebensweise von Arbeitern, die Gruppenidentität stiften, Kommunikation untereinander und eigene Organisationsformen entstehen lassen. Sie aber erst ermöglichen weitergehende (daraus hervorgehende und darauf zurückwirkende) gemeinsame soziale Aktionen und ermöglichen es auch, daß politisch handlungsfähige Einheiten gebildet werden. Obwohl in den (auf hoher Abstraktionsebene geführten) Strukturdebatten recht häufig auf fundamentale Unterschiede zwischen einer Klasse „an sich" und „für sich" hingewiesen wurde, folgten dieser Feststellung keine Forschungen. Die je unterschiedlichen Entstehungsbedingungen spezifisch proletarischer Lebensweisen und deren Einfluß auf die daraus hervorgehende politische Handlungsfähigkeit wären erst noch aufzuklären.
Aus den hier angedeuteten Tatsachen folgt, daß weder *die* Klasse noch *die* Kultur dieser Klasse als homogene Einheit existieren und darum auch nicht so verstanden werden dürfen. Die gleiche Grundqualität doppelt freier Lohnarbeit vorausgesetzt, sind die Lebenswelten der Proletarier jeweils vielfältig differenziert. So hat etwa Friedrich Engels nach seinen Beobachtungen in den vierziger Jahren des 19. Jahrhunderts die englische Arbeiterklasse hinsichtlich ihrer Existenzbedingungen und Lebenssituationen in drei große Gruppen gegliedert: das industrielle Proletariat (dessen Kern die Fabrikarbeiter bildeten), das Bergwerksproletariat und das Ackerbauproletariat. Sie unterschieden sich auch in ihrer Lebensweise – bis hin zum sozialen Selbstverständnis und seinen Artikulationsformen. Tatsächlich waren dann in der zweiten Hälfte des vorigen Jahrhunderts die Lebenswelten der Lohnarbeitenden weitaus differenzierter. Straßen- und Eisenbahnarbeiter, Landarbeiter und Gesinde, Heimarbeiter, Transportarbeiter, Dienstboten und Handlungsgehilfen, Handwerksgesellen und Fabrikarbeiter hatten unterschiedliche Erfahrungsbereiche und Lebensstrategien. Sie bildeten differente Lebensweisen aus. Vielfach wurde die durch die doppelt freie Lohnarbeit gesetzte Grundqualität, die proletarische Spezifik ihres Lebenszusammenhangs durch andere abgrenzende Merkmale überlagert oder verdeckt, am wenigsten möglicherweise bei großstädtischen Fabrikarbeitern. Berufsständische Besonderheiten, Konfession, Regionalität und Geschlecht prägen die Lebensweise mitunter stärker und verhindern oder modifizieren elementare Klassenidentität.
Zwei Tendenzen am Rande der Geschichtswissenschaft können hier Erkenntnisfortschritte bewirken, obwohl sie auf den ersten Blick einem klassenanalytischen Ansatz entgegenzustehen scheinen. Bei der notwendigen Unterscheidung ver-

schiedener Arbeiterkulturen in einer Gesellschaft wie von Schichten in einer Klassenkultur können Erfahrungen nutzbar gemacht werden, die das mikrohistorische Interesse am Alltag der kleinen Leute, am Leben in überschaubaren Räumen, am Regionalen, Lokalen, Biographischen in den letzten Jahren beigebracht hat.[13] Die hier entwickelte Fähigkeit zur Rekonstruktion vielfältiger Abhängigkeiten und Reaktionsmuster und das dabei aufscheinende Vermögen, jenes Besondere zu entdecken, durch das das Dauerhafte am Alltag sinnfällig wird, also jenes außergewöhnliche Normale, an dem auch übergreifende Strukturen sichtbar werden, müßte für die Arbeiterkulturforschung genutzt werden. Sie könnten hilfreich sein, um die große Spanne zwischen der kulturtheoretischen Verallgemeinerung und der empirischen Realität besser zu überwinden. Ähnliche Wirkungen könnten von den damit verwandten Forschungsansätzen der Frauengeschichte, der Familiengeschichte, der Geschichte der Geschlechterbeziehungen, der Volkskultur, der Geschichte der Unterschichten, Vagabunden und Pauper haben, wenn sie für die kulturgeschichtliche Proletariatsforschung ausgewertet werden.

Erste komplexe kulturgeschichtliche Untersuchungen zu proletarischen Gruppen wurden von Volkskundlern der DDR bereits vorgelegt.[14] Ihnen müßten ganze Reihen von Studien zu eingrenzbaren dauerhaften Arbeitergruppen folgen, die die innere Logik wie die besonderen Formen ihrer Lebensweise aufdecken und bis hin zu ihrem klassenbewußten politischen Handeln verfolgen. Sie erst könnten erhellen, was heute weitgehend unbekannt ist: in welchen Verhaltensbereichen „das Proletarische" überhaupt manifest wird und in welchen davon es auch durch alle Wechselfälle hindurch tradiert wird. Recht unklar ist noch, welche Rolle dabei die Arbeitssituation, der Wohnort, die Heiratsbeziehungen und Familienverhältnisse und die übergreifenden Organisationen tatsächlich spielen. Nach heutiger Einsicht dürften das jene Bereiche sein, die solche Mittel (Gesten, Worte, Bilder, Rituale) bereitstellen, die eine Selbstdarstellung und Selbstinterpretation auch anschaulich ermöglichen und in denen die geübten Praktiken eher symbolisch interpretiert und orientiert worden sind. Dies lenkt die kulturgeschichtliche Untersuchung auf das Spektrum von möglichen kulturellen Ausdrucksweisen, wie sie im Alltag der arbeitenden Menschen des 19. und 20. Jahrhunderts aufzufinden sind.

Aus diesen Andeutungen zu aktuellen Problemen der Arbeiterkulturforschung wird auch deutlich, warum sich das anfangs so stark vom einzelnen und seinen sozialen Entwicklungsmöglichkeiten ausgehende kulturtheoretische Konzept, bei dem die dialektische Vermittlung von individueller Subjektivität und gemeinschaftlicher Objektivität im Zentrum stand, in bestimmter Hinsicht relativiert hat. Zwar war von Anfang an klar, daß die Vermittlungen des Individuums

---

13 In den westeuropäischen Ländern ist die Tendenz zur „Mikrogeschichte" sicher stärker ausgeprägt als in der DDR. Vergleichbares findet sich eher in historiographischen Zügen der schönen Literatur, in den Literatur- und Kunstwissenschaften, aber auch in den lokalen und betrieblichen Forschungen, die meist von Fachleuten und Laien gemeinsam betrieben werden.

14 Vgl. dazu: *Bernd Schöne*, Kultur und Lebensweise Lausitzer Bandweber (1750–1850), Berlin 1977. *Hainer Plaul*, Landarbeiterleben im 19. Jahrhundert, Berlin 1979. *Rudolf Weinhold* (Hrsg.), Volksleben zwischen Zunft und Fabrik. Studien zur Kultur und Lebensweise werktätiger Klassen und Schichten während des Übergangs vom Feudalismus zum Kapitalismus, Berlin 1982.

mit den objektiven Strukturen sich nur als Momente weiterdimensionierter sozialer Verhältnisse entwickeln. Doch inzwischen wird stärker betont, daß der einzelne keine (wie auch geartete) kulturelle Selbständigkeit auszubilden vermag. Die interpretativen „symbolischen" Bedeutungen, die die Dinge und Handlungen für den einzelnen besitzen oder von ihm bekommen, haben diesen Sinn nur im Kontext des klassen- und gruppenspezifischen Arbeiterlebens. In ihm sind sie entstanden und tradiert worden als ein gemeinsamer Vorrat an Regeln, Einsichten, Werten und Symbolen, der dem einzelnen soziale Identität sichert. Das individuelle Subjekt ist in solcher Betrachtungsweise zwar nicht ausgeblendet, doch es wird in seinen Lebensäußerungen nur als Moment der Gruppen- oder Klassensubjektivität interessant. Es sieht und versteht ja die soziale Welt als Arbeiter oder Arbeiterin und richtet sich in ihr entsprechend ein. Darum wird sein Verhalten nicht als Indiz individueller Befindlichkeit, sondern als Moment kollektiven, gemeinschaftlichen oder gar massenhaften Geschehens gesehen, das seine Formen hat in Solidarisierungen, Verweigerungen, Abgrenzungen, Protesten, Leistungsstreben und Verurteilungen, in Heiratsbeziehungen, Nachbarschaftsverhalten, modischer Begeisterung, Begehrlichkeit, Genügsamkeit, in Widerständigkeit, in anarchischer Auflehnung oder in Organisationsdisziplin.

4. ZUR DEUTSCHEN ARBEITERKULTUR NACH 1919

Erste Überlegungen zur Weiterführung kulturgeschichtlicher Proletariatsforschung in den Zeitraum nach 1919 ergaben, daß die weiter vorn umrissenen konzeptionellen Ansätze weiter benutzt und ausgebaut werden können. Doch der reale Kulturprozeß wie auch die Forschungslage verlangen andere Akzentuierungen. Hauptproblem dürfte es sein, die stärkere und neuartige Einbindung aller Momente proletarischer Kultur in übergreifende Zusammenhänge richtig zu fassen und in ihnen das „Proletarische" auszumachen.
Versucht man zunächst grob die abgrenzenden Besonderheiten der davorliegenden kulturgeschichtlichen Phase zu umreißen, so muß zunächst der stürmische Aufschwung der Klasse und ihrer Bewegung zwischen 1860 und 1919 genannt werden. Bald bildeten nicht mehr die Lohnarbeiter der Landwirtschaft die Mehrheit der Klasse; besonders schnell war die Zahl der großstädtischen Industriearbeiter gewachsen. Sie wurden zur anerkannten Hauptkraft der Bewegung. Die von ihnen geübten Arbeits- und Lebensformen stabilisierten sich und verloren ihren gesellschaftlich suspekten Charakter. Es deutete sich bald an, daß in ihnen einige der Grundformen des Massenverhaltens entstanden (Familienform, Jugend, Freizeit, Konsum), die dann das ganze 20. Jahrhundert prägen sollten. Die Organisationen der Arbeiter wuchsen ständig und gewannen an Macht und Einfluß. Sie kämpften um die Verbesserung der Lebensbedingungen und erzwangen gegen Ende des Jahrhunderts soziale Sicherungssysteme und einen spürbaren Anstieg des Lebensstandards für einige Arbeitergruppen. Eine der industriellen Arbeit entsprechende Reproduktionsweise setzte sich durch.
Der Wilhelminische Staat wie die bourgeois beherrschte Öffentlichkeit unterdrückten alle Arten selbständiger Regungen der Arbeiter. Die Arbeiterbewegung sollte von jeder selbständigen Mitsprache – erst recht in nationalen Belangen – ausgeschlossen bleiben und gewann gerade durch diese Verweigerung der Herrschenden eine ausgeprägt selbständige Haltung gegenüber dem Gesellschaftszustand und allen wesentlichen sozialen Prozessen. Bismarck sprach vom Staat im Staate, Arbeiter nannten Bebel den Arbeiterkaiser. Befriedigt konnten die Arbei-

terfunktionäre das Anwachsen der Wählerstimmen registrieren und zuversichtlich den Zusammenbruch des Kapitalismus erwarten. Zu keiner anderen Zeit und in keinem anderen Land dieses Entwicklungsstadiums hat es so günstige Bedingungen für die Ausbildung der Klassenkultur als einer Gegenkultur von großer Selbständigkeit, innerer Konsequenz und Geschlossenheit gegeben.

Obwohl es schon um 1900 Vorzeichen tiefgreifender Veränderungen gibt, die dann auf die Lebensbedingungen der Arbeiter durchschlagen sollten, setzte ein qualitativer Umschlag erst 1914 ein. Weltkrieg und Kriegsniederlage, Novemberrevolution und revolutionäre Nachkriegskrise leiteten ein neues Stadium der Kulturgeschichte der deutschen Arbeiterklasse ein. Zunächst fiel das ausgeklügelte System junkerlich-militaristischer Repression der Kaiserzeit. Aus der Revolution entstand keine sozialistische Gesellschaft, doch sie erweiterte den sozialen Handlungsraum der Arbeiter wie der Arbeiterbewegung beträchtlich. Sie hatten auf den ersten Blick nun weit günstigere Bedingungen, ihre eigene Kultur weiterzubilden. Und tatsächlich expandierten so gut wie alle Formen der Kulturarbeit, die aus der Vorkriegszeit überkommen waren. In der Quantität wie in der qualitativen Differenzierung erreichte die deutsche Arbeiterbewegungskultur ihren Höhepunkt.

Doch die wenigen Jahre „normalen Kapitalismus" in Deutschland reichten weder dazu, die inzwischen fragwürdig gewordenen alten Vorsätze zu verwirklichen, noch reichte die Zeitspanne, neugewonnene Ansätze auszubauen oder gar ausreifen zu lassen. Die „Weimarer Republik" muß für die proletarische Kultur als Anfangs- oder Zwischenzeit gesehen werden. Denn die Flucht der deutschen Monopolbourgeoisie in die diktatorische Herrschaft brach viele der Entwicklungen gewaltsam ab, deformierte andere, doch auch sie konnte die mit den elementaren Lebensbedingungen der Arbeiter verbundenen Lebensformen nicht ignorieren oder gar liquidieren, sondern mußte sich auf ihre Weise auf sie einstellen.

Die beiden großen Fraktionen der deutschen Arbeiterbewegung haben nach der Zerschlagung des Faschismus je auf ihre Weise die Niederlage von 1933 verarbeitet und mit ihren Einflußmöglichkeiten dafür gesorgt, daß an die jeweils für wesentlich gehaltenen stadialen Kulturformen angeknüpft wurde. Es ist eine weitgehend formale Analogie, wenn beide mit gewisser Konsequenz zunächst ein Wiederaufleben der Arbeiterbewegungskultur der zwanziger Jahre ablehnten. In den westlichen Zonen haben die Besatzungsmächte mit der Forderung nach „politischer Neutralität" die Wiederbelebung vieler Arbeiterorganisationen und der mit ihnen verbundenen Kultur wirksam gebremst. Die sozialdemokratisch verbliebene Fraktion wollte ein entschieden besseres „Weimar", „entideologisierte" sich bald und trat als Volkspartei ganz praktisch für „soziale Demokratie" ein. Zwangsläufig verstärkte dies die Orientierung an den bürgerlichen Bildungs- und Kulturwerten, die auch in der Weimarer Republik von ihr hochgehalten worden waren. Selbständige Organisationen mit gegenkulturellen Zügen paßten der Partei nun noch weniger und waren in ihren Augen ein zu günstiger Nährboden radikaler kommunistischer Absichten.

Die kommunistisch geprägte Fraktion der Einheitssozialisten im Osten erstrebte ein nationales Bündnis der Antifaschisten bis weit in das bürgerliche Lager hinein. Darum sah sie in radikalen wie in vielen unverbindlichen Kulturpraktiken der früheren deutschen Arbeiterbewegung eine noch nicht bewältigte ideologische Gefahr für die Bündnisfähigkeit wie für die klasseneigenen Organisationen. Auch darum wollte sie nicht vorrangig das Erbe proletarischer Alternativkultur wiederbeleben, sondern nutzte Ansätze zu nationalen kulturellen Strategien.

So verschieden die beiden kulturpolitischen Strategien auch waren, so reagierten sie doch gleichermaßen auf die gründlich veränderten Entwicklungsbedingungen für Klassenkultur mit nationalkulturellen Konzepten. Diese ganz unterschiedlich motivierte Absage an die Ideen einer proletarischen Gegenkultur war kein Traditionsbruch, denn fortgesetzt wurden Ansätze proletarisch geprägter klassenübergreifender Kulturtendenzen der Weimarer Zeit.

Um den neuartigen kulturellen Tendenzen auf die Spur zu kommen, die sich zwischen Novemberrevolution und faschistischer Machtübernahme auszubilden begannen, müßten einige soziale Verläufe und Verflechtungen auf ihre kulturellen Folgen und Implikationen untersucht werden.

Zuerst fällt dabei die stärkere (und in allen Kulturbereichen nun auch offensichtliche) *internationale Abhängigkeit* all jener sozialen Vorgänge in Deutschland auf, die auch für die Arbeiterklasse von Bedeutung sind („Versailler Diktat", Amerikanisierung der Wirtschaft, Dawes-Plan als „Rettung", länderübergreifende Kommunikation, beginnende Internationalisierung von Konsum- und Freizeitangeboten, Weltwirtschaftskrise u. a.). Unter diesen Bedingungen überlebten sich nationale Gegenkulturen alten Stils. Die Arbeiterbewegung hatte – schon weil sie nationalistischen Tendenzen gegensteuern mußte – dazu ein zwiespältiges Verhältnis. Einerseits wurde sie selbst internationalistischer (Sowjetunion als neues Modell, Einfluß der Komintern und internationaler Hilfsorganisationen, Wirkungen des „Roten Wien" u. a.), andererseits stand die Mehrzahl ihrer Funktionäre den Medien der Internationalisierung ablehnend gegenüber (Film, Mode, Tanzmusik, Unterhaltungssport, Revuetheater, Starkult u. a.).

Gravierendere kulturelle Folgen hatten die *ökonomischen Veränderungen*, voran die wachsende Konzentration und internationale Verflechtung des Kapitals. Die Arbeiter erlebten – bei meist großem Arbeitskräfteangebot – eine verschärfte Ausbeutung: härtere Kalkulation und konsequentere Rationalisierung intensivierten die Arbeit beträchtlich. Nicht nur die Arbeitssituation der Industriearbeiter wandelte sich dadurch. Neue subjektive Qualitäten bildeten sich (berufliche Qualifikation, Erfahrungshorizont, Klassenkampftaktik u. a.). Die Gewerkschaftsarbeit konzentrierte sich auf die betrieblichen Arbeiterrechte, der klassenkämpferische Anspruch der ohnehin meist reformsozialistischen Funktionäre trat immer stärker hinter betriebswirtschaftliche Erwägungen, hinter den Finessen von Tarifpolitik und Arbeitsrecht zurück.

Mit den ökonomischen Prozessen veränderte sich nicht nur die Arbeit der Arbeiter, sondern auch die *innere Struktur* ihrer Klasse. Obwohl man sich noch auf keine schlüssige Strukturanalyse der Arbeiterklasse dieser Zeit stützen kann, sind sich alle Autoren darin einig, daß die weitere Proletarisierung bürgerlicher Schichten einerseits und die recht schnelle innere Differenzierung der Arbeiterklasse andererseits auch das kulturelle Profil der Klasse modifizieren. Neben das vordem bestimmende großstädtische Industrieproletariat treten andere Gruppen, die ihre spezifischen kulturellen Züge einbrachten oder geltend machten. Angestellte, proletarisierte Intelligenz und andere zur Lohnarbeit verurteilte Kleinbürger bilden die wichtigste neue Gruppe (sie wollen mehrheitlich keine Proletarier sein, tendieren zu abwehrender oder übersteigernder Radikalität, neigen zu extremistischen Heilslehren und – das gilt besonders für die sozial arbeitende Intelligenz – zum revolutionären Programm der Kommunisten wie zu allgemein-menschlichen Idealen in der Sozialdemokratie). Dazu gehört die weiter wachsende Gruppe der Facharbeiter, die sich stabilisieren kann, die bei sozialistischer Orientierung die kulturellen Ideale der Arbeiteraristokratie pflegt und zur Abgrenzung nach unten tendiert und wohl die wichtigste Trägergruppe der „alten" Arbeiterkultur in dieser Zeit ist. Zugleich steigt in der Industrie auch die Zahl der angelernten und ungelernten Arbeiter. Neben den Hilfskräften in Bau, Transport und Dienstleistungen erleben sie soziale Unsicherheit, Krach und Rezession als erste und am intensivsten. Die Labilität ihrer Lage politisiert sie stärker, wie sie wohl auch die Ursache für Unbefangenheit gegenüber Angeboten aller Art – eingeschlossen die neuen Massenvergnügungen – sein dürfte. In den Krisensituationen (besonders nach 1929) bilden sie den Kern des permanenten Erwerbslosenheeres, das die KPD in Massenkämpfen zu mobilisieren vermochte. Auf ihre kulturellen Folgen wären auch zu untersuchen die Veränderungen in der Lage der Landarbeiter, die Zunahme der Frauenarbeit in bestimmten Berufen, die wachsende Quantität und Selbständigkeit der Arbeiterjugend und sicher auch neue Züge im städtischen Lumpenproletariat. Auch in dieser Zeit war die Klassenkultur urbanen Charakters. Die wachsende Zahl der Großstädte wie die verbesserten Kommunikationen vergrößerten ihren Einfluß auf Kleinstadt und Dorf und leiteten dort qualitative Veränderungen ein.

Veränderungen in der Lebensweise vieler Arbeitergruppen brachte die sprunghafte Ausweitung des *Konsums industriell erzeugter Massengüter* aller Art (Gebrauchsgegenstände, Nahrungsmittel, Informationen, Vergnügungen, Bildung, Kunstgenuß). Arbeiter werden – wie andere Gruppen auch – als Konsumenten in ganz neuem Stil verwertet. Dadurch wurden ihre Bedürfnisse differenzierter und zugleich denen der unteren Mittelschichten ähnlich. In dieser neuen Abhängigkeit schlagen die Verwertungskriterien des Kapitals auf die Konsumgewohnheiten durch und beginnen sie zu deformieren. Wohl die interessanteste kulturtheoretische Diskussion dieser Zeit war die über die Zukunft der Arbeiterkultur in der industrialisierten Massengesellschaft.

Für den Charakter der proletarischen Klassenkultur war es von entscheidender Bedeutung, daß die Arbeiterbewegung an der Spitze der arbeitenden Massen seit dem Fall des Sozialistengesetzes – ganz deutlich nach der Novemberrevolution – immer neue politische Machtpositionen erstritten hatte. Seit dieser Zeit rechnete auch die Bourgeoisie mit den *Massen als gesellschaftlicher Kraft* auf neue Weise und begann nun ihrerseits, Massenbewegungen zu formieren. Zielbewußt wurden seitdem materielle und ideologische Mittel eingesetzt, um Arbeiterkultur durch Förderung ihrer systemkonformen und durch Zersetzung ihrer revolutionären Elemente innerlich zu deformieren. Dies kulminierte in der faschistischen Massenkultur, mit der an viele Elemente proletarischer Klassenkultur angeknüpft wurde. Formen und gewendete Inhalte der Arbeiterbewegung wurden übernommen und in Gestalt eines staatlich gelenkten Programms der Arbeits- und Freizeitkultur mit den Arbeitern gegen ihre Interessen eingesetzt. Disziplinierung und Kriegsvorbereitung waren die Hauptziele. „Kraft durch Freude" und „Schönheit der Arbeit" hatten schließlich zur Nebenwirkung die Diskreditierung vieler Seiten der deutschen Arbeiterklassenkultur in den Augen linker Politiker und Intellektueller.

Die politische *Arbeiterbewegung* dieser Zeit war *gespalten*. Die Folgen der Teilung für die Klassenkultur sind noch kaum untersucht. Mehr Klarheit besteht über die kulturellen Absichten der beiden großen Flügel der Bewegung. Die eine Fraktion versuchte, die alte Konzeption der Mehrheit unter veränderten, nun günstigeren Bedingungen fortzusetzen. Anscheinend bewährte kulturelle Ziele wurden nun mit staatlichen, kommunalen und gewerkschaftlichen Mitteln in praktischer Arbeit umgesetzt. Doch sicherte das den Einfluß auf die traditionell sozialdemokratisch orientierten Gruppen der Arbeiterklasse nur zu Zeiten wirtschaftlichen Aufschwungs. Die hoffnungsvollen Ansätze der (später am Wiener Beispiel orientierten) reformistischen Kommunalsozialisten, die sich mit Wohnungsbau, Schulzentren, Stadthallen und Sportanlagen, mit Kunstförderung und Jugendarbeit für städtische Arbeiterbedürfnisse einsetzten, wichen mit Beginn der Weltwirtschaftskrise der Mangelverwaltung. So war das Sozialistische schnell verbraucht, „unter dem Druck der Zeit erstickt", Massen konnten am Ende nicht mitgerissen werden, und die Jugend hatte begonnen, eigene Wege zu gehen. Dazu trug ganz erheblich die Orientierung vieler sozialdemokratischer Ideologen und Kulturarbeiter an den Werten und Normen hoher bürgerlicher Kultur bei; sie war, als das antikapitalistische Potential dann so gut wie verschwunden war, schließlich von lähmender Wirkung.

An die kommunistische Seite der Bewegung fiel das politisch Revolutionäre. Sie bekämpfte die bestehende soziale Ordnung politisch und strebte das Rätesystem an. Ihre mitreißende Chance hatte sie in allen Phasen zugespitzter sozialer Konfrontationen. Verbunden waren damit auch sektiererische Tendenzen zu einer Gegen- oder Alternativkultur als Ausdruck radikaler Arbeiterinteressen wie als Folge doppelter Abgrenzungen (vom System wie von der anderen Fraktion). Als Mitte der zwanziger Jahre ein neues Konzept der Massenmobilisierung entwickelt wurde, gingen davon starke Impulse für die Neubestimmung von Arbeiterklassenkultur aus. Der „Münzenberg-Konzern" war sicher der umfassendste Ansatz, die modernen Apparate der Kulturproduktion im Arbeiterinteresse zu betreiben und den Masseneinfluß proletarischer Kultur medial zu organisieren. Die neue Kulturstrategie konnte sich wegen der Kürze der Zeit nicht entfalten und wurde auch durch die politische Zwangslage eingeschränkt. Als Interessenvertreter vor allem der notleidenden Arbeitermassen spitzte die KPD alle Seiten der von ihr geführten Bewegung auf das Alternativ-Revolutionäre zu und beschränkte sich auf die Nutzung der dafür tauglichen Mittel.

Charakteristisch für den Beginn einer neuen Entwicklungsetappe der Klassenkultur war die Auflösung traditionell unter Arbeitern gepflegter Bindungen. Kollektive *Gesellungsformen* und Gemeinschaftsbeziehungen wurden reduziert. Das geschah einerseits zugunsten anspruchsvollerer privat-familialer Bindungen (Festigung der „geschlossenen" Kleinfamilie, Verbesserung der Wohnung, Steigerung des Familienkonsums, der Unterhaltung in der Wohnung, Zunahme der Kleingärten, stärkere Kultivierung partnerschaftlicher Beziehungen u. a.). Andererseits wurde die nun stark expandierende Massenöffentlichkeit von großen Arbeitergruppen gesucht und als ihr Milieu empfunden (Kinos, Tanzsäle, Sportplätze, Kaufhäuser, Vergnügungsparks). Diese „Polarisierung" mußte bei den politisch stark engagierten Arbeitern verstärkte Abgrenzungen provozieren, wie zugleich (vor allem jugendliche) Arbeiter sich von sektenhafter Gesellung lösten und die Moden der neuen Öffentlichkeit zu teilen trachteten. Durch diese Veränderungen wurde die Wirksamkeit der klasseninternen Kommunikation alten Stils stark gemindert, die ja als Erfahrungsaustausch in der überschaubaren Gemeinschaft einer der wichtigsten Bildungsprozesse der alten Arbeiterkultur gewesen war. An ihre Stelle trat eine weit stärker zentralistische Kommunikationsstruktur, mit der sich auch in der proletarischen Klassenkultur Bildungsprozesse arbeitsteilig spezialisierten.

Durch eine bis dahin unbekannte Vielfalt von alternativen Elementen, Konzepten und Praktiken – sowohl im Arbeiterleben als auch in der Arbeiterbewegung – wurden in der kurzen Spanne zwischen 1919 und 1933 kulturelle Anstöße gegeben, die bis in die Gegenwart wirksam sind. Sie waren begleitet von einer erstaunlich intensiven Theoriebildung zur Arbeiterklassenkultur, die in ihren Quellen noch nicht erschlossen ist. Sie war eng verbunden mit vielfältigen Organisationsgründungen und mit einem breiten Spektrum an Zeitschriften, Kleinverlagen, Schulen und ideologischen Gruppen. Insgesamt war dieser Zeitraum mehr eine Phase des kulturellen Aufschwungs der Arbeiterklasse als eine Reifezeit. Die Klassenkultur des neuen Typs blieb in vieler Hinsicht rudimentär, unausgewogen und mehr ein Versprechen. Daraus zog das faschistische Massenkulturkonzept dann manchen Vorteil. Aber welch schweren Schlag die Monopolbourgeoisie mit ihrer faschistischen Diktatur gegen die Arbeiterklasse auch führte, retrospektiv scheint dies doch nur eine grauenhafte Episode in einer bis heute währenden Periode proletarischer Klassenkultur gewesen zu sein.

Die hier skizzierten Vorstellungen von der deutschen Arbeiterklassenkultur nach 1919 sind noch weitgehend (wenn auch begründete) Vermutungen. Der Stand der eigenen Forschungen gestattet noch keine sicheren Aussagen. Hinlänglich klar ausgemacht sind zunächst nur einige Fehlstellen, die die kulturhistorischen Untersuchungen erschweren werden. Es gibt keine ausreichende historische Analyse der Sozialstruktur, an der sich der Kulturhistoriker orientieren könnte. Es mangelt an einer Geschichte der Arbeit, es liegen nur punktuelle Studien zur Geschichte des Alltagslebens und des Alltagsbewußtseins vor. Mangelhaft geklärt sind die Wirkungsmechanismen der neuen Kommunikationsmittel und ihre Funktion als kulturelle Medien. Auch der neuartige Lebensraum, den die nun erfahrene Freizeit bildete, ist kaum untersucht. Die Geschichte von Kulturauffassung, Kulturpolitik und Kulturarbeit der Arbeiterbewegung ist nur lückenhaft und einseitig bearbeitet worden.

Die eigenen Forschungen zur Kulturgeschichte der Arbeiterklasse sollen um zwei Pole angeordnet sein. Einmal soll das Freizeitverhalten verschiedener Arbeitergruppen in seiner Verflechtung mit allen Seiten des Arbeiterlebens untersucht werden. Es soll ermittelt werden, in welcher Weise die freie Zeit als eigener Lebensraum begriffen und ausgestaltet wurde. Vom Arbeiteralltag her sollen Erklärungsansätze für die Freizeitkultur des zwanzigsten Jahrhunderts entwickelt werden. Den zweiten Pol sollen Kulturpolitik, Kulturarbeit und Kulturtheorie der Arbeiterbewegung bilden. Gegenstände der Forschung sollen dabei die Geschichte des kulturellen Linksradikalismus, Programmatik und Praxis der Kulturorganisationen, die staatliche und kommunale Kulturpolitik der SPD, das Kulturverhalten der Arbeiterjugend und ihrer Organisationen sein. Bei beiden Seiten der Forschung ist die Konfrontation mit den zeitgleichen bürgerlichen, speziell den faschistischen Erklärungen, Einflüssen, Institutionen und Bewegungen vorgesehen.

Helmut Konrad

Zur österreichischen Arbeiterkultur der Zwischenkriegszeit

In den letzten Jahren ist durch die Renaissance, die der Austromarxismus in Westeuropa zumindest kurzfristig erlebte, die Beschäftigung mit der Geschichte der österreichischen Arbeiterbewegung international in Mode gekommen. Dies korrespondierte mit einer, in den siebziger Jahren besonders deutlichen Förderung dieses Teilgebietes der Geschichte in Österreich selbst. Selbst wenn gerade 1985 eine Trendwende bringen dürfte, nach der verstärkt auch Forschungsarbeiten zur Geschichte nach dem Zweiten Weltkrieg anlaufen sollten, kann die österreichische Arbeitergeschichte der Zwischenkriegszeit nunmehr als relativ gut aufgearbeiteter Forschungsbereich gelten.

Die österreichische Arbeiterbewegung war, speziell in der Phase der Dominanz des Austromarxismus, vor allem eine Kulturbewegung.* Dies hat nicht nur, wie Lazarsfeld einmal bemerkte, damit zu tun, daß die Revolution von 1918/19 letztendlich scheiterte (oder richtiger: auf der Stufe der bürgerlichen Revolution, die gegen das Bürgertum durchgeführt werden mußte, stehenblieb) und daher keine Ingenieure, sondern Psychologen benötigte, sondern auch mit dem prinzipiellen Politikverständnis der Bewegung und ihrer reformistischen Grundtendenz. Daher ist ein Gutteil der Austromarxismusforschung Arbeiterkulturforschung, Beschreibung der „Erhebung aus der geistigen Verkümmerung", wie es schon im Hainfelder Programm formuliert wurde.

Trotz eines umfangreichen Literaturangebots steht eine umfassende Darstellung der Kulturbewegung, die neben dem politischen Bereich auch den Arbeitsplatz und die Gewerkschaften einbezieht, noch aus. Dafür liegt eine Fülle von Detailarbeiten aus den letzten Jahren vor. Zudem ist durch die neue Arbeiteralltagsforschung ein Feld betreten, das im Einbringen subjektiver Erfahrungen einerseits die Arbeitsmöglichkeiten für den Historiker vervielfacht, andererseits aber auch plastischere Aussagen zum Spannungsverhältnis zwischen Anspruch und Realität der Kulturarbeit zuläßt.

Als 1981 ein Team junger Historiker unter der Leitung von Helene Maimann die Ausstellung „Mit uns zieht die neue Zeit. Arbeiterkultur in Österreich 1918–1934"[1] gestaltete, die zum österreichischen Ausstellungshit jenes Jahres

---

* Etwas unscharf wird man unter „Austromarxismus" eine breite, durchaus nicht nur marxistische politische Richtung verstehen können, die sich ab 1907 um die theoretische Zeitschrift „Der Kampf" entwickelte und vor allem in der Zwischenkriegszeit mit der österreichischen Sozialdemokratie deckungsgleich gesetzt wird, obwohl dies inhaltlich nicht zu begründen ist. Als Endpunkt nimmt man allgemein die Niederlage der österreichischen Arbeiterbewegung in den Februarkämpfen von 1934 mit dem Verbot der Sozialdemokratie durch die zumindest tendenziell faschistische Regierung des Ständestaates an. – 1931 hat es über 40 Nebenorganisationen der österreichischen Sozialdemokratie mit kulturellen Zielsetzungen gegeben. In diesem Jahr wurden allein in Wien mehr als 6 000 Einzelvorträge abgehalten, daneben liefen Partei- und Gewerkschaftsschulen und die Arbeiterhochschule.

1 Mit uns zieht die neue Zeit. Arbeiterkultur in Österreich 1918–1934. Katalog zur Ausstellung, Wien 1981.

wurde, erwies sich die Faszination, die von einem im Idealtyp umfassenden Modell einer Gegenkultur auch heute noch für nicht geringe Teile der Öffentlichkeit ausgeht. Es war nicht nur Nostalgie, die Antriebsmotivation für den Besuch der Ausstellung lag für viele, vor allem für jüngere Besucher, im eigenen Wunsch nach einer anderen Form gesellschaftlicher Organisation. Arbeiterbewegung der Zwischenkriegszeit als historischer Vorläufer alternativer Bewegungen von heute? Der Vergleich ist weit hergeholt, läßt einige prinzipielle Bereiche außerhalb des Blickfeldes, trifft aber auf der Ebene des Lebensgefühls doch wohl zu. Nicht zuletzt durch diese emotionale Nähe ist ein Teil des Forschungsbooms erklärbar, während ein anderer Teil seine Wurzeln in der traditionellen, der Arbeiterbewegung verpflichteten Parteien- und Gewerkschaftsgeschichtsschreibung hat.

Arbeiterkultur der Zwischenkriegszeit, vor allem in ihren politischen Aspekten (eine speziell auf den Arbeitsplatz und die Gewerkschaften konzentrierte neuere Kulturgeschichte steht, wie Weidenholzer unlängst bemerkt hat[2], noch immer aus), wurde von einer Studentengeneration, die in den späten sechziger Jahren ihre Abschlußarbeiten begann, als Folge der Studentenbewegung, die historische Wurzeln suchte, thematisiert. Stellvertretend für andere Arbeiten sei hier Wolfgang Neugebauers Geschichte der sozialistischen Jugendbewegung[3] genannt, die 1975 in einer Publikationsreihe des Ludwig Boltzmann Instituts für Geschichte der Arbeiterbewegung erschien. An diesem 1968 gegründeten Institut, das eine zentrale Forschungs- und Publikationsstelle für alle einschlägigen Themen wurde, war es vor allem Josef Weidenholzer, der sich in seiner erst recht spät publizierten Dissertation[4], aber auch im großen Sammelband „Bewegung und Klasse"[5] und auf der Linzer Konferenz des Jahres 1977[6] der Kulturgeschichte des Austromarxismus zuwandte. Seine Aufarbeitung der Geschichte der sozialistischen Bildungszentrale ist für ihn berechtigt „weit mehr als bloß Geschichte der österreichischen Arbeiterbildung: sie ist zu einem Gutteil auch Sozialgeschichte des Austromarxismus".[7] Wenn sich hier auch in sinnvoller Weise die Trennlinien zwischen Sozial- und Kulturgeschichte verwischen, so ist Weidenholzers Buch doch dominant Organisationsgeschichte einer Bildungseinrichtung. Ebenso ist die zweite bedeutende Arbeit zu dieser Thematik, die breit konzipiert ist, Dieter Langewiesches Buch „Zur Freizeit des Arbeiters"[8] wohl in den theore-

---

2 *Josef Weidenholzer*, Thesen zum Verhältnis von Partei und Gewerkschaft, in: Erich Fröschl/Helge Zoitl (Hrsg.), Der 12. Februar 1934. Ursachen, Fakten, Folgen, Wien 1984, S. 173.

3 *Wolfgang Neugebauer*, Bauvolk der kommenden Welt. Geschichte der sozialistischen Jugendbewegung in Österreich, Wien 1975.

4 *Josef Weidenholzer*, Auf dem Weg zum „Neuen Menschen". Bildungs- und Kulturarbeit der österreichischen Sozialdemokratie in der Ersten Republik, Wien 1981.

5 *Josef Weidenholzer*, Austromarxismus und Massenkultur. Bildungs- und Kulturarbeit der SDAP in der Ersten Republik, in: *Gerhard Botz* u. a. (Hrsg.), Bewegung und Klasse. Studien zur österreichischen Arbeitergeschichte, Wien 1978.

6 *Josef Weidenholzer*, Arbeiterkultur als Gegenkultur. Zur Kulturarbeit der Bildungszentrale der SDAP (1918–1932), in: ITH – Tagungsprotokoll Nr. 12, XIII. Linzer Konferenz 1977. Wien 1981.

7 *Weidenholzer*, Austromarxismus, S. 481.

8 *Dieter Langewiesche*, Zur Freizeit des Arbeiters. Bildungsbestrebungen und Freizeitgestaltung österreichischer Arbeiter im Kaiserreich und in der Ersten Republik, Stuttgart 1979.

tischen Abschnitten umfassend angelegt, empirisch aber auf die Bibliotheken und das Leseverhalten beschränkt.

Eine umfassende Gesamtschau der österreichischen Arbeiterbewegung als Kulturbewegung liegt also immer noch nicht vor. Dabei nimmt die Zahl der Spezialuntersuchungen ständig zu. Arbeiten zur Arbeitermusik[9], zum Arbeitersport[10], zur Religion[11], zur Schule und Schulpolitik[12], zum Alltag[13], zur Wohnsituation[14], zum „Wiener Kreis"[15] und zum Schutzbund[16] liegen vor, zahlreiche regionale Untersuchungen[17] ergänzen das Bild. Die Konturen werden bereits deutlich, die Bruchlinien, von Weidenholzer vor einem Jahrzehnt angedeutet, sind nun klar erkennbar. Die Oral History hat manche Idealisierung korrigieren können, und die 1984 besonders intensiv betriebene Ursachenforschung zum 12. Februar 1934, insbesondere die bei der Tagung im Dr. Karl-Renner-Institut[18] vorgelegten Arbeiten, haben neue Erkenntnisse gebracht. Auf dieser Grundlage könnte eine breite Gesamtdarstellung heute schon aufbauen.

Im Mittelpunkt der Bildungs- und Kulturarbeit der Arbeiterbewegung stand das Bemühen, „neue Menschen" zu formen, eine glücklichere, freiere, partnerschaftlichere neue Generation heranzubilden, jenseits bürgerlicher Doppelmoral und kleinbürgerlicher Zwänge, jenseits dörflich-katholischer Enge und städtisch-neureicher Scheinfreiheit. Von der Wiege bis zur Bahre, vom Wäschepaket für den

---

9 *Reinhard Kannonier*, Zwischen Beethoven und Eisler. Zur Arbeitermusikbewegung in Österreich, Wien 1981.
10 *Reinhard Krammer*, Arbeitersport in Österreich, Wien 1981.
11 *Wolfgang Maderthaner*, Kirche und Sozialdemokratie. Aspekte des Verhältnisses von politischem Klerikalismus und sozialistischer Arbeiterschaft bis zum Jahre 1938, in: Helmut Konrad/Wolfgang Maderthaner (Hrsg.), Neuere Studien zur Arbeitergeschichte, Wien 1984.
12 Hier liegen zahlreiche Arbeiten vor. Darunter: *Henriette Kotlan-Werner*, O. F. Kanitz und der Schönbrunner Kreis, Wien 1981. Die Schul- und Bildungspolitik der österreichischen Sozialdemokratie in der Ersten Republik, Wien 1983. *Friedrich Stadler*, Vom Positivismus zur „Wissenschaftlichen Weltauffassung". Am Beispiel der Wirkungsgeschichte von Ernst Mach in Österreich 1895–1934, Wien/München 1982. *Friedrich Stadler* (Hrsg.), Arbeiterbildung in der Zwischenkriegszeit. Otto Neurath – Gerd Arntz, Wien/München 1982. *Herbert Dachs*, Schule und Politik. Die politische Erziehung an den österreichischen Schulen 1918 bis 1938, Wien/München 1982.
13 Hier laufen zahlreiche Arbeiten im Oral History-Bereich, vor allem um *Reinhard Sieder* und *Hans Safrian*.
14 *Michael John*, Wohnungspolitische Auseinandersetzung in der Ersten Republik insbesondere außerhalb des Parlaments, in: Neuere Studien, a. a. O., *Hans Hautmann/Rudolf Hautmann*, Die Gemeindebauten des Roten Wien 1919–1934, Wien 1980. Wohnen in Linz 1880–1942. Projektbericht unter der Leitung von *Helmut Konrad*, Graz 1985.
15 *Norbert Leser* (Hrsg.), Das geistige Leben Wiens in der Zwischenkriegszeit, Wien 1981; Siehe auch Anm. 13.
16 *Karl R. Stadler*, Opfer verlorener Zeiten. Geschichte der Schutzbund-Emigration 1934, Wien 1974.
17 Beispielhaft seien hier Arbeiten zur Steiermark angeführt, um nicht alle Bundesländer zu dokumentieren: *Robert Hinteregger/Karl Müller/Eduard Staudinger* (Hrsg.), Auf dem Weg in die Freiheit. Anstöße zu einer steirischen Zeitgeschichte, Graz 1984. Für Freiheit, Arbeit und Recht. Die steirische Arbeiterbewegung zwischen Revolution und Faschismus (1918–1938), Graz 1984.
18 Der 12. Februar 1934; siehe Anm. 2.

Säugling bis zur Einäscherung, sollte eine umfassende Alternative zum geltenden Wert- und Normensystem entwickelt werden. Zumindest der Reproduktionsprozeß wurde voll abgedeckt: kirchliche Feste wurden durch weltliche ersetzt, bis zu den Briefmarkensammlern, Bienenzüchtern und Schachspielern war die Freizeit in Arbeitervereinen möglich, der neue Wohnbau sollte neue Formen der Kommunikation ermöglichen, die alten Zöpfe wurden nicht nur im übertragenen Sinn abgeschnitten (die Mädchen trugen Bubikopf). Man lernte als braver Internationalist Esperanto, hielt den Ersten Mai als höchsten Festtag.

Dieses Bild, abgeleitet vom „Roten Wien" mit seinen tatsächlich beeindruckenden Erfolgen, ist aber nur ein Ausschnitt aus der Gesamtsituation der Arbeiterbewegung der Zwischenkriegszeit. Eine umfassende Sicht sollte nicht an den spektakulären zentralen Erscheinungsformen stehenbleiben, sondern auch die Bereiche jenseits der Bruchlinien einbeziehen. Diese laufen in den beiden von Weidenholzer genannten Bereichen (regionale Differenzierung; Verhältnis von Arbeiterpartei und Gewerkschaft), daneben aber sicherlich auch noch in nicht so deutlich erkennbaren Zonen. Dazu wären sicher die Themen: Arbeiterkultur und Arbeiterfrau; Arbeiterkultur und „Moderne" in Musik, Theater, bildender Kunst und Wissenschaft sowie Arbeiterkultur im Generationswechsel (auch: Arbeiter der ersten Generation und „geborener" Arbeiter) zu benennen. Für alle fünf Bereiche soll in ganz kurzen Zusammenfassungen der Versuch gemacht werden, Bildungsanspruch und tatsächliche Einlösung durch die Bewegung zu skizzieren.

1. REGIONALE DIFFERENZIERUNG

Die entscheidende Bruchlinie ist sicherlich im Stadt-Land-Unterschied zu sehen. In einem nahezu unglaublichen Ausmaß konzentrierte sich die sozialdemokratische Arbeiterbewegung der Zwischenkriegszeit auf Wien. Die Partei hatte in all diesen Jahren auch im gesamtösterreichischen Maßstab Massencharakter und organisierte in ihren Reihen etwa 10 % der österreichischen Gesamtbevölkerung, am Höhepunkt 1929 etwa 715 000 Menschen. Etwa jeder 2. Wähler war auch Mitglied der Partei. Während aber in Wien sich die Zahl der Mitglieder zwischen 1919 und 1929 verdoppelte, verzeichneten alle Bundesländer (mit Ausnahme des Sonderfalles Burgenland) deutliche Rückgänge. Es ist von einer „Verdichtung des sozialistischen Lagers"[19] zu reden, in Wien lebte die Mehrheit der Parteimitglieder und dort gelang auch die Organisierung der Frauen am besten (38 % der Mitglieder waren in Wien Frauen). Im Gemeinderat saß eine 2/3 Mehrheit, über 60 % der Wiener entschieden sich in den Wahlen für die Sozialdemokratie.

In diesem Milieu, in dem mit dem Steuerprogramm Breitners ein beispielloses (und skandalfreies) Wohnbauprogramm, ein Gesundheitswesen, ein Kindergarten- und Schulkonzept u. ä. möglich waren, konnte Arbeitersubkultur zur selbstbewußten Gegenkultur werden, die im eigenen Lebensraum und darüber hinaus so dominant war, daß ein Mitmachen und Einbindenlassen keine sozialen Risiken mit sich brachten. Man fühlte sich nicht als Außenseiter, der Gruppenrückhalt war stark genug, um sich selbst als „Bauvolk der kommenden Welt" zu begreifen, wie es im bekannten Lied heißt. Aber das war die Situation in Wien. In den Ländern, selbst in traditionellen industriellen Ballungsräumen, war das Bild anders. Wohl sah das Organisationskonzept ähnlich aus. Eduard Staudinger be-

---

19 *Weidenholzer*, Neuer Mensch, S. 25.

schreibt etwa die Existenz einer ganzen Reihe von Vereinen in der Steiermark, die den gleichen Anspruch erhoben, den ganzen Menschen zu erfassen[20]. Die „Freie Schule-Kinderfreunde"-Bewegung war sogar von Graz ausgegangen. Hier gab es auch Freidenker, Naturfreunde, sozialistische Studenten, Angehörige der „Flamme", Gesangs- und Musikvereine, Theater- und Kabarettvereine, Turn- und Sportorganisationen, Arbeiterradfahrer, den Arbeiter-Radiobund, die Abstinentenbewegung (eher schwach), und sogar Arbeiter-Jagd- und -Schützenvereine sowie einen Arbeiter-Alpine-Gebirgstrachtenerhaltungs- und Volkstänzerverein. Aber alles lief defensiver ab, man begab sich in trotzige Außenseiterrollen, das katholisch-konservative Grundmuster wurde durch das nationale Lager mindestens ebenso wirksam bedroht wie durch die sozialistischen Gesellschaftsalternativen. Welch kuriose Formen die Imitation der Wiener Gegenkultur unter diesen Umständen in der Provinz durch diese Rahmenbedingungen hervorbringen mußte, darauf hat Dieter Langewiesche in seinem Buch mit der Beschreibung von Programmabläufen bei Arbeiterfesten hingewiesen.[21]

Entscheidend für die Situation in den Ländern war aber nicht nur die geringe Quantität von organisierten Mitgliedern in Arbeiterorganisationen. Vielmehr wird auch beachtet werden müssen, daß diese Menschen in einer ganz anderen Traditionslinie standen. Waren es in Wien Intellektuelle, die seit den achtziger Jahren des 19. Jahrhunderts die Kultur- und Bildungsarbeit der Bewegung prägten, seit das deutschnationale Lager seine liberalen Wurzeln und damit die Tradition von 1848 aufgab und mit einem rüden Antisemitismus nicht nur die Juden aus ihren Reihen vertrieb, sondern insgesamt geistige Enge dokumentierte, fehlten jene großbürgerlichen Intellektuellen in der Provinz weitgehend.

Wenn man, etwas schematisch, drei Gruppen von geistigen Arbeitern in der österreichischen Sozialdemokratie ortet[22], so sind die jüdischen Intellektuellen an erster Stelle zu nennen, die im politischen Spektrum eher links angesiedelt waren und aus deren Reihen sich die größte Zahl der austromarxistischen Theoretiker und Erzieher rekrutierte. Diese Gruppe war beinahe vollständig auf Wien beschränkt. Überall war hingegen die Aufsteiger-Intelligenz zu finden, meist aus ländlichem Raum stammend, mit sozialem Gewissen ausgestattet und eher wenig marxistisch geschult. In den Ländern dominierte aber eine dritte Gruppe alter liberaler Tradition, Notare, Lehrer, Journalisten, ein Typ, der in den sechziger Jahren an der Wiege der Arbeiterbewegung gestanden war und vor allem die junge Bewegung in den Kulturkampf integriert hatte. Trotz der Trennung von bürgerlicher und proletarischer Demokratie, trotz offiziellem Sieg der marxistischen Ideologie, blieb im kleinstädtischen Milieu diese alte Allianz aufrecht. Eine Art „Lehrersozialismus" unter dem Dreigestirn sozial–national–antiklerikal prägte die Kulturorganisationen der Arbeiterbewegung in den Bundesländern und ließ auch 1934 bzw. 1938 den Übergang zum Nationalsozialismus (und 1945 den Weg zurück) als gar nicht allzu einschneidenden Schritt empfinden. Diese Traditionslinie stand in schroffem Gegensatz zum „jüdischen Marxismus" der Metropole, was sich auch in den abweichenden Bildungs- und Kulturinhalten ausdrückte.

---

20 *Eduard Staudinger*, Die andere Seite des Arbeiteralltags, in: Für Arbeit, Freiheit und Recht, a. a. O., S. 133–185.
21 *Langewiesche*, a. a. O., S. 378.
22 Vgl. *Helmut Konrad*, Die Sozialdemokratie und die „geistigen Arbeiter". Von den Anfängen bis nach dem Ersten Weltkrieg, in: Bewegung und Klasse, a. a. O., S. 550 f.

Dazu kam, daß in den Ländern die Landesverfassungen die Bildung von Koalitionen vorschrieben oder begünstigten. Das verhinderte die klare Frontstellung Regierung–Opposition und führte zu einer stärkeren Einbindung der führenden Funktionäre in die regionalen Machtstrukturen. Eine Gegenkultur mit Breitenwirkung wurde auch dadurch verhindert. Zudem waren die Konzepte der Gegenkultur im großstädtischen Bereich entwickelt worden. Am flachen Land, in nur punktuell industrialisierten Gegenden war aber ein anderer Kontrahent zu bekämpfen als in Wien.

In den Ländern war also der großbürgerlich-liberale Einfluß auf die Arbeiterbewegung nur durch einen kleinbürgerlichen abgelöst worden, der marxistisch geschulte Arbeiter blieb „außerhalb der industriellen Ballungszentren ... eine seltene Erscheinung"[23]. Verkürzend kann man sagen, daß es in der Provinz selten eine „revolutionäre" Phase der Geschichte gab. Die Theorie aber wurde in Wien entwickelt. Das Nichterkennen dieser Bruchlinie führte zu den seltsamsten Auswüchsen und rächte sich spätestens im Februar 1934 bitter, als sozialdemokratische Landespolitiker sich von den Kämpfen distanzierten und dem austrofaschistischen System ihre Loyalität bekundeten.

2. Partei – Gewerkschaft

Sowohl Sozialdemokratie als auch Gewerkschaftsbewegung hatten schon kurz nach dem Ersten Weltkrieg ihren Mitgliederstand aus der Vorkriegszeit verfünffacht. Die Gewerkschaft hatte in der revolutionären Nachkriegsphase mit ihren großen sozialpolitischen Erfolgen die Millionengrenze an Mitgliedern überschritten[24], jeder sechste Österreicher war Gewerkschaftsmitglied. Hatte damals die Gewerkschaft gut die doppelte Mitgliederzahl der Partei, so hatte acht Jahre später die Partei die Gewerkschaft überholt, da sie kontinuierlich weitergewachsen war, die Gewerkschaft jedoch, und zwar nicht nur in Krisenzeiten, Mitglieder verlor.

„Hängt es nicht gar mit der Frage des Bildungswesens zusammen, daß in den letzten Jahren unter gleichen wirtschaftlichen und politischen Verhältnissen die Mitgliederzahlen der Partei mächtig aufwärts, die der Gewerkschaften abwärts gegangen sind? Ist es wirklich so etwas wie ein Naturgesetz, daß die Massen der Partei begeistert und der Gewerkschaft nur mit kühlem Herzen angehören?"[25], fragte 1928 Richard Wagner, der führende Bildungsfunktionär der österreichischen Gewerkschaftsbewegung. Die Frage zielt in die richtige Richtung. Das Bild der „siamesischen Zwillinge", von Victor Adler in einem Brief an Anton Hueber beschworen, das im europäischen Vergleich, wo ja das Verhältnis von Arbeiterpartei und Gewerkschaft ganz unterschiedlich aussah, nicht zuletzt durch den Zeitpunkt des Beginns der Industrialisierung, durchaus nicht unberechtigt war, kann einer internen Analyse kaum standhalten. Zu offensichtlich standen sich Prag-

---

23 *Helmut Konrad*, Die Rezeption bürgerlicher Kultur in der österreichischen Arbeiterbewegung, in: *Helmut Fielhauer/Olaf Bockhorn* (Hrsg.), Die andere Kultur. Volkskunde, Sozialwissenschaften und Arbeiterkultur, Wien 1982, S. 57.
24 *Weidenholzer*, Neuer Mensch, S. 21, allerdings in Richtigstellung der Legende zur Tabelle.
25 *Richard Wagner*, Unsere freigewerkschaftliche Bildungsarbeit. Bemerkungen anläßlich des österreichischen Gewerkschaftskongresses, in: Bildungsarbeit, 15. Jg. (1928), S. 110, zitiert nach: *Weidenholzer*, Neuer Mensch, S. 239 f.

matiker und Ideologen gegenüber, zu deutlich zeigt sich, daß gerade in den Bildungsbestrebungen die Interessen auseinanderliefen.

Wohl bestand in der Zwischenkriegszeit eine gemeinsame Bildungszentrale, aber die Gewerkschaften hielten weder ihre Zahlungsverpflichtungen ein noch nahmen sie das Bildungsangebot, z. B. über Vorträge, allzu häufig an. Während die Arbeiterkammern immerhin die bis heute bemerkenswerte sozialwissenschaftliche Studienbibliothek ins Leben riefen, hatte manche Fachgewerkschaft nicht einmal ein Bildungsbudget. Nur die Gewerkschaft der Bankangestellten tanzte hier deutlich aus der Reihe[26].

Die Bildungsinteressen gingen tatsächlich weit auseinander. War die Partei um eine umfassende Bildung, um die Erziehung „Neuer Menschen" bemüht, konzentrierten sich die Gewerkschaften auf ein Studium der betrieblichen Mechanismen, um ihre Betriebsräte optimal auf die tägliche Auseinandersetzung (bzw. auf die mögliche einstige Übernahme der Entscheidungsgewalt) im Betrieb vorzubereiten. Nicht zuletzt deshalb wurde ab 1926 der Arbeiterhochschule der Partei eine Gewerkschaftsschule[27] entgegengesetzt, die zwar für ganz Österreich konzipiert war, aber nur in Wien tatsächlich anlief. Drei Jahre lang besuchten überwiegend junge Funktionäre (ca. 85 % waren unter 30) an zwei Abenden pro Woche diese Ausbildung für künftige Spitzenfunktionäre, in der prominente Vortragende wie Richard Wagner und Benedikt Kautsky mitwirkten und bei der man versuchte, die Kriterien eines modernen partizipatorischen Unterrichts nach den Ideen von Otto Glöckel wirksam werden zu lassen. Ist eine arbeitsteilige Bildungspolitik an sich einsichtig und vielleicht sogar günstig, so war dies für die österreichische Arbeiterbewegung der Zwischenkriegszeit zumindest aus zwei Gründen problematisch. Einerseits dokumentiert sich darin ein Spannungsverhältnis, das der Gesamtstärke der Bewegung abträglich war, andererseits gelang es nicht, die Ideen des Austromarxismus in den Betrieben, im Produktionsbereich zu verankern. Damit waren auch alle Bemühungen, umfassende Wehrkonzepte der Arbeiterbewegung zu erstellen, in denen sich im Konfliktfall nicht alles nur auf den Republikanischen Schutzbund konzentrieren sollte, wie es Theodor Körner vorschlug, hinfällig. Die Rechnung wurde im Februar 1934 präsentiert.

3. Die Frauenfrage

Da dieser Thematik ein eigener Beitrag in diesem Band gewidmet ist, sollten hier rudimentäre Bemerkungen ausreichen. Auf den relativ hohen Organisierungsgrad der Frauen in der Sozialdemokratie wurde schon hingewiesen. In der Gewerkschaft war der Frauenanteil geringer, betrug aber immerhin 20 %. Auch an den Bildungsveranstaltungen, sogar an der langen Gewerkschaftsschule, nahmen die Frauen etwa ihrem Mitgliederanteil entsprechend teil. Die Revolution von 1918/19 hatte die politische Gleichstellung der Frau gebracht, die wichtigsten Forderungen der bürgerlichen und der sozialistischen Frauenbewegung wurden erfüllt.

„Das sozialdemokratische Ideal der ‚proletarischen Weiblichkeit' war widersprüchlich: Einerseits bezog man die Frau in die politische und gewerkschaftliche Arbeit ein und propagierte die sporttreibende, gesundheitsbewußte Frau, die einen ‚Bubikopf' trug und bequeme, kniefreie Kleider bevorzugte; andererseits

---

26 *Weidenholzer*, Neuer Mensch, S. 222.
27 Ebda., S. 228 ff.

wurden weiterhin ihre traditionellen Aufgaben als Hausfrau und Mutter hervorgehoben. Sauberkeit, Häuslichkeit und ‚freundliches Benehmen', so hieß es oft in der Wochenzeitschrift ‚Die Unzufriedene', würden den Mann vom Wirtshaus abhalten, mehr an die Familie binden und zum guten Kameraden der Frau machen."[28]

Je weiter an die „Basis" die Forschung gerade zu den Lebensverhältnissen der Arbeiterfrau vordringt, desto stärker wird erkennbar, daß der Traum vom „Neuen Menschen" dort wenig Entsprechung hatte. Pläne wie das Einküchenhaus blieben Einzelvorhaben, die Realität der Gemeinschaftswaschküchen in den Gemeindebauten Wiens war weit von dem damit verbundenen emanzipatorischen Grundgedanken entfernt.[29] Und auch hier wirkte der Stadt-Land-Gegensatz: die Möglichkeiten für emanzipatorische Ansätze waren in Wien doch deutlich größer. Unter dem kleinbürgerlichen „Lehrersozialismus" des flachen Landes blieb die Gleichstellung der Frau nicht einmal theoretische Forderung. Ziel der männlichen Arbeiter war es, eine Familie erhalten zu können. Die arbeitende und verdienende Frau schien kein wünschenswerter Zustand, die Möglichkeit, vorschulpflichtige Kinder außer Haus zu versorgen, war (und ist bis heute: im Land Vorarlberg gibt es einen einzigen Ganztagskindergarten) entscheidend eingeengt. Unter der Devise „arm, aber sauber" wurde geschlechtsspezifisch erzogen, „Neue Menschen" wuchsen unter diesen Bedingungen wohl nicht heran. Und während in Wien 38 % der Parteimitglieder Frauen waren, blieb der Organisationsgrad am Land deutlich zurück.

4. Das Verhältnis zur „progressiven" Kunst und Wissenschaft

Wenn progressive Künstler in Österreich in den Jahren zwischen den Weltkriegen überhaupt eine politische „Heimat" hatten, so war diese zweifellos, nicht zuletzt durch das Fehlen einer relevanten kommunistischen Bewegung, in der Wiener Sozialdemokratie. Literatur (von Karl Kraus bis Robert Musil), bildende Kunst (von Hanak bis Wotruba im Bereich der Plastik, bis zum Dadaismus in der Malerei), moderne Musik (Webern, Schönberg) standen in einem Nahverhältnis zur Arbeiterbewegung. Und als 1927 eine scharfe antimarxistische Propaganda vor den Wahlen gegen die Sozialdemokratie einsetzte, plakatierten 39 Intellektuelle, unter ihnen Sigmund Freud, Alfred Polgar, Hans Kelsen und Robert Musil eine „Kundgebung des geistigen Wien"[30] für die Arbeiterpartei. Der „Wiener Kreis" versuchte wissenschaftliche Ergebnisse auch den Arbeitern nahezubringen, Otto Neurath entwickelte mit Gert Arntz dazu für sein Gesellschafts- und Wirtschaftsmuseum die Bildstatistik, die Sozialwissenschaften wurden, wie in der berühmten Marienthal-Studie[31], direkt von den Fragestellungen der Arbeiterbewegung beeinflußt. Das Verhältnis von progressiver Kunst und Wissen-

---

28 Mit uns zieht die neue Zeit, a. a. O., S. 210.
29 *Reinhard Sieder*, Zur Konstitution der Arbeiterfamilie im „Roten Wien". Familienpolitik, Kulturreform, Alltag und Ästhetik, in: *Michael Mitterauer/Reinhard Sieder* (Hrsg.), Historische Familienforschung, Frankfurt 1982.
30 Mit uns zieht die neue Zeit, a. a. O., S. 160.
31 *Maria Jahoda/Paul Lazarsfeld/Hans Zeisel*, Die Arbeitslosen von Marienthal. Ein soziographischer Versuch über die Wirkungen lang andauernder Arbeitslosigkeit. Mit einem Anhang zur Geschichte der Soziographie, Leipzig 1933, neu aufgelegt Frankfurt 1978.

schaft zur Arbeiterbewegung schien also problemlos zu sein. Dennoch zeigen sich bei näherer Betrachtung Widersprüche. So ging es den Bildungsfunktionären, etwa David Josef Bach[32], in der Musik vor allem darum, den Arbeitern die Werte klassischer Musik näherzubringen. Neue Formen, wie sie etwa im revolutionären Rußland versucht wurden[33], die Übereinstimmung neuer Texte mit neuen musikalischen Ausdrucksmitteln, konnte in Österreich nicht wirklich Fuß fassen, trotz einiger eindrucksvoller Weihefestspiele, etwa zur Arbeiterolympiade im Jahr 1931[34], oder dem Versuch, auf den Fabrikssirenen von Linz die Internationale zu intonieren. Gerade in der Musik war die Politik der Kulturverantwortlichen auf die Rezeption traditioneller Werte stärker fixiert als auf gegenkulturelle Eigenständigkeit.

Widersprüche taten sich auch immer dann auf, wenn moderne Kunst den Vorstellungen sozialistischer Moral nicht voll entsprach. Ein treffendes Beispiel war das Verhalten der Wiener Sozialdemokratie beim sogenannten „Reigen-Skandal", den Schnitzlers vielgespieltes Stück auslöste. „Sexualangst als politisches Syndrom der Ersten Republik"[35] nennt Alfred Pfoser seine ausführliche Darstellung zu den Vorfällen. Wenn auch dabei in erster Linie das Bürgertum und seine Parteien ins Schußfeld der Kritik geraten, so zeigte sich dennoch die Sorge der Sozialdemokraten, sich einer Moraldebatte zu stellen. Bürgermeister Seitz schob Verfassungsfragen und Kompetenzkonflikte zwischen Bund und Stadt Wien vor[36], die heißen Fragen, die im Protest gegen die Aufführungen laut wurden, wie der Konnex zwischen Judentum und sexueller Ausschweifung, wurden ausgespart. Dies wohl nicht zuletzt deshalb, weil man auch um den latenten Antisemitismus in den eigenen Reihen wußte. So geriet die Verteidigung Schnitzlers eher weich und halbherzig, weil zwei Tabuzonen, Judentum und Sexualität, berührt waren. Aber all dies stellte außerhalb Wiens, wo die katholisch-konservative Propaganda gegen den Sündenpfuhl Wien wetterte (den Nacktbadern in der Wiener Lobau stand etwa das Verbot in Tirol gegenüber, daß Männer und Frauen gleichzeitig ein Schwimmbad benützen), und wo die Sozialdemokratie aus Rücksicht auf die Grundhaltung ihrer eigenen Anhänger keine offensive Verteidigung dieser Zustände wagen konnte, noch krasser dar.

5. Arbeiterkultur im Generationswechsel

In Wien war am Ende des Ersten Weltkriegs der Urbanisierungsprozeß längst abgeschlossen. Die Stadt hatte sogar ihren Höhepunkt an Einwohnern bereits überschritten. Der Umstand, daß 1919 schon jeder dritte Österreicher in Wien lebte, ließ ein weiteres Wachstum der Stadt nicht zu. Wohl pendelten Arbeiter tage- oder wochenweise ein; Anteil am gegenkulturellen Leben in der Stadt hatten sie aber kaum.

Die Trägerschicht des „Roten Wien" waren also Arbeiter der zweiten oder dritten Generation, „geborenes Proletariat", Menschen, deren Lebenserwartungen und Zukunftshoffnungen sich innerhalb der Klassengrenzen bewegten. Menschen, für

---

32 *Henriette Kotlan-Werner*, Kunst und Volk. David Josef Bach 1874–1947, Wien 1977.
33 *Kannonier*, a. a. O., S. 62–67.
34 Mit uns zieht die neue Zeit, a. a. O., S. 90.
35 *Alfred Pfoser*, Der Wiener „Reigen-Skandal" – Sexualangst als politisches Syndrom der Ersten Republik, in: Neuere Studien zur Arbeitergeschichte, a. a. O.
36 Ebda., S. 680.

die es selbstverständlich war, daß sozialer Aufstieg nur kollektiv zu erreichen war. Wohl waren auch diese Arbeiter Wiens eine heterogene Gruppe, da die Großindustrie nicht dominant war. Kleingewerbe überwog, unter den Frauen waren viele Hausgehilfinnen mit ihren speziellen geistigen Fluchtmechanismen aus dem Elend, etwa dem Kolportageroman[37]. Aber insgesamt stellten sie nach außen hin die geschlossene Mehrheit der Stadt, und außerhalb der Nobelbezirke prägten ihr Lebensstil, ihre Architektur, ihre Gärten, Schulen und Bäder das Stadtbild.

Ähnliche Geschlossenheit war in alten Industrieorten in den Ländern anzutreffen, manchmal mit sogar größerer innerer Homogenität. Die Arbeiter der Waffenfabrik bestimmten etwa seit einem halben Jahrhundert das Stadtbild in Steyr, Oberösterreich. Hier funktionierten auch regionale Gegenkulturen, sogar über große Krisen hinweg, und nicht zufällig sind diese Orte auch die wichtigsten Kampfzentren im Februar 1934.

Ansonsten überwog in den Ländern aber der Arbeiter mit kleinbäuerlicher oder bäuerlicher Verwurzelung, oft Pendler, der am Abend oder am Wochenende weitab vom Arbeitermilieu lebte. Die Zukunftspläne dieser Menschen waren noch häufig, zumindest für die Kinder, auf eine Existenz außerhalb der Fabrik gerichtet. Die Religion bildete noch einen wichtigen Orientierungsfaktor im Leben. Obwohl Österreich 1918 bis 1933 keinesfalls eine Industrialisierungswelle erlebte, war dieser „Arbeiter der ersten Generation" eine häufige Erscheinung. Oft ersetzte er auch den aus politischen Gründen entlassenen gewachsenen Arbeiter, etwa beim Großbetrieb der Alpine in der Steiermark.

Für diese Menschen war die Kulturkonzeption des Austromarxismus eher bedrohend. Die Perspektive, „Neue Menschen" zu werden, hatte wenig an Reiz, vorindustrielle Ideale wirkten stärker. Und für diese Arbeiter, daneben aber auch für die große, sträflich vernachlässigte Gruppe der Landarbeiter, gab es keine Kultur- und Bildungsangebote, die auf deren Bewußtseinsstand aufgebaut hätten. In dieser Richtung war die Arbeiterkultur der Zwischenkriegszeit in Österreich elitär. Dies war mit ein Grund, daß der Sozialismus in diesen beiden Jahrzehnten trotz seiner eindrucksvollen Erfolge nie mehrheitsfähig wurde.

6. Die weitere Entwicklung

Jede Betrachtung der Arbeiterkultur der Zwischenkriegszeit wird in die Überlegungen einbeziehen müssen, wie knapp bemessen der Zeitraum für die Herausbildung der Kulturformen und die Erziehung zu „Neuen Menschen" war. Besonders aus der heutigen Perspektive von mehr als vier Jahrzehnten Nachkriegsgeschichte wirkt das knappe Jahrzehnt, das damals zur Verfügung stand, extrem kurz. Zu Beginn der zwanziger Jahre waren die Rahmenbedingungen festgelegt und die Theorie entwickelt. Die Weltwirtschaftskrise ab 1929 signalisiert schon das Ende.

Formal kam in Österreich der Endpunkt legal organisierter sozialistischer Arbeiterkulturformen mit der Niederlage im Februar 1934. Das austrofaschistische System verbot die Organisationen, „säuberte" die Bibliotheken, errichtete Anhaltelager und trieb gute Teile der Führungsgarnitur ins Exil.

---

37 Vgl. etwa: *Marina Tichy*, Alltag und Traum. Leben und Lektüre der Dienstmädchen im Wien der Jahrhundertwende, Wien 1984.

Das Dollfuß-Schuschnigg-Regime von 1934 bis 1938 unterschied sich aber in entscheidenden Punkten vom nationalsozialistischen Herrschaftssystem in Deutschland. In Österreich gelang nicht einmal eine punktuelle ökonomische und soziale Befriedung der Arbeiterklasse. Die deflationistische Wirtschaftspolitik ließ einen Abbau der Arbeitslosigkeit nicht zu, und eine auch nur partielle Einbindung der ehemals sozialistischen Arbeiter ins System wurde dadurch unmöglich.

Das Verhalten der österreichischen Arbeiter in den auf den Februar 1934 folgenden Monaten und Jahren war zu nicht geringen Teilen von den sub- und gegenkulturellen Erfahrungen des vorangegangenen Jahrzehnts geprägt. In Wien und in den industriellen Ballungsräumen des Landes gab es heftige Kritik am „Versagen" der Parteiführung, an ihrem Zögern und am zu späten, halbherzigen Kampf. Wenn aber Konsequenzen gezogen wurden, so ging der Weg nach links, zur seit 1933 illegalen Kommunistischen Partei Österreichs, die in den 12 Jahren ihrer Illegalität sogar in absoluten Zahlen stärker war als vor 1933 und nach 1945. Der größte Teil der Arbeiter blieb aber bei den zwei damals typischen Verhaltensmustern von Sozialdemokraten: dem passiven Rückzug der „alten" Sozialdemokraten und dem aktiven Auftreten in der Illegalität der „Revolutionären Sozialisten". Dem sogenannten „Ständestaat" gelang es nicht, die gegenkulturellen Bindungen zu zerschlagen und Zustimmung oder Unterstützung aus den Reihen der ehemaligen Sozialdemokratie zu gewinnen. Sogar die weiterexistierenden Arbeiterkammern konnten, trotz eines Austausches der entscheidenden Personen, partielle Anlaufstellen für linke Regimegegner bilden, und in den letzten Monaten der österreichischen Eigenstaatlichkeit mußte das Regime von sich aus das Gespräch mit der illegalen Arbeiterbewegung suchen, um der drohenden Gefahr einer Annexion Österreichs zumindest im Inneren des Staates eine mehrheitsfähige Ablehnungsfront entgegenstellen zu können, die allerdings durch den Druck der letzten Tage vor dem „Anschluß" nicht mehr wirksam werden konnte.

Ganz anders lief es in den Bundesländern. Man wird heute wohl eingestehen müssen, daß der 1934 ebenfalls illegale Nationalsozialismus eine große Anziehungskraft auf Teile der Arbeiterbewegung ausübte, besonders durch seine aktivistische bis terroristische Arbeit gegen den Austrofaschismus. Zudem konnten die wirtschaftlichen Erfolge im Deutschen Reich propagandistisch umgesetzt werden. Nationalsozialisten und Sozialdemokraten saßen gemeinsam in Gefängnissen oder im Anhaltelager, waren gemeinsam antiklerikal und gegen den klerikalen Staat, waren deutschnational und, zumindest angeblich, auch sozial. Und so gab es zahlreiche Übertritte von Sozialdemokraten in die illegale NSDAP, besonders aus dem Kreis der jüngeren Aktivisten. Angeblich sollen geschlossene Schutzbundformationen übergewechselt sein. Dem Werben der Nationalsozialisten, vor allem nach dem Juliputsch 1934 („Das Blut des Februar und das Blut des Juli") widerstanden in der Provinz vor allem jene Sozialdemokraten, denen jede Form von Gewalt in der Politik suspekt war, und die von den nicht weniger als 1 530 Terrorakten[38] der Nationalsozialisten in den Monaten Februar bis Juli 1934 abgeschreckt wurden. In den vier Jahren des sogenannten Ständestaates gingen 22 Attentate, Femmorde und Bombenanschläge auf das Konto der Na-

---

38 *Gerhard Botz*, Gewalt in der Politik. Attentate, Zusammenstöße, Putschversuche, Unruhen in Österreich 1918–1938. 2. Aufl. München 1983, S. 259.

tionalsozialisten, während alle linken Gruppierungen sich gänzlich von diesen extremsten Formen der politischen Gewalt fernhielten.[39]

Nach dem März 1938 aber konnten auch in Wien die Formen gegenkulturellen Handelns nicht mehr aufrechterhalten werden. Eine große Gruppe von Trägern dieser Kultur mußte ins Exil, viele wurden verhaftet, andere resignierten. Die Revolutionären Sozialisten, in deren Reihen sich die aktiven Sozialdemokraten nach 1934 gefunden hatten, vermieden ab sofort zusammenhängende Organisationsarbeit, nur die Kommunisten hielten unter ungeheuren Opfern eine illegale Parteistruktur aufrecht. In den Konzentrationslagern waren es aber die alten Solidaritätsformen, verbunden mit dem Glauben an die bessere Zukunft, die „Vernunft der Geschichte", die manchmal das Überleben ermöglichten. Daß nach 1945 nicht mehr an die alten Formen der Arbeiterkultur der Zwischenkriegszeit angeknüpft wurde oder werden konnte, hat ein ganzes Bündel von Ursachen. Zum Teil decken sie sich mit denen, die Adelheid von Saldern in ihrem Beitrag zur deutschen Situation anspricht. In Österreich kommt aber zweifellos noch hinzu, daß es 1945 lebensnotwendig war, sich als Opferstaat des Nationalsozialismus zu präsentieren und innenpolitisch jede Konfrontation zu vermeiden, um das außenpolitische Ziel, Souveränität und ungeteiltes Staatsgebiet, erreichen zu können. Der oft beschworene „Geist der Lagerstraße", der sich politisch in der Großen Koalition und im Wirtschaftsbereich in Vorformen der Sozialpartnerschaft niederschlug, ließ ein deutliches Aufzeigen der Interessenskonflikte nicht mehr zu. Zudem hatten die österreichischen Arbeiter wie auch die anderen Bevölkerungsgruppen genug von extrovertierten Formen der Politik, die den ganzen Menschen zu erfassen versuchten. Schließlich weist die österreichische Geschichte der ersten Hälfte des 20. Jahrhunderts noch zumindest eine Bruchlinie mehr auf als die deutsche. In weniger als 30 Jahren mußte man in fünf unterschiedlichen politischen Formen mit unterschiedlichen Wert- und Normensystemen leben, und dies zumindest in drei auch geographisch grundverschiedenen Staaten. Politische Brüche waren aber nur zu oft auch Brüche in den individuellen Biographien. Nur zu gerne wurde daher in Österreich die nach 1945 gebotene Möglichkeit einer Verdrängung von Geschichte und aktueller Politik durch Zukunftsorientierung, Aufstiegsideologie und Wachstumsgläubigkeit genutzt.[40] In einer neobiedermeierlichen Privatheit verschwanden die Formen der Solidarität, die die Arbeiterkultur der Zwischenkriegszeit geprägt hatten.

---

39 Ebda., S. 277.
40 Zu den Konsequenzen siehe: *Helmut Konrad*, Zum österreichischen Geschichtsbewußtsein nach 1945, in: *Rudolf Altmüller* u. a. (Hrsg.), Festschrift für Felix Kreissler, Wien 1985.

Jutta Scherrer

„Proletarische Kultur": die Entstehung des Konzepts und seine Umsetzung in der Organisation des frühen „Proletkul't"

Einige Vorbemerkungen scheinen unerläßlich, um die hier folgenden Ausführungen in einem Sammelband zu rechtfertigen, der der Arbeiterkultur in dem Zeitraum „zwischen den beiden Kriegen" gilt.
Die noch kurz vor der Oktoberrevolution gegründete Massenorganisation Proletkul't bezieht sich unmittelbar auf das Konzept der proletarischen Kultur, dessen von einer marxistischen Gruppe der russischen Intelligencija entworfene Ansätze sich bis zur Jahrhundertwende zurückverfolgen lassen. Der ideologische Werdegang dieser nach der Revolution von 1905 als „linke Bolschewiki" bekanntgewordenen Gruppe, insbesondere derjenige ihres geistigen Führers A. Bogdanov, ist nicht zu trennen von dem Geschick, das dem Proletkul't zur Zeit seines Höhepunkts 1920/21 durch die Partei und insbesondere durch V. I. Lenin – seit 1907 erbitterter Gegner Bogdanovs – beschieden sein wird. Anders ausgedrückt: die eher kurzlebige Geschichte der Organisation Proletkul't ist nicht ohne die relativ langlebige Geschichte der vorrevolutionären Entwicklung des dem Proletkul't zugrundeliegenden Konzepts der proletarischen Kultur zu verstehen. Erwiesenermaßen hat die dem Proletkul't schon frühzeitig oktroyierte Unterordnung unter die Partei – er hatte bei seiner Gründung seine Autonomie als raison d'être genannt – sehr schnell zum Hinscheiden seiner ursprünglich außerordentlichen Vitalität beigetragen. Nach 1921 vegetiert die zahlenmäßig stark zurückgehende Organisation mehr und mehr dahin bis zu ihrer endgültigen, offiziellen Auflösung im Jahre 1932. Nichtsdestoweniger spielen aber die vom Proletkul't ausgelösten ideologischen Debatten, die unter anderem von den proletarischen Schriftstellern und ihren verschiedenen Gruppierungen und Organen aufgenommen und weitergeführt werden, noch durch die ganzen zwanziger Jahre hindurch eine bedeutende Rolle. Gänzlich beschnitten werden diese Debatten, und damit auch der Einfluß des Proletkul't, erst mit der Durchsetzung der sogenannten Kulturrevolution Stalins, die am Ende der 20er bzw. am Anfang der 30er Jahre einen für die russische Sozial- und Kulturgeschichte derart gewaltigen Einschnitt darstellt, daß die ihr vorangegangene Periode als eine dem westeuropäischen „zwischen den Kriegen" entsprechende zeitliche Einheit angesehen und als solche auch beurteilt und bewertet werden kann.
Die Idee, der bürgerlichen Kultur eine rein proletarische Klassenkultur entgegenzustellen, fand ihren ersten, vorderhand noch recht allgemeinen Ausdruck in den Zielsetzungen junger russischer Intellektueller, die seit dem Ende der 80er Jahre des vorigen Jahrhunderts geheime Arbeiterbildungszirkel organisierten und hier die Grundkenntnisse des sozialistischen und kurze Zeit später marxistischen Weltbildes verbreiteten. Stellt der Haß der russischen radikalen Intelligencija auf die Kultur der Bourgeoisie ganz allgemein eines der Hauptcharakteristika dieser sozialen Gruppe ganz unabhängig von ihren politisch unterschiedlichen Tendenzen dar, so lassen sich insbesondere bei Aleksandr Bogdanov (1873–1928) und Anatolij Vasil'evič Lunačarskij (1875–1933), die später als die Propagandisten der proletarischen Kultur gelten, von ihren frühesten Werken an und mit stets zu-

nehmender Bestimmtheit die Konturen des Konzepts einer proletarischen Kultur als einer Gegen- oder Alternativkultur herauslesen. Hingewiesen sei – ohne daß hier die Möglichkeit einer gebotenen systematischen Analyse ihrer einzelnen philosophischen Schriften bestünde – vor allem auf Bogdanovs unmittelbar vor den revolutionären Ereignissen von 1905/06 veröffentlichten Aufsatzzyklus *Die neue Welt (Novyj Mir)*. In der Tat ist es die Vision einer neuen, kollektivistischen Welt, die unmittelbar mit dem Postulat der kulturellen Hegemonie des „neuen Menschen" verbunden ist, welch letzterer – der Proletarier – in bewußtem Rückgriff auf Nietzsche gern auch als „Übermensch" bezeichnet wird.

Von allem Anfang an Mitglieder der 1898 illegal gegründeten Russischen Sozialdemokratischen Arbeiterpartei, bekennen sich die um Bogdanov gruppierenden Philosophen, Literaten und Ökonomen bei der Parteispaltung 1903 sofort zu den Bolschewiki. Bereits ein Jahr zuvor hatten sie Lenins *Was tun?* einhellig begrüßt, wobei das Postulat einer straffen Organisation der revolutionären Partei von ihnen genau so hoch eingeschätzt wurde wie der hier evozierte voluntaristische Freiraum, den sie als Parteiintellektuelle durch bewußtes Handeln auszufüllen suchten. Doch die philosophischen Voraussetzungen der einzelnen Gruppenangehörigen[1], die von ihren ersten intellektuellen Anfängen an den Marxismus durch moderne Ideen bereichern wollten – insbesondere die große Rolle, die von Bogdanov in seiner Gesellschaftstheorie dem Bewußtsein zugemessen wurde –, führten bald dahin, daß ihnen das *politische* Bewußtsein des Proletariats nur als ein Teilaspekt der weitaus umfassenderen, freilich erst zu erschaffenden Kultur der neuen Klasse von Wichtigkeit schien. Um so mehr, als die aus der Revolution von 1905 resultierende Situation drastisch davon Zeugnis ablegte, daß sich die Arbeiter nach der Massenflucht der Intelligencija aus der Partei allein nicht imstande sahen, ihre politischen Organisationen aus eigenen Kräften wiederaufzubauen. Sich auf die Beschwerden der Arbeiter aus den zerschlagenen Parteiorganisationen Moskaus und des Zentralen Industrierayons berufend, die ihrerseits an die *Selbsttätigkeit (samodejatel'nost')* der Arbeiterklasse appellierten, gründete die jetzt in der Emigration lebende Gruppe um Bogdanov, der sich inzwischen auch der Schriftsteller Maksim Gor'kij (1868–1936) angeschlossen hatte, im Sommer 1909 auf der Insel Capri eine „Erste höhere sozialdemokratische Agitations- und Propagandaschule für Arbeiter" aus Rußland. Ihr folgte, von derselben Gruppe linksbolschewistischer Intellektueller organisiert, 1910/11 in Bologna eine Schule mit ähnlichem Programm. „Die Intelligencija muß aus den Arbeitern selbst geformt werden" lautete das Motto der beiden Unternehmungen, die im ausdrücklichen Gegensatz zu der Hegemonie der bürgerlichen Kultur der Intelligencija hier zum erstenmal das Konzept einer unabhängigen proletarischen Kultur als einem fest umrissenen Unterrichtsprogramm verkündeten.[2]

---

1 Zu der im Exil von Tula und Vologda gebildeten Gruppe um Bogdanov und Lunačarskij gehörten ebenso auch der Ökonom und Literaturkritiker V. A. Bazarov (1874–1939?) und der Ökonom I. I. Skvorcov-Stepanov (1870–1928). Später schlossen sich der Gruppe noch der Führer der sozialdemokratischen Abgeordneten in der zweiten Duma, G. A. Aleksinskij, an sowie die Historiker M. N. Ljadov, M. N. Pokrovskij, N. A. Rožkov, der Philosoph Stanislav Vol'skij, der Arbeiterphilosoph N. E. Vilonov u. a.

2 Über die Aktivitäten der Schulen von Capri und Bologna vgl. *J. Scherrer*, „Les écoles du parti de Capri et de Bologne: la formation de l'intelligentsia du parti", Cahiers du Monde russe et soviétique, 1978 (juillet–septembre), Bd. XIX, 3, S. 259–284.

Doch die Schulen sahen ihre Aufgaben nicht nur darin, eine Arbeiterintelligencija an die Stelle der sich fast ausschließlich aus der Bourgeoisie rekrutierenden Parteiintelligencija zu setzen. Das Unterrichtsprogramm, das von Vorlesungen über Ökonomie, gewerkschaftliche Bewegungen, westeuropäischen und russischen Sozialismus, Geschichte, Literatur, Philosophie und Kunst bis zu praktischen Übungen zur Agitation und Propaganda reichte – welch letztere u. a. darin bestanden, den Arbeitern die Abfassung politischer Aufrufe und Manifeste sowie die Organisation von Parteizellen beizubringen –, zielte letztlich darauf ab, die gesamte Geschichte des Denkens und Handelns der Menschheit nicht nur vom Standpunkt des arbeitenden Menschen aus, d. h. auf das Verständnis des Arbeiters reduziert, zu interpretieren, sondern als eine Emanation der Erfahrung des arbeitenden Menschen selbst zu begreifen. Die durch die Arbeit gewonnene kollektive Erfahrung hatte demnach zu den ersten technologischen und naturwissenschaftlichen Erkenntnissen geführt, genau so aber auch zu Mythen und religiösen Vorstellungen sowie zu Liedern, Versen und größeren literarischen Darstellungen. Allen diesen Schöpfungen lag die Erfahrung der werktätigen Menschen im Arbeitsprozeß zugrunde. Die individuellen Wissenschaftler und Künstler, die oft aus anderen sozialen Klassen kamen, setzten stets nur die Erfahrung des arbeitenden Kollektivs um. Jede Entdeckung in der Astronomie oder Physik, jede literarische Inkarnation eines Hamlet, Faust, Wilhelm Tell geht auf die Arbeitserfahrung des Kollektivs zurück. Nicht die Willkür des Individuums, sondern das Arbeitsdasein des Kollektivs schafft die geistige Kultur.
Wurde in den beiden Parteischulen, und das galt zunächst einmal für Capri, die Notwendigkeit der Aneignung des kulturellen Erbes durch die Arbeiterklasse propagiert und das Verständnis sämtlicher Kulturprodukte als Resultat der Arbeitsprozesse und der Arbeitserfahrungen der werktätigen Menschheit expliziert, so bestand für Bogdanov und seine Anhänger die nächste Etappe darin, diese Vorstellungen mit den konkreten parteipolitischen Erfordernissen der nachrevolutionären Periode programmatisch in Einklang zu bringen.
Seit der Auflösung der zweiten Duma im Sommer 1907 und der Erörterung der Delegierung von sozialdemokratischen Abgeordneten in die neue, dritte Duma hatten sich die Bogdanov nahestehenden Parteiintellektuellen merklich von Lenins Analyse der politischen Situation in Rußland distanziert. Lenin meinte, daß nach dem Mißerfolg der Revolution von 1905 mit einer längeren Periode der Reaktion zu rechnen sei und plädierte selbst dafür, die wenigen legalen Sprachrohre im damaligen Rußland, wie vor allem die Duma, für die revolutionäre sozialdemokratische Agitation und Propaganda zu nutzen. Bogdanov und die ihm folgende bolschewistische Linke sahen in dieser Haltung reinen Opportunismus und forderten die Abberufung der sozialdemokratischen Abgeordneten aus der Duma – weswegen sie in der russischen Literatur als „Otzovisten", „Boykottisten", „Ultimatisten", „Liquidatoren" bekannt wurden. Ihrer Meinung nach sollten die Arbeiter in ununterbrochener revolutionärer Propagandaarbeit und eigens gebildeten Kampfgruppen sowie mittels Expropriationen von Staatsbanken auf den unmittelbar bevorstehenden neuen Ausbruch der Revolution vorbereitet werden. In direktem Zusammenhang mit dieser von Lenin für illusionär gehaltenen taktischen Position der Linken verfolgte die letztere die Verhaltensweise und die Rolle der intellektuellen Parteielite und der Parteifunktionäre mit einer zunehmend stärkeren Mißbilligung. Das individualistische und autoritäre Vorgehen der Parteiintellektuellen bei Entscheidungen in Parteiangelegenheiten, ihr persönlicher Ehrgeiz und ihre eitle Eigenliebe, die sich bis zum Persönlichkeits-

kult verstiegen, ihre Unfähigkeit, sich kameradschaftlicher Kritik zu stellen, wovon die Sterilität der zahlreichen internen Konflikte der Partei zeugte, wurden als unveräußerliche Eigenschaften von Angehörigen der Bourgeoisie und dem diese Klasse charakterisierenden autoritären Individualismus gegeißelt. Eine von Fall zu Fall zu leistende Kritik vermöge grundsätzlich an einem derartigen Verhalten, das man insbesondere Lenin und Plechanov anlastete, nichts zu ändern. Die Mentalität der Parteiführer sei zutiefst ein Merkmal ihrer Klasse, die dringendst von der Verhaltensweise und Lebensform der neuen Klasse abgelöst werden müsse.

Zu dieser Kritik kam die Beschuldigung der Parteiintelligencija, daß diese sich seit Jahren nicht mehr mit der Verfassung von Parteiliteratur zur Erziehung der Arbeiter befasse. Mit dem Ziel der für die Aufklärung der Arbeiter notwendigen publizistischen (russ.: „literarischen") Analyse der Revolution von 1905 schlossen sich Ende 1909 die Dozenten und Schüler der Parteischule Capri zu der bolschewistischen Gruppe „Vpered" („Vorwärts") zusammen. Diese führte innerhalb des Gesamtverbands der russischen Sozialdemokratie bis zum Sommer 1917 eine unabhängige Existenz. Zunächst wurde sie von Bogdanov geführt, der im Sommer 1909 von Lenin aus der bolschewistischen Fraktion ausgeschlossen worden war, und später von Lunačarskij. Die von Bogdanov mit Hilfe der Parteischüler Ende 1909 redigierte „Plattform" der Gruppe „Vpered"[3] verstand sich als Wahrer des „reinen", „eigentlichen", „wahren" Bolschewismus und setzte sich zum Ziel, die Parteikrise dadurch zu lösen, daß auf dem Fundament einer „proletarischen Kultur" eine Arbeiterintelligencija ermächtigt werde, von der Basis her selbst die Partei zu organisieren und ihre Führung in die eigenen Hände zu nehmen.

Ausgangspunkt für die Definition einer proletarischen Kultur in der „Plattform" der linken Bolschewiki war die Forderung, daß das sozialistische Bewußtsein der Arbeiterklasse nicht nur ihren unmittelbaren Kampf auf dem Gebiet der Politik und Ökonomie umfassen müsse, sondern ihr ganzes Leben. Fast ein Jahrzehnt später greift Bogdanov in der Hauptzeitschrift des Proletkul't auf eine längere Passage aus der „Plattform" der Gruppe „Vpered" zurück, deren Programm für ihn noch Ende 1918 von entscheidender Bedeutung ist: „Die bürgerliche Welt mit ihrer eigenen ausgearbeiteten Kultur, die der heutigen Wissenschaft, Kunst und Philosophie ihren Stempel aufgedrückt hat, erzieht uns durch diese unmerklich in ihrer Richtung, während uns zur gleichen Zeit der Klassenkampf und unser sozialistisches Ideal auf die entgegengesetzte Seite ziehen. Völlig mit dieser historisch geschaffenen Kultur zu brechen ist unmöglich, denn wir können und müssen aus ihr die machtvollsten Werkzeuge für den Kampf mit eben dieser alten Welt übernehmen. Wenn man sie jedoch so annimmt, wie sie ist, so würde das bedeuten, daß man auch die Vergangenheit, gegen die man den Kampf führt, in sich aufbewahrt. Es gibt nur einen Ausweg: unter Benutzung der vergangenen, bürgerlichen Kultur eine neue, proletarische zu schaffen, sie ihr entgegenzusetzen und sie unter den Massen zu verbreiten." Was hierfür im einzelnen zu leisten ist, führt Bogdanov an gleicher Stelle aus: „Die Entwicklung einer proletarischen Wissenschaft, die Stärkung der echten kameradschaftlichen Beziehungen im proletarisch revolutionären Milieu, die Erarbeitung einer proletarischen Philosophie, die Hinführung der Kunst auf die Seite der proletarischen Bestrebungen

---

3 *Sovremennoe položenie i zadači partii (Die gegenwärtige Lage und die Aufgaben der Partei)*, Paris o. D. [Ende 1909/Anfang 1910].

und Erfahrungen." Nur auf diesem Wege, so heißt es weiter, „kann eine ganzheitliche sozialistische Erziehung erreicht werden, die die zahllosen Widersprüche unseres Lebens und unserer Arbeit beseitigt und unsere Kräfte im Kampf um ein Vielfaches verstärkt, uns gleichzeitig aber dem Ideal des Sozialismus näherbringt, indem immer mehr von seinen Elementen in der Gegenwart herausgebildet werden"[4].

Gewiß handelte die „Plattform" auch das im engeren Sinn politisch-taktische Programm der „linken Bolschewiki" ab[5]. Doch es kam klar zum Ausdruck: Die Politik sollte nicht als souverän gelten. Die *selbständige* politisch-ökonomische Praxis der Arbeiterbewegung einerseits und die *selbständige* Ausbildung und Weiterentwicklung sämtlicher Bereiche des geistigen Lebens des Proletariats andererseits bildeten für die Gruppe „Vpered" eine unauflösbare Einheit, zu deren Losungswort der hier noch eher weitgefaßte Begriff von der proletarischen Kultur wurde.

Dieselbe Idee wurde von Bogdanov weiterentwickelt in dem Artikel „Sozialismus in der Gegenwart", der Anfang 1911 in dem zweiten Sammelband der Gruppe „Vpered" erschien[6]. Einen zentralen Gedanken der „Plattform" aufgreifend, machte Bogdanov hier geltend, daß der Sozialismus nicht als ein in die weit entfernte Zukunft verbanntes Ziel zu betrachten sei. „Der Sozialismus ist nicht nur Zukunft, sondern auch Gegenwart, er ist nicht nur Idee, sondern auch Wirklichkeit. Er wächst und entwickelt sich, er umgibt uns bereits... Er ist der kameradschaftliche Zusammenhalt der Arbeiterklasse, er ist deren bewußte Organisiertheit in der Arbeit und im sozialen Kampf. Nicht in der Eigentumswirtschaft der Arbeiterorganisationen, der Organisationen der Gewerkschaften, der Parteien und anderer [Organisationen] ist gegenwärtig der Sozialismus zu suchen, sondern in ihrer lebendigen Klassenzusammenarbeit"[7].

Hiermit war unmittelbar Bogdanovs eigene Theorie von dem Modus der kameradschaftlichen Zusammenarbeit der Proletarier im modernen Großbetrieb angesprochen, die den Arbeitsprozeß als solchen zur Grundlage der proletarischen Klassensolidarität macht. In diesem kollektiven Arbeitsprozeß – zu dem auch die von Bogdanov im Hinblick auf die Ausbildung der Psyche des Kollektivs positiv beurteilte Arbeit am Fließband gehört – schafft sich das Proletariat ebenfalls seine neuen Lebens- und Denkformen, mit anderen Worten seine Kultur. Die in der klasseninternen Zusammenarbeit bereits bestehenden zwischenmenschlichen Beziehungen – die sich auf Grund der besonderen Art der Organisation der arbeitenden Menschen und ihrer Arbeitsbeziehungen in tiefem Widerspruch zur

---

4 *A. Bogdanov*, „Proletarskij universitet" („Die proletarische Universität"), Proletarskaja Kul'tura, 1918, Nr. 5 (November), S. 13. Dieser Aufsatz findet sich in deutscher Übersetzung in: *P. Gorsen/E. Knödler-Bunte*, Proletkult, Bd. 2, Stuttgart-Bad Cannstadt 1975, S. 2–28); vgl. ebenfalls das Original dieses Zitats in: Sovremennoe položenie i zadači partii, S. 16–17.

5 Ausführlicher zu dem politischen Programm der linken Bolschewiki und zu dem politischen und philosophischen Konflikt zwischen Lenin und Bogdanov vgl. *J. Scherrer*, „Bogdanov e Lenin: il bolscevismo al bivio", in: Storia del marxismo, Turin 1979, Bd. 2, S. 496–546.

6 *Maksimov* [A. Bogdanov], „Socializm v nastojaščem", Vpered, 1911, Nr. 2 (Februar), S. 59–71. Ein Auszug aus diesem Aufsatz findet sich in deutscher Übersetzung in: *P. Gorsen/E. Knödler-Bunte*, Proletkult, Bd. 1, Stuttgart-Bad Cannstadt 1974, S. 131–136.

7 „Socializm v nastojaščem", S. 67–68.

bestehenden kapitalistischen Struktur der Eigentumsverhältnisse befinden – müssen sich jetzt gleichfalls in allen Bereichen der Lebenspraxis des Proletariats, in seinen alltäglichen Lebensbedingungen durchsetzen: Die kameradschaftlich-kollektivistischen Beziehungen müssen zur Grundlage der Parteiorganisation wie zur Grundlage der proletarischen Familienstruktur werden, sie müssen zur Ausarbeitung einer neuen Wissenschaft, einer neuen Philosophie und einer neuen Kunst dienen. Der bereits stattfindende Kampf der Arbeiterbewegung für den Sozialismus läuft somit in Bogdanovs Augen „ganz und gar nicht allein auf einen Krieg gegen den Kapitalismus hinaus, auf eine simple Sammlung der Kräfte für ihn. Dieser Kampf ist gleichzeitig positive, schöpferische Arbeit – die Schaffung neuer und immer wieder neuer Elemente des Sozialismus im Proletariat selbst, in seinen inneren Beziehungen, in seinen alltäglichen Lebensbeziehungen: *die Ausarbeitung der sozialistischen proletarischen Kultur*"[8].

Der zeitgenössische, bewußte Kämpfer für den Sozialismus ist demnach für Bogdanov der Arbeiter, der an der Erbauung des modernen Lebens schöpferisch teilnimmt, indem er hierfür *seine* Formen der menschlichen Beziehungen entwickelt und sie in *seinem* sozialen Ideal ausdrückt. Selbstverständlich wird das Proletariat nicht fähig sein, seine eigene sozialistische Kultur unter den Bedingungen des Kapitalismus und im Kampf gegen ihn vollständig zu verwirklichen. Doch nicht in der Vollendung des „proletarischen Sozialismus" sieht Bogdanov in diesem Appell das Ziel, „sondern im Schöpfertum und in der ununterbrochenen Bewegung nach vorn", „im permanenten Kampf" der in Gefühlen und Gedanken vereinten neuen Klasse gegen die alte Gesellschaft[9].

Zeichnen sich diese beiden programmatischen Texte vor allem durch die Anrufung der Schöpferkraft des Proletariats aus, so wird in ihnen das Konzept der proletarischen Kultur nur in ziemlich kurzen, wenn nicht lapidaren Thesen formuliert. Die erste umfassendere Ausarbeitung dieses Konzepts wird von Bogdanov 1911 in seinem Buch *Die Kulturaufgaben unserer Zeit (Kul'turnye zadači našego vremeni)* vorgelegt. Der ursprünglich vorgesehene Titel, „Die Kulturaufgaben des zeitgenössischen Proletariats", hatte aus Zensurgründen aufgegeben werden müssen, sowie auch aus denselben Gründen auf den politischen Unterton der Abhandlung verzichtet wurde. Doch war hier Bogdanov offensichtlich daran gelegen, im Unterschied zu den beiden die parteipolitischen Auseinandersetzungen in der Emigration betreffenden programmatischen Texten[10], jetzt vor einem größeren, und nicht nur aus Arbeitern bestehenden Publikum seine proletarische Kulturtheorie in extenso zu explizieren[11]. Tatsächlich stellt diese Schrift eine Art von Kompendium dar, das sämtliche der von Bogdanov früher oder auch später konzeptualisierten Bereiche der proletarischen Kultur in Keimform enthält. Alle

---

8 Ebda., S. 68.
9 Ebda., S. 71.
10 Hierzu die Kritik Lenins in seinem Artikel „O frakcii ‚Vperedovcev'" („Über die Fraktion ‚Vpered'") vom 12. September (30. August) 1910 in: *V. I. Lenin*, Polnoe sobranie sočinenij (Gesammelte Werke), 5. Auflage, Bd. 19, Moskau 1961, S. 312–318.
11 Eine Kontroverse über die proletarische Kulturtheorie wurde 1913/1914 in der menschewistischen Zeitschrift *Naša Zarja* ausgetragen. A. N. Potresov und I. N. Kubikov äußerten Zweifel daran, ob das Proletariat neben seinem politischen und ökonomischen Kampf auch noch zur Schaffung einer eigenständigen Kultur in der Lage sein werde. Hierzu die Antwort von *A. V. Lunačarskij*, „Pis'ma o proletarskoj literature" („Briefe über die proletarische Literatur"), Bor'ba 1914, Nr. 1, S. 23–27.

seine späteren Artikel und Schriften zu Einzelaspekten der proletarischen Kultur sind nichts weiter als Variationen zu dem hier entwickelten Hauptthema.
Ausgangspunkt ist auch hier wiederum die scharfe Kritik an Lenin sowie auch an Plechanov, für die der Marxismus eine absolute, ewige Wahrheit bedeutet und die somit, in Bogdanovs Augen, die schöpferischen Kräfte und Möglichkeiten der Arbeiterklasse leugnen. Demgegenüber setzt Bogdanov die Schöpferkraft des Proletariats mit der Entwicklung und Organisation seines Klassenbewußtseins in eins. Hierbei stellt sich als erste Frage diejenige nach der Rolle der Intellektuellen. Wohl waren die sich aus der Bourgeoisie rekrutierenden Intellektuellen fähig, dem Proletariat bei seiner politischen und ökonomischen Organisation behilflich zu sein. Doch bei der proletarischen Kultur handelt es sich darum, die gesamte Lebenserfahrung der Arbeiterklasse, ihre „gesamte Praxis" und ihr „gesamtes Denken" in einem ganzheitlichen System zu vereinigen. Das aber kann nicht von den „Warägern", den „weißen Krähen" der alten, bürgerlichen Intelligencija geleistet werden. Die innere Einheit der Klassenpsyche kann nur von der Arbeiterintelligentcija zum Ausdruck gebracht werden[12].
Im Hinblick auf die Aufgaben des Proletariats bei der Schaffung seiner eigenen Kultur nennt Bogdanov drei für ihn essentielle Bereiche: Moral, Kunst und Wissenschaft. Die Arbeiterklasse muß sich in erster Linie ein Kultursystem schaffen, das von dem Normenfetischismus der individualistischen bürgerlichen Kultur frei ist, d. h. das von dem autonomen und abstrakten Charakter der Normen frei ist, den diese in der bürgerlichen Gesellschaft dadurch haben, daß sie von der konkreten sozialen Praxis des Menschen total unabhängig und entfremdet sind, und daß sie sich die Menschen unterordnen. Als Grundlage der neuen sozialen Normen nennt Bogdanov das proletarische Moralprinzip, die *kameradschaftliche Solidarität (tovariščeskaja solidarnost')*. Die neuen sozialen Normen werden den technischen Normen der Arbeit entsprechen. Alles wird von den Bedürfnissen des Kollektivs abhängen; alles wird auf die Interessen des Kollektivs abgestimmt. Die von dem Klassenleben des Proletariats zu entwickelnden Normen der Moral, des Rechts, der Sitte entsprechen einzig und allein der Zweckdienlichkeit für das Kollektiv und den sozialen Bedürfnissen des Kollektivs. Eine neue Terminologie muß geschaffen werden, denn Termini wie „Recht", „Moral" oder „Religion", die die reine Autorität reflektieren, haben keine Bedeutung mehr. Auch Ausdrücke wie „proletarische Moral", „proletarisches Recht" sind nicht adäquat: Neue kulturelle Formen brauchen neue Konzepte. Die Wahrheit selbst wird hier definiert als Arbeitserfahrung und Praxis des Kollektivs[13].
Ähnlich muß die neue proletarische Kunst die Erfahrungen des Arbeitskollektivs integrieren. Das Proletariat, das sein eigenes, mit keiner Klasse vergleichbares Leben lebt, braucht seine eigene Kunst, die von seinen Gefühlen, seinen Wünschen und Idealen durchdrungen ist. Bogdanov wehrt hier energisch die Einwände derjenigen ab, die behaupten, daß die harten Existenzbedingungen der Arbeiterklasse und ihr noch härterer sozialer Kampf diese hindere – zumindest, solange sie noch nicht an der Herrschaft sei –, sich mit der Schaffung ihrer eigenen Kunst zu befassen. Ganz im Gegenteil: da die Kunst im Leben des Kollektivs eine organisierende Funktion ausübt, wird sie gerade dadurch, daß sie die Gefühle und Ideale der Massen harmonisiert, zum mächtigsten Motor für das

---

12 *A. Bogdanov*, Kul'turnye zadači našego vremeni, Moskau 1911, S. 69.
13 Ebda., S. 80–88.

Wachstum und schließlich den Sieg des Kollektivs. Der Zusammenhalt der Klasse wird dadurch nur größer, daß auf dem Wege der Kunst der begrenzte Raum von Ökonomie und Politik erweitert wird.

Bogdanov äußert sich nicht explizit über die Formen der neuen proletarischen Kunst. „Das überlasse ich anderen, die in diesen Fragen kompetenter sind als ich." Im Hinblick auf ihren Inhalt hält er es aber für „außerordentlich falsch und naiv", wenn man meine, die proletarische Kunst müsse das Leben der Arbeiter beschreiben, ihren *byt* (Lebensformen) und ihren Kampf. Die Welt der Klassenerfahrung, die das Objekt der Klassenkunst ist, ist durch nichts eingegrenzt, sie umfaßt das ganze Sein der Gesellschaft und der Natur. Der Proletarier lebt inmitten von anderen Klassen, mit denen ihn – gleich, ob diese ihm fremd oder feindlich sind – unzählige geistige, ökonomische und soziale Elemente verbinden. Viele dieser Elemente sind dem Proletarier, bewußt oder unbewußt, zu eigen geworden. Und selbst wenn er diese bekämpft, so sind sie doch ein Erbe der individualistischen Klassen, denen der Proletarier abstammt: dem Kleinbürgertum *(meščanstvo)* und dem Bauerntum. Je besser er aber diese Klassen kennt, ihre Psychologie, ihre Organisation, ihre Interessen, desto weniger groß ist auch die Gefahr, daß er sich ihrem kulturellen Einfluß unterwirft und desto leichter wird es für ihn, aus ihrer Kultur das für ihn Nützliche und das, was fortschrittlich ist, zu übernehmen. Auf Grund der organisierenden Funktion der Kultur – „die Formgebung und Festigung einer bestimmten sozialen Organisation"[14] – wird die proletarische Kultur fähig sein, den Arbeitern in ihrer Arbeit, in ihrem sozialen Kampf und ihrer alltäglichen Existenz vieles von dem aufzuzeigen, was ihrem Bewußtsein entgeht[15].

Da die Kunst die menschliche Arbeitserfahrung nicht in abstrakten Begriffen, sondern in lebenden Bildern *(obrazy)* organisiert, ist sie „demokratischer" als die Wissenschaft, den Massen näher und in ihnen weiter verbreitet. Nichtsdestoweniger sieht Bogdanov in der „Demokratisierung des wissenschaftlichen Wissens" *(demokratizacija naučnogo znanija)* die vordringlichste Kulturaufgabe des Proletariats „in unserer Epoche". Hierbei geht es ihm jedoch nicht um die Alphabetisierung und auch nicht um die Aneignung von spezialisiertem Wissen in Einzeldisziplinen oder um die für die bürgerliche Kultur typische Popularisierung von Wissen in größeren Bereichen. Es geht ihm um die „Summe" des bisher in Teilgebiete zerstückelten Wissens, die Rückführung der Spezialisierungen auf die allgemeine Erfahrung und damit auf das „allgemeine System der menschlichen Arbeit". Der Arbeiter braucht eine vereinheitlichende wissenschaftliche Erklärung, ein allgemeines Verständnis vom Zusammenhang der verschiedenen technischen Methoden, die er in der Produktion eigenhändig anwendet, mit den verschiedenen sozialen, ökonomischen und ideologischen Methoden, die für die Organisation der Klasse und das Schicksal des Arbeiters von Bedeutung sind[16].

Die hier vorerst nur postulierte „proletarische Demokratisierung des Wissens" – d. h. die Schaffung einer proletarischen Wissenschaft und einer proletarischen Philosophie – als einheitlicher Organisation der Erkenntnis und der gemein-

---

14 Ebda., S. 51. Bogdanov unterscheidet hier sowie in seinen anderen Schriften drei historische Phasen der Kultur, die jeweils vom Typus der Arbeitsorganisation, d. h. vom technischen Niveau einer Gesellschaft abhängen: die autoritäre, die individualistische und die kollektivistische Kultur.
15 Ebda., S. 74–80.
16 Ebda., S. 54–57.

schaftlichen, kollektiven Erfahrung hat Bogdanov in den nächsten Jahren selbst zu leisten gesucht. Unter dem Titel *Universale Organisationswissenschaft Vseobščaja organizacionnaja nauka)* bzw. *Tektologie (Tektologija)* veröffentlichte er 1913 den ersten Band der „Grundlegung einer Wissenschaft, die die gesamte organisatorische Erfahrung der Menschheit zu vereinigen beabsichtigt"[17]. Schon zuvor hatte er, unter anderem wegen Meinungsverschiedenheiten mit G. A. Aleksinskij über das Konzept der proletarischen Kultur die Gruppe „Vpered" verlassen und war nach Rußland zurückgekehrt. Seine Kameraden in der Emigration, in erster Linie Lunačarskij, setzten Bogdanovs Kulturarbeit zunächst innerhalb der Gruppe „Vpered" fort. Erst als die Gruppe sich nach weiteren Konflikten mit Aleksinskij nahezu auflöste, gründete Lunačarskij in Paris einen eng an Bogdanovs Vorstellungen orientierten „Zirkel der proletarischen Kultur"[18]. Diesem Zirkel gehörten eine Reihe von proletarischen Dichtern und Schriftstellern an, die später alle in der Organisation Proletkul't eine hervorragende Rolle spielen sollten wie etwa P. K. Bessalko, M. P. Gerasimov, A. K. Gastev, F. I. Kalinin, P. M. Keržencev. Ein ähnlicher, ebenfalls von Bogdanov inspirierter Zirkel wurde von dem zukünftigen ersten Präsidenten des Proletkul't, P. I. Lebedev-Poljanski, in Genf gegründet, wo nach dem Ausbruch des ersten Weltkriegs in Anlehnung an diesen Zirkel unter Lunačarskijs Führung die Tätigkeit der Gruppe „Vpered" wieder aktiviert wurde.

Außer verschiedenen Publikationen der ihnen angehörenden proletarischen Schriftsteller ist über die Tätigkeiten der „Zirkel der proletarischen Kultur" in Paris und Genf wenig bekannt geworden[19]. Dagegen beriefen sich gleich in der ersten Nummer der neuen Zeitschrift *Vpered* die Herausgeber Lunačarskij und Lebedev-Poljanskij auf die proletarische Kultur des „Vperedismus" als einem bereits erprobten Kampfmittel gegen den Opportunismus und das bürgerliche Denken der Sozialdemokratie. Die gegenwärtige Krise des internationalen Sozialismus sei der beste Beweis dafür, wie recht die Kameraden der Gruppe „Vpered" gehabt hätten, als „wir die wissenschaftlich-sozialistische Erziehung zur vorrangigsten Aufgabe erklärt haben"[20].

---

17 *A. Bogdanov*, Vseobščaja organizacionnaja nauka (Tektologija), Sankt Petersburg 1913, Bd. 1; Moskau 1917, Bd. 2. Verschiedene überarbeitete Ausgaben erschienen in der Sowjetunion in den 20er Jahren. Eine deutsche Übersetzung liegt vor als: Allgemeine Organisationslehre (Tektologie), Berlin 1926 und 1928, 2 Bde. Zum tektologischen System Bogdanovs vgl. *I. Susiluoto*, The Origins and Development of Systems Thinking in the Soviet Union, Helsinki 1982.

18 Auch wenn Bogdanovs Kulturbegriff wesentlich weiter gefaßt war als derjenige Lunačarskijs, so hat doch Lunačarskij nicht nur während der vorrevolutionären Periode, sondern auch noch in den ersten Jahren nach der Revolution Bogdanovs Programm der proletarischen Kultur stark unterstützt. Eine etwas andere Meinung hierzu wird vertreten von *J.-U. Peters*, Kunst als organisierte Erfahrung, München 1980, S. 121–122. Zu Lunačarskijs Beiträgen zur Ausarbeitung einer proletarischen Kultur, die bei ihm vor allem auf den religiösen Verhaltensweisen und den ästhetischen Bedürfnissen der arbeitenden Menschheit gründet, vgl. *J. Scherrer*, „La crise de l'intelligentsia marxiste avant 1914: A. V. Lunačarskij et le bogostroitel'stvo", in: *Revue des Etudes Slaves*, 1978, 51, 1–2, S. 207–215.

19 Vgl. hierzu *Pervyj sbornik proletarskich pisatelej (Erster Sammelband proletarischer Schriftsteller)*, Sankt Petersburg 1914. Die Einleitung zu dem Band wurde von *Maksim Gor'kij* verfaßt.

20 „Ot redakcii" („Von der Redaktion"), Vpered, 1915, Nr. 1 (25. August 1915).

Lunačarskij hatte sich im Schweizer Exil sehr schnell dem internationalistischen Standpunkt Lenins angeschlossen. Einige Tage später als Lenin kehrte auch er nach Rußland zurück, wo unter seinem Einfluß die Gruppe „Vpered", die sich zunächst „Mežrajoncy" angeschlossen hatte, im Sommer 1917 auf dem sechsten Parteitag in die Bolschewistische Partei überging. Dagegen hat Bogdanov nach seinem Austritt aus der Gruppe „Vpered" nie mehr den Anschluß an die Partei gesucht. Während sich in den Kriegsjahren die Ereignisse überstürzten, suchte Bogdanov, gleichsam dem Appell der Zeitschrift *Vpered* folgend, „die Analyse der gegenwärtigen Situation vom Standpunkt der proletarischen Kultur aus zu leisten"[21]. Der Krieg hätte den Beweis erbracht, daß das Proletariat, indem es sich dem Nationalismus und Chauvinismus der Bourgeoisie beugte, kein unabhängiges Klassenbewußtsein besaß. Ohne eine unabhängige Kultur könne das Proletariat den Sozialismus nicht verwirklichen. Das wäre ein Abenteuer ohne die geringste Chance auf Erfolg, eine neue Lektion von Blut, wahrscheinlich grausamer als die des Kriegs. Deshalb müsse es im gegenwärtigen Moment darum gehen, daß das Proletariat sein Kulturprogramm ausarbeite, die „*Selbstorganisation (samoorganizacija) der Arbeiterklasse*" gegenüber den Führern in den Organisationen, die über das Proletariat herrschten und in ihm einen autoritären Geist und einen blinden Glauben erzögen. Erst die neue proletarische Kultur, die geschaffen werden müsse, ist für Bogdanov auch die „wirkliche Geburt des Sozialismus"[22].

Ähnlich argumentierte Lunačarskij in seinem unmittelbar nach seiner Rückkehr nach Rußland in Maksim Gor'kijs Zeitschrift *Novaja Žizn'* veröffentlichten Aufsatz „Die Kulturaufgaben der Arbeiterklasse". Der Krieg hätte der Arbeiterklasse mit augenfälliger Deutlichkeit die Mängel seiner Kultur gezeigt, und es wäre eine Illusion zu meinen, daß der Sozialismus innerhalb von drei Tagen den alten Tempel zerstören und einen vollständig neuen aufrichten könne. Doch, zumindest im Sprachgebrauch pathetischer als Bogdanov, wies hier Lunačarskij auch darauf hin, wie gerade der Krieg dem Proletariat die Notwendigkeit bewußt gemacht hätte, sich selbst zu organisieren[23].

Als Abgeordneter der Petrograder Stadtduma übernahm Lunačarskij bereits im Frühsommer die stellvertretende Leitung über alle kulturellen Einrichtungen der Stadt, einschließlich des Schulwesens. Im September wurde er Vorsitzender der gerade gegründeten Bildungskommission des bolschewistischen Petrograder Parteikomitees. In dieser Funktion und unmittelbar von seinen ehemaligen „Vpered"-Kameraden unterstützt, rief er zwischen dem 16. und 19. Oktober – die Oktoberrevolution fand am 25. statt – eine erste Konferenz der proletarischen kulturell-aufklärenden Organisationen in Petrograd ein. Aus dieser Konferenz ging die Organisation des Petrograder Proletkul't hervor (Abkürzung für „proletarskaja kul'tura": „proletarische Kultur", oder genauer, für „proletarskie kul'turno-prosvetitel'skie organizacii" (PKPO): „proletarische kulturell-aufklärende Organisationen"). Als Lunačarskij am 27. Oktober von Lenin zum Volkskommissar für Bildungswesen ernannt wird, behält er den Ehrenvorsitz des Pe-

---

21 Ebda.
22 *A. Bogdanov*, Voprosy socializma (Fragen des Sozialismus), Moskau 1918, S. 68–71, 74.
23 *A. V. Lunačarskij*, Kul'turnye zadači rabočego klassa, Petersburg (Sozialist), 1917. Eine erste deutsche Übersetzung erschien bereits 1919, die letzte deutsche Ausgabe erschien in Frankfurt a. M. 1971.

trograder Proletkul't bei. Im Volkskommissariat für Bildungswesen *(Narkompros)* richtet er sofort eine unabhängige „Proletkul'tabteilung" ein, die er mit finanziellen Mitteln ausstattet, und als deren Leiter er den Arbeiterdichter F. I. Kalinin ernennt, einen ehemaligen Teilnehmer der Parteischulen in Capri und Bologna und ein langjähriges Mitglied der Gruppe „Vpered".

Im Februar 1918 wurde unter der Führung von Bogdanov in Moskau ein Proletkul't gegründet, an dessen erster Konferenz, ähnlich wie in Petrograd, Delegierte der Betriebskomitees, der Arbeiter- und Soldatensowjets und der verschiedenen Gewerkschaftsverbände und Kooperativen vertreten waren. Mit der Übersiedlung der Regierung (und der Proletkul'tabteilung des *Narkompros*) nach Moskau spielt der Moskauer Proletkul't die wichtigste Rolle im Lande. Nach einer zweiten Konferenz des Petrograder Proletkul't im Juni 1918 findet vom 15.–20. September 1918 in Moskau die „Erste Allrussische Konferenz der Proletkul'torganisationen" statt. Außer Vertretern der Moskauer und Petrograder Proletkul'te nehmen hieran Delegierte der neuen Proletkul'torganisationen in Kaluga, Klin, Orechovo-Zuevo, Kolpino, Penza, Perm, Smolensk und Tambov teil. Ein Organisationsstatut des Allrussischen Proletkul't wird verabschiedet und ein Allrussischer Rat des Proletkul't mit Sitz in Moskau gewählt. Erster Vorsitzender wird V. I. Lebedev-Poljanskij mit F. I. Kalinin und A. Maširov-Samobytnik als seinen Stellvertretern. Bogdanov wird Mitglied des elfköpfigen Zentralkomitees und als Chefredakteur der bereits seit Juli vom Moskauer Proletkul't herausgegebenen Zeitschrift *Proletarskaja Kul'tura*, die zum Zentralorgan des Allrussischen Proletkul't wurde, bestätigt.

Nur kurze Zeit nach der „Ersten Allrussischen Konferenz" wurden auch die Statuten des dem der Partei analogen Aufbaus der Proletkul'torganisationen verabschiedet und in der *Proletarskaja Kul'tura* veröffentlicht[24]. Demnach konstituieren die Fabriks- und Betriebszellen die Basis des Proletkul't. Die Fabriks- und Betriebszellen sind ihrerseits in den Bezirksproletkul'ten zusammengefaßt, die Instruktorenkurse und Agitationsarbeit organisieren, Studios einrichten für die Bereiche Literatur, Musik, Theater, Bildende Kunst, Leibeserziehung, Ökonomie, Finanzwesen und berufliche Bildung. In den Städten und größeren Industriezentren sind die Bezirkssektionen den Städtischen Proletkul'ten untergeordnet und in der Provinz den Gouvernementsproletkul'ten. Die Städtischen Proletkul'te verfügen oft, wie im Falle von Moskau und Petrograd, über ein eigenes Theater, einen eigenen Verlag, eigene wissenschaftliche Abteilungen und proletarische Universitäten. Die städtischen und Gouvernementsproletkul'te unterstehen direkt dem Allrussischen Rat der Proletkul'te, der seinerseits Abteilungen für Kunst, Theater, Musik, Literatur und Verlagswesen, Wissenschaft, Jugend, Instruktoren und Finanzen unterhält[25].

Mit der „Ersten Allrussischen Konferenz" waren somit die Fundamente für den Ausbau des Proletkul't zu einer kulturellen Massenorganisation gelegt. Als im Oktober 1920 der „Erste Allrussische Kongress" des Proletkul't stattfand, zählte

---

24 *„Plan organizacii Proletkul'ta"* („Der Organisationsplan des Proletkul't"), Proletarskaja Kul'tura, 1919, Nr. 6 (Februar), S. 26–29.

25 Vgl. hierzu *Pervaja Moskovskaja obščegorodskaja konferencija proletarskich kul'turno-prosvetitel'nych organizacij. Tezisy, rezoljucii. Ustav Moskovskogo Proletkul'ta (Die erste Moskauer gesamtstädtische Konferenz der proletarischen kulturell-aufklärenden Organisationen. Thesen, Resolutionen. Statut des Moskauer Proletkul'ts)*, Moskau 1918.

die Organisation laut einer Meldung der sowjetischen Nachrichtenagentur RO-STA 500 000 Arbeiter, die in 350 Sektionen des Proletkul't tätig waren[26]. Diese Sektionen waren am Ende des Bürgerkriegs über ganz Rußland verbreitet bis in die peripheren Gebiete der Ukraine, des Kaukasus, des Urals und Sibiriens (der Proletkul't unterhielt sogar eine Sektion in Vladivostok). Schon 1919 existierten 16 lokale Proletkul'tzeitschriften, und 1920 signalisierte die Verlagsabteilung des Proletkul't die Edition von bisher 10 Millionen Exemplaren literarischer und 3 Millionen musikalischer Werke proletarischer Künstler[27].

Die Praxis des Proletkul't in den ersten Jahren war zu mannigfaltig und zu unterschiedlich, als daß sie auf einigen wenigen Seiten erfaßt werden könnte. Ganz allgemein läßt sich sagen, daß den Theoretikern des Proletkul't die Arbeit in den Studios bzw. „Laboratorien" am wichtigsten schien. Die Studios reflektierten in ihren Augen den kameradschaftlichen Geist, den der Proletarier im Arbeitsprozeß entwickelt hatte und der seine Arbeitsmentalität charakterisierte. Die Studios garantierten die Gleichheit eines jeden Teilnehmers, was auch die Gleichheit der Lehrenden (der sog. Instruktoren) gegenüber den Lernenden bedeutete. Kameradschaftliche Kritik galt als eines der Hauptkriterien der Studioarbeit. Hier sollte das der Bourgeoisie völlig unbekannte Ideal des kollektiven Schaffens verwirklicht, d. h. das proletarische Bewußtsein geschaffen werden. Studios wurden, wie bereits erwähnt, für Theaterarbeit, Literatur, Musik, bildende Kunst, Tanz, Leibesübungen, Wissenschaft, Ökonomie u. a. eingerichtet.

Die Proletkul'tstudios erlebten ihre größte Blüte zur Zeit des Bürgerkriegs. Überall dort, wo die Rote Armee gesiegt hatte, begannen die verschiedensten Proletkul'tstudios ihre Aktivitäten. Vom revolutionären Enthusiasmus ihrer Mitglieder getragen, entsandten die großen Proletkul'tzentren in Petrograd und Moskau dekorierte Agitationszüge mit Theatergruppen, Chören und Rezitatoren an die Front. Im Sommer 1919 richtete die Theaterabteilung des zentralen Proletkul't in Moskau ein spezifisches Frontstudio ein, das während der Denikin-Offensive die Front bereiste und dort mehrere Monate lang Theaterstücke und Konzerte aufführte. In Moskau und Petrograd organisierten die Proletkul'tstudios gigantische Masseninszenierungen anläßlich der Jahrestage der Oktoberrevolution sowie der Feiern für den ersten Mai. Diese Schauspiele fanden unter freiem Himmel statt mit der Beteiligung von Tausenden von Rotarmisten, Matrosen und Arbeitern, zuweilen unter dem Einsatz von Schiffen und Flugzeugen, von Fabriksirenen und Geschützdonner begleitet.

Den Berichten der Zeitgenossen nach waren von allen Proletkul'tstudios die Theaterstudios am populärsten. Oft in enger Zusammenarbeit mit ihnen besorgten die Studios für bildende Kunst die Theaterdekorationen, die Illustrationen der Programmhefte, die Ausgestaltung und Schmückung der öffentlichen Plätze und Straßen für die Massentheateraufführungen. Auch die Dekorationen der Agitationszüge und -dampfer wurden von den Kunststudios ausgeführt, die ferner Plakate und Agitationsbilderbogen entwarfen, Porträts der Politiker und Denkmäler der Revolutionäre schufen. In den Musikstudios spielten vor allem Chöre eine große Rolle, aber auch die Pflege der Folklore etwa durch Balalajka-

---

26 Zitiert von *Gorsen/Knödler-Bunte*, Bd. 1, S. 63. Vgl. auch Proletarskaja Kul'tura, 1920, Nr. 17–19, S. 2, 5, 74: hier werden für 1920 zwischen 400–500 000 Mitglieder des Proletkul't genannt, von denen 80 000 in Studios arbeiten.

27 Zitiert von *G. Gorzka*, A. Bogdanov und der russische Proletkult, Frankfurt 1980, S. 27.

oder Akkordeonspiel. Orchester ohne Dirigenten – d. h. ohne Autorität – waren ganz besonders beliebt, und wenn keine Instrumente zur Verfügung standen, so begnügte man sich gern mit den Klängen und Geräuschen von Maschinen, Dampfpfeifen und Fabriksirenen, Maschinengewehren und Nebelhörnern der Flotte. Maschinen und ihre Rhythmen dominierten ebenfalls den Inhalt wie die Form der neuen proletarischen Poesie, die im Mittelpunkt der Aktivitäten der Literaturstudios standen[28]. Die sehr lebhafte Tätigkeit in den Literaturstudios hat dann 1920 zur Gründung eines unabhängigen proletarischen Schriftstellerverbands geführt, dem schon der im August 1918 in Moskau als überregionale Vereinigung des Proletkul't gegründete „Allrussische Verband der Arbeiterschriftsteller" vorausgegangen war.

Die künstlerischen Experimente der Literatur-, Kunst- und Theaterstudios des frühen Proletkul't waren ziemlich eindeutig von den verschiedensten Strömungen des zeitgenössischen Modernismus wie des Futurismus, Kubofuturismus, Konstruktivismus, Imaginismus beeinflußt, wobei alle diese Strömungen von einem revolutionär-romantischen Überschwang der Gefühle übertönt wurden. Zwar hatten sich die Führer des Proletkul't, vor allem Bogdanov, wiederholt gegen die „dekadenten" Entwicklungen des Modernismus und Futurismus ausgesprochen und für die Einfachheit, Klarheit und vor allem die Reinheit der künstlerischen Formen der neuen proletarischen Kunst plädiert[29], doch ist der Proletkul't letztlich nicht imstande gewesen, eine eigene Ästhetik oder gar eine eigene „Schule" hervorzubringen. Dabei mag auch mitgespielt haben, daß die hauptstädtischen Studios wohl zu stark von den künstlerisch bereits festgelegten bürgerlichen Kulturspezialisten beeinflußt waren wie im Bereich des Theaters von Stanislavskij, Mejerchold, Evreinov, Vachtangov oder im Bereich der Literatur von Belyj, Brusov, Gumilev, Chodasevič, Zamjatin u. a.[30]. Vor allem aber waren die praktischen Erfahrungen des Proletkul't – entgegen den Grundsätzen seiner Theoretiker – zu ungleich, als daß sich eine allgemein verbindliche Ästhetik hätte entwickeln können. Neben künstlerisch elitärer Studioarbeit in Moskau und Petrograd fand sich der Proletkul't in der Provinz und zuweilen auch auf dem Land mit ganz primärer Bildungsarbeit konfrontiert wie der Liquidation des Analphabetismus.

Ohne hier näher auf die Wirkungs- und Organisationsgeschichte des Proletkul't eingehen zu können[31], bleibt zu fragen, wie das vorrevolutionäre Konzept der

---

28 Vgl. *P. M. Keržencev*, „Metody raboty Proletkul'ta" („Die Arbeitsmethoden des Proletkul't"), in: Proletarskaja Kul'tura, 1919, Nr. 6, S. 18–22.

29 *A. Bogdanov*, „Kritika proletarskogo iskusstva" („Kritik der proletarischen Kunst"), Proletarskaja Kul'tura, 1918, Nr. 3, S. 12–21. Ebenfalls *F. I. Kalinin*, „O futurizme" („Über den Futurismus"), in: Proletarskaja Kul'tura, 1919, Nr. 7–8, S. 41–43.

30 Beispiele hierzu bei *K.-D. Seemann*, „Der Versuch einer proletarischen Kulturrevolution in Rußland 1917–1922", in: Jahrbücher für Geschichte Osteuropas, 1961, Bd. 9, S. 179–222. Ebenfalls *L. A. Pinegina*, „Organizacii proletarskoj kul'tury 1920-ch godov i kul'turnoe nasledie" („Die Organisationen der proletarischen Kultur der 20er Jahre und das kulturelle Erbe"), in: Voprosy Istorii, 1981, Nr. 7, S. 84–94 (insbesondere S. 89–90).

31 Hierzu die bereits genannten Arbeiten von *Gorsen/Knödler-Bunte, Seemann, Gorzka, Pinegina*. Ebenfalls *V. V. Gorbunov*, V. I. Lenin i Proletkul't (V. I. Lenin und der Proletkul't), Moskau 1974; *S. Fitzpatrick*, The Commissariat of Enlightenment, Cambridge 1970.

proletarischen Kultur in den ersten Kundgebungen der Organisation Proletkul't umgesetzt wurde. Die von Bogdanov in seinen Analysen der bolschewistischen Revolution vertretene Behauptung – die Verwirklichung des Sozialismus könne nur durch die neue Welt der Kultur geschehen[32] – ist zur Hauptthese des Proletkul't geworden. Ohne den Sieg der proletarischen Kultur könne der Sozialismus nicht vollständig verwirklicht werden, schrieb Poljanskij in seinem programmatischen Artikel in der ersten Nummer des theoretischen Organs des Proletkul't[33]. Es sei ein folgenschwerer Irrtum, so hieß es hier, Kulturaufgaben auf einen späteren Moment verschieben zu wollen. Kultur sei durchaus kein überflüssiges, sekundäres Problem. Nur eine neue proletarische Kultur könne die die Revolution bedrohenden kleinbürgerlich-anarchistischen Kräfte endgültig besiegen, die über breite Teile der Gesellschaft Sowjetrußlands verbreitet seien. Die Bourgeoisie sei nicht nur auf politischer, gewerkschaftlicher und kooperativer Ebene zu bekämpfen, ihr müsse eine selbständige geistige Kultur, die Schöpferkraft des Proletariats, entgegengestellt werden.

Von seiner Gründung an – im Oktober 1917 in Petrograd – lag dem Proletkul't die Auffassung zugrunde, daß die Arbeiterklasse sich dem Sozialismus auf drei parallelen und von einander unabhängigen Wegen nähern sollte: Neben den politischen und wirtschaftlichen Aktionen, die zum Kompetenzbereich der Kommunistischen Partei und der Gewerkschaften und Kooperativen gehörten, stellte der Proletkul't die Kulturarbeit, die aus dem politischen Kontrollmechanismus der Kommunistischen Partei ausgeklammert werden sollte. „So wie die Partei das Laboratorium zur Erarbeitung der politischen Linie für die an der Macht stehende Mehrheit der Kommunisten in den Sowjets ist, um ihr politisches Programm im staatlichen Maßstab zu realisieren, so sind die kulturell-aufklärenden Organisationen des Proletariats das Laboratorium, um das revolutionäre Kulturprogramm des Proletariats in eben diesem staatlichen Maßstab und selbstverständlich im Weltmaßstab zu verwirklichen", hieß es in einem Manifest „Zur Einberufung der Allrussischen kulturell-aufklärenden Konferenz der Arbeiterorganisationen"[34]. Ähnlich wie die Partei nur die politische Avantgarde der Arbeiterklasse, ihre politisch bewußtesten Elemente zuläßt – schrieben die Organisationsstatuten des Proletkul't vor[35] –, nimmt auch der Proletkul't nur die kulturelle Avantgarde des Proletariats auf, das Industrieproletariat, d. h. seine in kultureller Hinsicht am fortgeschrittensten und bewußtesten Elemente. Wie die Partei die Klasseninteressen nicht am reinsten ausdrücken und nicht der wahre Führer der Klasse sein kann, wenn sie sich auf die wenig bewußte Mehrheit des Proletariats stützt, so kann auch der Proletkul't keine reinen Formen der neuen Kultur zu einem harmonischen Ganzen entwickeln, in diesem Sinne den Massen keine wahre Führung geben, wenn seine kulturell-revolutionäre Linie von dem wenig bewußten Niveau der breiten Massen abhängt.

Der Appell an die Elite bzw. an die Avantgarde der Arbeiterklasse führt dazu, daß der Proletkul't für sich ausschließlich die „revolutionär-schöpferische" Arbeit in Anspruch nimmt: die Schaffung einer proletarischen Wissenschaft, Kunst, Lite-

---

32 Hierzu vor allem *Voprosy socializma*, op. cit.
33 *V. Poljanskij*, „Pod znamja'Proletkul'ta'" („Unter dem Banner des ‚Proletkul'ts'"), in: Proletarskaja Kul'tura, 1918, Nr. 1, S. 3–7.
34 „K sozyvu vserossijskoj kul'turno-prosvetetil'noj konferencii rabočich organizacij", in: Proletarskaja Kul'tura, 1918, Nr. 1, S. 24–31.
35 „Plan organizacii Proletkul'ta", op. cit.

ratur und Moral, die in den Lebensformen *(byt)* der Arbeiter gründet. Dagegen verweist er die „erzieherisch-aufklärerische" Arbeit, die Verbreitung der bereits bestehenden Kultur unter den breiten Volksmassen – wozu in Rußland in erster Linie die Alphabetisierung gehörte –, „ohne Unterscheidungen der Gruppen des revolutionären Volkes"[36] an das Volkskommissariat für Bildungswesen. Die Berufung des Proletkul't auf die ideologische Reinheit seiner Arbeit – eine von allen anderen kulturellen Formen scharf abgegrenzte proletarische Klassenkultur – im Unterschied zu den Aufgaben der Staatsapparate, die die Koalition mit den Bauernmassen und den kleinbürgerlichen Elementen der Handwerker, Angestellten und der Angehörigen der freien Berufe zu berücksichtigen hätten, hat von allem Anfang an zu Konflikten mit Vertretern der Gewerkschaften und der Sowjets, aber auch mit Vertretern des Narkompros wie z. B. N. K. Krupskaja geführt. Später hat sich die Kritik der Partei vor allem gegen den Elitecharakter, die Elitekultur des Proletkul't gerichtet, die an die Avantgarde des Industrieproletariats appeliert und nichts mit den breiten Massen zu tun haben will.

„Wir, die Arbeiter", schrieb einer der wenigen Proletkul'ttheoretiker, der selber proletarischer Herkunft war, „können die Erziehung des Volkes nicht mit bürgerlichen Methoden fortführen. Das hieße, im wichtigsten Moment, wo der Geist des Menschen oftmals für sein ganzes weiteres Leben geprägt wird, unserem ärgsten Feind, der Bourgeoisie, die Möglichkeit geben, ihn ihrem Einfluß zu unterwerfen. Wir müssen unsere eigenen sozialistischen Erziehungsmethoden ausarbeiten, die in direkter Beziehung zum sozialistischen Ideal stehen"[37]. Doch die Schaffung einer neuen proletarischen Kultur setzte in den Augen der Proletkul'ttheoretiker keineswegs die Leugnung der vergangenen Kulturen oder des bürgerlichen „Kulturerbes" voraus. Auf den Konferenzen der panrussischen sowie der lokalen Proletkul'te ist immer wieder darauf hingewiesen worden, daß das Proletariat, „um im Bereich von Kunst und Wissenschaft ein eigenständiges Schöpfertum zu entwickeln, zunächst alle kulturellen Errungenschaften der alten bürgerlichen Welt in Besitz nehmen muß. Es muß sich jedoch allen Früchten der alten Kultur gegenüber kritisch verhalten und sie nicht nur als Schüler, sondern als Erbauer, der aufgerufen ist, unter Ausnutzung der lebenskräftigen Elemente der Vergangenheit, ein neues Gebäude zu errichten"[38].

V. T. Kirillovs berühmt-berüchtigtes Gedicht „Wir" („My"), in dem er seine Mitproletarier aufforderte, „Verbrennen wir Raffael im Namen unseres Morgen, Zerstören wir Museen und zertreten wir die Blüten der Kunst" ist von den Proletkul'ttheoretikern nie wörtlich aufgefaßt worden, wie ihnen das später die Partei und, mit einer einzigen Ausnahme, bis heute die sowjetische Literaturkritik unter dem Schlagwort „Nihilismus" vorwirft[39]. Viel eher wurde das Gedicht als Enthu-

---

36 *V. Poljanskij*, „Pod znamja ‚Proletkul'ta"*, op. cit.
37 *F. I. Kalinin*, „Proletariat i tvorčestvo" („Das Proletariat und die Schaffenskraft"), in: Proletarskaja Kul'tura, 1918, Nr. 1, S. 9–12.
38 *Pervaja Moskovskaja obščegorodskaja konferencija*, op. cit., S. 55. Vgl. ebenfalls *Protokoly pervoj vserossijskoj konferencii proletarskich kul'turno-prosvetitel'nych organizacijach (Protokolle der ersten panrussischen Konferenz der proletarischen kulturell-aufklärenden Organisationen)*, Moskau 1918, S. 5–6.
39 Zum „Nihilismus" des Proletkul'ts, besonders *V. V. Gorbunov*, „Kritika V. I. Leninym teorij Proletkul'ta ob otnošenii k kul'turnomu naslediju" („V. I. Lenins Kritik an den Theorien des Proletkul't über das Verhältnis zum kulturellen Erbe"), in: Voprosy Istorii KPSS, 1968, Nr. 5, S. 83–92. Unlängst hat *L. A. Pinegina*, op. cit., einen weitaus differenzierteren Standpunkt vertreten.

siasmus des Glaubens an die kollektive Arbeit und an die Revolution aufgefaßt[40], zumal derselbe Kirillov nur kurze Zeit später in einem Gedicht den „leuchtenden Puschkin" und andere russische Klassiker „Freunde und Verbündete der proletarischen Dichter" nannte. In ihrer Anerkennung des „kulturellen Erbes" verwerfen die Proletkul'ttheoretiker auch den Vorschlag eines Proletkul'tisten, die Akademie der Wissenschaften als Produkt der Bourgeoisie abzuschaffen. Das Proletariat habe vorläufig noch keine eigenen ausreichenden Kenntnisse im Bereiche von Wissenschaft und Technik entwickelt. Die eigene proletarische Kultur gebe es noch nicht[41].

Worum es den Theoretikern bei der Begriffserörterung der proletarischen Kultur vor allem ging, war das „selbständige Schöpfertum" des Proletariats – denn „das Proletariat muß sein eigenes Bewußtsein besitzen"[42]. Neue Methoden der schöpferischen Tätigkeit des Proletariats von seiner kollektiven Arbeitserfahrung her zu erarbeiten, wurde zum Selbstverständnis des Proletkul't überhaupt[43]; wobei die schöpferische Neugestaltung, die sich der Proletkul't zum Ziel setzte, in einem gleichsam totalen Anspruch das Alltagsleben des Proletariats wie seine Politik, Ökonomie, Technik und Wissenschaft umfaßte. Für die „Sozialisierung der Wissenschaft", in Bogdanovs Augen der Kernpunkt der proletarischen Kultur, wurde eine proletarische Universität gegründet, deren Existenz allerdings nur ein kurzes Experiment darstellte, und eine proletarische Enzyklopädie geplant[44], wobei sich Bogdanov bei den beiden Unternehmungen unmittelbar auf das Vorbild der Parteischulen in Capri und Bologna berief.

Wie war es jedoch mit der immer wieder beschworenen, zum Programm erhobenen Forderung der schöpferischen Selbsttätigkeit *(samodejatel'nost')* und Selbständigkeit *(samostojatel'nost')* des Proletariats in der Praxis des Proletkul't bestellt? Auf den Seiten des Zentralorgans des Proletkul't, der *Proletarskaja Kul'tura*, sucht man vergeblich nach Modellen für eine selbständige proletarische Literatur- und Kunstpraxis in den Studios oder Klubs. In den Abhandlungen der Proletkul'ttheoretiker finden sich kaum Nachweise darüber, wie der Proletkul't die praktischen Aufgaben in seinem Konzept einer proletarischen Kultur verarbeitet hat. Gewiß suchten die Theoretiker das Proletariat zu aktivieren, in dessen Namen sie sprachen. Doch inwieweit war der Proletkul't wirklich eine proletarische Massenorganisation? Inwieweit ging die Bewegung wirklich von der Initiative der Arbeiter selbst aus?

---

40 Vgl. P. L., *„Bibliografija" („Bibliographie")*, in: Proletarskaja Kul'tura, *1918, Nr. 1*, S. 34; ebenfalls „Bibliografija", in: Proletarskaja Kul'tura, *1918, Nr. 2, S. 35.*

41 „Chronika Proletkul'ta" („Chronik des Proletkul't"), in: Proletarskaja Kul'tura, *1918*, Nr. 2, S. 32–33.

42 A. Bogdanov, „Čto takoe proletarskaja poezija?" („Was ist die proletarische Poesie?"), in: Proletarskaja Kul'tura, 1918, Nr. 1, S. 12–22.

43 Wie der Kulturbegriff des Proletkul't an Bogdanovs Modell der Überwindung der kapitalistischen Arbeitsteilung durch den fortschreitenden Technisierungs- und Industrialisierungsprozeß der Arbeit orientiert ist, hat *Bogdanov* selbst am besten gezeigt in „Puti proletarskogo tvorčestva. Tezisy" („Wege des proletarischen Schaffens. Thesen"), in: Proletarskaja Kul'tura, 1920, Nr. 15–16, S. 50–52.

44 A. Bogdanov, „Proletarskij universitet" („Die proletarische Universität"), in: *A. Bogdanov*, O proletarskoj kul'ture (Über die proletarische Kultur), Moskau 1925, S. 238–262.

Wie erwähnt, hatten die exklusiven Mitgliedsbestimmungen des Proletkul't nur eine sich aus der Spitzenindustrie rekrutierende Arbeiterelite im Auge. Ungelernte oder auch unbeschäftigte Arbeiter sowie Arbeiter, die noch eng mit dem Land verbunden waren – ganz zu schweigen von Bauern, Angestellten und Angehörigen der Intelligencija –, wurden von den Theoretikern des Proletkul't, die meist selber aus der Intelligencija kamen, für unfähig gehalten, eine proletarische Kultur zu kreieren. Freilich gab es von Anfang an auch einige andere Stimmen im Proletkul't – allerdings nicht auf Seiten seiner Theoretiker –, die diesen auch Arbeitern mit einem niedrigen Bildungsstand öffnen wollten. Für die Praxis aber haben sich die Debatten um die Mitgliedschaft im Proletkul't als nahezu irrelevant erwiesen. Denn obwohl als elitäre Klassenorganisation konzipiert, wuchs sich der Proletkul't innerhalb kürzester Zeit zu einer Massenorganisation aus, deren Rekrutierungspolitik von den ausschlaggebenden Zentren nicht kontrolliert werden konnte. Die lokalen Proletkul'te, die in der Provinz und, entgegen dem Konzept der Proletkul'tführer, sehr oft auch auf dem Lande entstanden, waren im Hinblick auf die Klassenreinheit ihrer Mitglieder alles andere als wählerisch, eine Tatsache, die anschaulich in den Provinzzeitschriften der Proletkul'te sowie auch in den frustrierten Reden der Proletkul'tführer in Moskau und Petrograd zum Ausdruck kam. Mehr und mehr hatten die lokalen Organisationen dem völlig unzureichenden Bildungsstand ihrer Mitglieder Rechnung zu tragen, so daß sich ihre Kompetenzen oft nicht mehr von denen der staatlichen, dem *Narkompros* unterstehenden außerschulischen Bildungsorganisationen unterschieden. Die in den Statuten des Proletkul't festgesetzte Trennung von „proletarisch-schöpferischer" und „kulturell-aufklärerischer" Arbeit ließ sich somit nicht aufrechterhalten. Die Theorie der proletarischen Kultur und die Praxis des Proletkul't wuchsen in kürzester Zeit immer weiter auseinander, wofür Bürgerkrieg und Kriegskommunismus in entscheidender Weise verantwortlich waren. Nicht nur, daß sich unter diesen Voraussetzungen der Proletkul't weitaus mehr auf Agitation und Propaganda konzentrierte als auf die eigenständige schöpferische Tätigkeit des Proletariats; eine Kontinuität der Mitgliedschaft der Arbeiter und zumal der Elite der Arbeiter war unter den Kriegsbedingungen ausgeschlossen. Durch Mobilisierung der Arbeiter an die Front, durch Zerstörung oder Schließung von Spitzenindustrien ging in diesen Jahren die Zahl der Arbeiterschaft und insbesondere die der qualifizierten Arbeiter sehr stark zurück. Somit war der Proletkul't am Ende des Bürgerkriegs etwas ganz anderes als eine rein proletarische Organisation[45].

Die Proletkul'tführung selber rekrutierte sich vorwiegend aus Angehörigen der Intelligencija, was immer wieder Anlaß zu erregten Debatten gab und auch zu vorsichtigen Rechtfertigungen über die Rolle der sich mit der Arbeiterklasse verbundenen Intelligenz bei der Schaffung der proletarischen Kultur führte. Wie-

---

45 Eine ausführliche Darstellung der sozialen Zusammensetzung der Proletkul'torganisationen zur Zeit des Bürgerkriegs gibt die amerikanische Historikerin Lynn Malley in ihrer vor kurzem an der Universität Berkeley abgeschlossenen Dissertation, die demnächst von der University of California Press veröffentlicht wird. Im Unterschied zu allen anderen westlichen Forschern, die über den Proletkul't arbeiteten, hat Lynn Malley erstmals Zugang zu sowjetischen Archiven gehabt, was ihr ermöglichte, eine Sozialgeschichte des frühen Proletkul't zu schreiben. Ich bin *Lynn Malley*, deren Manuskript ich für die vorliegende Untersuchung mit großem Gewinn gelesen habe, zu herzlichem Dank verpflichtet.

derum war es der Arbeiterschriftsteller und Proletkul'ttheoretiker Kalinin, der sich hierzu am klarsten äußerte: „Die zu uns stoßende Intelligenz kann, wenn nötig, mit uns, ja sogar für uns denken, sie kann aber nicht mit uns empfinden"[46]. Wenn der Intellektuelle das Leben und die Umweltbedingungen des Arbeiters erforscht, und wenn es um die Systematisierung der Erfahrungen und um logisches Denken geht, so kann er, wie vordem Marx selbst, für den Arbeiter denken und ihm den richtigen Weg für die Entwicklung seines Bewußtseins weisen. Geht es aber um das Unbewußte – Kalinin sagt „Unterbewußtsein" –, um die Gefühlswelt des Arbeiters – und das ist schließlich die proletarische Kunst –, so ist der Intellektuelle machtlos.

Kalinin plädierte auch in der sogenannten „Professionalismusdebatte" des Proletkul't dafür, daß Arbeiter durchaus professionelle Künstler wie Literaten, Musiker, Schauspieler, bildende Künstler werden sollten[47]. Demgegenüber fürchteten andere Theoretiker des Proletkul't – oftmals diejenigen, die selbst der Intelligencija angehörten –, daß der Arbeiter, einmal losgerissen von der Werkbank und den Prozessen der physischen Arbeit, sich auch von der Arbeiterklasse und ihren Interessen entferne. Aus dem Produktionsprozeß herausgerissen, so argumentierte Pletnev, der zwischen 1920 und 1932 Präsident des Proletkul't war, verfällt der proletarische Künstler leicht einer technizistischen Denkweise, die jener der bürgerlichen Spezialisten ähnelt. Statt den Arbeiter aus dem Produktionsprozeß herauszureißen und ihn auf künstlerischem Gebiet einzusetzen, sollte man lieber direkt eine Kunst der Arbeit kreieren. Schließlich sei jeder Arbeiter fähig, Kunst zu schaffen, und es bestünde kein Grund, um eine von der Masse der Arbeiter abgelöste Gruppe von Arbeiterkünstlern ins Leben zu rufen[48]. Kalinins Argumentation hierauf war einfach: Wenn man Arbeiter erst nach ihrer erschöpfenden Fabrikarbeit zur Ausübung von künstlerischen Tätigkeiten heranzöge, dann sei ihre Kunst allein schon aus Zeit-, und Müdigkeitsgründen zur Mittelmäßigkeit verurteilt.

Noch befanden sich die theoretischen Debatten der Proletkul'tführer auf ihrem Höhepunkt, als langsam, nach dem Ende des Bürgerkriegs, die schöpferische „Selbsttätigkeit" der Massen nachzulassen begann. Das Interesse an der Arbeit in den Studios erlahmte, vor allem aber schwand der revolutionäre Enthusiasmus. Schien im Elan und in der Euphorie des Kriegskommunismus eine radikale Veränderung der Gesellschaft durchaus möglich, so wurden diese Erwartungen mit der von Lenin im Frühjahr 1921 eingeführten Neuen Ökonomischen Politik (NEP) endgültig abgedrosselt. Der mit der NEP von der Partei oktroyierte soziale und wirtschaftliche Kompromiß mit den Bauern und bürgerlichen Spezialisten, die Restauration kapitalistisch-kleinbürgerlicher Verhältnisse, kurz die gewünschte Stabilisierung einer „gemischten" Gesellschaft, war mit den kompromißlosen Vorstellungen des Proletkul't gegenüber allen nicht-proletarischen Elementen sowie einer „reinen" Arbeiterelite, die die neue Kultur schaffen sollte, nicht in Einklang zu bringen[49].

---

46 *F. I. Kalinin*, „Proletariat i tvorčestvo" („Das Proletariat und die Schaffenskraft"), op. cit.
47 *F. I. Kalinin*, „O professionalizme rabočich v iskusstve" („Über den Professionalismus der Arbeiter in der Kunst"), in: Proletarskaja Kul'tura, 1919, Nr. 7–8, S. 29–31.
48 *V. F. Pletnev*, „O professionalizme" („Über den Professionalismus"), ebda., S. 31–37.
49 Nicht nur die Proletkul'ttheoretiker, sondern auch zahlreiche proletarische Dichter, hierunter Kirillov und Gerasimov, empfanden die NEP als Verrat an der Revolution

Als kulturelle Massenorganisation ist der Proletkul't seit der Einführung der NEP und insbesondere seit der zweiten Hälfte von 1921 in einem steten Auflösungsprozeß begriffen. Im November 1921, zur Zeit des „Zweiten Allrussischen Kongresses", zählt der Proletkul't nur mehr 5 000 Mitglieder, die in 40–50 Proletkul'torganisationen aktiv waren[50]. Im Frühjahr 1922 wurde dem Proletkul't die finanzielle Unterstützung durch den *Narkompros* gestrichen, und bereits im Sommer des vorangegangenen Jahres hatte das theoretische Zentralorgan des Proletkul't, gefolgt von zahlreichen Proletkul'tzeitschriften in der Provinz, sein Erscheinen eingestellt. Bogdanov selbst war schon im Dezember 1920 nicht mehr in das Zentralkomitee des Proletkul't gewählt worden. Er verließ den Proletkul't endgültig, als dieser kurze Zeit später dem Volkskommissariat für Bildungswesen unterstellt wurde, das sich seinerseits nach den Direktiven der Partei zu richten hatte. Wohl aber hat er noch eine Reihe von Jahren im Namen der proletarischen Kultur geschrieben, während sich Lunačarskij, von seinem Amt her gezwungen, mehr und mehr von den Proletkul'tideen distanziert. Nach einer Reihe von Peripetien wird der Proletkul't 1925 dem „Allrussischen Zentralrat der Gewerkschaften" unterstellt und, nachdem er einige Jahre nur so dahinvegetiert, 1932 endgültig aufgelöst.

Gewiß läßt sich der rasante Rückgang des Proletkul't nicht ausschließlich durch die sich seit Ende 1920 steigernden Parteidirektiven und Lenins seit Ende 1919 zunehmende Opposition gegen den Proletkul't erklären[51]. Doch war für Lenin zweifellos die Autonomie, die der Proletkult gegenüber der Partei einnehmen wollte – zu einem Zeitpunkt, als es ihm um die Konsolidierung der Partei ging – unakzeptierbar. Hinzu kam die Rolle, die sein alter Rivale Bogdanov im Proletkul't spielte. Den alten Konflikt mit dem ehemaligen Führer der „Vpered"-Gruppe aufgreifend, läßt Lenin im Herbst 1920 eine Neuausgabe des 1909 im wesentlichen gegen Bogdanov geschriebenen Buchs *Materialismus und Empiriokritizismus* erscheinen. In dem neu verfaßten Vorwort heißt es, daß „unter dem Schein der ‚proletarischen Kultur' von Bogdanov bürgerliche und reaktionäre Anschauungen eingeführt worden" seien[52]. Lenin hätte die Bogdanovščina gefürchtet, er sei „gegen eine mit der Partei konkurrierende Arbeiterorganisation" gewesen, behauptete später Lunačarskij[53]. Doch ganz abgesehen von dem Konflikt mit Bogdanov hatte Lenin einen Begriff der Kulturrevolution, der sich höchst pragmatisch auf die konkreten russischen Lebensbedingungen bezog. Um aus der „halbasiatischen Kulturlosigkeit" herauszukommen, plädierte er vorerst einmal für die schrittweise Beseitigung des Analphabetismus und die Einführung der elementarsten Bildung unter den breiten Massen, d. h. insbesondere unter der Bauernschaft. Diese von ihm geplante langfristige Bildungsarbeit sollte den „allgemeinen Aufschwung der Kultur und des Wissens" mit den „brennendsten

---

und erhoben bittere Anklagen gegen sie. Gerasimov trat sogar aus Protest gegen die NEP aus der Partei aus.
50 *P. A. Bugaenko*, A. V. Lunačarskij i literaturnoe dviženie 20-ch godov (A. V. Lunačarskij und die literarische Bewegung der 20er Jahre), Saratov 1967, S. 36.
51 Ausführlich über die Kritik Lenins und der Partei am Proletkul't vgl. *Gorsen/Knödler-Bunte*, op. cit., Bd. 1; *Seemann*, op. cit.; *V. V. Gorbunov*, V. I. Lenin i Proletkul't, op. cit.
52 *V. I. Lenin*, Polnoe sobranie sočinenij (Gesammelte Werke), 5. Auflage, Bd. 14, S. 11.
53 Aus einer Rede *Lunačarskijs* in der Presseabteilung des Zentralkomitees der Kommunistischen Partei am 9. Mai 1924, in: V. I. Lenin o literature i iskusstve (V. I. Lenin über Literatur und Kunst), 3. Auflage, Moskau 1967, S. 684.

ökonomischen Bedürfnissen" des Landes verbinden. „Mit Analphabeten kann man bei der Elektrifizierung nichts anfangen, und auch die einfache Schulbildung reicht hier nicht aus"[54]. Statt der „Erfindung" einer neuen proletarischen Kultur plädierte er für die „Entwicklung der besten Vorbilder, Traditionen und Resultate der existierenden Kultur"[55]. In seinem letzten Text, „Lieber weniger, aber besser", kam er noch einmal auf die Debatte zurück: „Uns dürfte für den Anfang eine echte bürgerliche Kultur genügen"[56].

Verwarf Lenin ganz generell die Vorstellung von einer „Erschaffung" oder „Schöpfung" einer Kultur – die sozialistische Kultur wächst seiner Meinung nach aus den vergangenen Kulturen auf gleichsam natürliche Art und Weise heraus –, so schien ihm insbesondere unter den Bedingungen der NEP eine von allen anderen kulturellen Formen scharf abgegrenzte Klassenkultur, wie sie der Proletkul't anstrebte, nur eine weitere „Kinderkrankheit" der Linken. Die sich jetzt verstärkende Kritik am Proletkul't, das kulturelle Erbe der Vergangenheit zu leugnen – „die proletarische Kultur fällt nicht vom Himmel"[57] –, vermag nicht zu verbergen, daß gerade zu diesem Zeitpunkt der politischen Entwicklung Sowjetrußlands Lenin und die Partei keine Entwicklung der Kultur akzeptieren können, die nicht unter ihrer Kontrolle steht.

Angesichts der hier nur angedeuteten sozialen und politischen Ursachen für das Scheitern des Proletkul't muß auch die Frage gestellt werden, inwieweit die Arbeiter selbst von der Erschaffung einer „reinen" Klassenkultur überzeugt waren. Bisher liegen keine Untersuchungen über das kulturelle Selbstverständnis der jungen sowjetischen Arbeiterschaft vor. Doch was das Kulturverständnis der russischen Arbeiter vor dem Kriege bzw. vor der Revolution angeht, so ist bekannt, daß dieses durchaus den Vorstellungen der traditionellen Kultur entsprach. Und es ist anzunehmen, daß auch nach der Revolution das Proletariat weitgehendst dem bürgerlichen Kulturverständnis verhaftet war. Hat somit vielleicht Lenins traditionelle Vorstellung von Kultur derjenigen der Arbeiter eher entsprochen als die Vorstellung von einer erst noch zu erschaffenden Kultur, für die Bogdanov und seine Kameraden plädierten, die sich die Arbeiter aber eben doch nicht recht vorstellen konnten?

Der Appell an das Proletariat, sich durch konsequente Klassenselbsttätigkeit die proletarische Kultur zu erarbeiten, scheint nach allem, was über den frühen Proletkul't bekannt ist, weithin ungehört geblieben zu sein. Die Voraussetzungen für ein eigenständiges proletarisches Schaffen schienen nicht erfüllt zu sein. War es zweifellos ein Verdienst des Proletkul't, die Frage der Kultur als zentrale Frage der Revolution gestellt zu haben, so ist es den intellektuellen Verfechtern der proletarischen Kultur doch nicht gelungen, hierfür die proletarische Avantgarde – für Bogdanov „die neue Aristokratie" – zu mobilisieren. Hatte vielleicht Bogdanov indirekt recht, wenn er konstatierte: „Die Arbeiterklasse kann der Welt nicht das geben, was sie selbst nicht hat"?[58] Gewiß war eine von allen anderen kulturellen Formen scharf abgegrenzte Klassenkultur, so wie sie der Proletkul't anstrebte

---

54 *V. I. Lenin*, „Die Aufgaben der Jugendverbände", in: *W. I. Lenin*, Ausgewählte Werke in zwei Bänden, Berlin 1955, Bd. 2, S. 786.
55 *V. I. Lenin*, „Nabrosok" („Entwurf"), in: Leninskij Sbornik, Bd. 35, S. 147–148.
56 *V. I. Lenin*, „Lušče men'še, da lušče", in: Pravda, 29. 3. 1923, ebenfalls in *V. I. Lenin*, Polnoe sobranie sočinenij, Bd. 33, S. 445.
57 *V. I. Lenin*, „Die Aufgaben der Jugendverbände", op. cit., S. 784.
58 *A. Bogdanov*, Voprosy socializma, op. cit., S. 73.

und so wie sie im wesentlichen in Bogdanovs Theorie formuliert wurde, weitgehend indifferent gegenüber den gesellschaftlichen Widersprüchen, die sich für das Proletariat durch die rückständigen Bedingungen Rußlands ergaben. Doch bleibt es ein Verdienst des frühen Proletkul't sowie seiner schon in der vorrevolutionären Epoche tätigen Theoretiker, erkannt zu haben, daß sich das Proletariat in seinem geistigen Leben nicht mit den wenigen Elementen der Kultur zufrieden geben kann, die die Gründer des wissenschaftlichen Sozialismus formuliert hatten[59].

---

59 Die vielfältigen, zuweilen indirekten Auswirkungen, die der Proletkul't auf eine Reihe literarischer Gruppen und auf die Herausbildung ihrer Theorien während der 20er Jahre hatte – und möglicherweise auch, zumindest in einigen Bereichen, auf den „sozialistischen Realismus" –, sind bisher nicht untersucht worden.

Danielle Tartakowsky

Von der Ablehnung dominanter Kultur zu ihrer produktiven Veränderung. Die Entwicklung der Kulturpolitik der KPF in der Zwischenkriegszeit*

Die auf Krieg und Nachkriegszeit folgenden sozialen Strukturveränderungen bewirkten innerhalb der französischen Arbeiterklasse einen enormen Kulturverlust, bei dem bestimmte Formen der von der Facharbeiterschaft getragenen Kultur der Arbeit (siehe den Beitrag Rebérioux), des Generalstreiks, des revolutionären Syndikalismus und auch des Arbeiterliedes einer *„Armenkultur"* weichen mußten. Gleichzeitig entwickelte sich jedoch eine *neue politische Kultur*, die in den zwanziger Jahren hauptsächlich von der kommunistischen Partei vertreten wird und die im Mittelpunkt dieses Beitrages stehen soll.

Ab 1924 schafft sich die Partei ihr eigenes Bildungssystem, konstituiert sich als intellektuelles Kollektiv und kann damit der Arbeiterklasse mit jenen Parteiintellektuellen dienen, über die diese vor dem Krieg nicht verfügte. In ihrem Bericht an die UdSSR fordert die Partei für sich eine eigenständige Rezeption des Marxismus[1], womit sie zu dessen weiterer Verbreitung beiträgt[2]. Durch ihr Eingreifen werden die Bedingungen des ideologischen und politischen Kampfes in Frankreich grundlegend verändert. Indem sie die herrschende Klasse dazu zwingt, die Formen ihrer Hegemonie neu zu strukturieren, gewinnt sie einen indirekten Einfluß auf den Kulturbereich. Diese Fähigkeit, sich durch die Entwicklung von Gegenpraktiken dem herrschenden ideologischen System zu entziehen, hat dennoch ihre Grenzen, die sich mit denen der damaligen Systemkrise decken. Sobald sie auf diese Grenzen stößt, nimmt die Kommunistische Partei, deren erklärtes Ziel es ist, sich in ihrer Rolle als „Partei neuen Typs" zu bestätigen, den herrschenden Praktiken und Werten gegenüber (die häufig doch mit ihren eigenen übereinstimmen) eine ablehnende Haltung ein. Diese Vorgehensweise, sich ihrer Klassenidentität zu versichern, bleibt besonders im Kultursektor (hier verstanden in seiner traditionellen Bedeutung) bis zur Wende von 1931/32 spürbar. Kunst und Kultur, denen die Sozialistische und Kommunistische Partei eine Zeitlang einen moralischen und didaktischen[3] Wert zuerkannt hatten, geraten zu

---

* Soweit nicht anders angegeben, sind alle zitierten Werke in Paris erschienen

1 Marx wird von den kommunistischen Verlagen, vor allem auf dem Umweg über Lenin, neu entdeckt. Ihre Art der Lektüre ist politischer ausgerichtet als die der II. Internationale, wo das Schwergewicht auf der ökonomischen Lektüre liegt. Sie geben insbesondere den „historischen" Texten von Marx den Vorzug: Klassenkämpfe in Frankreich, Der XVIII. Brumaire etc.

2 Vgl. zu den ersten beiden Punkten: *D. Tartakowsky*, Les premiers communistes français, formation des cadres et bolchévisation, (Presses de la fondation nationale des sciences politiques) 1980.

3 Die von der *Humanité* bis 1923 organisierten ländlichen Feste lassen sich in den Rahmen der traditionellen ländlichen Feste der Sozialisten einordnen. Albert Doyen, der die „Volksfeste" leitet, veranstaltet Symphoniekonzerte, in denen er zur „Kommunikation" aufruft; Léo Poldès, der Initiator des „Club du Faubourg" (Vorortverein), führt Einakter auf und betont 1922 in einer Festrede die didaktische Funktion der Kunst. Er

Beginn der 20er Jahre plötzlich in Mißkredit und werden, wie übrigens auch eine bestimmte Form von Bildung, dem Bereich der Unterhaltung zugeordnet. Bei mangelnder Achtsamkeit ist diese Unterhaltung dazu geeignet (und vielleicht liegt ihr Sinn sogar genau darin), die proletarischen Massen dem politischen Kampf, dem sie verpflichtet sind, zu entziehen. So schreibt 1925 der Verantwortliche für Kaderschulen der Kommunistischen Partei: „Diese immer noch weit verbreitete Theorie, nach der das Proletariat das „Gute", das „Wahre", das „Schöne", das „Edle" und all die anderen, den Krämerseelen so sehr am Herzen liegenden Werte verteidigen solle, ist nichts als eine kleinbürgerliche Erfindung." Er fährt fort: „Das „Gute" heißt für das Proletariat Kampf der Bourgeoisie, das „Wahre" heißt Entlarvung der kapitalistischen Ausbeutung und des sozialistischen Verrats, das Erkennen des Faschismus unter der Maske des Radikalen und des Sozialismus, das „Schöne" bedeutet, die Bourgeoisie zu Boden zu werfen und die rote Fahne auf dem Elysée zu hissen. Der von einem echten Wissensdurst ergriffene Arbeiter wird über die Allgemeinbildung in den Bereich bürgerlicher Wissenschaft gedrängt und dazu gebracht, den Kampf aufzugeben, um sich in die Reihen des Feindes einzuordnen... In einem kapitalistischen System ist Allgemeinbildung gleichbedeutend mit bürgerlicher Bildung... Wer sich proletarische Wissenschaft aneignen will, ist gezwungen, sich in den Kampf zu stürzen."[4] In seinem Richard Hoggart gewidmeten kritischen Text erinnert Michel Verret daran, „daß eine Kultur nur dann eine andere dominieren kann, wenn es ihr gelingt, die andere dazu zu bringen, ihre Werte anzuerkennen und zu akzeptieren; ein Prozeß, der sich gleichermaßen auf Vereinnahmung und Ausgrenzung gründet."[5] Die, wenngleich nicht von *der* Kommunistischen Partei, so doch zumindest von einem ihrer Kader aufgestellten Konzeptionen (die Parteiführung kümmerte sich damals nicht um den Kultursektor) bestärken die Arbeiterklasse in ihrer Randstellung (die durch die Entstehung der roten Vorstädte noch wesentlich verstärkt wird) und verbieten ihr (außer durch Revolution) jeglichen Übergriff auf die herrschende Kultur. Die Arbeiterklasse wird also dazu gebracht, die Ausgrenzung, d. h. die Lage, in der die herrschende Ideologie sie halten will, zu verinnerlichen. Letzten Endes erweisen sich diese Konzeptionen als der herrschenden Ideologie unterlegen, womit sie objektiv zu deren Reproduktion beitragen. Auf konkreter Ebene führen sie zu Desinteresse an Kultur und kulturellen Aktivitäten, wobei letztere in den Augen der Kommunistischen Partei nur dann eine Existenzberechtigung haben, wenn sich ihre Agitpropfunktion (nach sowjetischem oder deutschem Vorbild) herausstellt.[6]

---

erklärt: „Mit der Aufführung bestimmter Stücke werden wir das Publikum erreichen, und daraus wird sich sicherlich ein Zuwachs für unsere Partei ergeben." (Nationalarchiv, F 7, Bericht vom September 1922).

4 *A. Bernard*, Rôle et méthode de l'enseignement léniniste, 1925. Diese noch 1931 dominierenden Konzeptionen dienen der Kommunistischen Partei als Ausgangspunkt ihres Angriffs auf das staatliche Schulsystem. Anläßlich des 50. Jahrestages des Ferry-Gesetzes wird die staatliche Schule als bürgerlich bezeichnet. Die Positionen der Partei werden von der kommunistischen Provinzpresse insbesondere in den Gegenden, wo der Schulkrieg am heftigsten tobt, nur unzureichend vertreten.

5 *M. Verret*, Sur la culture ouvrière, in: La Pensée, Nr. 163, Juni 1972.

6 Ein Modell, das nur formal reproduzierbar ist (wie die Art der Graphik zeigt, die damals in den Verlagen der Kommunistischen Partei vorherrschte). In der UdSSR ist die herrschende Ideologie geschlagen, in Deutschland erlebt sie eine Krise, die zur kulturellen Blüte von Weimar führt, von der die proletarische Kultur profitiert. In Frankreich geschieht nichts dergleichen.

Für die Arbeiterkulturorganisationen, die sich im Fahrwasser der Kommunistischen Partei dennoch halten oder entwickeln, bleibt diese Situation nicht folgenlos. 1923 spaltet sich die Arbeitersportbewegung. Zwei neue Organisationen werden gegründet, von denen eine, die F.S.T. (Fédération Sportive du Travail) für sich in Anspruch nimmt, im Bereich des Sports den Klassenstandpunkt zu vertreten. Die F.S.T., die davon ausgeht, daß der Sport nur einer der beiden Parteien des Klassenkampfes dienen dürfe – „entweder nützt er der Bourgeoisie dazu, das Proletariat zu vernichten und es dazu zu bringen, die sich ständig verschärfende, den Krieg vorbereitende Ausbeutung zu akzeptieren oder aber, in den Dienst der Arbeiterklasse gestellt, wird der Sport zum Mittel der physischen Vorbereitung des Kampfes, der zum Sturz der Ausbeuter führen wird" –, stellt sich auf den zweiten Standpunkt und verstärkt ihre Bemühungen, den bürgerlichen Sport zu entlarven.[7] Der Verband französischer Arbeitertheater (F.T.O.F.), der 1931 nach dem Vorbild von Piscators Proletarischem Theater gegründet wird, sieht sich gleichermaßen als der revolutionären Bewegung untergeordnet und beabsichtigt, alle künstlerischen Intentionen mit dem revolutionären Ziel in Einklang zu bringen.[8] Der Verband vereint die Arbeitertheatergruppen[9], die in den meisten Fällen (genau wie Jazzgruppen, Blasorchester und Chöre) von den arbeiterbesetzten Stadtverwaltungen finanziert werden. Letztere werden so zum eigentlichen Ort, an dem kulturelle Praktiken geschaffen und strukturiert werden.

Diese Kulturpraktiken, die in keiner Weise mit den Vorbildern, auf die sie sich berufen,[10] konkurrieren können, müssen eher den Praktiken der Vorkriegszeit zugerechnet werden, mit denen sie mehr als nur die Tatsache verbindet, daß auch sie zur Gegenkultur zählen. Sie bestehen indessen gleichzeitig mit avantgardistischen Kulturkonzeptionen und Praktiken, die sicherlich mehr auf die Initiative eines zur Partei gehörenden Intellektuellen als auf einen Globalentwurf zurückzuführen sind, und doch sind sie im Rahmen einer so weitreichenden Verantwortlichkeit vorgeschlagen und entwickelt worden, daß sie für die gesamte Partei eine Verpflichtung darstellen.[11]

In den zwanziger Jahren versucht die Kommunistische Partei, sich eher mit solchen Intellektuellen zu verbünden, die sich im pazifistischen Kampf des Weltkrieges einen Namen gemacht hatten und von denen sie sich eine Festigung ihrer

---

7 *T. Davet*, Du sport rouge au sport populaire en France, Magisterarbeit, Paris VIII, 1972. *Sylviane Paoli*, Le sport travailliste en France sous le Front Populaire, 1934–1939, Magisterarbeit, Paris I, 1984.

8 *M. Faure*, Le groupe Octobre, Paris 1977.

9 In ihm sind 1935 170 Gruppen zusammengeschlossen, von denen 40 sehr aktiv sind.

10 Lunatcharsky schrieb: „Stellen Sie sich den Glanz vor, den unsere Volksfeste ausstrahlen können, wenn es den Unseren gelingt, ganze Massen nach dem Rhythmus der Musik in Bewegung zu setzen; tausende und abertausende von Menschen, keine ungeordneten Massen, sondern pazifistische Armeen, die von einem einzigen Gedanken an Ordnung und Schönheit beherrscht und getragen sind", zitiert im: Bulletin communiste, Nr. 22, 30. Mai 1924.
Für das von der *Humanité* 1924 in Graches veranstaltete Fest „bolschewistischer Prägung" versucht man sich an diesem Ideal andersartiger Volksfeste zu orientieren und organisiert einen offenen provokatorischen pazifistischen Aufmarsch, der zum Teil verboten wird. Der Ventilcharakter dieses Festes ist noch sehr stark.

11 Wir haben absichtlich Initiativen wie die Gründung der *Revue marxiste*, die zwar auf Kommunisten zurückzuführen sind, aber außerhalb der Parteiarbeit unternommen werden, außer acht gelassen.

Position verspricht. An einem Bündnis mit den Avantgardisten, die nach einer führenden Rolle im Kultur- und Theoriebereich strebten, war sie weniger interessiert. Diese Orientierung, die bald darauf zum Austritt der Surrealisten führt, hat zur Folge, daß solchen Intellektuellen Verantwortlichkeiten auch kultureller Art übergeben werden, die nach offensichtlich politischen Kriterien ausgewählt wurden. Diese sind dennoch nicht weniger von avantgardistischen Ideen beeinflußt und setzen diese auf ihre Art und Weise um. So räumt Léon Moussinac, der von 1923 bis 1934 die Filmsparte der *Humanité* gestaltet, ausländischen und französischen Avantgarde-Filmen einen dem real möglichen Verständnis dieser Thematik seitens des *Humanité*-Lesers (allgemeiner: das breite Publikum) nicht entsprechenden Raum ein. Er zögert nicht, Filme (wie den „Napoleon" von Abel Gance) einerseits aufgrund der in ihnen vertretenen Ideologie zu verdammen, andererseits wegen ihrer filmischen Qualitäten zu loben und die Besonderheiten des filmischen Ausdrucks in den Vordergrund zu stellen. Mit der Gründung der „Amis de Spartacus" (die Spartakusfreunde) im Jahre 1928 übernimmt er schließlich die entscheidende Rolle in der Verbreitung des sowjetischen Films in Frankreich, wo trotz der Verbote Filme von Eisenstein, Poudovkin etc. vorgeführt werden.[12] Paul Vaillant-Couturier, der neben anderen führenden Funktionen den Posten des Bürgermeisters von Villejuif übernimmt, entwickelt im Rahmen der Stadtverwaltung eine eigene Städtebau- und Schulpolitik, deren Krönung der Bau des Karl-Marx-Schulzentrums ist, der 1933 von Jean Lurçat durchgeführt wird.[13]

Das für diese Jahre typische Fehlen einer eigenen Kulturpolitik (der Begriff ist eher anachronistisch und hier nicht wirklich zutreffend) führt zu einer Vielfalt von Praktiken, von denen einige dem Avantgardismus und andere der Arbeitergegenkultur entstammen. Ein als Proletkult verstandener Diskurs verleiht ihnen eine gewisse Form von Einheit. Um diese Situation zu kennzeichnen, ist der Begriff der Heterogenität eher geeignet als der des Eklektizismus. Diese Heterogenität, die weit davon entfernt ist, eine Besonderheit des Kulturellen zu sein, charakterisiert nun eine Partei, deren Bolschewisierungsprozeß sicherlich dahin geht, den Diskurs zu vereinheitlichen, in dem aber weiterhin mannigfaltige Praktiken genau wie zahlreiche andere Komponenten nebeneinander bestehen. Hierbei handelt es sich um nichts anderes als um den Konstituierungsprozeß einer Partei neuen Typs.

Erst in den Jahren 1930–1934, in denen die Kommunistische Partei eine Wende vollzieht, deren Ziel in der Eroberung der Massen[14] liegt, sieht sich die Partei veranlaßt, diese erste Entwicklungsstufe einzuleiten und neben anderen neu zu diskutierenden Fragen erstmals Überlegungen über die Kultur als solche anzustrengen. Im Februar 1931 betont Maurice Thorez in seiner Rede vor der Nationalkonferenz, in der Gewerkschaftsfragen diskutiert wurden, die Notwendigkeit, neben der Bildungsarbeit für Gewerkschaftsangehörige auch „kulturelle Aktivitäten" zu entwickeln. Er erklärte, „daß dies eine Möglichkeit sei, den Kontakt zu den Massen erneut aufzunehmen ... Wir müssen den Angehörigen der Gewerk-

---

12 *Yves Blavier*, La critique cinématographique de Léon Moussinac, Magisterarbeit, Paris I, 1985.
13 Annie Burger, La politique municipale de Villejuif dans l'entre-deux-guerres, Magisterarbeit, Paris I, 1985.
14 *D. Tartakowsky*, Le tournant des années trente, in: Le P.C.F., étapes et problèmes, (Editions Sociales) 1981.

schaft Bildung und Unterhaltung anbieten ... Wir sind zu leicht bereit, diese Aufgabe unseren Gegnern zu überlassen ... Zu Unrecht nimmt man an, daß Kommunisten und Unitarier verbissene Menschen seien, denen das Lachen fremd ist und die vernünftige Unterhaltung ablehnen."[15]

Diese ersten Überlegungen werden in den *Cahiers du Bolchévisme* weiter ausgeführt. Unter der Überschrift „Eine revolutionäre Kulturpolitik" wird ein Artikel veröffentlicht, dessen Titel alleine schon ein Ereignis darstellt. Der Autor, der niemand anderes ist als der Verantwortliche der Agitpropsektion des Zentralkomitees, schreibt: „Erst jetzt, zehn Jahre nach der Gründung der Kommunistischen Partei, beginnen wir, uns mit dem Problem einer parteieigenen Kulturpolitik zu befassen und uns der Wichtigkeit kultureller Aktivitäten und Organisationen des Proletariats bewußt zu werden. Bedeutet das, daß es innerhalb der Arbeiterklasse weder kulturelle Aktivitäten noch entsprechende Organisationen gibt, die diesen Bedürfnissen entgegenkommen? Sicher nicht, doch es fehlen revolutionäre Aktivitäten, die die bürgerliche Kultur mitsamt ihren Bestandteilen ins Wanken bringen und in der revolutionären Erziehung wie auch im Kampf der Massen eine entscheidende Rolle einnehmen." Mit einer impliziten Polemik gegen Maurice Thorez fährt er fort: „Es scheint uns, daß wir eine Kulturpolitik nicht nur brauchen, um nicht als „verbissene Menschen" dazustehen; denn für die Partei können sich die Grundlagen einer Kulturpolitik keineswegs aus „Lachen" und „Entspannung" ableiten."[16] Abschließend betont er den erzieherischen Wert der Kultur und die sich für die Partei ergebende Notwendigkeit, „die Orientierung und den Charakter der Kulturbewegung, die hier als Mittel zum Kampf gegen die bürgerliche Ideologie verstanden wird, festzulegen.

„Wenngleich die Kultur politischen Zwecken untergeordnet bleibt, wird nun doch zumindest der Akzent auf ihre Bedeutung, ihre Besonderheit und ihre Inhalte gesetzt.

Um den Schritt von einer reinen Bewußtwerdung zur konkreten Umsetzung der Kulturpolitik zu schaffen, braucht die Kommunistische Partei in jedem Falle Unterstützung. Angesichts der sich abzeichnenden faschistischen Bedrohung und der Kriegsgefahr gelingt ihr dies auch: Auf Initiative von Henri Barbusse, Francis Jourdain, Charles Vildrac und Paul Vaillant-Couturier wird 1932 die Vereinigung revolutionärer Künstler und Schriftsteller (A.E.A.R.) gegründet, die das Konzept einer neutralen Kunst und Literatur ablehnt und sich zur Aufgabe stellt, eine revolutionäre Literatur und Kunst zu schaffen, mit der die in Frankreich aufkommende faschistische Literatur und Kunst besser zu bekämpfen ist.[17]

Die Kommunistische Partei, die sich nun nicht mehr nur auf irgendwelche Größen beruft, deren mobilisierende Wirkung sie ausnutzt, sondern auf die *kollektive* Mobilisierung von Intellektuellen zurückgreifen kann, unternimmt von nun an eigenständige Initiativen auf *zentraler* Ebene. Sie verfolgt vor allem die Entwicklung massenwirksamer Kulturformen und engagiert sich für die *Erarbeitung* ei-

---

15 Discours de Thorez et Frachon à la conférence nationale des 28 février et 1er mars 1931, veröffentlicht vom Sekretariat der Kommunistischen Partei.
16 *C. Servet*, in: Cahiers du bolchévisme, Nr. 5, Mai 1931.
17 *N. Racine*, L'A.E.A.R., in: Le mouvement social, Januar–März 1966. Der Verband zählt nach einjährigem Bestehen 550 Mitglieder, die verschiedenen Sektionen angehören: Literatur, Kunst, Architektur, Musik, Theater, Kino und Photographie.

ner „französischen marxistischen Literatur".[18] Bisher hatte sie sich darauf beschränkt, von anderen geschaffene Produkte zu *verbreiten*. 1932 wird die Arbeiteruniversität gegründet, die den in den alten Volkshochschulen herrschenden Eklektizismus ablehnt und ihre Lehren auf einem „lebendigen Marxismus" aufbaut. Sie richtet sich an ein verschiedenartigeres und breiteres Publikum als die Kaderschulen, die weiterbestehen bleiben und gleichzeitig einen Aufschwung erfahren.[19] Im Januar 1933 erscheint *Regards*, eine Zeitschrift, die durch die Qualität ihrer Aufmachung und ihrer Photos bald zu den bekanntesten Massen-Illustrierten der damaligen Zeit zählt.

Das *Fest der Humanité*, das sich bisher nicht wesentlich von den traditionellen ländlichen Festen der Arbeiterschaft unterschieden hatte, und auf das zu diesem Zeitpunkt ein besonderes Augenmerk gelegt wird, ist ein gutes Beispiel für die Originalität des kulturellen Wirkens, die aus der Begegnung der Kommunistischen Partei mit jenen Intellektuellen entsteht, deren Streben sich auf eine revolutionäre Kultur für ein verändertes Publikum richtet. Die A.E.A.R., die zur Haupttriebfeder dieser Bemühungen wird, bringt die bisher eher divergierenden Beiträge, die F.T.O.F., F.S.T., Arbeiterblasorchester und andere an sie herantragen, miteinander in Einklang. Es gelingt ihr, diese Veranstaltung, die vorher aus nichts anderem als einer Reihe aufeinanderfolgender Schaunummern bestand, in ein wirkliches Volksfest umzuwandeln, wobei auf den in den zwanziger Jahren entwickelten Ausdrucksformen aufgebaut wird. Diese erhalten jedoch durch Vereinheitlichung eine neue Tragweite. Da Frankreich im Vergleich zu Rußland und Deutschland weder dieselben revolutionären Umwälzungen noch denselben Aufschwung sogenannter linker Kunst gekannt hat, und sich hier – anders als in diesen Ländern – keine bedeutende proletarische Literatur[20] herausbildete, ist klar, daß diese Feste auf der Stufe von Protestveranstaltungen mit Ventilcharakter stehenbleiben. Aufgrund ihrer Konzeption und der häufig erstmals eingesetzten neuen technischen Mittel haben sie dennoch eine tiefgreifend erneuernde Funktion.[21] Sie tragen dazu bei, die Ausdrucksformen einer Partei zu verändern,

---

18 Die ersten Resultate sind in der Reihe *Problèmes* und in den damals von den kommunistischen Verlagen veröffentlichten *Cahiers du contre enseignement prolétarien* zu finden.

19 Zwischen 1932 und 1936 besuchen 7000 Studenten die Volkshochschule, 1937 sind es 2000.

20 Trotz des von Henri Barbusse unternommenen Versuchs, in der *Humanité* einen Wettbewerb proletarischer Literatur zu organisieren. Die besten Texte werden 1934 vom Verlag der Kommunistischen Partei unter dem Titel: *Les ouvriers parlent* (Die Arbeiter sprechen) veröffentlicht.

21 Die Organisatoren des Festes schreiben: „Wir müssen uns all der Mittel bedienen, die uns die bürgerliche Veranstaltung mit ihren Techniken vormacht. Die Bourgeoisie benutzt die Veranstaltungen, um das Proletariat zu betäuben, es einzuschläfern, indem sie es seiner ureigenen Waffe beraubt: der Erfahrung mit der Technik. Wir wollen das revolutionäre Theater zu einem machtvollen Propagandamittel gegen die Bourgeoisie machen und den bereits erwähnten Theaterformen unsere eigenen Ausdrucksformen hinzufügen. Dialoge sollen auf ein Minimum reduziert werden, um auf der Bühne eine Massenbewegung zu inszenieren, eine kollektive Aktion zu gestalten, die diejenigen, die in lebendiger Art und Weise die Gefühle der Masse vertreten, mit eben dieser Masse vereinen." (*Humanité*, 22. September 1934). In der Tat werden Mikrophone benutzt, es wird eine für Massenveranstaltungen dieser Art geeignete Bühne geschaffen und man setzt Scheinwerfer ein, um Abendveranstaltungen zu ermöglichen.

die gleichlaufend mit der Politisierung des Theaters die Theatralisierung der Politik erlernt[22] und nunmehr zur Gestaltung ihrer Propaganda auf avantgardistische Techniken und einige der bekanntesten Künstler zurückgreifen kann. Das beste Beispiel ist die anläßlich der Kampagne von 1936 unternommene Inszenierung von *La vie est à nous* (Das Leben gehört uns). Unter dem Einfluß dieser Massentreffen und ihrer Arbeit zugunsten einer Veränderung von proletarischer Kultur und Ausdrucksformen der Partei modifizieren die Intellektuellen auch ihre eigenen Praktiken[23]. (So erhöht Jacques Prévert die Anzahl der Sprechchöre, die er zum ersten Mal bei einem *Fest der Humanité* eingesetzt hatte[24]). Die sich unter dem Druck der Ereignisse von 1934 neuorientierenden Intellektuellen und andere *Kulturbereiche* nehmen, wie auch die gesamte Partei, im Sinne einer *Verteidigung der Kultur* (deren Umsetzung durch die Neustrukturierung der A.E.A.R. zu einem „Kulturzentrum" unter der Leitung von Aragon konkrete Formen annimmt) an all den Demonstrationen und Festen teil, die die Entwicklung zur Volksfront begleiten.[25] Sie bestimmen deren Sprache und Gestus, und unter dem Eindruck einer kulturellen Osmose, deren Ursprünge zu suchen nutzlos wäre, tragen sie dazu bei, die später so genannte Ästhetik und Kultur der Volksfront zu prägen.[26]

Die Partei, die angesichts der Krise und des drohenden Faschismus ihre nationale Verantwortung neu definiert, will sich nicht mehr darauf beschränken, in entscheidender Weise in den Bereich der *Volkskultur* einzugreifen. Sie proklamiert sich als Erbin der von der herrschenden Klasse abgelehnten nationalen Werte, ruft dazu auf, diese „wieder aufzuwerten" und verteidigt die in gleichem Maße wie Landwirtschaft und Industrie von der Krise betroffene Kultur, die genau wie jene einem Reichtum zugehört, den nur das Volk zur Blüte bringen kann und soll.[27] Im Oktober 1936 findet eine erste Sitzung des Zentralkomitees über diese Thematik statt, in der die Kultur als „Gesamtheit der produktiven Arbeit

---

22 Anläßlich des Festes von 1932 greift Péri in das Bühnengeschehen ein, nachdem 250 Künstler die Internationale vorgetragen haben. 1933 tritt Marcel Cachin am Ende des letzten Aktes auf die Bühne, um inmitten der 120 Schauspieler, vor einem Vorhang, auf dem ein die *Humanité* schwenkender Arm abgebildet ist, seine Rede zu halten usw.

23 Die Intellektuellen verdanken dieser Begegnung vor allem ein neues Verhältnis zu den Massen und ein Gefühl für das Gigantische. Um das zu fördern, schaffen sie neue Formen der Zusammenarbeit. *René Blech* schreibt in seinem Bericht über die Umstrukturierung der A.E.A.R. in Kulturzentren: „Die Sektionen der A.E.A.R. wandeln sich zu autonomen Organisationen, die von den hervorragendsten ihrer Mitglieder geleitet werden. Da aber jede der Künste den anderen gegenüber *solidarisch* ist, das Theater beispielsweise nicht nur Autoren, sondern auch Maler, Dekorateure, Musiker usw. braucht, stellt der Zusammenschluß in Zentren, die von einem Verwaltungsausschuß, in dem alle Organisationen (Union des théatres indépendants, Union des écrivains, Fédération de la musique populaire, Ciné liberté, etc....) vertreten sind, das die Arbeit der Einzelnen in rationaler Weise verbindende Moment dar." in: (*Humanité*, 21. Januar 1937)

24 *M. Fauré*, Op. cit.

25 1937 beträgt ihre Mitgliedzahl 65 000.

26 1984 erzählt der Maler Jean Amblard in einem Interview mit Noelle Gérome, wie er durch sein Mitwirken an der Herstellung dieser auf Transparente übertragenen Fresken, die 1936 inmitten riesiger Menschenmengen auf den Straßen entfaltet wurden, Raumerfahrungen machte und die Gewohnheit annahm, in Flächenbegriffen zu denken.

27 Der Kongreß von Villeurbanne, Januar 1936.

des Menschen in Raum und Zeit"[28] definiert wird. Dem nun in seinem weitesten Sinne gefaßten Kulturbegriff wird die über lange Strecken ins Abseits gedrängte Volkskultur zugeordnet, woraus sich die Möglichkeit zum Entwurf einer *nationalen Kultur* ergibt. Der Kongreß von Arles, auf dem dem Recht auf Kultur die gleiche Bedeutung zugemessen wird wie dem Recht auf Brot, Frieden und Freiheit, ruft dazu auf, diese nationale Kultur nicht nur zu verteidigen, sondern auch zu *entwickeln*.[29]

Die Überlegungen zu Kultur und Kulturpolitik und die durch den Sieg der Volksfront entstandene veränderte Lage veranlassen die Partei zu einer Differenzierung und Ausweitung ihrer Interventionsformen auch in den schulpolitischen Raum hinein.

Zunächst kommen diese Interventionen auf parlamentarischem Wege zum Ausdruck. Georges Cogniot, Referent des Bildungsbudgets und Vizepräsident der Kommission für Unterrichtsfragen, fordert im Namen der Kommunistischen Gruppe die Verlängerung der Schulpflicht auf 15 Jahre. Er schlägt vor, den dreihundertsten Jahrestag des „Discours de la méthode" und den einhundertfünfzigsten Jahrestag der französischen Revolution zu begehen. Weiterhin legt er nahe, Hitlers „Mein Kampf" zur Pflichtlektüre zu erheben, und damit den Bewußtwerdungsprozeß über die sich zusammenbrauenden Gefahren zu fördern. Da die Kulturpolitik von der Verfügbarkeit realer Mittel abhängt, protestiert er 1937 gegen die Unzulänglichkeit des Schulbudgets. Joanny Berlioz, seinerseits Referent des Kunstbudgets, fordert die Bildung eines Ministeriums für französische Kunst und plädiert für eine wagemutige, aber gleichzeitig volksnahe Kulturpolitik. Er präsentiert der Kammer folgende Frage: „Warum sollen Theatervorführungen, Kunstausstellungen, Symphoniekonzerte, Denkmalsbesichtigungen und Vorträge über ein Zeitalter, eine Lebens- oder Denkweise nicht zu den eigentlichen Sozialleistungen zählen?"

Die Politik der Kommunistischen Partei gegenüber den von ihr mitentwickelten Kulturorganisationen und den auf dem Höhepunkt ihrer Entwicklung angelangten Kulturzentren drückt sich wesentlich indirekter aus. Louis Aragon, der im Februar 1937 die erste Konferenz der Kulturzentren der Ile de France leitet, betont die Notwendigkeit einer neuen Orientierung. Er erklärt: „Die Orientierung an den gegebenen Verhältnissen bedeutet, große Anstrengungen auf sich zu nehmen, um Technik und Qualität im Bereich von Kunst, Literatur, ... in den Griff zu bekommen. Es ist ein unermüdlicher Einsatz um die Entwicklung und den Fortbestand der Kultur, eine immense Forschungsarbeit nach den Reichtümern der Vergangenheit ..., eine systematische Mobilisierung der französischen Intelligenz im Sinne einer systematischen Kenntnis unseres Landes, seiner Werke und aller Möglichkeiten, die es birgt ... Dies bedeutet, und mit einem gewissen Nachdruck muß ich darauf verweisen, daß wir uns in der tiefen Überzeugung, daß alles, was der Kultur dienlich ist, auch dem Menschen auf seinem Wege in die Zukunft nützt, ernsthaft und andauernd bemühen müssen, unsere Aktivität im Bereich der Kultur zu *entpolitisieren*. Entpolitisieren heißt nicht Unterwerfung. Ich will damit sagen, daß diesem Pseudogeschwätz über Parteipolitik und der anmaßenden Zurschaustellung von Überzeugungen, die im allgemeinen weniger fundiert als marktschreierisch sind, ein Ende gesetzt werden muß. Gleichzeitig

---

28 *Paul Vaillant-Couturier, au service de l'esprit*, (Bureau d'édition) 1936. Zum selben Zeitpunkt werden die Kulturzentren um ein Technikzentrum erweitert.
29 Kongreß von Arles, Dezember 1937.

müssen wir unser Handeln entpolitisieren und es mit der Politik der französischen Regierung in Einklang bringen."[30] Um die Möglichkeiten einer solchen Politik für die breite Masse zur Realität werden zu lassen, gründet die Kommunistische Partei 1937 die Organisation *Tourisme et Loisirs* (Tourismus und Freizeit). Diese bietet erschwingliche Wochenendreisen an: in die Provinz, zur Weltausstellung nach Paris und im Sommer 1937 zum Aufenthalt von einer bis drei Wochen in der Provinz.[31]

Die aktive Unterstützung der Kulturpolitik der Volksfront schließt eigene Interventionen seitens der Partei nicht aus. Diese manifestieren sich vor allem in den von ihr dominierten Stadtverwaltungen, wo sich auf der Basis eines festgefügten (zum Teil kulturellen) Assoziationsnetzes ein echtes „lokales Hegemonialsystem" bildet, das bis zu Beginn der sechziger Jahre bestehen bleibt. So wird die Stadtverwaltung von Montreuil, die 1935 von der Kommunistischen Partei übernommen wurde, zu einem der „größten Kulturzentren der Pariser Vorstadt".[32] Dort wird 1935 die Arbeiteruniversität von Montreuil begründet, noch im gleichen Jahr entsteht ein Jugendkulturzentrum, schließt sich die Ortsgruppe von „Ciné-Liberté" zusammen, wird die Gesellschaft der Freunde von Alt-Montreuil gebildet, und Jacques Duclos und Daniel Renoult gründen das Museum für lebendige Geschichte. Dieses Museum repräsentiert einen Akt der Verwurzelung der Kommunistischen Partei in der republikanischen und revolutionären Geschichte der französischen Nation.[33]

Zu guter Letzt wird die Intervention der Partei im Bereich der Theorieproduktion spürbar, die einen quantitativen Aufschwung erfährt und neuerlichen Veränderungen unterliegt. In verstärktem Maße werden unveröffentlichte theoretische Werke verlegt. So erscheinen die *Etudes Philosophiques* (Studien zur Philosophie), die *Ecrits sur l'Art et la Littérature*[34] (Schriften über Literatur und Kunst) und 1939 der erste Band des *Kapitals*, wofür der Verlag *Costes* bis zu diesem Zeitpunkt alle Rechte auf sich vereint hatte. Auch in *Commune* erscheinen zahlreiche unveröffentlichte Texte. Es handelt sich vor allem um Texte aus den Schriften von Marx, Lenin oder Boukharin, in denen diese sich auf Fragen der Kunst oder allgemeiner auf ideologische Fragen beziehen. Geht es auch darum, den Marxismus zu analysieren, dessen Verbreitung die Partei sowohl auf quantitativer als auch auf qualitativer Ebene sehr fördert, spürt man doch überall die zeitbedingten Probleme. Gegenüber dem Vorwurf, es handele sich hier um eine ausländische Doktrin, betont die Partei deren französische Ursprünge. Zur Feier des 120. Geburtstages von Karl Marx schreibt Etienne Fajon: „Man muß sich bewußt sein, daß Entstehung und Inhalte des Marxismus grundlegend vom französischen Element geprägt sind." Er fährt fort: „Das französische Denken ist eine der Hauptquellen der marxistischen Theorie; die französische Arbeiterbewegung lieferte Marx einen so reichen Erfahrungsschatz, daß er häufig seine Taktik für den Kampf des Proletariats und der Volksmassen darauf aufbaut."

---

30 *Humanité*, 25. Februar 1937.
31 Das erste dieser Wochenenden wird zu Pfingsten 1937 veranstaltet, kostet alles inklusive 155 Francs und umfaßt zwei Tage Aufenthalt in Saint Malo (mit freiwilliger Exkursion zum Mont Saint Michel oder ins Tal der Rance). Eine Stadtbesichtigung von Saint Malo, die von Jean Bruhat organisiert wird, ist vorgesehen.
32 *Claude Willard/José Fort*, Montreuil sous le bois, (Messidor/Temps actuels) 1982.
33 *Maurice Cassier*, „P.C.F. et région Parisienne", in: Société Française Nr. 3, 1982.
34 Zeitschrift der A.E.A.R. und später die der Kulturzentren.

Auch wenn es darum geht, neue Entwicklungen zu forcieren, bei denen der Philosophie die Geschichte und der Dialektik der Materialismus vorgezogen werden, berücksichtigt man besonders diese „französischen Ursprünge". Die damals von den Verlagen der Partei herausgebrachten Reihen *Socialisme et Culture* und *Les Classiques Français du Marxisme* sind für diesen aus der Volksfront entstandenen Marxismus charakteristisch. Erstere hat zum Ziel, „die weitgefächerten humanistischen und sozialistischen Strömungen zu unterstützen". Sie richtet ihr Hauptaugenmerk auf den französischen Rationalismus, auf die Materialisten der Antike und des 18. Jahrhunderts und auf die utopischen Sozialisten (der *Nietzsche* von Lefebvre stellt eine Ausnahme dar). Die zweite dieser Reihen beabsichtigt, „den Beweis für die kraftvolle Lebendigkeit des sozialistischen Denkens zu liefern und die brüderliche Annäherung zwischen sozialistischen und kommunistischen Arbeitern zu vereinfachen" und bringt eine Neuauflage des alten guesdistischen Gedankenguts, dem Jaurès' Texte über die Kolonialfrage hinzugefügt werden.

Eine Untersuchung der vor dem Arbeitskreis „Neues Rußland" gehaltenen Vorträge, die unter dem Titel *A la Lumière du Marxisme* (Im Lichte des Marxismus) veröffentlicht wurden, sowie eine Studie über die Zeitschrift *La Pensée*, die 1939 als „Zeitschrift des modernen Rationalismus" gegründet wurde, würden zu keinen anderen Ergebnissen führen.

Muß man angesichts dieser Entwicklung darauf schließen, daß die proletarische Kultur zugunsten der Verteidigung der nationalen Kultur und zugunsten der Herausbildung einer parteieigenen Kultur verschwunden ist? Wenn man sich mit einer starren Definition von proletarischer Kultur begnügen will, was gleichbedeutend mit einer radikalen Ablehnung wäre, lautete die Antwort „Ja". Sie lautete „Nein", wenn man wie Michel Verret der Meinung ist, daß die proletarische Kultur auf diese Weise ein anderes Gesicht bekommt, „daß sie aufhört, sich in ihrer Passivität, als einfaches Duplikat der herrschenden Kultur oder Überlebensort eingefahrener Verhaltensweisen, zu präsentieren, ... und nunmehr in aktiver, dynamischer und erobernder Weise eine neue Kultur vertritt, deren Verhältnis zu den verselbständigten Formen der herrschenden Kultur nicht mehr als ein Verhältnis von Vereinnahmung und Ausgrenzung bezeichnet werden kann."[35]
Zu dieser Entwicklung hat gerade die Kommunistische Partei entschieden beigetragen.

---

35 *M. Verret*, Op. cit.

Stefano Musso

Skilled Metal Workers and Fascist Unions in Turin in the 1930s

1. Deskilling: of Workers or of Work?

From the second half of the 1920s to the outbreak of the Second World War, the main technical and organizational innovations in Turin motor car industry – which had an influence in the qualification and classification of the workers – were the line in the assembly departments, and the special-purpose machine tools in manufacturing.[1] The reference model was fordism, but the degree of innovation, and the choice among semi-special, special or single-purpose machines, were connected to the scale of output: the difference in market structure remained large, and the Fiat organization can be defined as an adaptation of fordism to lower scale and less standardized production. In the years between 1928 and 1938, Fiat had 42 (15 basic) models of cars and 22 lorries. Single-purpose machines found little utilization, while semi-special, flexible machines were as good as the American ones. Level of output, size of internal and external market, technical equipment and work organization were not in Fiat substantially different from other big European firms. The subdivision and simplification of work in assembling and manufacturing, led to a large use of unskilled workers in direct production departments, as can be seen by the change in categories of workers and corresponding wage levels in the Turin car industry (see tables 1, 2, 3). But skill was still required in moulding, in maintenance and tool-making; furthermore, the prevailing kind of machine-tools implied a large use of set-up men to adapt machines, with jigs, fixtures and other attachments, for a specialized production which was changing from time to time. Indirect labour force (maintenance men, tool-makers, set-up men, labourers for internal transports) was 45 % at Fiat in 1921, 36 % at Citroën in 1927, and 39 % at Renault in 1937.[2]

Differences in distribution of labour force by categories between Fiat (standardized production) and Ansaldo (big engineering constructions), provide evidence that where unskilled or semi-skilled labour was largely used, as it was in Fiat, a higher ratio of high skilled workers was necessary to organize machinery equipment for unskilled labour (see table 4, 5).

A widespread thesis in Italian labour history stresses the importance of deskilling between the wars, for the stability of the fascist domination: through elimination of the influence of trade skills in the manufacturing processes, taylorism had weakened the working class as a whole, by displacing skilled workers, who represented the militant vanguard of Labour. This thesis is based on an inexact vision

---
[1] On work organization at Fiat until the second world war, see *V. Castronovo*, Giovanni Agnelli, Torino, Utet, 1971. *G. Sapelli*, Organizzazione, lavoro e innovazione industriale nell'Italia tra le due guerre, Torino, Rosemberg e Sellier, 1978. *D. Bigazzi*, Gli operai della catena di montaggio: la Fiat 1922–1943, in Fondazione Feltrinelli "Annali", 1979–80. *S. Musso*, L'operaio dell'auto a Torino, in "Classe", n. 14, 1977; *id.*, Americanismo e politica salariale alla Fiat tra le due guerre, in "Classe", n. 22, 1982.
[2] *S. Musso*, Il cottimo come razionalizzazione, in Torino tra liberalismo e fascismo, Milano, Angeli, 1986.

of the transformations occurred in labour force composition: deskilling of work, the real process of loss of professional content in many workplaces, must not be mistaken for deskilling of workers, i.e. the declassing of single craftsmen compelled to less skilled tasks, which did not take place in metal industry. The growing weight of metal and machinery industry in national economy, the increase of employment in this branch during the years of taylorism and fordism, suggest that the demand for skilled workers was not being reduced; their number was on the contrary growing, although their weight in total labour force was decreasing. In Turin (province), metal workers were 34,000 in 1911, reached 49,000 in 1927 and 98,000 in 1939. Fiat workers increased from 3,000 in 1913 to 57,000 in 1939; at the Lingotto plant from 6,927 in 1923 to 16,250 in 1938.

Besides the quantitative growth, we must consider the qualitative one: the development of new branches, like machine-tools and aircraft constructions, where accuracy and low scale production required a bigger ratio of skilled labour. In traditional sectors like food, wood, leather, where mechanization was at the beginning, occupational opportunities were growing for fitters and maintenance men.

The importance of skill remained great in characterizing employment conditions. In 1921, Trade Unions estimated at 40 % the average wage advantage of skilled workers in comparison to labourers.[3] Until the end of the 1930s, differences in wage rates did not diminish (see table 6). Payment by results reduced the disadvantage for semi and low skilled workers (see table 7), since the high skilled ones were normally excluded from piece-work; but for the latter existed merit increases outside collective bargaining. Skilled workers also had better social welfare services and shorter unemployment periods.

2. TRAINING AND EVENING COURSES FOR WORKMEN: WORKERS CAREER BETWEEN MYTH AND REALITY

During the interwar period, both, the newspapers of employers and fascist unions in Turin complained against the shortage of high skilled workers.[4] The old system of apprenticeship was by that time in a deep crisis. In 1911 already, industrial census data on labour force composition by sex and age, showed that in large factories the presence of young apprentices was far shorter than in little ones. The latter acted as a feeding ground of skilled workers, who were then attracted by higher pay towards bigger plants, where larger scale production and flow processes did not allow the slowing down due to the training. In the 1920s and 1930s the small factory could not play that role any more. Many work tasks in large plants required technical knowledge in design, in machine working, in new material characteristics, and plant-specific skills, that the small factory could not teach.

State school was also unable to guarantee the needful trade training, both from the point of view of the employers and of the pupils' families. According to employers, it gave a too general learning, which was lacking in adherence to real in-

---

3 See the report of B. Buozzi, leader of the national metal union (FIOM), in *A. Pescarolo, Riconversione industriale e composizione di classe*, Milano, Angeli, 1979.
4 The most important newspapers, representing the main source for this article, are the following. From the employers' side, "L'Informazione Industriale", "La Metallurgia Italiana", "L'industria Meccanica". From the fascist unions' side, "Notiziario Sindacale", "Rassegna Sindacale", "Il Popolo delle Alpi", "Il Maglio", "Il Lavoro Fascista".

dustrial processing.[5] State trade school in the 1930s, required six years after primary school before initiating a skilled or high skilled work (operaio qualificato or specializzato, see table 3). A time which was far too long for the budget of an average working class family. With only two years more, it was possible to get a diploma of non-graduated engineer. Families that had means preferred the latter course. So most working class sons entered very young into the labour market, trying a working career by attending evening classes. This opportunity was of course open also to less young workers.

Training took place in a multitude of evening and Sunday schools, most of them "free", i.e. private. These schools guaranteed a maximal flexibility to industrial demands of the moment. Particularly tied to the mechanical industry in Turin was the *Scuole Officine Serali*, with an average of 600 trainees in the 1930s. Through the *Consorzio Provinciale Obbligatorio per le Scuole Professionali*, employers could use State schools to organize evening classes. At *Regio Istituto Industriale*, very interesting were the *Scuola di Carrozzeria* (coachwork) (after three years a "diploma" of operaio qualificato) and the *Scuola Motoristi e Montatori d'Aviazione* (aircraft), which in 1927–28 had 1,749 trainees.

Large firms had their own schools, in order to get both plant-specific skilled workmen, and means of control over subordinates. In 1922 Fiat opened the *Scuola Apprendisti*, for workers' sons aged 14–16, after the low secondary school, following a selection process; three year long courses trained to high skilled jobs like fitters, set-up and maintenance men, or even to mechanical draftsmen, department book-keepers. At lower level, to train skilled workers, in 1925 Fiat created the *Scuola Dopo Lavoro*, a two year evening school reserved to subordinates pointed out by foremen.

Both low and high skilled workers studied in free schools and evening classes, that were directly controlled by single firms and industrial associations, to get a skill or to enter the technician low levels. Employers associations made intense publicity for vocational training, promising the employers skillful and disciplined workers, jealous care-keepers of the machinery, and the workers large opportunities of promotion. Stimulations to vocational training found a large following amongst the Turin working class. At the end of the 1920s, 20,000 to 30,000 workers every year attended the various courses. They represented a high percentage of the total number of industrial workers, which was 200,000 at the 1927 census in the province. It was a great engagement, held up by the workers experience of the traditional and persisting advantages guaranteed by the skill. This experience played the leading role, but beside it, the employers propaganda was also important: it constantly went over and over on the career. Career not only within, but beyond worker ranks too.

Opportunities of this kind really existed, even if not for many people, in particular for craftsmen, who through technical studies could aspire to enter technical and disciplinary hierarchy at low levels. These levels were in expansion in the 1920s and '30s, just in connection to introduction of scientific management and mass production. At Ford in 1917, foremen clerks and inspectors constituted 14 per cent of the total number of workers, while the foremen represented only two per cent of the Detroit sample of workers in 1891, and clerks and inspectors did

---

5 F. Cereja, La scuola e il mondo del lavoro. Problemi dell'istruzione tecnica e professionale, in Fondazione Feltrinelli "Annali", 1979–80.

not even make an appearance. Data for Fiat are unfortunately not available, but in the whole metal industry in Turin province technicians and clerks increased from 4 per cent in 1911 to 8 per cent in 1927, to 10 per cent in 1939. Besides clerks and non-graduated engineers, foremen, assistant foremen, inspectors, record-keepers, set-up men, tool-setters were new occupations representing a way of mobility for skilled workers.

Some evidence to support the statement that foremen and minor technicians were recruited among craftsmen is provided by the very low number of graduated at *Regio Istituto Industriale* (non-graduated engineers): 30 to 40 per year between 1920 and 1933, 50 to 60 per year from 1934 to 1938, a peak of 86 in 1939. The increase of graduated shows a growing demand for these occupations, but the number remained undoubtedly insufficient. Anyway, for many high skilled tasks (for example moulding connected to mechanical workshops), studies in technical design were necessary as well as long practical work experience.

In November 1934 the *Comitato Corporativo Centrale* decided the 40 hour week (with reduced income for workers) in order to diminish unemployment, that had especially hit unskilled workforce. From 1935 onwards, the hour reduction, the slow going out of the crisis, the economic recovery connected to rearmament for the colonial war in Ethiopia, brought to a new demand for skilled workers, for whom 48 hour week was allowed. Turin fascist metal unions entered the field of training by organizing their own courses, with classes for unemployed and classes for skilled workers. While the former were mostly mere measures of social control, the latter, reserved to union members, represented attempts to support fascist militants in working career. To the employers stimulation to gain promotions in working conditions, fascist unions added prospects of social achievements through career in corporative institutions. They even mythicized the coming formation, through vocational training, of a labour aristocracy, within which should emerge a new leading working rank.

Promotion was of course not for many. So both employers and fascist unions praised spirit of sacrifice, emulation and individual merit. Competition to excel in the courses was rewarded with prize-giving: cash, medals and citations in local papers that could facilitate the promotion. Regular final results as in sport contests were published, with the names of the first ten or twenty classified. Merit was not only a matter of diligence in work and study, but an attitude of discipline and subordination too. Employers explicitly demanded such attitude to be considered a purpose of training.

3. FASCIST UNIONS AND HIGHER PAY CLAIMS:
   CORPORATIVISM AND INDIVIDUALISM

Collective bargaining under fascism[6] fixed categories and corresponding minimum wages (by province), and a set of regulations concerning piece-work in

---

6 On the juridical aspects of collective bargaining under fascism see G. *Jocteau*, La contrattazione collettiva. Aspetti legislativi ed istituzionali, in Fondazione Feltrinelli "Annali" 1979–80; *id.*, La Magistratura e i conflitti del lavoro durante il fascismo 1926–1934, Milano, Feltrinelli, 1978. On the industrial relations see G. *Sapelli*, Fascismo, grande industria e sindacato. Il caso di Torino 1929–1935, Milano, Feltrinelli, 1975. P. *D'Attorre*, Una dimensione periferica. Piccola industria, classe operaia e mercato del lavoro in Emilia Romagna 1920–1940, in Fondazione Feltrinelli "Annali",

order to avoid unjustified cut-off.[7] Bargaining was very centralized, the minimum wages level was tightly bound to the political and economical purposes of the regime. Increases and reductions in wages were fixed through Orders in Council or agreements at national level under Corporation Office's supervision. Local unions were not left with any other initiative than the control over agreement enforcement.

In Turin, metal unions made some efforts to increase wages through advancements in classification of individuals and groups. An exaltation of the importance of skill in production, sometimes very exaggerated, provided ideological support to a claim for recognition of skill by higher pay. Numberless articles in union papers, written by workshop representatives, who were mostly craftsmen, stressed with emphasis the skills required by various work-tasks, and praised working knowledge compared with scholastic learning. Aeronautic workers, moulders, foundrymen, tracers, fitters, testing workers and so on, were in turns the categories to advantage. Union papers were quite lively, rank and file militants used them as means of pressure on the leadership at provincial and national level. Beyond a general consent in claiming the reward of skill, a devergence in two tendencies must be noticed. The first one wanted to canalize the extra minimum wages amount that employers were willing to pay out, to exclusive advantage of craftsmen; the second one intended to distribute it more equitably among different categories, and furthermore to impose agreement interpretations capable of pay increases through classificational promotion of whole groups.

In a sometimes very sharp discussion, the former tendency complained for a too short difference in earnings between craftsmen excluded from payment by results and low skilled workers, who with the bonuses could get high extra incomes. The latter tendency objected that piece-work was not a feast, that only few piece-workers got near craftsmen earnings, that their less skill was compensated by the heavier effort, that craftsmen had a "moral" reward through the superior professional dignity; what is more, several jobs classified as low skilled were undoubtedly undervalued. Following the corporative principle that "the class does not live without the category", the pressure to obtain pay increases through work-tasks reclassification – although extended to low categories – could not get over a trade union action, which was narrow and sectorial. It created divisions among workers by examining in detail narrow differences in skill content: endless comparisons and grudges were fed.

From the side of the employers, did not exist any intention to award group promotions. They preferred of course individual advancements, or extra minimum retributions, that could be paid without any union control. As local unions did not quite have bargaining autonomy, rank and file pressure had little efficacy. Employers had all the advantages on their side in the mediations at national level, since they could take time, without strike threats, and put off questions that requested complex political bargaining within Corporation Office. In this situation, a part of rank and file militants diverted the corporative strategy into an individual one. As it was impossible to obtain the promotion of whole groups, they

---

1979–80. C. Carotti, Fiduciari di fabbrica, sindacato fascista e industriali a Milano alla fine degli anni Venti, in "Classe", n. 19, 1981. A. Aquarone, La politica sindacale del fascismo, in Il regime fascista, Bologna, Il Mulino, 1974.

7 S. Musso, Il sindacato fascista di fronte al cottimo e alla razionalizzazione, in "Giornale di diritto del lavoro e di relazioni industriali", n. 17, 1983.

began to ask unions to promote the reward of individual merit. At this point, at the end of the 1930s, the mentioned contest between the two tendencies became sharper. It is very interesting, on this subject, to consider the two different attitudes toward scientific management and time-study.

During the 1930s, after the introduction of Bedaux at Fiat (1927–29), Turin unions struggled sharply against the system, and against timing in general, because of the several disadvantages that it created for the workers in the earning/effort ratio. But while the militants who pursued mass promotion fought to obtain the abolition of time-study departments and the return of the authority on piecework to foremen, the militants who stressed only skilled workers promotion declared themselves favourable to the system: difficulties were only due to the fact that time-keepers, who had only a bookish learning, did not have the necessary experience of practical work, so that they could not exactly value the work-tasks. The existing problems would be resolved by recruiting time-keepers among skilled workers. This way, corporativism was definitely divert into individualism. Against this tendency, radical militants opposed that a very skilled worker would never get into disciplinary hierarchy, because he was so helpful in production that the management would not be pliable.

4. Fascism and Work Culture

Productivism and exaltation of skill were traditional features of Labour culture, but they did not have an unvarying meaning: their outcome in social and political attitude was not univocal.[8] The ethical conception of work as a moral and social duty, the pride of one's own trade skill, the "producer's consciousness" in Gramsci's terms, were connected by the socialist and communist tradition to strategies of social order upsetting. Respectability and proper behaviour, education and self-improve efforts could be pursued within a perspective of independence as a refusal of patronage and as a cultural growth of the working class, necessary to enable workers to play a leading role in a new society. On the contrary, they could mean subordination to dominant values and be limited to individual promotion strategies.

Class meanings of respectability and education were stressed by socialist institutions who informed working class life: party, unions, co-operative societies, recreative and cultural circles. Through the separation of work ethic from political and social institutions of Labour, fascism pursued the strengthening of the elements of individualism and subordination present in working class culture.

Fascism in Turin had to face the presence of a metal working class, whose upper strata had been the vanguard of a twenty year long strike cycle. Union action, supported by the new mass institutions of regime and by repression, played on the ambivalence of the cultural values of a working class who had experienced a disillusion about the collective way of redemption in the defeat of the post-war struggles. It fostered the spreading out of particularist tendencies to advantage skilled labour, it organized them trade by trade and put pressure on employers to broaden the forms of rewarding diligence and collaboration. Unions wanted to transform the promotion of individual merit from a magnanimous and arbitrary

---

8   L. *Passerini*, Soggettività operaia e fascismo. Indicazioni di ricerca dalle fonti orali, in Fondazione Feltrinelli "Annali", 1979–80; *id.*, Torino operaia e fascismo, Bari, Laterza, 1983.

concession to a sort of right, acquired by the worker through the effort to self-improvement in work and study, and whose recognition should be subjected to corporative control.[9]

Skilled metal workers, the vanguard of Labour in Turin, did not suffer a structural defeat under fascism, but a political one. A lessening of their importance in manufacturing processes did not take place. They rather became a reduced part of the total labour force, and were somehow isolated from unskilled workers, in collateral departments or even in supervisory jobs. On these grounds, fascism pursued workers acquiescence through promotion of merit and new divisions between skilled and unskilled workers.

Also for Labour militants who underwent repression, skill opened employment opportunities, often in small plants, and represented the way of maintaining independence in face of fascism.

In order to explain the stability of the fascist regime and the incapacity of Labour to promote an active opposition, it must be considered, beside the repression, the fact that some working class cultural values, not only concerning work but also family and gender roles, were confirmed by fascism, so that everyday life went on in a context, which was not totally negative and unbearable. The research on passive or pragmatic acceptance of fascism[10] must be addressed to the forms of separation between everyday life and politics.

---

9 S. *Musso*, La gestione della forza lavoro sotto il fascismo, to be published.
10 For a general survey on methodological and historical questions concerning working class and fascism in Italy see G. Sapelli, La classe operaia durante il fascismo, in Fondazione Feltrinelli "Annali", 1979–80.

Tabelle 1: Categorie e salari nell'industria automobilistica torinese al 1911

Categorie	numero operai	percentuale sul totale	paga media giornaliera (lire)
Tornitori	690	14,32	5,01
Aiuto tornitori	168	3,49	2,85
Add. macchine	741	15,38	4,11
Aggiustatori	1 425	29,58	4,83
Aiuto aggiustatori	491	10,19	2,68
Calderai	132	2,74	4,09
Fucinatori	67	1,39	5,20
Aiuto fucinatori	64	1,33	2,93
Collaudatori	67	1,39	5,86
Modellatori	38	0,79	4,79
Pulitori	38	0,79	4,70
Tracciatori	8	0,17	5,05
Rettifiche	100	2,08	4,43
Fonditori	114	2,37	3,97
Ausiliari	177	3,67	4,27
Bronzisti	80	1,66	4,19
Manovali	414	8,59	3,16
	4 817	100,00	4,24

Fonte: MAIC, *Statistica degli scioperi avvenuti nell'anno 1912*, Roma 1914, p. 121, e nostra elaborazione. I dati, die fonte Fiom, si riferiscono ai sette principali stabilimenti torinesi: Fiat (Centro, Brevetti, Fonderie), Itala, Scat, Spa, Diatto Frejus, Rapid, Lancia.

Tabelle 2: Categorie e salari nell'industria automobilistica piemontese al 1925

Categorie	operai maschi	operai femmine	totale	% sul totale	paga media giornaliera (lire)
Sovraintendenti e capi	290		290	1,49	41,50
Attrezzisti	754		754	3,87	30,48
Fabbri, fucinatori	704	13	717	3,68	31,11
Meccanici maschi	6 998		6 998	35,88	29,00
Meccanici femmine		509	509	2,61	15,98
Aggiustatori	2 334		2 334	11,97	29,54
Montatori	1 088	7	1 095	5,61	31,32
Collaudatori	456	7	463	2,37	30,82
Manovali maschi	1 470		1 470	7,54	21,64
Manovali femmine		80	80	0,41	13,96
Garzoni, apprendisti	524		524	2,69	16,02
Altre categorie	3 779	489	4 268	21,88	27,37
	18 397	1 105	19 502	100,00	27,91

Fonte: „Bollettino del lavoro e della Previdenza Sociale", 1º sem. 1926. I dati si riferiscono ad un non meglio precisato numero di reparti di stabilimenti dell'industria automobilistica della regione.

Tabelle 3: Categorie e salari orari minimi contrattuali nel settore metallurgico e meccanico. Provincia di Torino. 1929

Categorie	salari minimi orari (lire)
Operai specializzati	3,50
Operai qualificati	2,75
Manovali specializzati	2,45
Manovali comuni	2,25
Apprendisti 18-20 anni	1,60
Apprendisti 16-18 anni	1,40
Donne addette machine	1,70
Donne addette lavori comuni	1,55
Ragazzi minori di 16 anni	0,90

Fonte: „L'Informazione Industriale", 29 mar 1929. I salari sono comprensivi del minimo di cottimo contrattuale o del supplemento per economisti; si riferiscono agli „stabilimenti di città", ovvero di Torino, Moncalieri, Settimo, Rivoli.

Tabelle 4: Distribuzione percentuale degli operai maschi adulti nelle categorie contrattuali. Fiat 1938–1940

	1938	1939	1940
Operai specializzati	10,8	10,6	10,2
Operai qualificati	20,5	21,3	20,5
Manovali specializzati	62,3	61,4	60,8
Manovali comuni	6,4	6,7	8,5
	100,0	100,0	100,0

Fonte: G. Zunino, *Struttura industriale, sviluppo tecnologico e movimento operaio a Torino nel secondo dopoguerra*, in *Movimento operaio e sviluppo economico in Piemonte negli ultimi cinquant'anni*, Torino 1978

Tabelle 5: Distribuzione percentuale degli operai maschi adulti nelle categorie contrattuali. Ansaldo Stabilimento Meccanico 1938–40

	1938	1939	1940
Operai specializzati	2,4	2,4	2,6
Operai qualificati	58,5	60,5	61,3
Manovali specializzati	31,2	30,1	29,1
Manovali comuni	8,0	7,0	7,0
	100,0	100,0	100,0

Fonte: elaborazione su dati P. RUGAFIORI, *Uomini, macchine, capitali. L'Ansaldo durante il fascismo 1922–1945*, Milano 1981

Tabelle 6: Salari minimi orari (*) nell'industria metalmeccanica in provincig di Torino. 1929 e 1938. Indici manovali = 100

	1929		1938	
Operai specializzati	2,60	157,6	3,65	158,7
Operai qualificati	2,05	124,2	2,85	123,9
Manovali specializzati	1,80	109,1	2,55	110,9
Manovali comuni	1,65	100,0	2,30	100,0
Donne 1⁰ categoria	1,25	75,8	1,75	76,1
Donne 2⁰ categoria	1,15	69,7	1,65	71,7

(*) non comprensivi del minimo di cottimo contrattuale o del supplemento per lavoro a economia

Fonte: elaborazione su dati CERIS, *Retribuzioni e costo del lavoro nell'industria metalmeccanica torinese dal 1919 al 1964*, Torino, senza data (ma 1967)

Tabelle 7: Comparazione tra retribuzioni minime contrattuali e retribuzioni di fatto comprensive dei guadagni medi di cottimo e dei supplementi per lavoro a economia. Fiat 1938. Indici manovali = 100

	minimi contrat.	cottimo e suppl
Operai specializzati	158,6	151
Operai qualificati	123,9	142
Manovali specializzati	110,9	138
Manovali comuni	100,0	100
Donne 1⁰ categoria	76,1	78
Donne 2⁰ categoria	71,7	64

Fonte: vedi tab. 6 e FIAT, *Retribuzioni e costo del lavoro*, Archivio Rapelli.

Noëlle Gérome

Das Sankt-Eligius-Fest in den Schmieden der Renault-Betriebe von Billancourt.
Industrielle Kultur und Klassenkämpfe

1. BERUFSTRADITIONEN UND WERKSORDNUNG

Untersuchungen herrschaftsunterworfener, kultureller Bräuche stehen bekanntlich großen praktischen Schwierigkeiten gegenüber. Diese vermehren sich noch erheblich bei historischen Untersuchungen im Bereich industrieller Unternehmen. Akteure oder Schöpfer solcher Bräuche werden von einem starken Gefühl der sozialen Ungesetzlichkeit dazu gebracht, die Spuren ihres Tuns zu vernachlässigen oder zu zerstören, Spuren, die schon durch die Heimlichkeit oder die zerbrechliche Duldung ihrer Ausübung bedroht sind.
So stehen schriftliche Archive dem Forscher praktisch nicht zur Verfügung. Häufig hat er sich auf audio-visuelle Dokumente, auf Filme, Fotos und Tonaufnahmen zu beschränken, die die Ereignisse nur unzureichend wiedergeben. Ausgehend von Beobachtungen und auf die Methoden mündlicher Überlieferung angewiesen, muß er stattgefundene Begebenheiten freilegen, umreißen, analysieren. Diese selbst sind ohne Rückgriff auf die Geschichte nicht zu interpretieren.
Während unserer Arbeiten über symbolisches Arbeiterverhalten in heutigen Industriebetrieben[1] konnten wir Feste und Feiern beobachten, die, obwohl sie sich außerhalb der organisatorischen Strukturen eines Werks vollziehen, dessen Gewerkschaftsaktivitäten an Breite und Lebenskraft keineswegs zu wünschen übrigließen, die Gesamtheit der Berufskategorien und sozialen Gruppen der Fabrik eingeschlossen, ohne indessen vergangene und gegenwärtige Konflikte zu beseitigen. In diesem industriellen und gewerkschaftlichen Kontext eines Werks modernster Technologie der Pariser Region stießen wir ebenfalls auf das Zeugnis des erst in den 1970er Jahren erfolgten Verschwindens alter, korporativer Feste der Schutzpatronen:
„Eine Sache dagegen, die wir nich' mehr machen, die es bei uns nicht mehr gibt in der Blechschmiede ... aber früher war es klar an Sankt Eligius, daß der kleinste der ‚Bälge‘, wie wir damals sagten, es war der Balg, der dem Alten, dem Chef einen Strauß brachte. Einen Blumenstrauß für Sankt Eligius. Bei uns hat das gedauert bis ... in den ersten Jahren, wo ich hier angefangen hab', so vier, fünf Jahre. Und danach, mal hat es dann Ärger zwischen dem Werkstatt-Leiter und dem Vize gegeben, und dann die Werkstattmauscheleien und echte krumme Touren, na, da haben's die Kollegen halt gelassen."
(Blechschmied im Flugzeugbau, Pariser Raum, 1982.)
Eine solche „trans-kategorielle" Öffnung während der Feiern in Industriebetrieben ist – in unregelmäßigen Abständen – bei vielen Anlässen festzustellen: so bei Verabschiedungen zur Rente, einschließlich derjenigen von Gewerkschaftsfunk-

---
[1] *Noëlle Gérome*, Les rituels contemporains des travailleurs de l'aéronautique, in: Ethnologie Française, Bd. 14, Nr. 2, April–Juni 1984.

tionären oder bei werkstattinternen Gegen-Feiern von Jubiläen. Als solche Feste, bei denen das soziale Kräfteverhältnis zwar nicht geleugnet, aber vorübergehend auf Eis gelegt oder überspielt wird, erscheinen die Schutzpatronen-Feste der alten Korporationen (corporations).

In der Tat setzen diese Feiern bis in unsere Tage Bräuche fort, deren Wurzeln bis zu den alten Brüderschaften (confréries) zunächst der Berufskorporationen (corporations de metiers), sodann der Gesellenbünde (compagnonage) reichen, und die ursprünglich „Arbeiterversicherungsvereine" (sociétés de secours mutuel) waren.[2] Diese letzteren stellten zur Zeit ihrer Gründung im 19. Jh. die einzige Form von Arbeiter-Vereinigungen dar, die das das Vereinigungsrecht einschränkende Gesetz Le Chapelier von 1791 zuließ, und die noch lange den Namen eines Schutzpatronen annahmen.[3]

Den Gesellenbünden dieser Zeit mit ihren Festen, heimlichen Absprachen und ihren Formen gegenseitiger Hilfeleistung hatte die neu entstehende Arbeiterbewegung vieles zu verdanken, was sowohl Bräuche wie auch was Erfahrungen von Widerstand und Klandestinität gegen Unterdrückung und sozio-ökonomische Ausbeutung betraf.[4]

---

2 „Rechtlich gesehen stellen die ‚Arbeiterversicherungsvereine' (sociétés de secours mutuel) unter Staatskontrolle geschaffene Organisationen freiwilligen Beistandes dar ... Eine aktive, aus Arbeitern der verschiedensten Berufe zusammengesetzte Gesellschaft im Marseille der 1820er Jahre veranstaltete nicht nur gegenseitige Hilfeleistungen, gemeinsame religiöse Aktivitäten und korporative Beerdigungen, sie organisierte auch häufig Sonntagsausflüge für die Arbeiter, ihre Familien und ihre Freunde, wo man tanzte, trank, an Theateraufführungen und überhaupt an allen möglichen Vergnügungen teilnahm; der Weinkonsum war, einem Teilnehmer zufolge, ‚beachtlich'. Der ‚Arbeiterversicherungsverein' war, wie vor ihm die Brüderschaft, Zeichen einer humanen Vereinigung, die regelmäßige Solidarität einzurichten und zur Geltung zu bringen suchte. Wenn die Arbeiter eine ‚Association' in einen ‚Versicherungsverein' umwandelten, dehnten sie offiziell und symbolisch diese Solidarität auf die Person in ihrer Gesamtheit, auf Leib und Seele, aus: durch Beistand im Krankheitsfall, durch gemeinsame religiöse Feiern, durch gemeinsame, geistige Schutzherrenschaft und durch den Beerdigungszug, dazu bestimmt, den Verstorbenen seiner himmlischen Belohnung zuzuführen." *William H. Sewell*, Gens de métiers et révolution. Le langage du travail de l'Ancien Régime à 1848, Paris (Aubier, Coll. Historique) 1983, S. 225 f. sowie *René de Lespinasse*, Histoire générale de Paris. Les métiers et les corporations de la Ville de Paris, Paris (Imprimerie Nationale) MDCCCXCII.

3 *William H. Sewell*, Gens de métiers et révolution, op. cit., S. 226.

4 *Jean Maitron/Jean Dautry*, Dictionnaire biographique du mouvement ouvrier. Avant-propos, Bd. 1, 1. Teil, Paris (Ed. Ouvrières), S. 17 f.
„Und die Streiks der Gesellenbünde (compagnonages) sind, wenn man sie genau unterscheidet, d. h. besonders unter der Juli-Monarchie, lange und gelegentlich siegreiche Streiks, weil es bereits „strukturierte" Streiks sind, zunächst einmal vorbereitet, sodann im entscheidenden Augenblick angeführt und obendrein die Solidarität der anderen Gesellen desselben Berufszweigs erweckend, wo nicht sogar die der Gesellen anderer Berufe, Mitglieder desselben Bundes.
Letzten Endes waren die gesellenbündischen organisierten Berufe nicht sehr zahlreich, und allesamt der sich in Frankreich entwickelnden, großen, kapitalistischen Industrie nicht sehr nahestehend. Und in dieser entstehen die ‚Arbeiterversicherungsvereine'. Die ‚Arbeiterversicherungsvereine', in denen die Arbeiter bereits untersuchen, was Pelloutier später ‚die Wissenschaft ihres Unglücks' nennen wird, sind klandestin unter denselben Umständen, wie die ‚Gesellenbünde'. Einige unter ihnen neigen gar dazu, dieselben unterschiedlichen ‚Farbtöne' wie die ‚Gesellenbünde' zu übernehmen."

Während der Phase des industriellen Aufschwungs am Ende des 19. sowohl wie in der ersten Hälfte des 20. Jahrhunderts scheint sich das Prinzip korporativer Feste für die Gesamtheit der Werktätigen, alle Stufen der Hierarchie eingeschlossen, erhalten zu haben. Wir finden diese Feste selbstverständlich auch in der neuen, triumphierenden Automobilindustrie wieder, trotz des funktionellen Zersplitterns von Arbeitervertretungen und einer Arbeitsorganisation, die zu den alten Berufsordnungen im Gegensatz stand, und ebenso trotz des Anwachsens der ihre Forderungen stellenden und präzisierenden Arbeiterbewegung, die den paternalistischen Gebräuchen einen nur relativen Wert zuerkennen konnte.
Zweifellos haben sich die Festlegung des Zeitpunktes, die Zuweisung der Aufgaben, die Verhaltensregeln, der Kreis der Teilnehmer und sicher auch die soziale Deutung der Feste im Zuge des Strukturwandels der Industrie- und Arbeitswelt, und der Geschichte dieses Strukturwandels allmählich verändert, – bis in diese letzten Jahre hinein, wo wir sie noch direkt haben beobachten können. Trotzdem bleibt das Prinzip des alljährlichen Feierns der von der gemeinsamen Produktion zusammengehaltenen und mit ihr lebenden Arbeiterschaft erhalten. Ohne daß Konflikte aufgehoben würden, scheint sich in den Feiern die Intention auszudrücken, die Vitalität des Betriebes nicht als juristische Person, sondern als Ort der Produktion und der Realisation der Arbeiterfertigkeiten zum Ausdruck zu bringen.
Ein anderes Kennzeichen dieser Untersuchungssituation betrifft den Umkreis des Festes und die widersprüchlichen Umstände seiner Bezeichnung und Verwendung.
Zur Zeit der handwerklichen Produktionsorganisation in Werkstätten schuf das korporative Fest, noch ganz von seiner religiösen Bestimmung geprägt, durch seinen Ablauf eine Kontinuität zwischen dem Bereich der Produktion, dem des Kultes und dem der Stadt. Das uns zur Verfügung stehende Bildmaterial und die zusammengetragenen Dokumente zeigen die mit Blumen geschmückten Werkzeuge und Arbeitsplätze[5], die alle Stände umfassenden Umzüge durch die Stadt zur Kirche, um an der Messe teilzunehmen[6], und schließlich die Festessen, sei es in den Werkstätten, sei es in einem Gasthaus. Für die Bergbau-Berufe bilden die Studien *Paul Sebillot*s eine wertvolle Quelle an Informationen. Die Feierlichkeiten des Korporationsfestes der Hl. Barbara scheinen in der Tat den Feierlichkeiten zum Hl. Eligius für die Metallberufe in vielem verwandt:
„In der Bretagne versammeln sich am Vortag von St. Barbara die Bergleute, um vor der Tür ihrer Vorgesetzten einen Lorbeer-Strauch aufzurichten; sodann begeben sie sich beim Klang von Geigen und Hörnern zu den örtlichen Würdenträgern.

---

5 Eine auf der Basis einer Privatsammlung erstellte, dokumentarische Akte im Musée National des Arts et Traditions Populaires de Paris enthält ein Aquarell, das eine an St. Eligius mit einem Blumenstrauß geschmückte Schmiedefeuerstelle wiedergibt. Das Werk ist um 1860 in der Gegend von Chartres in der Nagelschmiede von *Frédéric Brandon* entstanden.

6 Im Laufe unserer Untersuchung erfuhren wir vom Weiterbestehen einer St. Barbara-Messe am Ende der 1980er Jahre im Eisen-Bergwerk von Dielette am Ärmelkanal. An dieser Messe nahm die CGT-Gewerkschaftsgruppe mit ihrer Fahne teil. Diese auf den ersten Blick erstaunliche Situation unterstreicht die vielfältigen, sozialen und symbolischen Funktionen ein und desselben zeremoniellen Brauchs. Wir kommen im Lauf des Textes im einzelnen auf diesen Punkt zurück.

Kameradenstreitigkeiten sind beigelegt, der Direktor muß nach der Messe selbst mit dem einfachsten Arbeiter anstoßen, und jederman ist an diesem Tag gleichgestellt."

„Einst legten die Bergleute von Zentralfrankreich an St. Barbara einen religiösen Feiertag ein ... Es herrscht eine allgemeine Freudenstimmung. Zwei riesige, runde, flache Kuchen sind bestellt: Der eine für den Pfarrer, der sie während der Messe, an der alle mit Andacht teilnehmen, segnet, der andere für den Ingenieur, der sich für diese Artigkeit mit einem Trinkgeld bedankt. Die Kuchen bewegen sich nach Durchschreiten des ganzen Dorfes auf die Kirche zu, mit dem Ingenieur an der Spitze seiner Gesellschaft, platziert auf einer Art Trage aus lackiertem Nußbaum, an der wahre Wolken von Bändern und künstlichen Blumen schweben. Musikinstrumente gehen dem Umzug voraus. Nach Segnung der Kuchen wird der Ingenieur zurück nach Hause begleitet, von wo die Arbeiter ihn am Abend erneut abholen, um ihm im angenehmsten Gasthaus die Ehre eines Abendessens zu erweisen."[7]

Von diesen beiden Feierlichkeiten sind, so wie sie hier erzählt werden, nur rasch einige Elemente des Fest-Vokabulars und der symbolischen Abläufe festzuhalten: das Aufstellen eines Lorbeerbusches oder Maibaumes, das die soziale Hervorhebung des Bewohners dieses Ortes anzeigt[8], die Verwendung der Musik für die Ankündigung der Festzeit, das gerade den Einfachsten zukommende Recht der Initiative und die für eine Zeit die hierarchischen Abstufungen außer acht lassende, religiöse Zeremonie.

Die bereits von *Paul Sebillot* genannte, fortschreitende Verweltlichung der korporativen Feste[9] hat die Bedeutung dieser Umzüge der Korporationen durch die Städte bis zu den Kirchen gewandelt. Gleichzeitig gewannen eine Reihe anderer Faktoren zunehmend an Bedeutung: die Organisation industrieller Produktionsstätten, die Vervielfältigung der Verfahren einer mechanisierten und komplexen Produktion, das vorher nie dagewesene Anwachsen der Anzahl der Industrie-Arbeiter, ihre Rekrutierung außerhalb der Bevölkerungsgruppen, die in den verschiedenen Lehrberufssektoren ausgebildet und bekannt waren[10], die Formalisierung des Konflikts zwischen Fabrikherren und der entstehenden Arbeiterbewegung; dies alles rief eine Fülle von Fabrik- und Werkstatts-Ordnungen hervor, die ebensosehr Normen der Raumnutzung festlegten, wie erlaubte Verhaltensweisen oder das sich Entfernen vom Arbeitsplatz und das Mitbringen von Alkohol in die Fabrik.[11]

---

7 *Paul Sebillot*, Les travaux publics et les mines dans les traditions et les superstitions de tous les pays, Paris (Ed. Rotschild) 1894, Wiederaufl. (Guy Durier) Neuilly 1979, S. 522 ff.

8 Im positiven oder negativen Sinne, je nach Fall und Umständen. S. *Charles Parain*, Ethnologie et Histoire, Paris, (Ed. Sociales).

9 „Auf gewissen Zechen verlangen die Verwalter von den Arbeitern, an der Messe von St. Barbara teilzunehmen, und überreichen ihnen beim Ausgang aus der Kirche zwei Francs, um die Schutzheilige mit Fröhlichkeit feiern zu können ... Seit 1889 wird die früher einmal stark besuchte Messe von St. Barbara in vielen Bergwerken des Nordens kaum noch beachtet." *Paul Sebillot*, op. cit., S. 524.

10 Siehe insbesondere: *Denis Poulot*, Le sublime ou le travailleur comme il est en 1870 et ce qu'il peut être, Vorwort von *Alain Cotterau*, Vie quotidienne et résistance ouvrière à Paris, 1870, Wiederaufl. Paris (Maspéro) 1980.

11 Siehe: Nr. 125 von Le Mouvement social, redigiert von *Michelle Perrot*: „L'espace de l'usine". – *Gérard Noiriel*, L'usine secrète, in: Travail, Nr. 2, 1984 sowie die 1984 und

Unter diesen Umständen gesellt sich zu den Freiheiten festlicher Arbeitsunterbrechung, reichlicher Nahrungsaufnahme und der Außerkraftsetzung gewisser Beziehungs- und Verhaltensgebote die Freiheit der festlichen Besetzung des Arbeitsplatzes. Dies muß der Eigentümer der Produktionsmittel der Gesamtheit der unmittelbaren Produzenten zugestehen oder zumindest tolerieren. Diese letzte Gunst kann selbstverständlich nicht ausdrücklich genannt werden, da sie doch dem mit dem Prinzip industrieller Niederlassung verknüpften System der Entscheidungsaufteilung widerspräche.
Seit der faktischen Verweltlichung der korporativen Feste sind diese denn auch, in Beziehung zur formalen Fabrikorganisation, von einem Hauch von Klandestinität umgeben. Nur durch Zufall findet man deren Spuren, sei es in den schriftlichen Archivbeständen, sei es in Bilddokumenten oder im Verlauf einer mündlichen historischen Befragung: „Alle verschlossen davor die Augen. Damals herrschte wirklich eine gute Freundschaft." (Gespräch mit dem Werkstattleiter der Schmiede von Renault, Billancourt, 1945–1959, Werkseintritt 1930. 1959 Direktor der Schmieden-Gießereien. Oktober 1985).

2. FESTSYMBOLIK UND WUNSCH NACH BEIBEHALTUNG

Am 30. November 1984 bot sich die Gelegenheit, den Ablauf des Eligiusfestes in der Schmiedewerkstatt des Werks Renault/Billancourt zu beobachten.
Unseren Informanten zufolge ist dieses Fest dort seit der Werksgründung ohne Unterbrechung gefeiert worden. Zum Beobachtungszeitpunkt gab es dort drei Schmiedehämmer von weniger als drei Tonnen und eine numerisch gesteuerte Maschine. Nach 1926 war die Schmiede als eine „mächtige, mit Laufkränen aus-

---

1985 in der Pressenwerkstatt der Renault-Werke, Boulogne-Billancourt, auf der Seguin-Insel zusammengetragenen Zettel und Dienstnotizen: Werk von Billancourt.
CHS C.T. Nr. 17 DE19 Dokument 28.84 15. Oktober 1984
Betr.: Mitteilung des Präsidenten des CHS Ct, Nr. 17, bezüglich Durchführung eines Umtrunks von Art alkoholischer Getränke, anläßlich der Renten-Verabschiedung des M. B.
Mitteilung des Präsidenten des CHS. C.T. Nr. 17, an die Mitglieder ‚Gesundheitswesen und Sicherheit', ursprünglich vorgesehen für das ordentliche CHS vom 01.10.84, das infolge der von den Personalvertretern ausgegangenen, anderweitigen Verwendung nicht bis zum Ende hat stattfinden können.
Am Donnerstag, den 27. September um 7 Uhr 15, wurde ich über die Verteilung eines gewerkschaftlichen Flugblattes unterrichtet, bezüglich der Durchführung eines in der Mitte der Pressenwerkstatt vorgesehenen Umtrunks anläßlich des In-Rente-Gehens von M. B. . . . Ich habe den Verantwortlichen des CHS M.B. und den Personalvertreter M.P. zu mir gebeten, um ihnen in Anwesenheit des Präsidenten der ‚Koordinationskommission der CHS. C.T.' und in Einklang mit Artikel 1, 232-2 des Arbeitsgesetzes, sowie des Artikels 2.1.4 der internen Werksordnung darzulegen, daß das Mitbringen und der Verbrauch von Alkohol im Inneren des Werkes verboten sind.
Ankündigung: Die Werksleitung teilt der Belegschaft mit, daß sie die von der CGT für Freitag den 12. Juli 1985 in der Pressenwerkstatt vorgesehen Zusammenkunft anläßlich des In-Rente-Gehens von M.B. nicht genehmigt hat.
Jegliche Teilnahme eines Belegschaftsmitglieds an dieser Veranstaltung wird als Verlassen des Arbeitsplatzes betrachtet und als solche behandelt werden.
Sie erinnert im übrigen daran, daß das Mitbringen und der Verbrauch von Alkohol oder von mit Alkohol angereicherten Getränken auf dem Werksgelände verboten sind, und daß bei Zuwiderhandlung mit entsprechenden Strafen gerechnet werden muß."

gestattete Werkstatt, die ungefähr 200 Fall- und Gegenschlaghämmer (letztere: Hämmer mit Doppeleffekt, bis zu fünf Tonnen) zählte", beschrieben worden. Dieser Werkstatt kam vor ihrer für 1985 vorgesehenen Schließung nur noch experimentelle Funktion zu, nachdem die Herstellung von Schmiedestücken in andere Werke desselben Konzerns verlagert worden war. So vereinigte das beobachtete Fest, vom Direktor bis zum am wenigsten qualifizierten Arbeiter, nur noch etwa 40 Personen, während 1931 in dieser selben Werkstatt die durchschnittliche Anzahl von 1 625 Arbeitern gearbeitet hat[12]. Die Arbeiterbewegung war in dieser Werkstatt vor ihrer fortschreitenden Außerbetriebsetzung in starkem Maße vertreten. 1925 verurteilte ein Vertreter auf dem Jungarbeiter-Kongreß der kommunistischen Jugend die Härte der dortigen Arbeitsbedingungen. In den Streiks von 1936 und der ersten Monate 1937 hatten die Arbeiter der Schmieden von Anfang an eine bedeutsame Rolle gespielt[13].

Ausgehend von Beobachtungen des Festes einer im Verschwinden begriffenen Arbeitergruppe werden hier Überlegungen angeregt, die „symbolische Industriebräuche" betreffen. Diese drücken kulturelle und soziale Werte von Produktivtechniken aus, bei denen gemeinschaftliches Beisammensein, wie man sehen wird, nicht zugleich Übereinstimmung der politischen Meinung zu bedeuten braucht.

Um rasch den Ursprung der Feier zu umreißen, bringen wir in Erinnerung, daß traditionsgemäß dem heiligen Eligius (588–659), Bischof von Noyon, Goldschmied und Berater König Dagoberts, die mit den Metallberuf-Korporationen verknüpften Brüderschaften geweiht waren (Goldschmiede, Blechschmiede, einfache Schmiede, Zeugschmiede usw.), ebenso wie die der Berufe, die Pferde benutzten oder sich um deren Wohlergehen kümmerten (Fahrzeugbauer, Kutscher, Tierärzte, Hufschmiede, Wagner, Kutschenmacher...).[14]

Das Eligiusfest des Winters, das nach dem Kalender am 1. Dezember begangen wird, wird in Billancourt am vorausgehenden Freitag gefeiert, sofern nicht ohnehin beide Daten zusammenfallen.

„Ja, wir feierten St. Eligius in den Schmieden. Es war in der Abendschicht; sie begann um 14 Uhr 30 und endete um 22 Uhr 30.

Am Tag von St. Eligius beeilten sie sich, durch Beschleunigung des Taktes ihre Produktionsmenge um 19 Uhr zu beenden.

Dann richteten sie in der Werkstatt die Tische her, es gab Austern und Weißwein, sie brachten sich von zu Hause Gerichte mit, sie rauchten Zigarren.

Das dauerte maximal drei Stunden.

Mir als ihrem Vorgesetzten brachten sie einen Blumenstrauß, ich schenkte ihnen eine Kiste Zigarren. Alle verschlossen dazu die Augen. Damals herrschte wirklich eine gute Freundschaft ... mein Nachfolger konnte sich dann nicht mehr sehr dafür erwärmen.

---

12 *Patrick Fridenson*, Histoire des usines Renault. I: Naissance de la grande industrie, 1898–1939, Paris (Ed. du Seuil) 1972, Sammlung: „l'Univers Historique", S. 334.

13 *Jean Paul Depretto/Sylvie von Schweitzer*, Le communisme à l'usine. Vie ouvrière et mouvement ouvrier chez Renault 1920–1939, Roubaix (EDIRES) 1984, S. 133 f., S. 254

14 Bis auf eine bemerkenswerte Ausnahme, die der Brüderschaft der Blechschmiede von Paris. Siehe: „Histoire générale de Paris. Les métiers et corporations de la ville de Paris II, XIVe–XVIIIe siècles. Orfèvrerie, sculpture, mercerie, ouvriers en métaux, bâtiment et ameublement" von *René de Lespinasse*, Paris (Imprimerie Nationale) MDCCCXCII, S. 496.

In meinen Anfängen war ich in der Werkstatt. Ich war Ingenieur, aber ich habe ganz unten angefangen. Das Verhältnis zu den Arbeitern war herzlich und gut. Nicht mit allen, es gibt eben auch Grobiane."[15]

Dieses Zeugnis bezieht sich auf die Jahre von 1930 bis 1959. Sein Inhalt und die Natur des Festablaufs sind aufschlußreich. Es scheint sich um eine Art Rechtfertigung des Verstoßes gegen die Rationalität der Arbeit zu handeln.

Formal findet man darin die oben bereits erwähnte Huldigungssymbolik des dem Vorgesetzten überreichten Blumenstraußes wieder, die Gegengabe von Geschenken des Luxus oder des Festes, vor allen Dingen aber die freie Zeit, das momentane Vergessen der hierarchischen Beziehungen.

Man findet in diesem kurzen Gespräch ebenfalls den Gegenwert dieser Toleranz und Freizügigkeit: die Erledigung des normalen Arbeitspensums in kürzerer Zeit, eine von den Arbeitern ausgehende Mißachtung der Sicherheitsnormen, der Produktivitätsbewertung und der Aufteilung der Arbeitskraft. Diese Praktik ist der der „vierzehn Tage von St. Barbara", die der Begehung dieses korporativen Festes vorausgingen, analog. Auch da wurde jede die Sicherheit der Arbeiter betreffende Regel mißachtet, und die Bergleute konnten bzw. mußten die Produktionsmenge erhöhen, um am Tag des Festes über einen Lohn zu verfügen, der den unbezahlten Tag ausglich und Festlichkeit und Geschenke für die Familie zu bezahlen erlaubte. In den Bergwerken stellte diese von den Arbeitgebern zugestandene oder auch verweigerte Freizügigkeit der „vierzehn Tage von St. Barbara" eine der Hauptkritikpunkte des Gewerkschaftskampfes gegen die paternalistischen Formen der Arbeitsorganisation dar[16].

Außerdem ist die Form zu beachten, in der der leitende Angestellte des Werkes

---

15 Gespräch mit Herrn *Jean Husson*, Direktor der Schmieden/Gießereien des Renault-Werks von Billancourt.

16 Der Text eines wahrscheinlich aus dem Anfang des Jahrhunderts stammenden Plakates, das in dem Werk von *Bertrand Coq/Guy Dubois* über „l'Histoire des usines de l'Artois" (ohne Datum, ohne Verlags-Angabe) wiederabgebildet ist, ist in dieser Hinsicht sehr aufschlußreich:
„Gewerkschaftsbund der Bergleute des Pas de Calais. Sektion von Avion. An die Bergarbeiter.
Vor einigen Jahren waren die sogenannten vierzehn Tage von St. Barbara das Werk des Drucks, den die Arbeitgeber auf unser Gewissen ausübten. Heute sind diese verwünschten vierzehn Tage dank der Komplizenschaft des Parlaments republikanisches Gesetz geworden, und wurden in Form einer schändlichen Vertragsentstellung in das Arsenal der französischen Gesetze eingefügt.
Ihr, die Ihr so sehr auf Reformen vertraut habt, Ihr freut Euch doch wohl, sie jetzt zu ernten, und Ihr solltet jetzt froh sein zu wissen, daß Eure Arbeitgeber Euch gerade im Namen der Republik vierzehn Tage lang schuften lassen, um ihre Produktion zu verdoppeln und damit ihren Gewinn.
Wir glauben sogar, daß Ihr glücklich seid, Euer Blut zu schwitzen für Frankreich, für Eure Aktionäre, für Eure Abgeordneten ...
Eure Abgeordneten wissen ganz genau, daß die Händler an Euren schweren vierzehn Tagen von St. Barbara gewinnen, und die Händler sind die Wähler der Abgeordneten.
Euer Schuften lohnt sich, weil „der Rubel rollt", alle sind zufrieden, alle werden fett dabei, außer Ihr, Bergleute, die Ihr Euren letzten Tropfen Blut gegeben habt.
Aber wenn es auf Nr. 4 von Avion eine Minderheit von entschlossenen Männern gibt, dann soll sie sich gegen die dumme Mehrheit auflehnen, dann soll sie sich weigern, während der vierzehn Tage von St. Barbara beim Verrecken mitzumachen. Nieder mit den vierzehn Tagen von St. Barbara!"

die Begehung der Eligiusfeier in den Schmieden schildert. Das Ausmaß der zugestandenen Freizügigkeit bei Aufrechterhaltung der laufenden Produktion wird hier zu einer mäßigen Begrenzung der Dauer des Festes (3 Stunden) und zu einer relativen Beibehaltung der Sicherheitsregeln (die Werkstatt und die Maschinen wurden nicht geschmückt: „Sie hatten weder Zeit, noch Mittel dafür"). Besonders aber bezeugt das Essen in der Werkstatt die Möglichkeit informeller Beziehungen in dieser „männlich-menschlichen Gesellschaft", wo die Kraft und Genauigkeit der Maschinen zugleich die Kraft und Intelligenz des Menschen bezeugen. Es werden Beziehungen gefestigt, die sich sowohl auf die notwendige Solidarität der in körperlichen Anstrengungen vereinten Arbeiter gründet, wie auch wechselseitiges Verstehen und gemeinsame Teilnahme an einer industriellen Leistung . . . Zugleich bleiben die Bedingungen des Arbeitsalltags, die die Fabrik als Zuchthaus erscheinen lassen, bestehen.

Aufgrund von Zeugnissen und Amateur-Fotoberichten, die wir wiederauffinden konnten, ist es möglich, für die Epoche der 30er Jahre den Festablauf zu rekonstituieren. Zusätzlich erlauben gewisse, 1984 gemachte Beobachtungen, die Bedeutung einiger Punkte aufzuhellen.

So ist an St. Eligius Feierabend zur Essenszeit, in der Vorkriegszeit zum Abendessen, heutzutage mittags. Die Werkstatt, die Schmiedehämmer sind mit Girlanden, Sträußen und Lampions geschmückt; große Kreideinschriften verkünden „Es lebe St. Eligius". Der Abteilungsleiter, der Personalchef, der Werkstattleiter, der Vizemeister und der Werksarzt sind von den Arbeitern zum Essen geladen. Das Essen, an Ort und Stelle in den Öfen zubereitet, findet in der Werkstatt statt. Ihm geht mit leuchtender Flamme ein Umzug durch die ganze Werkstatt voraus, wobei entzündete Reinigungsbesen als Fackeln dienen. Jeder bezahlt seine Zeche selbst, aber es versteht sich, und wird in Erinnerung gebracht, daß Direktionsmitglieder und Vorgesetzte sich mit einem überdurchschnittlichen Beitrag am Essen beteiligen. Eine über der Festtafel angebrachte Blechplatte verkündet in kallographischen, gotischen Lettern die Speisefolge: Aperitif, Austern, Sellerie, Rote Beete, Aufschnitt, „normannisches Loch" (einer französischen Sitte zufolge ein kleiner Schnaps zwischendurch, Anm. d. Übers.), Lamm, grüne Bohnen, Salat, Käse, Zuckergebäck, Kaffee, Liköre, Schaumwein, Zigarren. Von Zeit zu Zeit werden den Hl. Eligius feiernde Männerchöre angestimmt, an der alle Ebenen der Hierarchie teilnehmen. Das Fest hat kein eigentliches Ende und kann bis spät in die Nacht dauern, d. h. bis zum anderen Morgen, indem es in den umliegenden Wirtschaften oder bis zu einer letzten Zwiebelsuppe bei den damaligen Pariser Hallen weitergeht.

Als Zeugnisse der in den Augen der Teilnehmer bezeichnendsten Augenblicke übermitteln uns die Fotoberichte von den Festen die Atmosphäre von Karneval oder einem Charivari, und wie in diesen scheint die Weltordnung eine Zeitlang auf den Kopf gestellt: Luftschlangen, Papphütchen, Sich-Verkleiden als Frau mit Perücken, Kleidern, Damenhüten, Handtaschen, Schminken und vielversprechenden, falschen Attributen verführerischer Reize. Michele Perrot hatte uns in ihrer großen Arbeit bereits von solchen Verhaltensweisen während der Streiks zu Ende des vorigen Jahrhunderts berichtet[17], und wir haben sie auf Amateur-Fotos der Streiks von 1936 wiedergefunden[18].

---

17 *Michelle Perrot*, Les ouvriers en grève. France 1871–1890, (Mouton) Paris/Den Haag 1974.
18 *Claude Danais/Noëlle Gérome/Marie-Christine Planchard*, Le Gazomètre et le trans-

Dennoch stellen wir in unserem Fall eine doppelte Abweichung von der klassischen, karnevalistischen Situation fest, die für eine gewisse Zeit dem Unterdrückten die Erlaubnis gibt, sich auszudrücken und symbolisch Macht über den Herrschenden auszuüben. Hier werden die Arbeiter zu Gastgebern der Leitung und ihrer Vorgesetzten, und diese „machen sich eine Ehre daraus, von den Arbeitern zu ihrem Fest eingeladen zu werden."[19] Einer der Organisatoren, der 1953 in die Schmiede eintrat und seit 1960 als Zeremonienmeister fungierte, begriff das Fest ausdrücklich als freien Tag in der Fabrik, der ganz und gar vom beruflichen Umfeld geprägt war, aber völlig unabhängig von den wirtschaftlichen Zwängen der Produktion und den sozialen der Organisation der Arbeit ablief. Es herrschte eine radikale Gleichheit und die Bestätigung der Fähigkeit, den Ort des Zwangs, der Müdigkeit und – speziell in dieser Werkstatt – der Gefahr, ganz und gar zu verwandeln; wie ebenfalls der Wunsch, eine Arbeitertradition in der Industriegeschichte zu begründen und fortzusetzen:

„Daß die leitenden Angestellten sich eine Ehre daraus machen, darauf pfeifen wir, solange sie bezahlen. Aber daß dieser Tag beibehalten bleibt. Es ist vor allem die Tradition, die wir wollen.

Als wir noch achtzig waren, war es dasselbe; wir machten das alles gemeinsam, und wir luden unsere Vorgesetzten mit dazu, so daß dann manchmal einige sagen konnten: ,Ja, du hast auch schon mit deinem Direktor an einem Tisch gesessen...' (wörtlich: tu as bouffé avec ton directeur)

Und dann ist da noch der X (der Gewerkschaftsverantwortliche des Werkes), der mit mir zusammenkommt, und der mit uns ißt. An diesem Tag hält er keine Reden, dazu sind wir nicht gekommen. Erstens habe ich darüber mit X gesprochen, und außerdem sind wir alle darüber einig, daß an diesem Tag gefeiert wird.

Im Prinzip setzen wir sie (X und den Abteilungsdirektor) niemals zusammen, wir verteilen sie unter die Arbeiter. Ich finde es jedenfalls interessanter für uns, daß ein Malocher mal mit seinem Boss zusammenkommt. Mal reden sie über dies und das. Mal diskutieren sie über die Arbeit, mal über die Gewerkschaft. Mir ist es jedenfalls lieber, wenn statt des Gewerkschaftsvertreters Arbeiter neben dem Direktor sitzen, ob sie nun gewerkschaftlich organisiert sind oder nicht.

Daß es ein Mitglied der kommunistischen Partei ist, der das Fest des Hl. Eligius organisiert, das stört mich überhaupt nicht. Für meine Begriffe ist es das Fest der Schmiede, und es ist schließlich eine Möglichkeit, an diesem Tag gleich zu sein, alle Mann ran, und alle möglichen, verschiedenen Meinungen mal zu vergessen, Arbeit, Politik, Gewerkschaft oder was sonst. Ich meine, an diesem Tag sollte man das alles vergessen und einfach bloß zusammen sein. Ich finde, das ist eine Tradition, die so lange wie möglich bestehen bleiben sollte. Deswegen habe ich heute morgen zwei Kumpel mitgenommen, wenn ich mal eines Tages krank werde, oder so was..., sie könnten dann... alles kaufen... um das alles zu kaufen..."[20]

---

formateur. Energies nouvelles et société. Histoire technique et sociale du gaz et de l'électricité dans la Vienne et les Deux Sèvres par les agents de la Caisse d'Activités Sociales EDF-GDF de Poitiers et de la Régie de la Vienne. Katalog der Ausstellung im Museum von Poitiers, 13. November 1985–2. Februar 1986, Poitiers (Centre d'Archéologie et d'Ethnologie Poitevine) 1985, S. 99 f.

19 Gespräch mit *René Gaillard*, Oktober 1984.
20 Erwähntes Gespräch mit *René Gaillard*.

Dieses Gespräch zeigt deutlich die verbindende Funktion des Festes und die relative Bedeutung, die ebenso der Klassenethik zugeschrieben wird, wie der Geschichte des Werks, Ort der täglichen Solidaritätsgesten einer Gruppe. Denn niemals hat sich das Fest des Hl. Eligius vor dem Hintergrund einer sozialen Idylle abgespielt. Diese von der Arbeiterbewegung erstrittene Kampfpause scheint nunmehr als ein Vorrecht aufgefaßt zu werden, den Sinn eines Autoritätsverhältnisses umzukehren, bei dem einst die Unternehmer den Arbeitern ein wenig Freizügigkeit zugestanden haben. Dies wird noch durch die komplizierte Strategie eines vierfachen Dienstes nach Vorschrift unterstrichen, bei dem man damit droht, den Zorn eines Generaldirektors heraufzubeschwören durch die wörtliche Befolgung seiner Anweisungen:

„Kann sein, daß wir von gestern sind, aber ich weiß noch, das erste Jahr, als es die Neuen Arbeitsmethoden gab, da schrieben die vor, wir sollten einen Aperitif trinken und ein paar Erdnüsse essen und dann war Schluß. Ich habe gesagt: ‚Wir sind doch keine Affen, die Erdnüsse essen. Wenn es bei Renault Affen gibt, dann auf Eurer Seite, nicht auf unserer[21]. Wenn Ihr nicht mitmacht, gehe ich rauf zur Gewerkschaft, wir stellen eine Liste von Forderungen auf, und weil Ihr uns die nicht zugestehen könnt, gibt es an dem Tag eben Streik. Dann müßt *Ihr* dem Generaldirektor erklären, warum es Streik gibt.' Da haben sie sich ganz schnell beruhigt."[22]

Niemand macht sich über diesen Waffenstillstand Illusionen, und jeder weiß, daß am nächsten Tag „die Drohungen wieder losgehen".

Die Langlebigkeit des Eligiusfestes in diesem Werk sowie die Wandlung seiner Organisations- und Ablaufformen scheinen die symbolische Bedeutung zu unterstreichen, die dieses Fest für die Gesamtheit der Teilnehmer hat. Auf einer ersten Stufe bietet es eine Gelegenheit, physische Kraft und männliche Solidarität zu feiern und zum Ausdruck zu bringen, beides Bedingungen für ein gutes Funktionieren der Werkstatt. Die burschikosen Akzente des rituellen Liedes der „Drei Goldschmiede" drücken das aus. Dabei ist dies zugleich ein Moment der Bestätigung der kollektiven Kompetenz, des beruflichen Könnens, der Vitalität und der Originalität der Gruppe und ihrer Sozialisierungsformen.

Auf einer komplexeren Darstellungs- und Ausdrucksebene handelt es sich darum, auf kathartische Weise (und in dieser Fabrik begnügte man sich gewöhnlich nicht mit kathartischen Ausbrüchen) eine Ästhetik und Ethik der Zeitgestaltung, der Fabriksphäre und der sozialen Rollen zum Ausdruck zu bringen, die sich grundlegend von den Logiken unterschied, die normalerweise der Arbeitsorganisation und der Produktionsrentabilität eigen sind.

Die Eligiusfeier von 1985 bringt deutlich den Wunsch zum Ausdruck, das industriekulturelle Kapital weiterzuvermitteln. Die Art und Weise der empirischen Übermittlung des Festes wird im folgenden Wunsch nach seiner Beibehaltung beschrieben:

„Ich bin 56 eingetreten, damals hat es (St. Eligius) bestanden. Ich habe die Alten machen lassen und dann an dem Tag, wo die Alten gegangen sind, ‚hm, es muß halt jemand sein, der sich drum kümmert.' Und dann, den Morgen, es ist am 30. November, da bin ich unseren Direktor einladen gewesen, aber ich hab' zwei Kollegen mitgenommen. ‚Wenn ich eines Tages mal nicht da bin', habe ich ihnen

---

21 In Frankreich bezeichnen die Industriearbeiter mit dem Ausdruck „Affe" den Arbeitgeber und die höheren und mittleren Angestellten des Unternehmens.
22 Erwähntes Gespräch mit *René Gaillard*.

gesagt, ‚müßt Ihr Euch auskennen, müßt Ihr wissen, wie's geht.' Man geht einfach hin. Man meldet sich bei ihnen an und sagt zu ihm: ‚Hm, es ist, ob Sie am St. Eligius mit dabei sind.'"[23]

Dieser Wunsch nach Beibehaltung einer Form von Industrie-Kultur war in den Zwischenkriegsjahren sehr stark, unabhängig von den dort bestehenden Sozialstrategien. Außerhalb der Schmieden/Gießereien ist das Eligiusfest an der Renault-Lehrlings-Schule eines der schlagendsten Beispiele. Die Deutung dieses anderen, symbolischen Unterrichts ist nicht ganz einfach. Es handelte sich jedenfalls, wie Herr Jean Conquet, von 1936 bis 1946 Leiter der Lehrlings-Schule, uns erklärte, nicht einfach um eine Abwandlung des Erwachsenenfestes:

„Vor 1940 unterschied sich St. Eligius nicht sehr von St. Barbara. Es war schulfrei und es gab ein großes Essen. Fotos wurden gemacht. Es war im Geiste der Gesellenbünde.

In der Kantine gab es eine Art Theateraufführung, mit Liedern ähnlich Pfadfinderliedern, Theaterszenen. 1946 nahm Herr Le Faucheux an diesem Vormittag teil. Danach wurden Bücher verteilt, Restauflagen ... ein Buch über St. Eligius. In den Schmieden weiß ich nicht. Am Eligiusfest der Lehrlingsschule waren die Lehrlinge und die Lehrer anwesend. Es war wie eine Familie, die Schule, ich habe immer noch viele Kontakte mit meinen Jungs gehabt."[24]

Die Ausdrucksformen des Eligiusfestes ähnelten damals dem allgemein üblichen Modell der Volksfeste, unabhängig vom ideologischen Standpunkt der jeweiligen Gruppe. Festzuhalten ist die Anspielung auf die Gesellenbünde, die in Frankreich seit „Rerum Novarum" mit einer Eindämmung der Arbeiterbewegung zusammenfiel.[25] Bemerkenswert ist im übrigen die Art „familiärer" Geselligkeit, die Gemeinsamkeit von Lehrern und Schülern auf der Feier und, 1946, die dreifach bedeutsame Anwesenheit des obersten Betriebsleiters: die festliche Gleichstellung (zweifellos in gemäßigter Form), das Hochlebenlassen der Schulleitung, die im darauffolgenden Jahr ausgewechselt wurde, und die Bestätigung des Willens, das Ausbildungsprogramm weiterbestehen zu lassen, auch in der Zeit, als die Nationalisierung der Renault-Werke durchgeführt wurde.

Im folgenden Jahr, 1947, gibt der „Accélérateur" (Betriebszeitung) der sozialistischen Betriebsgruppe von 1936[26] in seiner Januarnummer einen Bericht vom letztjährigen Eligiusfest: „Wie in den vergangenen Jahren wurde der Tag des Hl. Eligius von unseren jungen Genossen begeistert aufgenommen. Sie wetteiferten an Geschicklichkeit und gutem Geschmack und stellten ihre erworbenen beruflichen Fertigkeiten in den „kleinen Meisterstücken" unter Beweis, die sie den „Pairs" (ältere Kollegen, Ausbilder) schenkten. Nach den wohlverdienten Glückwünschen erhielten die qualifiziertesten Lehrlinge Belohnungen in Naturalien und in Geld.

Unter den verschiedenen, von den anwesenden Persönlichkeiten gehaltenen Ansprachen seien nur die folgenden Worte des Betriebsratssekretärs herausgegriffen: ‚Die Frage der Lehrlingsausbildung ist ein bleibendes Anliegen des Betriebsrats und der Gewerkschaftsgruppe ...

---

23 Erwähntes Gespräch mit *René Gaillard*.
24 Gespräch mit *Jean Conquet*, Oktober 1985.
25 Zitieren wir unter anderen Dokumenten den versöhnlichen und vielleicht naiven Versuch von *Etienne Martin-Saint Léon*, Les anciennes corporations de métiers et les syndicats professionnels, Paris (Guillaumin et Cie) 1899.
26 *J. P. Depretto/S. v. Schweitzer*, Le Communisme à l'usine, op. cit., S. 232.

In der Entfaltung solidarischen Geistes und in freiwillig gewählter Disziplin werdet Ihr Euch zu hochqualifizierten Arbeitern entwickeln und damit Eure eigene Zukunft ebenso sichern wie die des Werkes und die des republikanischen und demokratischen Frankreichs, das so sehr seiner Jugend bedarf, um die Trümmer wieder zu beseitigen, die die Nazi-Räuber und die Verräter aufgehäuft haben.'"
In diesem Dokument finden wir wichtige Informationen über die Bedeutung und die symbolische Funktion des Korporationsfestes für eine Zeit, in der das gesamte Unternehmen umgestaltet und umstrukturiert wird.
Daß die von der Betriebsleitung zugestandenen Feste der Erwachsenen und der Lehrwerkstatt nichts miteinander zu tun haben, kann als Widerspruch gewertet werden, der allerdings nicht besonders ins Gewicht fiele, da die rituelle Durchführung ähnliche Festzeremonien aufweist. Gleichzeitig wandelt sich die Festbedeutung.
Organisiert vom neuerrichteten Betriebsrat greift man in der Festgestaltung auf den Brauch der Schmiede zurück. Die ritualisierte „do-ut-des"-Formel zeigt eine völlig andere Bedeutung an. Es handelt sich nicht mehr um den hierarchischen Austausch einer Tolerierung des Festes (durch die Direktion) gegen das Hochleben der Direktion durch die Arbeiter, sondern um einen egalitären Austausch zwischen Mitgliedern *derselben* Arbeitergruppe. Dadurch wird die Dauerhaftigkeit eines industriellen und sozialen Kulturgutes bestätigt.
In den vorangegangenen Jahren hatte das Eligiusfest der Lehrwerkstatt eher die Kontinuität einer Industriekultur im Innern des Unternehmens dargestellt, wobei künstlerische, d. h. schauspielerische Fähigkeiten den Ton angaben. Jetzt aber dominiert die Gabe der Lehrlinge, die in den „kleinen Meisterstücken" zum Ausdruck gebrachten „frischerlernten beruflichen Fertigkeiten", die sie den Pairs schenken. Die Verwendung eines ungenauen Ausdrucks ist aufschlußreich. Zweifellos wäre der Ausdruck „ältere Kollegen" angemessener. Aber der Schwerpunkt ist auf die Gleichheit der Bedingungen gelegt. Außerdem wird der ursprüngliche Anstoß zum Fest bezeichnet: Die Gegengeschenke der Älteren bestehen nicht aus vergänglichen Zugeständnissen, sondern aus substantiellen, die Eingliederung der Jugendlichen in die Gruppe fördernden Hilfen, „Belohnungen materieller und pekuniärer Art", die Vorfahren der Ausbildungs-Stipendien. Neben Festessen und einem halben Tag Unterhaltung drückt dieses neue Eligiusfest der Lehrlinge deutlich die Legitimität der industriellen und politischen Kultur der Arbeiterklasse aus, wie Herr Cazenabe, der Sekretär des Betriebsrats, es in seiner Rede formuliert.
Die den Gesellenbünden eigenen Haupttugenden werden, genau wie in den vergangenen Jahren, weiter gefeiert: „Geschicklichkeit und guter Geschmack", „Brüderlichkeit" („Solidarität"), „freiwillig gewählte Disziplin" in der Beachtung der Gruppennormen sowie der Hinweis auf das „Meisterstück". Derartige Anklänge an die Zeit der Gesellenbünde sind im übrigen nicht mehr in der Utopie beruflichen Gleichheitsdenkens verankert, sondern in der Sozialgeschichte der Industrie und in der Konstruktion einer industriellen Politik.

Alf Lüdtke

„Deutsche Qualitätsarbeit", „Spielereien" am Arbeitsplatz und „Fliehen" aus der Fabrik: industrielle Arbeitsprozesse und Arbeiterverhalten in den 1920er Jahren – Aspekte eines offenen Forschungsfeldes

VORBEMERKUNG

Arbeitsprozesse sind in den letzten Jahren nicht nur in den Blickpunkt von Forschungen über die Industrialisierung gerückt. Sie werden vielmehr zunehmend beachtet bei Studien zum Wandel von Lebensweisen und Mentalitäten sowie zum politischen Verhalten breiter Massen. Es zeigt sich dabei, daß Vergleiche zwischen Betrieben und Orten in verschiedenen Regionen, und das heißt auch in verschiedenen Staaten, ebenso unerläßlich wie produktiv sind (vgl. den Beitrag von S. Musso).
Der folgende Text diskutiert mit ausgewählten Beispielen einige zentrale Elemente der „täglichen Aneignung" industrieller Arbeitsverhältnisse durch die Arbeitenden selbst. In vielem lassen sich jedoch nur erste Markierungen umreißen. Die Situation der Forschung hierzulande, aber auch die Anforderungen überregionaler und internationaler Vergleiche machen es notwendig, einschlägige Diskussionszusammenhänge, offene Fragen und nicht zuletzt zahlreiche verstreute Materialien in den Anmerkungen zu skizzieren.

1. „RATIONALISIERUNG:": ERFAHRUNGEN UND STRATEGIEN

„Die Maschinen werden in Gang gesetzt. Zur Zeit bediene ich nur 4 bis 5. Ich hatte schon 6 bis 8. Ich bin schon seit 36 Jahren Trikotweberin. Nicht wahr, eine schöne Zeit? Früher war es besser, da hatte man nur 3 bis 4 Maschinen, und jetzt müssen wir fast die doppelte Zahl bedienen. In der ganzen Trikotbranche ist nirgends so rationalisiert worden wie in der Weberei. Man muß den ganzen Tag schuften, wenn man was verdienen will. Selten sind meine Oberarme und Schultern frei von blauen Flecken, weil man sich in der Eile immer an den Maschinen stößt. Das alles darf aber nicht beachtet werden, sonst bleiben gleich wieder einige Maschinen stehen. Trikotweben ist schwere Arbeit. In den Geschäften, wo keine Scheiben zu heben sind, ist es etwas leichter. Bei uns ist das nicht der Fall. Ich habe z. Z. drei Maschinen mit Scheiben. Jede einzelne wiegt 12–14 kg, und das Gewicht muß ich am Tage hundertmal vom Boden bis zur Brusthöhe heben."[1]
Mit diesen Sätzen beschrieb eine 55jährige verheiratete Textilarbeiterin, Mutter und Großmutter, ihre tägliche Fabrikarbeit. Der Absatz war Teil eines Briefes, den sie für ein Preisausschreiben einschickte, das vom Sekretariat für Arbeiterin-

---

1 S. Sch., Das Leben ein einziger Leidensweg, in: *Mein Arbeitstag – mein Wochenende. 150 Berichte von Textilarbeiterinnen*, hrsg. vom *Deutschen Textilarbeiterverband*, Hauptvorstand/Arbeiterinnensekretariat, Berlin 1930, S. 205–208, S. 206.

nen beim deutschen Textilarbeiterverband im Herbst 1928 ausgeschrieben worden war.

In den insgesamt 150 Einsendungen, die 1930 veröffentlicht wurden, finden sich solche konkreten Hinweise über den tatsächlichen Arbeitsablauf freilich nur in etwa zwei Dutzend Texten. Für die übergroße Mehrzahl der Schreiberinnen erledigte sich ihre Erwerbsarbeit in ebenso knappen wie pauschalen Klagen über Zeitmangel und „Hetze" bei der Arbeit, mehr noch auf den Wegen von und zur Fabrik. Und sogar nur in zwei oder drei Fällen liest man detaillierte Beschreibungen, in denen Einzelheiten mitgeteilt werden: das Aufstecken der Spulen, wie mit Fadenbrüchen umgegangen wurde, daß die Maschinen zu reparieren, zu reinigen oder zu ölen waren; es finden sich Hinweise auf Kooperation oder Auseinandersetzungen mit Kolleginnen, auf Hakeleien mit Vorgesetzten, – aber auch aufgezwungene Pausen, etwa nach Ende einer „Partie". Stets ist der Tenor: Es sei unerläßlich, sich stets „zu sputen" oder „zu eilen". Nur dann könne man bei der dominierenden Lohnform, dem Akkord, einen fürs Überleben ausreichenden Tagelohn „herausbringen". Ganz blaß bleiben dabei jedoch die tatsächlichen Inhalte der Arbeit; sie waren für die Betroffenen offenbar mit allgemeinen Etiketten – wie „Weben", „Spinnen" oder „Sticken" – ausreichend verdeutlicht.

In einer Denkschrift zur Notwendigkeit der 40-Stunden-Woche, die der Allgemeine Deutsche Gewerkschaftsbund 1931 vorlegte, zitierte einer der Autoren, Ludwig Preller, ebenfalls aus diesen Preisausschreiben-Einsendungen. Er wählte zwei Zitate; eines verwies knapp auf einige Details der Arbeit (Spulen aufstecken und ölen).[2] Beide Zitate aber illustrierten seinen Punkt: Nicht nur in der Textilindustrie, sondern in den Fabriken generell sei Leistungssteigerung durch Lohnreduktion und Bedienung mehrerer Maschinen ohne weitere technische Verbesserungen die Regel geworden.

Preller plädierte allerdings nicht gegen jede Rationalisierung. In Einklang mit anderen Erklärungen aus dem Gewerkschaftslager stellte er fest: „Die Anwendung der objektiv-wissenschaftlichen Erkenntnisse der Arbeitswissenschaft auf den Arbeits- und Produktionsprozeß liegt im Interesse der Arbeitnehmerschaft selbst; sie ist geeignet, zu einer Erleichterung der Arbeit unter gleichzeitig höchstem ökonomischen Nutzeffekt der Arbeit zu führen".[3] Allerdings sei es erforderlich, „einen gesellschafts-wirtschaftlichen Standpunkt optimaler Verwertung der Arbeitsfähigkeit" der Arbeitenden einzunehmen. Hingegen dürfe die „privatwirtschaftliche Ausnutzung der Arbeitskraft" nicht zugelassen werden. Es gehe also nicht an, nur den „Bedarf des Betriebes an bestimmten Eigenschaften seiner Arbeitnehmer" zu befriedigen; dem sei entgegenzustellen „das Bedürfnis des Arbeitnehmers ... auf beste Auswertung seiner Fähigkeiten".

Zumal in der sozialistischen Arbeiterbewegung war das Vertrauen auf den meßbaren Fortschritt, zugleich auf die Objektivität wissenschaftlicher Recherchen und Erkenntnis, nicht neu. Besonders deutlich findet sie sich in Engels späten

---

2 *L. Preller*, Rationalisierung und Arbeitskraftverbrauch, in: Die 40-Stunden-Woche, hrsg. im Auftrag des ADGB von *Th. Leipart*, Berlin 1931, S. 82–116, S. 96 f.
3 *Preller*, Rationalisierung, S. 85. – Am Beispiel der RGO-Politik bei Bosch zeigt *U. Stolle*, daß kommunistische Arbeitervertreter und Funktionäre ebenfalls Rationalisierung grundsätzlich befürworteten, vgl. *dies.*, Arbeiterpolitik im Betrieb. Frauen und Männer, Reformisten und Radikale, Fach- und Massenarbeiter bei Bayer, BASF, Bosch und in Solingen (1900–1933), Frankfurt/New York 1980, S. 210.

Briefen über den unabwendbaren Übergang zum Sozialismus, selbst im preußischen Militär.[4] Sie spiegelt sich aber auch in anderen Belegen. Und dabei zeigt sich, daß es nicht nur eine Vorliebe von Arbeiterfunktionären war, sondern fraglos auch eine Grundorientierung vieler Nichtorganisierter: Für sie blieb industrieller wie humaner Fortschritt an die Mechanik „objektiver", d. h. meßbarer Prozesse gekoppelt. Das gilt zumindest für die Gruppen von Arbeitern (vielleicht auch von Arbeiterinnen), die „Respektabilität" anstrebten oder doch als wesentliches Ziel von organisierter Arbeiterbewegung billigten. Ihnen ging es insbesondere um geordnete und nachweisbare Stabilität der eigenen, d. h. der familiären, aber auch der allgemeinen Verhältnisse. Bemerkenswert ist die Bedeutung und Hochschätzung gezählter Zahlen; sie fand Ausdruck zumal in den gewerkschaftlichen Organisationen. Zähigkeit und Energie, mit der in den Jahren vor 1914 eigene statistische Erhebungen durchgeführt wurden, sind beeindruckend: Die Zahlen von Unternehmensleitungen und staatlichen Stellen wurden nicht mit dem Argument angezweifelt, daß Leiden und Hoffnungen der Arbeitenden womöglich nur z. T. meßbar waren. Vielmehr sollten „bessere" Zahlen unumstößliche Belege proletarischer Not und Ausbeutung liefern; offenbar ließ sich nur dann Einsicht auch jenseits der Klassengrenzen erhoffen.[5]
In einer der Enquêten zur „Auslese und Anpassung der Arbeiter in der geschlossenen Großindustrie", die unter der Leitung von Alfred und Max Weber 1908/09 vom „Verein für Socialpolitik" veranstaltet worden war, hatten Marie Bernays und Dora Landé am Beispiel der Akkordlöhne darauf aufmerksam gemacht, daß das Messen von Stückzahlen und Arbeitszeiten für viele Arbeiter offenbar erheb-

---

4 Vgl. z. B. *F. Engels*, Brief an F. A. Sorge, 12. April 1890, in: Marx-Engels-Werke (MEW), Bd. 37, S. 380–82, S. 381; Brief an Ed. Vaillant, 5. Dez. 1890, in: Ebda., S. 513 f.

5 Als Beispiele: *Die Arbeitsverhältnisse der Eisen-, Metall-, Modell-, Werkzeug-, Revolver- und Automaten-Dreher Deutschlands*, festgestellt vom *Vorstand des DMV*, Stuttgart 1912; *Arbeiterferien unter bes. Berücksichtigung der Verhältnisse in der Metallindustrie*, dargestellt vom *Vorstand des DMV*, Stuttgart 1913. – In direkterem Zusammenhang mit industrie-wirtschaftlicher Entwicklung zeigen sich Konzepte von Produktivität und Rechenhaftigkeit nach 1918 bei den Planungen für „Gemeinwirtschaft" sowie den Versuchen von Partei- und Verbandsspitzen, die „amerikanische" Herausforderung aufzunehmen, vgl. die Skizze von *C. S. Maier*, Between Taylorism and Technocracy: European ideologies and the vision of industrial productivity in the 1920s, in: The Journal of Contemporary History 5, 1970, No. 5, S. 27–61.
Für die „sinnliche" Seite dieser Medaille vgl. den Enthusiasmus der „Gewerkschafts-Zeitung" über die Eröffnung des Deutschen Museums in München und den „unschätzbaren Wert" dieser „Bildungsgelegenheit", in: Gewerkschafts-Zeitung 35, 1925, S. 274 f.
– Wesentlich ist die klasseninterne Differenz zwischen „respektablen" und, wenn man so will, „ungeschliffenen" Arbeitern (und Arbeiterinnen); sie markiert wohl eine erhebliche Diskrepanz der Zukunftserwartungen oder -hoffnungen. Die „Ungeschliffenen" setzten, in dieser Sicht, gar nicht oder kaum auf längerfristige Berechenbarkeit. – Vgl. zur Schärfe dieser Kluft bei der täglichen Überlebenssicherung auch *M. Grüttner*, Unterklassenkriminalität in Hamburg. Güterberaubungen im Hamburger Hafen 1888–1923. In: *H. Reif* (Hrsg.), Räuber, Volk und Obrigkeit. Frankfurt 1983, S. 153–184. – Viele sehr anschauliche Belege zu den Differenzen der Geschlechter, der Alten und Jungen, der Gelernten und Ungelernten, beim städtischen wie ländlichen (Gewerbe-)Proletariat gibt *O. Rühle*, Illustrierte Kultur- und Sittengeschichte des Proletariats, Bd. 1, 2, Berlin 1930/Gießen 1977.

liche Attraktivität entfaltete.⁶ Im Unterschied zu der persönlichen Festsetzung durch die Meister, ihrem nicht selten unkontrollierten Schikanieren und Kujonieren durch Bestimmen von Ausschußquoten oder notwendigen Stückzahlen, versprach die gezählte und insofern nachprüfbare Arbeits- bzw. Stückleistung wesentliche Entlastung. Die Mühe des vielfach täglichen Aushandelns oder vielleicht eher: Hinnehmens meisterlicher Willkür und Macht schien ein für allemal überwunden. Dora Landé schrieb für die Berliner Maschinenindustrie, daß die Einführung von Kalkulationsbüros jede Meister-Herrschaft „in sozialer Hinsicht" weitgehend beseitigt habe; mehr noch: „die Arbeitsorganisation ist meist ganz demokratisch".⁷ Dem entspricht, daß der Deutsche Metallarbeiterverband (DMV) in seiner Untersuchung der Arbeitsverhältnisse der Dreher (1910/1911) ausdrücklich von dem Schlagwort „Akkordarbeit ist Mordarbeit" abrückte. Man sei jetzt vielmehr dazu übergegangen, „die Akkordarbeit an sich nicht zu verwerfen, sondern nur auf eine Regelung ... zu drängen und die Beseitigung von Mißständen ... zu verlangen".⁸

Bei den Untersuchungen des „Verein für Socialpolitik", aber auch der Enquête des DMV ist im Auge zu behalten, daß es sich hier für die Arbeiter eindeutig um ‚von oben' oder doch ‚von außen' gewünschte und geförderte Untersuchungen handelte.⁹ Es bleibt also die Frage, ob sich „die Leute" in ihrem Verhalten und in

---

6 *M. Bernays*, Auslese und Anpassung der Arbeiterschaft der geschlossenen Großindustrie. Dargestellt an den Verhältnissen der „Gladbacher Spinnerei und Weberei" AG zu Mönchen-Gladbach im Rheinland, Leipzig 1910 (= Schriften des Vereins für Socialpolitik, Bd. 133); *D. Landé*, Arbeits- und Lohnverhältnisse in der Berliner Maschinenindustrie zu Beginn des 20. Jahrhunderts, in: Auslese und Anpassung der Arbeiterschaft in der Elektroindustrie, Buchdruckerei, Feinmechanik und Maschinenindustrie, Leipzig 1910, S. 302–498 (= Schriften des Vereins für Socialpolitik, Bd. 134). – Zur Automobilindustrie, einer Wiener Maschinenfabrik sowie zur Lederwaren-, Steinzeug- und Textilindustrie vgl. die Bände 135, I–IV der Schriften des Vereins für Socialpolitik, Leipzig 1911 bzw. 1912. – In *Bernays*, Gladbacher Spinnerei, ist der „Arbeitsplan" abgedruckt, ebda., S. VII–XV. Zum „Verein für Socialpolitik" vgl. *J. Gorges*, Sozialforschung in Deutschland 1812–1914, Königstein/Ts. 1980, bes. Kap. 6.
Eine im Grundsatz ähnliche Serie von Studien über die deutsche Eisen- und Metallindustrie wurde vom „Centralverein für das Wohl der arbeitenden Klassen" betrieben und finanziert, vgl. den letzten Band der Reihe: *W. Jollos*, Die Lohn- und Arbeitsverhältnisse in der Berliner Metallindustrie, Berlin 1911 (= Untersuchungen über die Entlöhnungsmethoden in der deutschen Eisen- und Metallindustrie, H. 9).
7 Zu den Akkordlöhnen vgl. *Bernays*, Gladbacher Spinnerei, S. 189; *Landé*, Berliner Maschinenindustrie, S. 356. Zur Situation um 1900 s. auch *L. Bernhard*, Die Akkordarbeit in Deutschland, Leipzig 1903.
8 *Die Arbeitsverhältnisse der Eisen-, Metall-, ... – Dreher*, S. 83; vgl. den gesamten Abschnitt S. 83 ff. – Vgl. (für die Metallfacharbeiter) bzw. die im DMV Organisierten auch *G. Stollberg*, Die Rationalisierungsdebatten 1908–1933. Freie Gewerkschaften zwischen Mitwirkung und Gegenwehr, Frankfurt/New York 1981, S. 111 ff.; 1901 revidierte der DMV die Statutenveränderung von 1891, d. h. verzichtete auf die Forderung nach Abschaffung der Akkordarbeit zugunsten der nach Beschränkung der letzteren (S. 112).
9 Dora Landé berichtet, daß sie 18 Fabriken „besichtigt" und in „zahlreichen, stundenlangen Bürobesuchen und -arbeiten" Informationen von Fabrikleitungen, aber auch von Bevollmächtigten des DMV eingezogen habe. Und bei ihren Besuchen von Metallarbeiterversammlungen mußte für die Arbeiter, die von ihr wußten, deutlich sein, daß sie in dem angestrebten „objektiven" Bild über Fabrikarbeit wohl nur als Objekte erscheinen

ihren Berichten nicht bemühten, eine repräsentative Version ihrer Situation zu geben, also die ‚Innensicht' auf Fabrikarbeit bzw. Akkordlohn zu verbergen. Daß „Akkordarbeit... fast stets von der befragten Arbeiterschaft dem Tagelohn vorgezogen" wurde, läßt sich freilich auch aus der Untersuchung des DMV keineswegs eindeutig erschließen. Vielmehr signalisiert das betonte Abrücken der auswertenden Funktionäre von jeder pauschalen Ablehnung der Akkordarbeit, daß es bei den Mitgliedern bzw. in den Betrieben sehr wohl deutliche Gegenpositionen gab. Sie lassen sich in einigen Beispielen greifen in der Umfrage unter Bergbau-, Textil- und Metallarbeitern, die Adolf Levenstein 1912 veröffentlichte. Unter seinen weit über 5 000 Rücksendungen zählte er bei den Antworten zur Frage „Was ist Ihnen lieber, Akkord- oder Stundenlohn, und warum?" zwischen 60 und 70 % Zustimmung zu Stundenlohn, hingegen weniger als 20 % ausdrückliche Befürworter von Akkordlohn.[10]

Zwanzig Jahre später ging es nicht mehr nur um das Lohnsystem. Optimierungs- und Intensivierungsansätze der Unternehmen erforderten (und begünstigten) detaillierte Messungen, zugleich kalkulierendes Einplanen von Anreizen wie Hemmnissen von „Leistung". Damit trat eine fatale Gleichzeitigkeit immer deutlicher hervor: Zum einen hatten die vielfältigen Formen vermehrter Rechenhaftigkeit in den Betrieben eine Reihe von „Arbeitserleichterungen" angeregt. Das galt insbesondere für die Transporte zwischen den Abteilungen bzw. Maschinen sowie für die „Ausschaltung störender Zwischenfunktionen". Dem standen aber – zum anderen – zahlreiche neue „objektive Erschwerungen" für die Arbeitenden gegenüber. Preller verwies auf den Wegfall der „Abwechselung von Sitzen, Stehen und Gehen, von Abwechselung zwischen der Betätigung verschiedener Muskelgruppen". Die negativen Folgen zerlegter und vor allem auch monotoner Arbeit wollte er aber nicht auf die physischen Momente beschränkt wissen; er hob vielmehr „starke Anzeichen auf eine Überbeanspruchung weiter Arbeitnehmerkreise" auch „in psychischer Hinsicht" hervor.[11]

In Frage stand dabei kaum je eine Rationalisierung im Taylorschen Sinne. Dessen Maxime vom „one best way" – und einer entsprechenden Selektion der Arbeitenden – hatte nicht nur in Einzelfertigungsbranchen, wie dem Großmaschinenbau, von vornherein große Skepsis hervorgerufen.[12] In den Berichten von Be-

---

würden; *Landé*, a. a. O., S. 306 f. Und auch das Verfahren von Marie Bernays, nach einigen Wochen Inkognito-Arbeiten als Spulerin sich dem Generaldirektor „zu entdecken" und danach mit seiner Unterstützung „stets freien Zugang zu allen Sälen der Fabrik zu haben", dürfte nicht nur Vertrauen benutzt, sondern auch Mißtrauen bei den Arbeiterinnen angeregt und gestärkt haben; vgl. *dies.*, a. a. O., S. XVI f.

10 *A. Levenstein*, Die Arbeiterfrage, München 1912, S. 44.
11 *Preller*, Rationalisierung, S. 86 ff., S. 114.
12 *F. W. Taylor*, Die Grundsätze wissenschaftlicher Betriebsführung, 2. Aufl. (1. Aufl. 1913), hrsg. von *W. Volpert* und *R. Vahrenkamp*, Weinheim/Basel 1977, vgl. S. XXXI ff. und LXIX; vgl. *R. Seubert*, Aus der Praxis des Taylor-Systems, 2. Aufl. (1. Aufl. 1914), Berlin 1918. Zur Skepsis in der deutschen Industrie vgl. das Diskussionsprotokoll über einen Vortrag des Obmannes des Ausschusses für Zeitstudien beim Ausschuß für wirtschaftliche Fertigung (dem Vorläufer des RKW) in Berlin am 4. Juni 1920, angefertigt für die Betriebsleitung des Maschinenbaus der GHH, Historisches Archiv GHH, 30411/45, 11. Juni 1920, Dipl.-Ing. Stieler.
Generell zu den „deutschen" Varianten „wissenschaftlicher Betriebsführung", d. h. zur „Industriellen Psychotechnik", zur „Psychophysik" und Physiologie der Arbeit, aber auch zur „Arbeitspsychologie" vgl. *P. Hinrichs*, Um die Seele des Arbeiters. Arbeits-

triebsräten, aber auch in den Schilderungen Betroffener (wie bei dem zitierten Preisausschreiben unter Textilarbeiterinnen) wurde vielmehr deutlich: Das betriebliche Management nutzte vornehmlich das Refa-Verfahren zur Ermittlung und Kalkulation von Arbeitszeit und „Normalleistung". Erreicht werden sollte eine Arbeitsorganisation, die für ein Optimum an Produktionsleistung ein Maximum an Arbeitsintensität mobilisieren würde. Für viele der betroffenen ‚unmittelbaren Produzenten' stand offenbar außer Zweifel, daß es dabei keine Rolle spielte, ob „jeder Arbeiter ... bei jeder Arbeit zurechtkommen und sein Geld verdienen" würde.[13]

In gewerkschaftlicher Sicht reagierten die Betroffenen mit Gegenwehr, zumindest mit Skepsis und Distanz auf die „Rationalisierung" durch die Unternehmen. Formen der Abwehr und der Widersetzlichkeit galten danach sowohl den organisatorischen wie den technisch vermittelten Zumutungen zur Beschleunigung der Produktion, von vermehrter Arbeitszerlegung über die „Fließfertigung" bis zum Einsatz schnellaufender Präzisions-Spezialmaschinen und räumlicher „Verdichtung" in den Werkstätten (dazu im einzelnen unten). Für gewerkschaftlich Engagierte war aber auch klar, daß die Disziplinierungen, die in die mit der „Rationalisierung" verbundenen Lohnsysteme eingelassen waren, keineswegs ›geschluckt‹ wurden; in Frage standen vor allem Kombinationen von Zeit- mit Kolonnen- oder Gruppenakkorden.

In der „Betriebsrätezeitschrift für die Funktionäre der Metallindustrie" stellte ein Betriebsrat, Paul Gliese, fest, daß sich „die Akkordstreitigkeiten in den Werkstätten mächtig gesteigert" hätten.[14] Im einzelnen wurde gewarnt, daß die Zeit-

---

psychologie, Industrie- und Betriebssoziologie in Deutschland 1871–1945, Köln 1981 (bes. Kap. II, 2 und III); zur naturwissenschaftlichen Ausrichtung sowie zu den institutionellen Bedingungen besonders *R.-W. Hoffmann*, Wissenschaft und Arbeitskraft. Zur Geschichte der Arbeitsforschung in Deutschland, Frankfurt/New York 1985; international vergleichend, dabei besonders ausführlich zu den USA: *A. Ebbinghaus*, Arbeiter und Arbeitswissenschaft, Opladen 1984.

13 *P. Gliese*, Änderungen der Arbeitsmethoden und ihre Wirkung für die Arbeiterschaft, in: Betriebsräte-Zeitschrift für die Funktionäre der Metallindustrie 11, 1930, S. 444–446. Vgl. *Preller*, Rationalisierung, passim; *F. Olk*, Erfolg und Krise der Rationalisierung in Deutschland, in: Gewerkschafts-Zeitung 37, 1927, S. 429–431 u. 439–441; für die Metallindustrie, v. a. den Maschinenbau, siehe auch *P. Nikolaus*, Akkordkalkulation, in: Betriebsräte-Zeitschrift für die Funktionäre der Metallindustrie 9, 1928, S. 489–493, sowie den Stuttgarter Betriebsrat *J. Kopp*, Zur Frage der Akkordkalkulation, a. a. O., S. 535 f. (Auseinandersetzung mit dem Bericht des Dortmunder Betriebsrates A. Dünnebacke, a. a. O., S. 457–463). – Dies ist auch der Tenor zahlreicher der Einsendungen zum Textilarbeiterinnen-Preisausschreiben (vgl. Anm. 1).

14 *Gliese*, a. a. O., S. 444 (für das folgende S. 445 u. 446). – Für andere Branchen bieten die beste, zugleich sehr detailreiche Übersicht die Berichte des Arbeitsleistungsausschusses, der im Rahmen des „Ausschusses zur Untersuchung der Erzeugungs- und Absatzbedingungen der deutschen Wirtschaft" von 1926 bis 1930 arbeitete, allerdings seine Untersuchungen aus „Zeit- und Geldmangel" abbrechen mußte, vgl. *Verhandlungen und Berichte des Unterausschusses für Arbeitsleistung* (IV. Unterausschuß), Bd. 9, Berlin 1930, S. 14, Anm. 2. – Bd. 2 behandelt den Steinkohlenbergbau, Bd. 4 den Hochofenbetrieb, Bd. 6 die Textilindustrie, Bd. 7 die Stahl- und Walzwerke; Bd. 9 enthält die Zusammenfassung sowie die bis dahin vorliegenden Ergebnisse zur metallverarbeitenden Industrie.
Zahlreiche Einzelinformationen sind auch gesammelt in den regionalen und nationalen Jahresberichten der Einzelgewerkschaften, vgl. die knappe Auswertung der Be-

nehmer erst nach einiger Zeit, wenn sich alle an neue Arbeitsgänge gewöhnt hatten, Zeitaufnahmen machen würden. Kritisiert wurde auch, daß die „Refa-Leute" nur relativ kurze Zeitspannen berücksichtigen (also z. B. den Tagesrhythmus nicht einbezogen). Die Konsequenz sei: „Mit allen Mitteln suchen die Unternehmer zu verhindern, daß die Verdienste über eine gewisse Höchstgrenze hinausgehen, nur nach unten ist volle Handlungsfreiheit gelassen". Neben der ständigen Lohndrückerei und dem ständigen Kontrolliertwerden durch Vorgesetzte, aber auch durch Kollegen, habe sich zugleich eine „überspannte Zettelwirtschaft" breitgemacht. Es sei nun nötig, für alles und jedes Zettel auszufüllen und weiterzureichen. Kurz: Diese Form der Rationalisierung habe zwar vielfache Intensivierung gebracht, aber keine erkennbaren Vorteile für die Arbeiter.

Vorteile wurden erwartet und wahrgenommen, vor allem in „Mark und Pfennig", d. h. als Lohnsteigerung. Das gilt zumindest für Gewerkschaftsfunktionäre und gewerkschaftlich Organisierte. Für sie war die Lohnfrage der Kernpunkt. Das zeigte sich vor allem bei der Bewertung der Rationalisierung in den USA: Der Ton der Bewunderung für die Serienfertigung in der amerikanischen Maschinenindustrie oder der Fließfertigung à la Ford in der Automobilproduktion war immer begleitet von nachdrücklichen Hinweisen auf die relativ höheren Löhne, die amerikanische Kollegen erwarten konnten. Demgegenüber sei in Deutschland das „Ford-Modell" entscheidend verkürzt – gerade beim Lohn fehle es.[15]

---

richte für 1929 durch die Redaktion der Gewerkschafts-Zeitung: *Tatsachen und Probleme der Rationalisierung*, in: Gewerkschafts-Zeitung 40, 1930, S. 803–806. Eine konzise Auswertung bringt auch *Preller*, Rationalisierung, S. 88–102.
Heranzuziehen sind ebenfalls die branchenspezifischen Fachzeitschriften für das kaufmännische und technische Management, z. B. für den Maschinenbau: *„Technik und Wirtschaft"*, 1908 ff., *„Werkstattstechnik"*, 1907 ff.; *„Zeitschrift des VDI"*, 1898 ff.; *„Stahl und Eisen"*, 1881 ff.; *„Archiv für Eisenhüttenleute"* 1927/28 ff.

15 Vgl. dazu wiederholte Darlegungen im Organ des ADGB, der „Gewerkschafts-Zeitung", z. B. *G. Riemann*, Die sozialen und politischen Wirkungen hoher Löhne, in: A. a. O. 35, 1925, S. 258–261; *G. Klingelhöfer*, Lohnerhöhungen und Inflationsgefahr, in: A. a. O. 35, 1925, S. 351–353; *F. Kummer*, Löhne und Arbeitszeit der nordamerikanischen Gewerkschaften, in: A. a. O. 36, 1926, S. 21–23, bes. S. 22; *F. Tarnow*, Rationalisierung und Lohnpolitik, in: A. a. O. 36, 1926, S. 145–147 und S. 161–163; *Anon.*, Ausdehnbarer oder unveränderlicher Lohnfonds? in: A. a. O. 37, 1927, S. 183–184, S. 197–198 (entscheidend sei in den USA das wirtschaftliche Wachstum; dies sei „geschaffen und gefördert durch die fortgesetzte Verminderung der Preise ... bei gleichzeitiger Steigerung des Lohneinkommens der Verbrauchermassen", S. 184); *F. Tarnow*, Eine Lohntheorie der amerikanischen Gewerkschaften, in: A. a. O. 37, 1927, S. 493–495; *Anon.*, Preissenkung oder Lohnerhöhung? in: A. a. O. 39, 1929, S. 133; *K. Heinig*, Arbeitslosigkeit und Massenkaufkraft, in: A. a. O. 39, 1929, S. 209–211, s. auch den Bericht über die Ausschußsitzung des ADGB, ebda., S. 212 ff.
Eine kritische Bewertung der Fordistischen Lohnpolitik findet sich z. T. in der regionalen oder lokalen Diskussion, vgl. einen ausführlichen Bericht über einen Vortrag von Dr. *K. H. Busse* in Hannover; unter dem Titel „Fords Riesenbetrieb im Film" wurde die Ford-Lohnpolitik gewürdigt, aber doch betont, daß rigorose Arbeitszerlegung die Voraussetzung sei, vgl. *Volkswille* (Hannover), 11. Februar 1926; insgesamt positiver jedoch der Artikel von *K. Heinig*, Fordproblem und Arbeiterschaft, ebda., 22. Nov. 1925.
Zum US-amerikanischen Modell vgl. *St. Meyer III*, The Five Dollar Day. Labor Management and Social Control in the Ford Motor Company 1908–1921, Albany 1981, bes. S. 95 ff.

In den Betrieben, aber auch von Gewerkschaftsvertretern wurde als Gegenmittel gegen einseitige Rationalisierung und Intensivierung vor allem die Verkürzung der täglichen Arbeit sowie der Wochenarbeitszeit gefordert. Nach Aufhebung der gesetzlichen Fixierung des 8-Stunden-Regelarbeitstages (1923) verwiesen Gewerkschafter mit erneutem Nachdruck darauf, daß Arbeiter und Arbeiterinnen „möglichst schnell der Fabrik zu entfliehen" suchten: Haus- und Gartenarbeit waren für viele unerläßlich bzw. überlebensnotwendig.[16]

Ludwig Preller gehörte demgegenüber zu den relativ wenigen, die gewerkschaftliche Mittel auch für die Gestaltung des Arbeitsablaufes selbst einzusetzen versuchten. Ihm war deutlich, daß auch bei 8-stündiger Arbeit bzw. 40-Stunden-Woche sehr wohl solche Formen von Arbeitsintensivierungen möglich waren und blieben, daß den Betrieben erhebliche Kompensation für die Verkürzung der Arbeitszeit ermöglicht würde. Bei den betroffenen Arbeitern seien in jedem Fall „Übermüdung", „erhöhte Krankheitsdisposition, insbesondere des Nervensystems, erhöhte Unfallgefahren, frühzeitiger Leistungsabfall" zu bemerken.[17] Auskunftsmittel dürfe nicht nur die Verkürzung der Arbeitszeit sein. Wichtiger sei angemessene Tarifgestaltung; geregelt werden müßte das Arbeitstempo; Hetzarbeit und überspitzte Akkorde seien zu blockieren. Dieses erfordere aber auch ständige Aufsicht und Kontrolle durch staatliche Instanzen.

Freilich – auch in dieser Argumentation blieb es bei Fragen der Arbeitsteilung und -zerlegung, der generellen Monotonie und Hetze der Arbeit. Die tatsächlichen Abläufe am Arbeitsplatz, insbesondere die Dispositionschancen der Arbeitenden rangierten am Rande oder wurden ganz übergangen; ausgeklammert waren jene Formen alltäglicher Praxis, in denen die Auseinandersetzung mit Kontrollen, Zumutungen wie Anreizen geführt, durchgehalten oder auch aufgegeben wurden[18].

Diese partielle Blindheit gewerkschaftlicher Interessenvertreter verweist auf das „field of force" der Arbeitsbeziehungen in der Weimarer Republik. Im Zuge der Anerkennung der Gewerkschaft als kollektiver Vertretungsmacht nach Abschluß der „Zentralarbeitsgemeinschaft" 1918 erschien das Aushandeln bzw. die Praxis der Arbeitenden vor Ort zunehmend sekundär.[19] Zum Teil konnte oder mußte sie wohl auch als kontraproduktiv gelten – war sie nicht zu sehr den betrieblichen Besonderheiten verpflichtet?

---

16 Vgl. den Bericht über den Beitrag von Dr. *Meyer-Brodnitz* (ADGB) in der Diskussion über das Thema „Die Fabrikspeisung", 18. Sept. 1929, auf der Jahreshauptversammlung der Deutschen Gesellschaft für Gewerbehygiene, in: Gewerkschafts-Zeitung 39, 1929, S. 656.

17 *Preller*, Rationalisierung, S. 115.

18 Das gilt auch für Bemerkungen und Hinweise, in denen das unterbelichtete „Sozialrationalisierungsproblem" beklagt wird, z. B. bei Heinz Potthoff, der die Formen der Klassenkämpfe zu verändern vorschlug und „Wirtschaften" als „Mittel zum Zwecke der Lebensermöglichung, der Lebenserleichterung, der Lebensbereicherung" bezeichnete – die Realität bei der Arbeit aber ausklammerte: vgl. *H. Potthoff*, Sozialpolitik als Rationalisierung der Wirtschaft, in: Gewerkschafts-Zeitung 37, 1927, S. 253 f.

19 Generell *G. D. Feldman*, Die Freien Gewerkschaften und die Zentralarbeitsgemeinschaft, in: Vom Sozialistengesetz zur Mitbestimmung, hrsg. von *H. O. Vetter*, Köln 1975, S. 229–252; *Preller*, Sozialpolitik, S. 185 f. – Für die Gewerkschaften vgl. die Überblicke in: *E. Matthias/K. Schönhoven* (Hrsg.), Solidarität und Menschenwürde, Etappen der deutschen Gewerkschaftsgeschichte von den Anfängen bis zur Gegenwart, Bonn 1984 (bes. *Potthoff, Ruck, Kukuck* und *Deppe/Roßmann*); speziell für den DMV

2. „LEBENDIGE ARBEIT": ANSÄTZE ZUR HISTORISCHEN REKONSTRUKTION

Ignoranz gegenüber der tatsächlichen Praxis der „lebendigen Arbeit" (K. Marx)[20] hat zwei Konsequenzen. Erstens: Wenn langfristige Tendenzen der „realen Subsumption" lebendiger Arbeit unter technische Zwänge und vermehrte Kontrollanstrengungen von Vorgesetzten und „Maschinerie" unterstellt werden, dann bleiben die Anstrengungen einzelner oder von Gruppen unbeachtet, ihre Arbeitssituation ‚anzueignen'[21]. Dazu gehört, ‚Nischen' der Produktion zu erkunden oder ‚Bruchstellen' des Fertigungsablaufs für die Durchsetzung eigener Disposition zu sichern. Der ‚Rückzug' Gelernter auf Vorzeichner-, Montage- oder Reparaturarbeiten ist ein besonders drastisches Beispiel für solche Strategien. ‚Aneignung' schließt aber die Erfahrung der „Requalifizierung durch die Maschinen" ein, zumal beim Einsatz komplexerer Spezialmaschinen. Freilich hatten auch die Arbeitenden in monotonen oder (und) hochgradig zerlegten Arbeitsprozessen, von der Arbeit am Fließband bis zum Transportieren, die Bedingungen des Arbeitens immer wieder ‚anzuzeigen'. Zum zweiten: In dieser Sicht fällt nur zu leicht unter den Tisch, daß die Unternehmensleitungen bei ihren Rationalisierungs- und Intensivierungsstrategien bzw. -maßnahmen keineswegs nur darauf setzten, Zeit und Raum bzw. Dispositionsmöglichkeiten der Arbeitenden einzuschränken. Innerbetriebliche Kritik an Taylors Konzept bestärkte vielmehr Überlegungen von kaufmännischen wie technischen Direktoren über den positiven Effekt der informellen Arbeitsgruppen für den Produktionsablauf.[22] Die Ar-

---

und die Situation eines regionalen Funktionärs, d. h. H. Böcklers in Köln, vgl. *U. Borsdorf*, Hans Böckler. Arbeit und Leben eines Gewerkschafters, von 1875 bis 1945, Köln 1982. – Zu Einzelentwicklungen vgl. – im einzelnen noch interpretationsbedürftige – Hinweise auf die Chemiearbeiter bzw. den Fabrikarbeiterverband, d. h. die sehr scharfen Konflikte zwischen betrieblich Aktiven und zentralverbandlicher Politik, d. h. deren Vertreter in den Arbeiter- und Betriebsräten (während sich im DMV z. T. Minderheiten, gestützt auf einzelbetriebliche Mehrheiten, innerhalb des Verbandes einen erheblichen Anteil an den Verbandspositionen sichern konnten) bei: *E. C. Schöck*, Arbeitslosigkeit und Rationalisierung, Frankfurt/New York 1977, S. 129 ff., S. 146 f.; *Stolle*, Arbeiterpolitik im Betrieb, S. 44 ff., S. 51 ff., S. 113 ff.; beeinträchtigt wird der Ertrag dieser Arbeit allerdings dadurch, daß grundsätzliche Homogenität und Aktionsbereitschaft der proletarischen Massen unterstellt wird – sie wären wohl erst zu zeigen. – Vgl. auch *D. Schiffmann*, Von der Revolution zum Neunstundentag. Arbeit und Konflikt bei BASF 1918–1924, Frankfurt/New York 1983.

20 *K. Marx*, Das Kapital, Bd. 1 (1867/1890), Berlin/DDR 1965, S. 207 f.
21 Vgl. dazu Interviews mit angelernten und gelernten Arbeitern, die im Dampflokomotivenbau von Henschel (Kassel) zwischen 1928 und den späten 1960er Jahren gearbeitet haben (Interviews mit H. A., W. D., A. B., W. W., H. D., G. M. und D. T. im September 1984, März 1985 und Februar 1986) – Vgl. zur Sicherung von „Nischen" durch Gelernte in den ersten Jahren nach der Jahrhundertwende *D. Landé*, Berliner Maschinenindustrie, S. 322 ff.
22 Vor allem *J. Winschuh* mit seinem „Werksgemeinschafts"-Programm sowie *R. Lang/W. Hellpach* und die „Gruppenfabrikation", beide ab 1922 propagiert; dazu *Hinrichs*, Seele des Arbeiters, S. 155 ff., S. 170 ff. Demgegenüber sind die Experimente von E. Mayo und anderen in Deutschland wohl erst nach 1945 rezipiert worden, vgl. *E. Mayo*, The Human Problems of an Industrial Civilization, Cambridge/Mass. 1933; *Ders.*, The Social Problems of an Industrial Civilization, Cambridge/Mass. 1945; *F. J. Roethlisberger*, Management and Morale, Cambridge/Mass. 1941. – Vgl. auch Anm. 81.

beitenden suchten doch selbst, ihre eigenen Formen von sozialem Austausch am Arbeitsplatz zu bewahren und zu entfalten – war dieses Ensemble kreativer Praxis nicht für den Betriebszweck zu nutzen?

Zunächst ist es notwendig, von pauschalen Annahmen über gleichmäßige oder „flächendeckende" Rationalisierung Abstand zu nehmen.[23] Die Veränderungen in den prozeßproduzierenden Industrien, z. B. im Hüttenbetrieb, lassen sich nicht mit denen der montageorientierten Serienproduktion, z. B. von Automotoren oder Autoelektrik in Automobilen insgesamt vergleichen. Oder die Beispiele des Werkzeug-, des allgemeinen oder des Großmaschinenbaus: Auf den Vorstandsetagen diskutierte man intensiv über die Einschränkung der Auftragsfertigung bzw. Einzelproduktion zugunsten von vermehrter Serienherstellung bereits kurz vor dem ersten Weltkrieg.[24] Aber erst allmählich wurde in den 1920er Jahren eine Reduzierung der Produktpalette und vermehrte Standardisierung der Arbeitsabläufe versucht. Eine Umfrage des DMV von 1931 über die „Rationalisierung in der Metallindustrie" zeigt allerdings, daß Serienfertigung nicht nur für einzelne Sparten, sondern insgesamt für diese Branche ein sekundärer Weg war, um Produktivität bzw. Arbeitsintensität zu steigern. (Nur ca. 6 % der untersuchten Betriebe berichteten über verstärkte Serienproduktion; im Maschinenbau lag die Zahl bei unter 1 %). Für die gesamte Metallindustrie galt – hier eine Parallele zum Steinkohlenbergbau –, daß „den größten Anteil aller Rationalisierungsmaßnahmen ..., mit 63,9 % der Fälle, die Modernisierung des Maschinenparks hat".[25]

Die Folgen für Qualifikationsprofile und damit für Lebensläufe ganzer Berufsgruppen, wie der Schmiede, Schlosser und Klempner, aber auch Dreher (oder im Bergbau der Hauer) waren erheblich. Schweißen, die Bedienung und Handhabung von Revolverdrehbänken oder Mehrspindelautomaten – dies wurde nicht selten von Angelernten (oder auch Ungelernten) übernommen. Die Gelernten arbeiteten als Vorarbeiter, wenn sie nicht Tätigkeiten der Angelernten übernahmen (oder übernehmen mußten), also auch Lohnminderungen zu akzeptieren hatten. Aber auch „eingefuchste" Gelernte mußten ihre Formen der Nutzung „verdichteter" Räume in den Werkstätten neu erproben, hatten vermehrte kalkulatorische Vorgaben und vor allem die „moderne" Maschinerie zu bewältigen. Für

---

23 Vgl. *Verhandlungen und Berichte des Unterausschusses für Arbeitsleistung,* Bde. 2, 4, 6, 7 und 9, Berlin 1927 ff. (s. Anm. 14); für montageorientierte wie für Einzelfertigungsbranchen – vor allem zu den Veränderungen, Gleichzeitigkeiten und Übergängen von einem zum anderen Typus – in der Metallindustrie vgl.: *Die Rationalisierung in der Metallindustrie,* bearb. u. hrsg. nach Erhebungen des *Vorstandes des DMV* (als Manuskript gedruckt), Berlin 1932; *Schöck,* Arbeitslosigkeit und Rationalisierung, S. 76 ff. (Bergbau); *Stolle,* Arbeiterpolitik, S. 20 ff., S. 108 ff. (jeweils Chemie); S. 146 ff. (Metall: Beispiel Bosch); vgl. für den Bergbau auch: *H. Mommsen,* Sozialpolitik im Bergbau, in: *H. Mommsen/D. Petzina/B. Weisbrod* (Hrsg.), Industrielles System und politische Entwicklung in der Weimarer Republik, Düsseldorf 1975, S. 303–321.

24 Vorschläge zu einem Geschäftsplan für Abteilung Sterkrade, 31. Aug. 1909, von Direktor Häbich, Historisches Archiv GHH 3046/7. – Daß „mass production" keineswegs die einzige Entwicklungstendenz (säkularer) Industrialisierung bezeichne, versuchen zu zeigen: *Ch. Sabel, J. Zeitlin*: Historical Alternatives to Mass Production: Politics, Markets and Technology in Nineteenth-Century Industrialization, in: Past & Present, No. 108, 1985, S. 133–176.

25 Rationalisierung in der Metallindustrie, S. 170. – Für das Folgende vgl. *Preller,* Sozialpolitik, S. 118 f.

zahlreiche An- und Ungelernte, aber auch für manche Gelernte öffneten diese „Rationalisierungen" neue Qualifikationsmöglichkeiten, zugleich Chancen auf (zumindest innerbetriebliche) Statusverbesserung und auf Lohnsteigerungen.

Zumutungen und Chancen am Arbeitsplatz (und im Betrieb) werden Realität erst im Verhalten und Handeln der Arbeitenden. Zur Rekonstruktion dieser Praxis des Arbeitens ist ein ‚mehrschichtiges' Vorgehen erforderlich. Einzubeziehen wären Spuren non-verbalen Ausdrucks, von blankgewetzten Griffstellen an Werkzeugen und Geräten bis zu Merkmalen unterschiedlicher Abnutzung an Schemeln oder Wasserbecken (gemeint ist also eine industrielle Mikro-Archäologie). Aussagekräftiger für innerbetriebliche Kontexte ist freilich jener ‚Niederschlag', den Lohnlisten, Akkordbücher, Strafbücher oder Reparaturlisten aufbewahren, d. h. die Unterlagen der regelmäßigen Buchführung über Werkstatt- oder Betriebsabrechnungen von Material, Zeit und Lohn bzw. „Kosten". Die Sichtweisen und Erfahrungen der Betroffenen wurden aber auch direkt geäußert – gelegentlich überdies schriftlich festgehalten. Die (vereinzelten) Berichte von Betriebsräten oder gewerkschaftlich engagierten Vertrauensmännern führen hier weiter.[26] In einer Reihe von Fällen sind auch Erinnerungsinterviews möglich;[27]

---

26 *Betriebsräte-Zeitschrift für die Funktionäre der Metallindustrie*, hrsg. vom *Vorstand des DMV* 1, 1920–13, 1932; von Jg. 14, 1933, erschien noch Nr. 1 am 21. Januar 1933. Der Bestand ist vollständig vorhanden in der Bibliothek des Hauptvorstandes der IG Metall, Frankfurt am Main. – Die freundliche Unterstützung von Herrn Bippig und den Mitarbeiterinnen und Mitarbeitern der Bibliothek ermöglichte es mir, die Zeitschrift und andere dort zugängliche gedruckte Materialien des DMV einzusehen und auszuwerten.

27 Vgl. dazu die Interviews mit ehemaligen Henschel-Arbeitern, Anm. 21. – Zur Quellengattung, aber auch zum Darstellungsgenre „Erinnerungsinterview" grundsätzlich und mit einer Reihe von anregenden Beispielen die Arbeiten des Projekts „Lebensgeschichte und Sozialkultur im Ruhrgebiet 1930–1960": *L. Niethammer* (Hrsg.), „Die Jahre weiß man nicht, wo man die heute hinsetzen soll", Berlin/Bonn 1983; *ders.* (Hrsg.), „Hinterher merkt man, daß es richtig war, daß es nicht schiefgegangen ist", Berlin/Bonn 1983; *ders./A. v. Plato* (Hrsg.), „Wir kriegen jetzt andere Zeiten", Berlin/Bonn 1985. Erfahrung von und bei Erwerbsarbeit – bezogen auf das (Über-)Leben am Arbeitsplatz, in der Werkstatt, im Betrieb – wird dabei insgesamt eher en passant zum Thema; ausdrücklich allerdings für Frauen in der Büroarbeit und (junge) Bergarbeiter sowie Hüttenarbeiter, vgl. die Beiträge von *M. Zimmermann, M. Schmidt, U. Herbert, B. Parisius*; wichtig sind freilich auch die komplementär zu lesenden Beiträge über hausarbeitende Bergarbeiterfrauen von *A.-K. Einfeldt*. – Zur Bedeutung der Erzählchronologie wichtig: *U. Herbert*, „Die guten und die schlechten Zeiten", in: „Die Jahre weiß man nicht...", S. 67–96; grundsätzlich zu Fragen der Forschungsarbeit und -anlage sowie der theoretischen wie materialen „Ergebnisse" des Projekts: *L. Niethammer*, Fragen – Antworten – Fragen. Methodische Erfahrungen und Erwägungen zur Oral History, in: *Ders./v. Plato* (Hrsg.), „Wir kriegen jetzt andere Zeiten", S. 392–445, bes. S. 409 ff.
Zur Frage der notwendigen Gleichzeitigkeit von „Erzählung", „Collage" und „Begriff" als „Darstellungsformen", d. h. dem Problem der wechselseitigen Ergänzung, Einschränkung und Erhellung von Erinnerungs-Erzählungen und unabsichtlichen Überresten oder „Niederschlägen" von stummen wie beredten Aktivitäten vgl. *H. Bude*, Der Sozialforscher als Narrationsanimateur. Kritische Anmerkungen zu einer erzähltheoretischen Fundierung der interpretativen Sozialforschung, in: Kölner Zeitschrift für Soziologie und Sozialforschung 37, 1985, S. 327–336. Praktisch gewendet heißt das, zeitgenössische Zeugnisse, nicht zuletzt auch Briefe oder Tagebücher, zu erschließen,

sie erfassen zumindest die frühen 1930er, z. T. auch die späten 1920er Jahre. Allerdings prägt der Duktus der Erinnerung diese Erzählungen; das „von heute her" reguliert die Perspektiven. Zur Erweiterung, mehr noch zur wechselseitigen Ergänzung und ‚Vernetzung' der Fragen ist es unerläßlich, komplementäre Berichte distanzierter wie „teilnehmender" Beobachter heranzuziehen. Die Darlegungen von Gewerbe- und Technischen (d. i. Berufsgenossenschafts-) Aufsichtsbeamten, aber auch arbeitsphysiologische Untersuchungen sind für die eher „distanzierten" Beobachtungen zu nennen.[28]

Eine Mischung verschiedener Typen (und Genres) von Beobachtung findet sich in den (bereits erwähnten) Studien zu „Analyse und Anpassung" von 1904-1912. Marie Bernays Untersuchung über die Gladbacher Spinnerei und Weberei zeigt, daß ihre Form der zunächst verdeckten, dann offenen Teilnahme – besser: Beobachtung durchaus Einblicke ermöglichte. Sie hat z. B. signifikante Details der Gruppenbildung am Arbeitsplatz erfaßt. So registrierte sie Formen der Kommunikation und Selbstdarstellung der Arbeiterinnen untereinander[29] – etwa die „ordentliche Kleidung" der Weberinnen im Vergleich zu denen der Spinnerinnen; Unterscheidungsmerkmale dieser Art galten auch für die Weber. Bernays interpretierte diese „feinen Unterschiede"[30] als Ausdruck sozialer Differenzierungsanstrengung; es sei ein Zeichen sozialer Abgrenzung gegenüber „niedrigeren" sozialen Positionen, Jacken und Stiefel zu tragen. Sie versuchte überdies, Körpersprache zu entziffern: „Große Gemächlichkeit und Gleichgültigkeit gegen Zeitverlust" bei den Tagelöhnern kontrastierte mit der „großen Hastigkeit und Nervosität . . . des Akkordarbeiters". Derartige Einzelbeobachtungen über alltägliche Gesten und Gebärden blieben für sie aber nicht isoliert – sie verstand sie vielmehr als Ausdruck unterschiedlicher „Saalmoden".

---

vgl. die Aufzeichnungen eines Metallarbeiters aus dem Großraum Hannover: *H. Obenaus/S. Obenaus* (Hrsg.), „Schreiben, wie es wirklich war . . .". Die Aufzeichnungen Karl Dürkefäldens aus der Zeit des Nationalsozialismus, Hannover 1985.

28 Vgl. als Beispiel: *Jahresbericht der Gewerbe-Aufsichtsbeamten des Freistaates Braunschweig* [jeweils für das vorhergehende Jahr], Braunschweig 1920 ff.; Die Protokolle von Betriebsbesichtigungen, z. B. aus den 1930er Jahren im Bereich des Regierungspräsidiums Düsseldorf in: Hauptstaatsarchiv Düsseldorf (HStAD), Regierung Düsseldorf 1015/207-/210 und 1015/213-/223, vgl. auch Protokolle der reichsweiten Konferenzen der leitenden Beamten der Gewerbeaufsicht, HStAD Reg. Düsseldorf, 1015/40 und 1015/41. – Zu den arbeitsphysiologischen Untersuchungen, die vor allem Fragen der „Ermüdung" in den Mittelpunkt stellten, vgl. *A. Durig*, Die Ermüdung im praktischen Betrieb, in: *E. Atzler* (Hrsg.), Körper und Arbeit. Handbuch der Arbeitsphysiologie, Leipzig 1927, S. 488-651, (dabei auch S. 646: „Der Schutz gegen die Arbeitseile liegt heute ausschließlich in der Hand der Arbeiterorganisationen, die diesem Teile des Arbeitsproblems nahezu vollkommen interesselos gegenüberstehen . . ."). – Thematische Problemdarstellungen von verschiedenen Seiten, d. h. Wissenschaftlern, insbesondere auch Medizinern, gelegentlich auch Beamten der Gesundheits-, Sozial- und Arbeiterverwaltungen sowie „Sozialpartnern", in: *Beihefte zum Zentralblatt für Gewerbehygiene und Unfallverhütung*, vgl. z. B. *Waffenschmidt/H. Gerbis, H. Eibel*, Arbeiterschutz und Rationalisierung (= Beiheft 14), Berlin 1929.

29 *Bernays*, Auslese, S. 182 ff.

30 *P. Bourdieu*, Die feinen Unterschiede. Kritik der gesellschaftlichen Urteilskraft. Frankfurt 1982 (franz. 1979).

„Teilnehmende Beobachtung" erlaubt nicht den Blick in die „Köpfe der Eingeborenen"[31]. Sie kann aber ein Weg sein, um stillschweigend praktizierte, aber nicht ausdrücklich thematisierte Formen der Lebenspraxis zumindest in Umrissen kennenzulernen. Insofern geht es eher darum, Chancen für einen „intensiven" Blick auf kleine Unterschiede und Fremdheiten zu probieren. Dabei gilt die Vermutung, daß ein Beobachter ‚von außen' jene alltagsweltlichen Selbstverständlichkeiten, die z. B. von den allermeisten Einsenderinnen des Textilarbeiterwettbewerbs übergangen wurden, sehr wohl notiert hätte.

3. „Zusammenschwitzen" und „Eigensinn": Beobachtungen in einer Chemnitzer Maschinenfabrik

Ein Glücksfall „teilnehmender Beobachtung" scheint mir die von Paul Göhre. Dieser Kandidat der Theologie arbeitete sechs Wochen in einer Maschinenfabrik in Chemnitz; und: Er konnte seine Anonymität offenbar durchhalten. Allerdings fand diese „Teilnahme" im Sommer 1890 statt. Dennoch läßt sich sein unmittelbar danach geschriebener und publizierter Bericht[32] auch für den hier diskutierten Zusammenhang nutzen. Denn es bleibt festzuhalten, daß Versuche zur „Rationalisierung" von Industriearbeit nicht auf die 1920er Jahre beschränkt waren. Erst recht lassen sie sich nicht als „Erfindung" Taylors oder einzelner Rationalisierungsexperten gleichsam individualisieren. Sicherlich ist für den besonderen „Fall", die Chemnitzer Fabrik, gewiß von einem relativ hohen Maße an Einzelfertigung auszugehen. Zugleich baute aber eine der beiden Abteilungen der Chemnitzer Fabrik Textilmaschinen; hier wurden also wahrscheinlich jeweils größere Stückzahlen gefertigt – insofern ist auch ein gewisses Maß an Serienproduktion anzunehmen.

„Es ist in der Tat keine Kleinigkeit, 11 Stunden des Tages mit 120 Mann in einem von öligem, schmierigem Dunste, von Kohlen- und Eisenstaube geschwängerten heißen Raume auszuhalten. Nicht eigentlich die meist schweren Handgriffe und Arbeitsleistungen, sondern dieses Zusammenleben, Zusammenatmen, Zusammenschwitzen vieler Menschen, diese dadurch entstehende ermüdende Druckluft, das nie verstummende nervenabstumpfende gewaltige, quietschende, dröhnende, ratschende Geräusch, und das unausgesetzte 11stündige Stehen in ewigem Einerlei, oft an ein und derselben Stelle – dies alles zusammen macht unsere Fabrikarbeit zu einer alle Kräfte anspannenden aufreibenden Tätigkeit, die, wenn auch nicht über, so doch gleichwertig neben jede anstrengende geistige Arbeit gestellt werden darf. Denn sie muß geleistet werden mit Anspannung der besten Kräfte eines Mannes..."[33]

---

31 Vgl. *A. Lüdtke*, „Fahrt ins Dunkle"? Erfahrung des Fremden und historische Rekonstruktion, in: *U. J. Becher/K. Bergmann*, Geschichte – Nutzen oder Nachteil für das Leben?, Düsseldorf 1986, S. 79.
32 *P. Göhre*, Drei Monate Fabrikarbeiter und Handwerksbursche. Eine praktische Studie, Leipzig 1891. G. berichtet, daß er sich den beiden Direktoren einer großen Maschinenfabrik anvertraute, aber „niemand sonst" wußte, wer er war. Im Nachlaß Göhre (Archiv der sozialen Demokratie, Bonn-Bad Godesberg) findet sich die „Fabrik-Ordnung der Sächsischen Strickmaschinen-Fabrik, vorm. A. Voigt zu Kappel"; auf den Innendeckel ist die Nummer 100 gestempelt – darunter handschriftlich: „(Die Nummer meines Lohnbuchs)".
33 *Göhre*, Drei Monate, S. 74.

In dieser Passage umriß Göhre, was es für ihn, den Ungeübten, bedeutete, Fabrikarbeit auszuhalten. Dabei sah er sich bewußt auf einer Erkundungsreise in unbekanntes Terrain. Solche Expeditionen waren für nicht wenige seiner Zeitgenossen ein großer Reiz. Bestätigung von Männlichkeit ließ sich in Tropenwäldern, Wüsten oder Steppen Afrikas und Asiens offenbar mit Herrschaftsinteressen (oder -allüren), aber auch mit der Erkundung von Profitchancen günstig verbinden. Bei Göhre war es jedoch um etwas anderes gegangen: Er hatte zwar auch „fremdes" Gelände erforscht, es war aber „Fremdes" im „Eigenen": proletarische Lebenswelt im eigenen Land, „vor der Haustür". Vor allem hatte er einen unkonventionellen Weg gewählt: möglichst anonym einige Wochen als einer unter anderen mitzuarbeiten und zusammenzuleben (um Missionierungschancen beurteilen zu können).

Für Göhre bedeutete das, was in manchem eine Vorwegnahme ethnologischer „teilnehmender Beobachtung" war, eine „Fahrt ins Dunkle" (so hatte er wenige Wochen vorher an einen Freund geschrieben)[34]. Es gehört nicht viel Phantasie dazu, sich klar zu machen, daß das für einen angehenden Pfarrer mit bildungsbürgerlichem Hintergrund kaum anders sein konnte. Immerhin belegt aber die Detailgenauigkeit seiner Berichte über Arbeitsorganisation und Essen, über Anredeformen, insbesondere über Kontakte und Distanzen zwischen den Arbeitern bei und während der Arbeit, daß ihn die Ungewißheit bei dieser „Fahrt" nicht nur erschreckte. Sie stimulierte ihn vielmehr: seiner Neugier konsequent zu folgen, das „Dunkle" soweit wie möglich auszuleuchten und nicht davonzulaufen. Dazu gehörte, daß es ihm wohl erfolgreich gelang, sein Inkognito zu wahren. Er galt als „verkrachtes Genie", das jetzt auf die Fabrikarbeit angewiesen sei.

Die Differenz zu nur wenige Jahre später verfaßten Studien anderer Sozialreformer, z. B. der Untersuchungen über „Auslese und Anpassung" (vgl. o.) ist deutlich: Göhre dringt weiter vor zur ‚Innenseite' von Fabrikarbeit. Vor allem bezieht er sinnliches Erleben und damit die Vielfalt der Ausdrucks- und Austauschformen der Betroffenen ein. Praxis als Zusammenhang von Erfahren, Deuten und Handeln wird auch nicht auf Ziffern z. B. über meßbare Muskelermüdung reduziert oder nur mit tageszeitlicher oder saisonaler Unfallverteilung in Beziehung gesetzt. So gibt Göhre beim Verhalten in Arbeitspausen zwar eine Auflistung der Nahrungsprodukte und „Stärkungsmittel", vom Frühstücksbutterbrot mit „Wurst, rohem Fleisch und Käse" bis zum Mittagseintopf.[35] Diese Produktangaben sind aber nicht gelöst von der Hetze und Eile bei den Hungrigen und den Essern – unser Gewährsmann berichtet, daß fast alle unter dem Druck standen, rasch in die nächste „Budike" oder nach Hause zu kommen. (Denn ein momentanes Durchbrechen der Produktionssphäre durch ein Überwechseln in familiale Beziehungen gab es hier nicht: Anders als z. B. im Ruhr-Revier war es nicht üblich, daß Kinder oder die Frau das Essen brachten, z. T. beim Essen blieben.) Unterschiede zwischen denen, die nach Hause gehen konnten oder mußten, und denen, die sich eine Mahlzeit beim „Budiker" oder gar in einer Kneipe leisten konnten, aber auch denen, die sich unmittelbar an „ihrer" Maschine oder in einer Ecke des Fabrikhofes niederließen, werden benannt. Nach Göhres Erinne-

---

34 *J. Brenning*, Christentum und Sozialdemokratie. *Paul Göhre*: Fabrikarbeiter – Pfarrer – Sozialdemokrat. Diss. theol., Marburg 1980, S. 5.
35 *Göhre*, Drei Monate, S. 29 ff.
36 *Göhre*, Drei Monate, S. 43 ff.

rung wurde in diesen formellen Frühstücks- und Mittagspausen von halb- bzw. einstündiger Dauer gegessen– vielfach „kräftig"; danach lasen oder ruhten die Kollegen. Es überwog offenbar Reproduktionsarbeit. Dabei ging es aber vielfach schweigend ab. Gesten und Gebärden vermittelten Verständigung und waren verständlich, nicht zuletzt in gemeinsamer Wortlosigkeit.

Bei der Arbeit selbst unterschieden sich nach dem Bericht unseres „teilnehmenden Beobachters" einzelne Gruppen entsprechend ihrer Tätigkeiten und Arbeitsorganisationen, aber auch ihrer Arbeitsplätze. Mit diesen Differenzierungen waren spezifische Ausdrucksformen und symbolische Abgrenzungen, zugleich materielle Vor- und Nachteile, d. h. vor allem: unterschiedliche Löhne verbunden. Insbesondere im Maschinenbau war das Spektrum fraglos sehr weit[36]: Göhre nennt zunächst die weitgehend einzeln oder im hierarchischen ‚Gefüge' arbeitenden Schmiede und Monteure. Sie erhielten im Durchschnitt die höchsten Löhne; ihre Werkzeuge wie ihre Produkte bewegten bzw. bearbeiteten sie fast ausschließlich mit der Hand, in einem weitgehenden handwerklichen Arbeitsprozeß. Göhre hebt hervor, wie sehr sie ihre Sonderstellung als Gelernte betonten und auf Distanz hielten. Die meisten anderen waren sehr viel umgänglicher, z. B. die Bohrer und Schleifer. Göhres Bericht zeigt, daß diese Kollegen „repetitive Teilarbeiten"[37] leisteten. Und auf einer Galerie derselben Werkstatt entdeckte Göhre die einzeln oder in „Kolonne" arbeitenden Dreher und Fräser.

Zieht man andere zeitgenössische Erinnerungen bei und verknüpft sie mit betrieblichen Unterlagen und technischen Beschreibungen, so wird deutlich: Dreher und Fräser hatten eine halb-manuelle Arbeit; bei den Löhnen rangierten sie zwischen den „repetitiven Teilarbeitern" und denen mit handwerklichem Status. Vor allem konnten sie sich und anderen ihre Qualifikation und Erfahrung gerade in der Handhabung von moderner Maschinerie beweisen. Dazu gehörte das erfahrungsgesättigte Einrichten und Bedienen ihrer Werkzeugmaschinen; dem folgte die eher abwartende Aufmerksamkeit des „Fahrens", wenn also die Dreharbeit lief. Dann konnte man „es laufen lassen", Kopf und Hände waren frei für Kontakte mit Kollegen.

Diesem „Laufen-lassen" entsprach, daß die Arbeitsinhalte nicht im einzelnen besprochen oder berichtet wurden. Die – oben zitierten – Fragen von sozialreformerisch interessierten Sozialwissenschaftlern nach „Ermüdung" oder auch nach „Arbeitsfreude" scheinen weder Göhre noch seine Kollegen beschäftigt zu haben. Hinweise zur Monotonie und zum Gefühl, ihr in der industriellen Arbeit unausweichlich ausgeliefert zu sein, versammelte aber z. B. Adolf Levenstein – ebenfalls Theologe. Er gab einige (wenige!) Belege in seiner Publikation einer großen Umfrage (unter mehr als 5 000 Fabrikarbeitern). Einer berichtet: „Immer dieselbe Arbeit. Immer bumst die Maschine ... Darum lieber schweigen und grübeln."[38] Ein anderer: „In meinem Grübeln habe ich öfters den Ort vergessen, an dem ich mich gerade befinde." Ein weiterer: „Nur am Sonnabend steigt das Barometer meiner Arbeitsfreude. Am Sonnabend ist die Arbeitszeit um eine Stunde

---

37 Vgl. zu dieser Klassifizierung *H. Popitz/H. P. Bahrdt/E. A. Jüres/H. Kesting*, Technik und Industriearbeit. Soziologische Untersuchungen in der Hüttenindustrie, Tübingen 1957, S. 156 ff.; vgl. *H. Kern/M. Schumann*, Industriearbeit und Arbeiterbewußtsein. Eine empirische Untersuchung über den Einfluß der aktuellen technischen Entwicklung auf die industrielle Arbeit und das Arbeiterbewußtsein, Tl. I, Frankfurt/Köln 1970, S. 75 ff., S. 81 ff., S. 135.

38 *Levenstein*, Die Arbeiterfrage, S. 50 f. (Stanzenbediener bzw. Eisendreher).

kürzer." Von derart eher pauschalen Äußerungen – die vielleicht auch auf den Adressaten gemünzt sind – findet sich bei Göhre nichts.

Göhre war offenbar überrascht, daß bei dieser Fabrik die „vollständige Trennung des Arbeitsprozesses"[39] der beiden Abteilungen (Werkzeug- und Strickmaschinenbau, ca. 120 bzw. ca. 300 männliche Arbeiter) „für die darin Beschäftigten im allgemeinen auch eine . . . vollständige Trennung des Verkehrs zur Folge hatte". Mehr noch: „Häufig bestand sogar eine vollständige gegenseitige Unbekanntschaft unter den Leuten." Man habe sich nicht beachtet, nicht gegrüßt, kein Wort gewechselt. Selbst diejenigen, die länger als ein halbes oder ganzes Jahr in der Fabrik blieben (und damit zur statistischen „Stammbelegschaft", wenn man den Reichsdurchschnitt heranzieht, zu zählen waren), hatten nur einen „ganz oberflächlichen, flüchtigen und seltenen Verkehr während der Arbeitspausen". Allein die Transport- bzw. „ungelernten" Handarbeiter ermöglichten oder sicherten ein gewisses Maß an Kommunikation und Austausch. Sie wurden in der gesamten Fabrik hin- und hergeschickt, transportierten Werkzeuge oder Halbfertig- bzw. Endprodukte auch zwischen den Abteilungen – sorgten dabei immer wieder für die Verbreitung von Neuigkeiten innerhalb der beiden Abteilungen.

Zumal in der Anredeform wurden Distanz oder relative Nähe stets neu signalisiert. Nur Kollegen derselben Kolonne und unmittelbare Maschinennachbarn „duzten" sich.[40] Sonst überwog, nach Göhre, das „Sie". Im Unterschied zum gutsherrschaftlich-abschätzigen „Ihr", der 3. Person Singular, betonte dieses Sie nicht nur Distanz; zugleich stand es auch für ein Mindestmaß an bürgerlichem Respekt – denn z. B. beim Militär wurde das sonst kollegial-kameradschaftliche „Du" ebenfalls von den Vorgesetzten verwandt. Hier meinte es Mißachtung der Person des Angesprochenen – der seinerseits mit „Sie" zu antworten und seine Unterwürfigkeit anzuzeigen hatte.

Bei allen Abstufungen, die er notierte, überwog für Göhre im „Verkehr" der Kollegen untereinander freundliche Kollegialität. Er erinnert sie auch für seinen eigenen Arbeitszusammenhang. In den ersten Tagen seiner Arbeit zeigten ihm die Kollegen der eigenen Kolonne ebenso sensible wie rasche und lautlose Unterstützung: „Sofort nahm man Rücksicht auf mich."[41] Die Kollegen merkten, daß er zunächst nicht gleich „stramm und stark zugreifen" konnte. Dazu gehört aber auch, daß er später, als er „kräftiger, geschickter und ausdauernder" geworden war, genauso beansprucht wurde wie alle anderen. Er fügte aber sofort hinzu, daß es nach seinem Eindruck nicht darüber hinaus ging, er also nicht außergewöhnlich herangezogen, „getriezt" oder „gepiesakt" wurde.

Die (ungelernten) Hand- bzw. Transportarbeiter, zu denen Göhre gehörte, hatten Anordnungen und Aufforderungen aller anderen, also nicht nur der Meister oder Kolonnenführer, sondern auch der einfachen Produktionsarbeiter zu befolgen. Göhre beschreibt aber auch, wie es auf der Basis der – in seiner Sicht – „kameradschaftlichen Verhältnisse" untereinander sehr erfolgreich möglich war, auch jene zu „boykotten", die das entweder auf ungebührliche Weise taten oder die Ungebührliches verlangten. Insbesondere barsches Anreden, vornehmlich ein „Unter-

---

39 *Göhre*, Drei Monate, S. 76 ff.
40 *Göhre*, Drei Monate, S. 79.
41 *Göhre*, Drei Monate, S. 80.

offizierston", löste regelmäßig derartigen „Boykott" aus.⁴² Aber auch, wenn sich die Produktionsarbeiter, z. B. beim Schleppen einer schweren Welle, „drückten", sahen sich Göhres unmittelbare Kollegen legitimiert, sofort und hartnäckig wegzuhören oder auszuweichen. Anders: Intensität und Tempo ihrer Arbeit wurde immer wieder auch – und besonders – gegen Eingriffe und Zumutungen von Kollegen bestimmt oder behauptet.

Als Zwischensumme hält Göhre zweierlei fest: Charakteristisch für das „Zusammenleben in der Fabrik" sei das „wunderlich halb gleich, halb untergeordnete Verhältnis der verschiedenen Arbeiterkategorien".⁴³ Bemerkenswert sei freilich, daß sich dies nicht nur gegenüber „ihren Chargen", d. h. den Vorgesetzten zeige, sondern vor allem auch „zueinander". Göhre fügt hinzu, daß jenes „halb kordiale, halb subordinierte Verhältnis" in „schroffem Gegensatz" zu dem stehe, was generell als industrielle Organisation und Disziplin angesehen oder vermutet werde.

In diesem Punkt traf sich Göhre mit anderen Interessenten: Marie Bernays beobachtete die betrieblich nicht nur geduldete, sondern geförderte Gruppenbildung, das „sehr geschickte System der Über- und Unterordnung" durch Segmentierung der „Säle" um 1908/09 in der „Gladbacher Spinnerei und Weberei". Bei allen Unterschieden der Branchen, der Konjunkturen und der Verfahren der Beobachter war beiden kurzfristigen Eindringlingen klar geworden, daß die partielle Selbstorganisation innerhalb der Werkstatt durchaus ‚von oben' kalkuliert oder gebilligt sein konnte. Denn damit ließ sich offenbar mit relativ begrenztem Aufwand ein reibungsloser, zumindest ein produzierender Betrieb erreichen – bei aller Instrumentalisierung schien zugleich die persönliche Würde der Arbeiter anerkannt.

Das überraschte Staunen Göhres über den Alltag des Zusammenlebens und „Zusammenschwitzens" in der Fabrik entzündete sich vor allem an jenen Artikulationen, Umgangs- und Ausdrucksformen, in welchen die Arbeitenden während der laufenden Arbeitsprozesse miteinander Kontakt hatten oder auch auf Distanz gingen. Daß z. B. Drehbänke bei halbautomatisiertem Betrieb bzw. großen Stückzahlen derselben Produkte in Betrieb gehalten werden konnten, und der Dreher mitunter Zeitung lesen, zu Kollegen hinüberwechseln, in jedem Fall mit ihnen reden, gestikulieren oder sie „necken" konnte – das erschloß sich für Göhre hier besonders nachdrücklich: sinnlich-konkret. Dazu gehörte auch, daß ihn „sittliche Rohheit" besonders irritierte, vor allem der vielfältige Körperkontakt der Kollegen untereinander. Aber auch hier wandte sich Göhre nicht schaudernd ab. Vielmehr versuchte er gerade auch diese Varianten des „Zusammenlebens" im einzelnen nachzuzeichnen.

Er geht aus von den Gesprächen: „Während man die Feile hin- und herschob oder während die Maschine rasselte" wurde geredet und diskutiert.⁴⁴ Dabei war das Themenspektrum kaum begrenzt; es gehörten dazu auch „religiöse, wirtschaftliche, politische und Bildungsfragen". Mehr aber noch beeindruckten Göhre Formen und Intensität von Körpersprache und körperlich vermitteltem Austausch: „Vor allem aber scherzte, neckte und balgte man sich herzlich gern, wo immer es anging. Überall suchte man unter guten Bekannten, die solche Nek-

---

42 *Göhre*, Drei Monate, S. 81.
43 *Göhre*, Drei Monate, S. 86.
44 *Göhre*, Drei Monate, S. 77.

kereien verstanden, einander etwas auszuwischen: so warf man den achtlos Vorübergehenden aus einem Versteck mit Ton, zog ihm heimlich die Schürze auf oder in der Pause das Brett unter dem Sitz weg, stellte sich plötzlich einander in den Weg oder meinte es miteinander gut."

Insbesondere gehörte das „Bartwichsen" dazu. Göhre beschreibt: „Da lehnt einer vielleicht achtlos an einem Pfosten, eben zufällig, ohne bestimmten Arbeitsauftrag. Zwei andere sehen den Arglosen stehen; ein gegenseitiger Blick des Einverständnisses, und der eine tritt von hinten an ihn heran, umschlingt ihn mit den Armen, so daß jener sich nicht mehr rühren kann; unterdes umfaßt der andere mit seinen zwei schwarzen, schmutzigen Händen von vorn das Gesicht des Überfallenen und streicht nun in aller Gemütsruhe mit den festangepreßten Daumen den Schnurrbart des Wehrlosen auseinander, was, wie ich versichern kann, sehr schmerzhaft ist. Bei mir wiederholte man aber die Sache niemals, weil mir beim erstenmale durch eine abwehrende Bewegung meines Kopfes die Brille von der Nase fiel, glücklicherweise ohne zu zerbrechen... Unter intimern [!] Bekannten blieb keiner davon verschont, und jeder wurde ohne Unterschied des Alters heimgesucht... Scherze anderer Art und viele Witze waren selbstverständlich ebenso häufig und oft von urwüchsiger Komik, so daß man von Herzen darüber lachen mußte, nicht selten aber auch derb und roh."[45]

Diese körperbetonten „Neckereien" lassen sich zunächst ‚lesen' als Bestätigung von Erfahrungen, die alle, Täter wie Opfer, teilten: festgebunden zu sein, auf einer Stelle fixiert, gezeichnet und beschmutzt zu werden – fortwährend Eingriffen und Manipulationen ausgesetzt zu sein, deren Urheber weitgehend oder ganz der Kontrolle der Opfer entzogen waren. In den wiederholten und wiederholbaren Handlungen, in den handfesten Vergewisserungen, daß man selbst und andere physisch ‚vorhanden' war, konnte – für kurze Zeit – Sicherheit und Stabilität geschaffen werden. Dabei verband sich im Moment der „Neckerei" das aktuelle ‚Festhalten' mit Erinnerungen an frühere ähnliche Fälle; zugleich verwies das Zugreifen aber voraus – auf Gefahren oder auch ‚nur' auf neue „Neckereien"; beides konnte sich morgen, übermorgen oder demnächst ereignen.

In dieser Sicht gilt gewalttätige Körperlichkeit als ein Moment der Anstrengung, allein gelassen zu werden, d. h. hier: bei sich und den anderen zu sein. Oder anders: Diese Ausdrucksformen waren offenbar nicht primär Widerstand gegen Zumutungen „von oben". Vielmehr okkupierten sie Raum und Zeit jenseits dieser Zumutungen und Zwänge, demonstrierten „Eigensinn" (Chr. Garve).[46]

„Eigensinn" ist nicht mit Widerstand gleichzusetzen oder zu verwechseln. „Eigensinn" hatte viele Ausdrucksformen: Herumgehen, Sprechen, momentanes ‚Abtauchen' oder Tagträumen. Vor allem aber zeigte es sich in wechselseitigen Körperkontakten und Neckereien. „Eigensinn" war gleichzeitig „bei-sich-selbst-sein" und „mit-anderen-sein". Die Arbeiter widersetzten sich dabei nicht direkt den laufenden Arbeits-Prozessen, ließen sie vielmehr (im Wortsinn) laufen. Im „eigen-sinnigen" Umgang handelten die Beteiligten nach ihren eigenen Regeln und Satzungen, zumindest für einige Momente.

---

45 *Göhre*, Drei Monate, S. 78.
46 Vgl. dazu die Beschreibungen des Verhaltens der – abhängigen – schlesischen Bauern im Angesicht und hinter dem Rücken ihres Herrn: *Chr. Garve*, Über den Charakter der Bauern und ihr Verhältnis gegen die Gutsherrn und gegen die Regierung (1796), in: *K. Wölfel* (Hrsg.)/*Ders.*, Popularphilosophische Schriften, Stuttgart 1974, S. 799–1026, S. 859 f.

In „Eigensinn"-Augenblicken wurden Zeit und Raum von den Arbeitern (wieder) angeeignet; sie schufen und artikulierten, zeigten und erfüllten Bedürfnisse. Im „eigen-sinnigen" Handeln konnten die Beteiligten die Zumutungen und Zwänge der Fabrik, aber auch die Nöte des täglichen Überlebens für Augenblicke auf Distanz bringen. „Eigensinn" markierte zugleich Situationen wechselseitiger Wahrnehmung und Anerkennung: Beim nächsten Mal konnte das Opfer sehr wohl einer der Täter sein. Jeder der Kollegen wußte, daß jeder potentielles Opfer war.

„Eigensinn" war und blieb jedoch ambivalent und widersprüchlich. Viele der „Neckereien" erzeugten Schmerz, zielten sogar darauf oder nahmen ihn in Kauf. Insbesondere das „Bartwichsen" war „sehr schmerzhaft". Wiederholt und bestätigt wurde sicherlich in vielen Fällen die soziale Hierarchie zwischen Älteren und Jüngeren, zwischen Angelernten und Handlangern (oder Lehrlingen); gezeigt wurde immer auch männliches Imponiergehabe. Und selbst wenn die Hierarchie der Opfer nicht dauerhaft fixiert war – für die momentan Betroffenen brachte es zunächst nur Qual und Quälerei.

4. FLIESSFERTIGUNG, SPEZIALISIERUNG UND KONTROLL-CHANCEN

Die „dichte Beschreibung" einer bestimmten Konfiguration bei Göhre ist nicht unmittelbar auf Arbeitsprozesse und Arbeitserfahrungen in den Wellen von Refa-Rationalisierung und Werksgemeinschafts-Sozialpolitik der 1920er Jahre zu übertragen. Aber versteht man Göhres „Fahrt" und Bericht als Beispiel für den erforderten genaueren Blick, so lassen sich daraus Anregungen ziehen; zumindest werden Fragen angeregt.

Göhre hatte Elemente kollegialer ‚Notwendigkeits-Kooperation' beschrieben. Sie waren gleichsam ‚durchschossen' von verschiedenartigen Formen von „Eigensinn": Arbeiter zogen sich von anderen zurück, etablierten oder demonstrierten neue wie alte Hierarchien, sicherten Raum und Zeit für sich alleine oder auch für Gruppen.

a. Männer- und Frauenarbeitsplätze

Versucht man, den Veränderungen wie den Gleichförmigkeiten von Kooperation und „Eigensinn" nachzugehen, so ist zunächst die unterschiedliche Verteilung von Männer- und Frauen-Beschäftigung in den verschiedenen Sektoren der Industrie zu notieren.

Sehr auffällig ist eine Dreiteilung[47]: Frauen stellten seit längerem über die Hälfte

---

47 *W. Müller/A. Willms/J. Handl*, Strukturwandel der Frauenarbeit 1880–1980, Frankfurt/New York 1983, S. 144 ff. (bearb. von A. Willms). – Das Übernehmen einer erheblichen Zahl von „Männerarbeitsplätzen" in der Metall- und der chemischen Industrie durch Frauen während des Weltkrieges 1914–18 wurde überwiegend, d. h. wohl auch von den meisten Frauen als (im Wortsinn) notgedrungen und vorübergehend verstanden; die Vorsitzende des Frauensekretariats der (Freien) Gewerkschaften argumentierte in einem Vorwärts-Artikel vom 17. Febr. 1918 von ebendieser Position, vgl. *U. Daniel*, Fiktionen, Friktionen und Fakten – Frauenlohnarbeit im Ersten Weltkrieg, in: *G. Mai* (Hrsg.), Arbeiterschaft in Deutschland 1914–1918, Düsseldorf 1985, S. 277–323, S. 310 f. – Wichtig sind auch Daniels Belege für die „binnenindustrielle Verschiebung der Frauenarbeit auf Reichsebene" während des Krieges (S. 287), d. h.: in die genannten Branchen gingen in hohem Maße Frauen, die bereits Lohnarbeit ausübten (in Dienstleistungsgewerben oder anderen gewerblichen Branchen).

der (zwei-)wöchentlich Entlohnten in den Bekleidungs- und Textilindustrien. In der Chemieindustrie, in den 1920er Jahren auch in der Nahrungsmittel- und in der Elektroindustrie waren ca. ein Viertel der Arbeitenden Frauen. In den Branchen des Maschinenbaus und im Steinkohlenbergbau arbeiteten hingegen ganz überwiegend Männer (eine reine Männergesellschaft war der Untertagebau).

Der „Kriegseinsatz" der Frauen an – angeblich – traditionellen Männerarbeitsplätzen, z. B. in vielen Bereichen des Maschinenbaus, hatte offenbar weder die gesamtgesellschaftlichen noch die innerbetrieblichen Geschlechterhierarchien verändert (oder sie zumindest erschüttert). Im Maschinenbau stieg die Zahl der Beschäftigten beträchtlich; zugleich vergrößerte sich der Anteil der Frauen um mehr als das Doppelte (von 1,4 % 1913 auf 4 % 1925). Aber auch 1925 wurde in den einschlägigen Betrieben und Werkstätten nur jeder 25. Arbeitsplatz von einer Frau besetzt. Daß Frauen im Weltkrieg nicht nur Drehautomaten bedient, sondern auch Spindeldrehbänke gehandhabt hatten, daß sie in Gießereien oder beim Nieten „ihren Mann gestanden" hatten, blieb irrelevant oder vergessen. Es scheint, als sei es für *alle* Beteiligten nicht mehr als ein Notbehelf gewesen.

Insbesondere bei Männern, die im Maschinenbau (und auch in der Schwerindustrie) arbeiteten, wurde die außerbetriebliche Rang- und Machtordnung der Geschlechter durch die Situation am eigenen Arbeitsplatz verdoppelt: Selbst wenn Ehefrauen oder Töchter Erwerbsarbeit fanden, so war es in aller Regel in Branchen mit niedrigeren Löhnen, z. B. im Textilsektor – oder sie rangierten in niedrigeren Lohngruppen als die Männer, wenn sie in derselben Branche tätig werden konnten. Im Ruhrgebiet waren Frauen bei Erwerbsarbeit sogar fast ausschließlich auf Putz- oder Aushilfsstellen angewiesen. Erwerbsarbeit der Frauen unterstrich in jeder dieser Formen die gesamtgesellschaftlich gültigen oder durchgesetzten Lohnhierarchien, verstärkte also die Privilegierung der Männer bzw. von „Männerarbeit". Die häusliche Arbeit der Frauen beim Essenbesorgen und -kochen, bei Fürsorge und Beziehungsarbeit mochte dann um so mehr als notwendige Leistung gelten – damit schienen Frauen „ihren" Anteil zum familialen Überleben zu erbringen.[48]

Im folgenden habe ich mich auf Männerarbeit, auf Männererfahrungen und -verhalten konzentriert. Sicherlich unterlagen Frauen wie Männer den Bedingungen von Lohnarbeit; Rationalisierungsansätze waren aber nicht so gleichförmig, wie es der allgemeine Terminus gelegentlich unterstellt. Vor allem muß offenbleiben, ob nicht die Form der Aneignung bei Männern und Frauen differierten – jenseits der allgemeinen Aspekte von Lohnarbeit in den Rationalisierungs-Wellen der 1920er Jahre, wie sie eingangs umrissen worden sind.

b. Das Beispiel der Metallindustrie: „Fließarbeit", „Modernisierung des Maschinenparks" und „gebundene Arbeit"

Gewerkschaftliche Interessenvertreter beobachteten um 1930 mit zunehmender Sorge, daß die in ihren Augen grundsätzlich so wünschenswerte Rationalisierung weniger Ent- als Belastung (wenn nicht Entlassung) für die Arbeitenden bedeu-

---

48 Vgl. den Problemabriß bei *A. Lüdtke*, Hunger. Essens-„Genuß" und Politik bei Fabrikarbeitern und Arbeiterfrauen. Beispiele aus dem rheinisch-westfälischen Industriegebiet, 1910–1940, in: Sozialwissenschaftliche Informationen für Unterricht und Studium 14, 1985, S. 118–126.

tete. Rationalisierung erwies sich mehr und mehr als „Fehl-Rationalisierung".[49]
Die Hebel, die das „Kapital" einsetzte, um eine „Senkung der Produktionskosten und der Beschleunigung des Arbeitsprozesses" zu erreichen, wurden in der bereits zitierten Studie des DMV von 1931 detailliert erläutert. Versammelt waren Berichte aus über 1 600 mittleren und Groß-Betrieben (mit mindestens 100 Beschäftigten; es fehlten also die Kleinbetriebe).[50]
Neben Serienfabrikation und Verringerung der Typenzahl sowie Zusammenlegung von Betriebsabteilungen zeigten die Rückmeldungen: Vor allem zwei Veränderungen betrafen die Handlungssituation am Arbeitsplatz – die „Fließarbeit" und die „Modernisierung des Maschinenparks". Die „fließende Fertigung" erfordere „eine genaue Aufteilung des Arbeitsprozesses in Einzeloperationen oder in Gruppenarbeit . . . Ferner sind regelmäßige Zufuhr der notwendigen Rohstoffe, Teile und Teilfabrikate, sowie richtige Werkstoffauswahl, gute und zweckmäßige Werkzeuge und Bearbeitungsmaschinen die Grundlagen für den reibungslosen Arbeitsfluß. Von größter Wichtigkeit sind die Beförderungsmittel für die Arbeitsstücke, die in Form von Rollbahnen, Rutschen, Hängebahnen, Schaukelförderer usw. Anwendung finden."[51] Während die DMV-Mitglieder „Fließfertigung" aus 16 % der Betriebe meldeten, registrierten sie nur in 5,1 % der Betriebe Bandarbeit (wobei z. T. die Fließbandproduktion als „unrentabel" wieder stillgelegt worden war – in einem Fall zugunsten von neuer Heimarbeit).
Etwa jeder sechste der (vom DMV untersuchten) Metall-Betriebe veränderte die Arbeitsorganisation zugunsten der „Fließfertigung". Demgegenüber setzten zwei Drittel auf neue oder umgebaute Werkzeugmaschinen. Eines der zahllosen Beispiele der Studie: „Allgemeiner Maschinenbau: neu angeschaffte Räderstoßautomaten, Löwe-Automaten, Gewindefräsmaschinen, Widia-Stähle. Ein Fräser bedient anstatt drei Maschinen jetzt fünf. Durch genauere Erfassung der Akkordzeiten wurden die Zeiten reduziert, der Verdienst blieb derselbe." Anstelle von Metalldrückern und Schmieden setzte man hier Stoßautomaten ein; Drehbänke und Fräser wurden mit den seit 1910 mit großem Eifer aufgenommenen „Schnelldrehstählen", später den gehärteten (Widia-)Stählen bestückt. Das war in aller Regel verbunden mit einer erheblichen Beschleunigung der Drehgeschwindigkeiten der jeweiligen Maschinen. Parallel intensivierte dieser Betrieb die Mehr-Maschinen-Bedienung (ein Fräser hatte anstatt drei nun fünf Fräsen zu bedienen). Und die Akkordzeiten wurden jetzt offenbar von Zeitnehmern gemessen bzw. vorgegeben und kontrolliert.

Gesteigerte Hetze an und zwischen vielfach enger gestellten Maschinen, in stikkiger oder aber zugiger Luft und bei vielfach trüber Beleuchtung, längerfristig: er-

---

49 Vgl. *Preller*, Rationalisierung, S. 84 ff.; *ders.*, Sozialpolitik, S. 125 ff., S. 139 ff.; *Stollberg*, Rationalisierungsdebatte, bes. S. 102 ff. (Verweis auf F. Naphtali und vor allem O. Bauer).
50 *Rationalisierung in der Metallindustrie*; zur Anlage der Umfrage s. S. 9 ff.; für das Folgende S. 161.
51 *Rationalisierung in der Metallindustrie*, S. 86 f.; für die Beispiele: S. 94 f. – Vgl. dazu die einzelbetriebliche Studie von *Stolle*, Arbeiterpolitik – zu Bosch, ebda., S. 192 ff., S. 202 ff., S. 214. Generell auch: H. Homburg, Scientific Management and Personnel Policy in the Modern German Enterprise 1918–1939: The Case of Siemens, in: *H. F. Gospel/C. R. Littler* (eds.), Managerial Strategies and Industrial Relations, London 1983, S. 137–156.

höhtes Beschäftigungsrisiko für die Masse derer, die als Angelernte die Maschinenbedienung übernehmen sollten, jedoch nicht zu den Stammbelegschaften gerechnet wurden – dies waren die Hauptlinien der Gewerkschafts-Studie. Den Redakteuren des Berichts bzw. den leitenden DMV-Funktionären ging es also nicht um die mögliche oder tatsächliche Mehrdeutigkeit technischer und organisatorischer Veränderungen. Rationalisierung erwies sich danach in den Betrieben pauschal als „härtere Arbeit" und „Ausschaltung der Arbeiter aus dem Arbeitsprozeß".

Anders als Ludwig Preller in seinem (gleichzeitigen) Beitrag zur ADGB-Denkschrift über die 40-Stunden-Woche versuchte die DMV-Studie nicht, angekündigte mit tatsächlich realisierten „Erleichterungen" und „Erschwerungen" in Beziehung zu setzen. Die Folge war, daß die DMV-Studie praktische Verbesserungen, die allerdings kaum von Intensivierungen zu trennen waren, völlig ignorierte. Konkret: Die Neuausrüstung oder Umrüstung der Maschinen brachte denen, die weiterhin beschäftigt waren, auch Vorteile. So schaltete z. B. der Übergang zu Einzelantrieb die Unfallursache „Transmissionen" aus. Übergangen wurde aber vor allem auch, daß die Spezialisierung den Un- bzw. Angelernten neue Möglichkeiten eröffnete, Fertigkeiten zu erwerben und zu beweisen, nicht zuletzt – relativ – höhere Löhne zu erreichen.[52]

Die technischen und organisatorischen Aspekte der Rationalisierung waren mit ähnlicher Grundtendenz bereits in den Studien des „Arbeitsleistungsausschusses" der Enquête-Kommission des Reichstages bewertet worden. Allerdings erfaßte diese „Leistungsstudie" sehr viel genauer Arbeitspraxis in ihren Einzelmomenten. Die DMV-Erhebung suchte eindeutige Interessenlinien und -konflikte freizulegen. Auch die Arbeitspsychologen (und -physiologen) der Enquête-Kommission folgten einem eher mechanistisch ausgelegten Konzept. Allerdings unterstellten sie wechselseitig funktionale Angebote und Leistungen: Die stimuli „Leistungsforderung" und „Leistungsgelegenheit" lösten danach entsprechende ‚Antworten' der Arbeiter aus. Und die damit verbundenen Fragen nach Störfak-

---

52 Hier sind Betriebsstudien unerläßlich. Stolle gibt für Bosch Hinweise darauf, daß 1925/26, d. h. in der ersten großen Rationalisierungsphase, der Anteil der als un-/angelernt Eingestellten offenbar abnahm (gemessen am sinkenden Anteil von Frauen an der Belegschaft) – d. h., daß ein nicht geringer Teil der spezialisierten Gruppen- und Fließproduktion, d. h. insgesamt dequalifizierter (und auch vermehrt von Akkordsenkungen betroffener) Arbeitsplätze von – weiterbeschäftigten – Männern eingenommen wurden – die aber ihre Facharbeitsplätze verloren; vgl. *Stolle*, Arbeiterpolitik, S. 196 ff., S. 213 f. (Herabstufungen). Andererseits erwähnt St. die nicht unbeträchtlichen *Anlernzeiten*, die z. B. 1923 bei 3–4 Monaten lagen (und auch danach wurde die erwartete „Normalleistung" offenbar erst zu ca. 85 % erreicht), ebda., S. 199. – Zu Siemens vgl. die Hinweise bei *Homburg*, Scientific Management, S. 148 ff. Zu BASF vgl. *Schiffmann*, Von der Revolution, S. 123–128 (Heizer).
Zu den Folgen für die Anziehungskraft gewerkschaftlicher Aktion, für Organisationsteilnahme, nicht zuletzt für Gruppen-/Fraktionsbildung, v. a. die Entstehung innergewerkschaftlicher Konfliktlinien (insbesondere die RGO-Entwicklung), vgl. *Schöck*, Arbeitslosigkeit, und *Stolle*, Arbeiterpolitik; vor allem Stolle zeigt, daß RGO-Aktionen/-Beteiligung kaum von Un-/Angelernten getragen wurden. Sie verweist darauf, daß es sich in der Metallindustrie wesentlich um Qualifizierte bzw. Gelernte gehandelt habe, auf Seiten des DMV, der RGO wie der „rechtskommunistisch" orientierten KPO-Aktiven, ebda., S. 213 ff.

toren, nach einzelnen Facetten von Leistung oder auch Minder-Leistung regten die Autoren offensichtlich dazu an, die Zumutungen, Vorgaben und Zwänge für die Arbeitenden differenziert zu erfassen. In der akademisch-moderaten Diktion der Zusammenfassung wurden neben die hierarchischen und technischen die kollegialen Zwänge gestellt: „Auch abgesehen von der Bindung menschlicher Arbeit an die Maschine herrschte in der Berichtszeit die Tendenz vor, die vom Arbeiter selbst geregelte Arbeit in gebundene (fremdgeregelte) zu verwandeln." Bei diesen Arbeiten werde „dem Arbeiter das zu verrichtende Quantum mehr oder weniger vorgeschrieben ... oder das Maß seines Arbeitsaufwandes durch den seiner Gruppen- oder Kolonnenkollegen mitbestimmt".[53] Die Härte von rationalisierter Arbeit, die in der DMV-Studie den Ton bestimmte, war hier nicht bagatellisiert. Aber in den Verweisen auf die Zwänge von Kolonnenarbeit und Kolonnenakkord wurden Formierung und Nutzung von Kontrollchancen im Arbeitsprozeß selbst zum Thema.

Einzelbetriebliche Materialien, aber auch Gesamtübersichten zeigen, daß die Intensivierung von täglicher Überwachung oder: von Überwachungsanstrengungen an den Arbeitsplätzen die Form schriftlicher Vorgaben hatte („Arbeitszettel", „Stückliste", „Zeichnung"). Parallel gab es aber weiterhin (z. T. verstärkte) „handgreifliche" Nachkontrollen. In größeren und Großbetrieben nutzten zumindest die Unternehmensleitungen jedoch auch die „modernsten" Möglichkeiten, ihren Einblick in die Praxis der Arbeitenden wenigstens von Fall zu Fall zu vertiefen: Filmaufnahmen, aber auch Fotografien von Arbeitsbewegungen wurden eingesetzt oder doch erprobt (vgl. u.).

Im betrieblichen Alltag waren das freilich spektakuläre Ausnahmen. Die Kontrollen während und nach jeder Schicht waren demgegenüber vergleichsweise kalkulierbar, die Kontrolleure grundsätzlich bekannt. Diese Kontrollen verknüpften bei der Abnahme bzw. Qualitätskontrolle Momente persönlicher Entscheidung mit dem Augenschein, „objektiver" Meßgrößen. Ob tatsächlich jeder einzelne oder „die meisten" Schwingbolzen (einer Lokomotivensteuerung) mit Hilfe von Schublehren und Schablonen auf millimetergenaue Paßgenauigkeit geprüft wurden, blieb jedoch meistens dem Prüfmeister vorbehalten. Auch bei „guten Beziehungen" zur Nach- oder Qualitätskontrolle galt: Konflikte um die Bewahrung oder Durchsetzung von Handlungchancen konnten zunehmen; ihr Ausgang wurde unsicherer.

c. Arbeiten „an" und „mit" Maschinen

Verweise auf zunehmend eingegrenzte Handlungschancen sind zahlreich. Erfassen sie aber in angemessener Weise die Vielschichtigkeit von Arbeitssituationen? Zeitgenössische Untersuchungen zu den Sparten des Maschinenbaus argumentierten, daß Rationalisierung in erster Linie auf Regulierung „lebendiger Arbeit" zielte. Der Übergang auf Automaten bzw. Spezialmaschinen mit schmalen Produktionsprofilen, bei wesentlich gesteigerten Geschwindigkeiten sowie zuverlässigeren Antrieben und präziseren Steuerungseinrichtungen, bedeutete für die Handhabung: Komplizierte Einrichte- und Handhabungsvorgänge wurden reduziert oder konnten fast ganz entfallen. Hinweise auf „Leistungssteigerungen" einzelner Betriebsteile um 30 % oder 50 % oder auf Verkürzung von Fertigungszei-

---

53 *Verhandlungen und Berichte des Unterausschusses für Arbeitsleistung*, Bd. 9, S. 2.

ten – „früher etwa 15 Minuten, jetzt drei Minuten für Ölnuten"[54] – scheinen in der Tat dafür zu sprechen, daß das Handhabungsgeschick „an" komplexen Maschinen weitaus weniger erfordert war.

Popitz/Bahrdt u. a. haben die Unterscheidung von Arbeit „an" und „mit" Maschinen vorgeschlagen.[55] Bei der Arbeit „an" einer Maschine „haben wir es ganz mit einer Folge von vorher überlegten, vorsichtig durchgeführten Vollzügen zu tun, die immer wieder Nuancen aufweisen, auf die zu achten ist". Demgegenüber verstehen sie als Arbeit „mit" einer Maschine „solche Arbeitsvollzüge, deren phänomenaler Gegenstand nicht die Maschine ist . . ., sondern die sich auf einen gleichsam hinter der Maschine liegenden Gegenstand richten"; das (arbeitende) „Subjekt" gehe ein „gleichsam" . . . „unmittelbares" Verhältnis zum bearbeitenden Objekt ein. Ein zentrales Beispiel ist für Popitz/Bahrdt u. a. das „Fahren" einer Walzstraße oder eines Kranes; zu den Arbeiten „mit" einer Maschine gehört aber auch das eingangs beschriebene Trikotweben.

Arbeiten „mit" Maschinen erfordert und erleichtert in dieser Sicht das Einschleifen von Aufmerksamkeitsspannen, von bestimmten Hand- und Körperbewegungen. „Habitualisierungen" kennzeichnen diesen Typ von Arbeitsvollzügen. Maschinen, die hingegen durch die Komplexität der Einzel- und Regulierarbeit keine bloßen „Vollzugshilfen" für direktes Zugreifen sind, erschweren solche Habitualisierungen. Erforderlich sind vor allem andere Aufmerksamkeitsprofile. Unerläßlich ist ein vergleichsweise breiter Fundus von Erfahrungswissen, der von den „an" den Maschinen Arbeitenden „bewußt" eingesetzt werden kann (und muß).

Die verkürzten Fertigungszeiten bzw. gesteigerten Produktionsleistungen lassen erkennen, daß bei den neuen oder umgebauten Maschinen der Anteil der „Fahr-Zeit" fraglos gesteigert werden konnte. Insofern spricht viel dafür, daß sich das Verhältnis der Arbeitsprofile an einzelnen Maschinen verschob; war es früher in hohem Maße Arbeit „an" Maschinen, so gab es jetzt erhebliche Anteile von Arbeit „mit" Maschinen. Dennoch wurde von Zeit zu Zeit ein Umrüsten oder Nachrüsten erforderlich, und auch Pannen waren immer wieder zu gewärtigen bzw. zu beseitigen; nicht zuletzt galt es, Verzögerungen der Zulieferungen zu meistern. Dispositionsfähigkeiten und sensibles Einstellen auf neue Situationen waren sicherlich in jeweils anderer Weise, aber kaum weniger dringlich als früher gefordert.

Für die tägliche Praxis, d. h. für die Konfiguration von Arbeit „an" und „mit" Maschinen waren jedoch technische Kennziffern und die Arbeitsorgasisation nicht entscheidend. Die Übersetzung in den Alltag lief über das Aushandeln der Vorarbeiter mit den Meistern und, mehr noch, den Lohnbüros (aber auch den Zeitnehmern). Gewieftes Sich-Durchsetzen war aber auch gegenüber den zu- wie wegarbeitenden Kollegen und Kolonnen gefragt; Zeitpolster mußten erwirtschaftet, genutzt und gepflegt werden.[56] Distanz und Animosität, verdeckte Konflikte wie offene Auseinandersetzungen zwischen Kollegen, innerhalb wie zwischen

---

54 *Rationalisierung in der Metallindustrie*, S. 92.
55 Vgl. dazu *Popitz* u. a., Technik und Industriearbeit, S. 128 ff. (und für das Gegenstück, das Arbeiten „mit" Maschinen, vgl. ebda., S. 112 ff.); zum „Fahren" vgl. ebda., S. 117 ff. – Ganz knapp auch *H. de Man*, Der Kampf um die Arbeitsfreude. Eine Untersuchung auf Grund der Aussagen von 78 Industriearbeitern und Angestellten, Jena 1927, S. 153.
56 Vgl. die Berichte der Henschel-Arbeiter (Anm. 21).

Kolonnen waren abzufangen oder auszuhalten. Schließlich ist einzubeziehen das individuell unterschiedliche Profil von Erfahrung und Geschicklichkeit des einzelnen „an" und „mit" Maschinen – waren die Geschickteren auch die Durchsetzungsfreudigeren und Erfolgreicheren?

d. Vorgaben, Aushandeln und Kolonnen-Kooperation

Zunächst zum Aushandeln zwischen Kolonnen bzw. Vorarbeitern und den weithin dafür allein zuständigen Lohnbüros. In einer Schilderung eines Direktors der Krupp'schen Germaniawerft von 1931 wird erkennbar, wie das in diesem Großbetrieb des Schiffbaus seit etwa Mitte der 1920er Jahre gelaufen war.[57] Stein des Anstoßes bzw. Hebelpunkt für den Versuch der Senkung von Lohnkosten waren regelmäßig gezahlte Zuschläge zu den Akkorden. „Es haben sogar, vielleicht mit einer gewissen Taktik und Geschicklichkeit, einzelne Gruppen von Leuten es verstanden, die verschiedenen Akkorde im gegenseitigen Einvernehmen verschieden hoch herauszubringen. Die zurückgebliebenen Akkorde sind dann erhöht worden und unter Anwendung dieser Schraube ist das Lohnniveau stetig in die Höhe gedrückt worden. Dabei muß man zugeben, daß sich mehr und mehr unter den Instanzen und Akkordbüros die Praxis eingebürgert hat, sich bei der Festsetzung eines Akkordes zu fragen: ‚Was muß der Mann da verdienen?' Anstatt: ‚Was darf die Arbeit kosten?'." Es komme nun darauf an, gegenüber den Gewerkschaftsvertretern bzw. den Vorarbeitern die „Zuschläge, die die sogenannten toten Zeiten betreffen", weitgehend zu reduzieren. Entgegen den Absichten der Unternehmensleitung zeigten sich hier die Lohnbüros keineswegs als „Wellenbrecher" für Lohnforderungen und Berechnungspraktiken der Arbeitenden. Im Gegenteil – in diesem Fall hatten sie offenbar längere Zeit zunehmend die Funktion bekommen, in einem vergleichsweise objektivierten Verfahren die gängige Praxis bzw. die Ansprüche der Arbeitenden zu flankieren und zu untermauern.

Die Vorgaben „von oben", in diesem Fall z. B. aus dem höheren Management, aber vor allem die Anweisungen von Fertigungs- oder Sicherheitsingenieuren, natürlich auch von Meistern, betrafen vor allem die Organisation der Arbeit. Neben den bereits erwähnten organisatorischen und technischen Veränderungen der Zu- und Abführung von Material und Produkten, d. h. der Verbesserung des „Arbeitsflusses", ging es um vielfach bürokratisierte Kontrolle: „Betriebsverwaltung".[58] Im Zentrum stand die Definition der Zeitverwendung am Arbeitsplatz. Was gehörte zur „Nebenzeit", wie hoch war die „Verlustzeit" anzusetzen, d. h. das Gleiten von Riemen, die Differenz in den Tourenzahlen bei Transmissionen und Motoren oder das Schleifen der Drehstähle? Konnte eine tägliche Verlustzeit kalkuliert werden? Ließ sich die „Einrichtezeit" von dem Spannen und Ausrichten der Werkzeuge im Rahmen der „Nebenzeit" tatsächlich unterscheiden? Und konnte es hingenommen werden, daß „sogar... Zugeständnisse gemacht würden zur Befriedigung der täglichen Bedürfnisse"?[59]

---

57 Historisches Archiv Krupp, WA 41/3–143.
58 Vgl. die knappe Darstellung des (gewerkschaftlich engagierten) damaligen Regierungsrates R. Woldt; *ders.*, Moderne Betriebsverwaltung im Maschinenbau, in: Wirtschaft und Arbeit 4, 1927, Nr. 3, S. 22 f., Nr. 4, S. 25 f.
59 Historisches Archiv Krupp WA 43/3–143.

Auch bei diesen Regulierungsversuchen – mit dem Ziel, eine Intensivierung durchzusetzen – ging es um die Rahmenbedingungen der tatsächlichen Arbeit, in diesem Fall „an" Maschinen. Die tägliche Kombination von Routine, Spürsinn, Geschicklichkeit blieb jedoch nicht nur beim Bedienen von Spezialmaschinen, sondern auch beim Arbeiten „mit" Maschinen, z. B. am Fließband in der Getriebe- oder Karosseriemontage im Kfz-Bau[60], Sache der einzelnen Arbeiter.

„Lebendige Arbeit" ließ sich aber nicht von den Anforderungen und Umgangsformen innerhalb wie zwischen den Kolonnen isolieren. Vor allem innerhalb der Kolonnen wurden stets auch Handlungschancen und -grenzen eingefordert oder bestritten, verändert oder bestätigt. Die Arbeit in einer Kolonne von 8–12 Mann an Fräsen, Drehbänken oder Scheren, „vor Ort" unter Tage oder am Hochofen war eingebunden in das Lohnsystem: Kolonnenakkord.[61] Er galt Ende der 1920er Jahre im Bergbau, überwiegend in der Eisen- und Stahlerzeugung oder in den einzelnen Zweigen des Maschinenbaus, z. T. im Textilbereich. Im Unterschied zum „Meistersystem" erfolgte die Lohnberechnung überwiegend in Kalkulations- und Lohnbüros. Die Vorarbeiter oder Kolonnenführer teilten hingegen die Arbeit zu – arbeiteten auch selbst mit (dies ein weiterer wesentlicher Unterschied zum „Meistersystem"). Allerdings wurden auch andere Formen praktiziert; die Erinnerungsinterviews der Henschel-Arbeiter über die 1930er Jahre bestätigen übereinstimmend, daß in dieser Firma ein Gesamtbetrag an die Vorarbeiter gegeben wurde – der Vorarbeiter besorgte dann die Aufteilung innerhalb der Kolonne. Zumindest in den Erinnerungen war es dabei unstrittig, daß der Vorarbeiter 10 % mehr erhielt.

Akkorde erforderten ständige Beobachtung des Arbeits- und Betriebsablaufs in der eigenen wie in den Nachbarkolonnen. Stockungen hier wie dort konnten das Ergebnis der eigenen Kolonne behindern. Aber auch zwischen den Kollegen mußte unausgesetzt aufgepaßt werden; keiner durfte zurückhängen (und andererseits auch keiner antreiben). Sobald aber die Schwelle der Akkordsicherung er-

---

[60] Für den Kfz-Bau vgl. *S. Schweitzer*, Des engrenages à la chaîne. Les usines Citroën 1915–1935, Lyon 1982; die technischen, arbeits- sowie betriebsorganisatorischen Aspekte der Automobilproduktion am Beispiel der Opel-Werke bei *A. Kugler*, Arbeitsorganisation und Produktionstechnologie der Adam Opel Werke (von 1900 bis 1929), (masch.) Wissenschaftszentrum Berlin, IIVG/pre 85–202; zur Schmelzerei am Beispiel der Zinkgewinnung vgl. die knappe Skizze, die auf Interviews beruht, bei *B. Parisius*, Lebenswege im Revier, Erlebnisse und Erfahrungen zwischen Jahrhundertwende und Kohlenkrise – erzählt von Frauen und Männern aus Borbeck, Essen 1984, S. 33–36; zur Gießerei (am Beispiel des Tempergusses bei G. Fischer in Singen) vgl. *D. Stender*, Arbeiter zweier Großbetriebe der Singener Metallindustrie in der ersten Hälfte des 20. Jahrhunderts. Eine lebens- und strukturgeschichtliche Studie, Konstanz (masch.) 1986, S. 29 ff., S. 107 ff.; für den Bergbau: *Schöck*, Arbeitslosigkeit, S. 76 ff.; für die Chemieindustrie und Elektroindustrie: *Stolle*, Arbeiterpolitik, S. 101 ff., S. 190 ff.

[61] Vgl. zum Konzept des Kolonnen- oder Gruppenakkords *W. Jost*, Das Sozialleben des industriellen Betriebes, Berlin 1932, S. 25 ff. Zur Einrichtung und dem Arbeiten einer (betriebsrätlich benannten) Akkordkommission (als „Berufungsinstanz") bei Bosch vgl. *Stolle*, Arbeiterpolitik, S. 208. Stolle berichtet, daß 1909 bei Bosch vom Gruppenauf den Einzelakkord übergegangen worden war (ebda., S. 158 f.); ob das aber auch für die 1920er Jahre galt, bleibt offen. – Insgesamt sind diese Fragen bisher weitgehend ignoriert worden. Hinweise auf die wechselseitig gespannte Aufmerksamkeit innerhalb der Kolonnen finden sich in den Interviews mit den Henschel-Arbeitern, vgl. Anm. 21.

reicht oder überschritten war, konnten sich die Umgangsformen nicht unerheblich ändern. Zumal bei denen, die sich in informelle Regeln von Zu- bzw. Zusammen-Arbeit, vor allem in die interne Hierarchie nicht ohne weiteres fügen mochten, ließ sich das breite Spektrum von „Neckereien" ausprobieren: Gruppenakkorde nutzten die Formen der Kooperation in Werkstätten, strapazierten sie aber zugleich.

Jeder einzelne mußte immer auch mit sich „klar kommen", war „für sich" – selbst dann, wenn andere zureichten oder z. T. in engem Blick- und Körperkontakt an Scheren oder Pressen kooperierten. Diese Vereinzelung blieb aber immer gebrochen; insbesondere definierte sie sich nicht *gegen*, sondern *in* Gruppenzusammenhängen: Vor allem die Gruppenakkorde erforderten und erzwangen nicht nur Unterordnung, sondern wechselseitige Unterstützung. Gruppenakkorde bedeuteten gleichzeitig Be- *und* Entlastung. Sie signalisierten zugleich, daß und in welchem Maße das Verhalten am Arbeitsplatz außerhalb des Betriebes folgenreich war: Die Lohntüte vermittelte den Zugang zu den Konsummärkten. Und hier war fraglos wichtig, daß auch bei den Refa-Akkorden bzw. Zeitvorgaben proportionale Veränderungen der Löhne zugrunde gelegt wurden. Insofern war die Grundannahme der Stückakkorde beibehalten: Proportionale Veränderungen beim Arbeitsergebnis zeigten sich in entsprechenden Veränderungen der Lohnbeträge – die Vorstellung vom „gerechten" Lohn regulierte offenbar auch dieses Lohnsystem.

Generell läßt sich festhalten: Arbeitsbedingungen und Lohnsysteme waren immer wieder neu „anzueignen". Es mag jedoch sein, daß sich die einschlägigen Erwartungen von Vorgesetzten wie von Arbeitenden keineswegs überall in gleicher Weise ausbildeten. Schlaglichtartig beleuchtet ein Bericht eines nach den USA ausgewanderten Technikers in der Betriebsräte-Zeitschrift des Metallarbeiterverbandes solche Unterschiede: In den USA müßten alle Vorrichtungen in erster Linie „fool proof", zu deutsch: „narrensicher sein". Man kann sich das Kopfschütteln oder Naserümpfen mancher deutschen Metallarbeiter bei der Lektüre vorstellen.[62] Zumindest in der Selbsteinschätzung deutscher Maschinenbauarbeiter, vielleicht aber auch in der Praxis an den Maschinen war es keineswegs überall und immer „narrensicher". Vielmehr entstand erst in der fortwährenden Mischung von Routinen und Aushilfen, dem Befolgen von Vorgaben wie den eigenwilligen und kooperativen Not- und Neulösungen jener „Produktionsfluß", der für „Kapital" wie für „Arbeit" das eigentliche Fundament von neuzeitlicher Industrie bedeutete.

e. Gezielte Einblicke: Film- und Fotostudien

Rationalisierung als Veränderung der Arbeitsorganisation, der Maschinerie und auch der „Betriebsverwaltung" veränderte Handlungszeiten, Handlungsräume und Handlungsbedingungen. Zugleich nutzten aber Manager und Vorgesetzte auch die „modernsten" Möglichkeiten, ihren Einblick in die Praxis der Arbeitenden zu verbessern und zu vertiefen. In der „Betriebsräte-Zeitschrift" wurde im Rahmen eines ausführlichen Berichtes über das Refa-System darauf aufmerksam

---

62 *P. Otto*, Bilder aus amerikanischen Betrieben, in: Betriebsräte-Zeitschrift 11, 1930, S. 213–216, hier S. 214.

gemacht. August Stitz berichtete: „In manchen Betrieben begnügt man sich nicht mit der einfachen Zeitmessung und der Beobachtung durch das menschliche Auge. Man baut in der Nähe der Arbeitsplätze Filmaufnahmeapparate auf, die den Arbeitsplatz, den Werkstoff und den Arbeiter während eines längeren Zeitabschnittes filmen ... Mitunter befestigt man in den zu bewegenden Körperteilen (Handgelenk, Ellenbogen usw.) des Arbeiters kleine elektrische Birnen und fotografiert die Arbeitsbewegung." Die Anwendung lag auf der Hand: Man habe die Möglichkeit, „durch vergleichende Aufnahmen zweier mit der gleichen Arbeit beschäftigter Arbeiter, die aber in ihren Leistungen nicht übereinstimmen, die Ursachen der verschiedenen Leistung und die mehr oder weniger geschickten Arbeitsbewegungen zu erkennen." Galt letzteres vor allem für den Vergleich von Filmaufnahmen, so kommentierte Stitz für Fotografien: „Vergleiche mehrerer Aufnahmen ermöglichen das Erkennen der vorteilhaftesten Arbeitsbewegungen."[63]
Die spröde Nüchternheit des Referates fand offenbar in der Redaktion, d. h. bei Funktionären der DMV-Zentrale nicht ungeteilte Zustimmung. Denn im Unterschied zu anderen Artikeln stellte hier die Redaktion eine Vorbemerkung voraus; der Beitrag zeige, mit „welchen raffinierten Methoden die Ausnützung der Arbeiter, nicht zuletzt auch in der Metallindustrie, betrieben wird." Für den Berichterstatter überwog hingegen das Interesse an optimierten Bewegungsabläufen, d. h. gesteigerten Produktionsleistungen. Sie würden – so läßt sich ergänzen – die Löhne stabilisieren oder vielleicht sogar steigen lassen.
Es scheint, daß die Faszination von bewegten und stehenden Lichtbildern es Arbeitervertretern durchaus erleichterte, auch dieser neuesten Variante unternehmerischer Zudringlichkeit nützliche Seiten abzugewinnen. Daß die Arbeiter als Subjekt in diesen Aufnahmen nicht mehr auftauchten bzw. tatsächlich auf Anhängsel der Maschinen reduziert wurden, blieb dann sekundär.

5. „DEUTSCHE QUALITÄTSARBEIT": ZUR ÜBEREINSTIMMUNG VON INDUSTRIE- UND GEWERKSCHAFTSFÜHRERN

Die neuen Ausprägungen „lebendiger Arbeit" unter dem Druck vermehrter Spezialisierung wie die De-Spezialisierung, technisch vermittelter Beschleunigung und Intensivierung – diese Realität von Rationalisierung oder auch „Fehlrationalisierung" beförderte bei gewerkschaftlichen Interessenvertretern keineswegs vermehrte Konzentration auf die tägliche Praxis der Arbeitenden. Im Gegenteil: An diesem Punkt öffnete die Rede von der „deutschen Qualitätsarbeit" einen Fluchtpunkt für eine „volle, beinahe wörtliche Übereinstimmung" zwischen Gewerkschaftsführung und den „Führern der Industrie".
Jedenfalls war dies die Sicht der „Gewerkschafts-Zeitung" (des ADGB). Sie zitierte im September 1927 zustimmend entsprechende Äußerungen des Vorsitzenden des „Reichsverbandes der deutschen Industrie", Kastl, und setzte sie mit Darlegungen des ADGB-Vorsitzenden Theodor Leipart in Beziehung.[64] Die

---

63 *A. Stitz*, Das Refa-System, in: Betriebsräte-Zeitschrift für die Funktionäre der Metallindustrie 11, 1930, S. 181–184, S. 184.
64 *Anon.*, Voraussetzungen für deutsche Qualitätsarbeit, in: Gewerkschafts-Zeitung 37, 1927, Nr. 38 (17. Sept. 1927), S. 525–527. Vgl. auch die Typologisierung bei *de Man*, Arbeitsfreude, bes. S. 195 ff., z. B.: „Der gelernte Metallarbeiter ... ist gewissermaßen ... der zentrale Typ des Industriearbeiters von heute", S. 197.

„Übereinstimmung" fand die Redaktion bei der Definition von „Qualitätsarbeit" als „gute, anständige und zweckmäßige Arbeit" bei Leipart. Zugleich sah die Redaktion Parallelen „hinsichtlich der Notwendigkeit von Qualitätsleistungen für das Gedeihen der deutschen Wirtschaft".
Das offizielle Gewerkschaftsorgan zitierte für Leiparts Position einen Artikel, den er bereits 1916 veröffentlicht hatte. Der ausdrückliche Verweis auf diesen Artikel unterstrich eine Vorstellung von Arbeit und Arbeiterschaft, die politischer Ökonomie ganz entkleidet worden war; statt dessen waren nationalistische Töne aufgenommen (und völkische Beiklänge zumindest nicht abgewiesen). Ein solches Zitat verlängerte den „Burgfrieden", wie er die Verbände- und Staats-Politik nach 1914 bestimmt hatte, linear in die Republik – die immerhin von der organisierten Arbeiterschaft durchgesetzt worden war und zum Teil auch getragen wurde.
Die Redaktion verwies aber auf weitere Implikationen. Dabei knüpfte sie an Hinweise auf „die wachsende Zivilisation der Konsumentenschaft" an, die Industrielle wiederholt als Forderung für „Qualitätsarbeit" benutzten. Die „Gewerkschafts-Zeitung" unterstrich, daß zu „den Voraussetzungen für Qualitätsarbeit ... auch die wachsende Zivilisation der Produzentenschaft, in erster Linie der Arbeiterschaft (gehört)". Konkret sollte das heißen: „steigende Arbeitsqualifikation", also verbesserte Aus- und Fortbildung. – Diese Zustimmung zur Forderung nach „wachsender Zivilisation" war kein ironisches Zitat; im Duktus des Artikels ist vielmehr die Überzeugung unverkennbar, daß und wie dringlich vermehrte ‚Zivilisierung' sei. Zugleich hieß das aber auch: das „Schaudern" der Bürger vor der „Wildheit" von Arbeitern zu bestätigen. Die kulturellen Differenzen zwischen den Klassen, die groben wie die „feinen Unterschiede" erschienen in dieser Sicht ausschließlich in fehlender „Zivilisation" des Proletariats begründet. Inner- wie außerbetriebliche Klassenerfahrungen verblaßten angesichts des gemeinsamen Interesses an „deutscher Qualitätsarbeit".

6. BETRIEBSUNFÄLLE: „EIGENSINN" ODER „LEICHTSINN"?

Die Praxis der Arbeitenden in Industriebetrieben läßt sich als ‚Notwendigkeits-Kooperation' kennzeichnen. Die Intensität dieser Kooperation, bei der wechselseitige Gesten wie körperlicher Einsatz tägliche Mühsal mindern, aber auch verschärfen konnten, variierte erheblich. Erneut ist auf die Verschiedenartigkeit der branchenspezifischen Arbeitsprozesse aufmerksam zu machen; parallel blieben die konjunkturellen Bewegungen (vor allem in ihren branchentypischen und regionalen Ausprägungen) zentrale Größen für die Handlungschancen bzw. -grenzen in den Betrieben und an den Maschinen.
Zur Intensität der Notwendigkeits-Kooperation geben die berufsgenossenschaftlichen Kampagnen gegen Betriebsunfälle[65] anschauliche Hinweise. Das gilt vor

---

65 Vgl. dazu generell die Berichte der Fabrikinspektoren (vgl. Anm. 28) und der (staatlichen) Gewerbeärzte (letztere in aller Regel nur archivalisch greifbar). – Zur Entwicklung der Beschäftigung mit Gesundheitsrisiken, vor allem aber Unfällen am Arbeitsplatz bzw. in industriellen Betrieben vgl. die „herrschende Meinung" (der Gewerbehygieniker) vor dem Hintergrund des späten 19. Jhdts. zusammenfassend in: *Th. Weyl* (Hrsg.), Handbuch der Hygiene, Bd. 8, T. 1: Allgemeine Gewerbehygiene und Fabrikgesetzgebung, Jena 1894. Für die Entwicklungen in den folgenden 20 Jahren: *K. B. Lehmann*, Arbeits- und Gewerbehygiene, Leipzig 1919 (= Handbuch der Hygiene,

allem für die Aktionen ab 1924/25[66] – also zeitgleich mit dem ersten großen „Schub" technischer wie organisatorischer „Rationalisierung" in der Weimarer Republik. Bemerkenswert ist, daß 1925 zum erstenmal in großem Umfang und reichsweit koordiniert Plakate mit „Unfallverhütungsbildern", d. h. visuelle Medien eingesetzt wurden.[67] Die Ikonographie dieser – in der Grundausgabe – kolo-

hrsg. von M. Rubner u. a., Bd. IV, Abt. 2); eine Übersicht über die Entwicklung bzw. die bei den Berufsgenossenschaften gemeldeten Unfälle bis 1923 bei *F. E. Steinmetz*, Die Unfallverhütung in der deutschen Industrie, Diss. jur. et öc., Rostock 1926; die Gesamtzahlen für die Jahre 1925–29 weisen einen deutlichen Anstieg der gemeldeten Unfälle aus (um 80 – 100 %); parallel ging die Zahl der Unfälle mit tödlichem Ausgang leicht zurück, vgl. *Preller*. Sozialpolitik, S. 141 ff.; branchenspezifisch: *P. Didier*, Neue Gesichtspunkte für die Unfallverhütung in der Großeisenindustrie von Rheinland und Westfalen, Diss. ing. Aachen 1930; am Beispiel Bosch: *Stolle*, Arbeiterpolitik, S. 205. Die Geschichte der Wahrnehmung, Bewertung und „Behandlung" von Arbeiterkrankheiten ist in erheblichem Maße, aber keineswegs ausschließlich die Geschichte der Arbeitsmedizin(er). Wichtige Aspekte, wie die Entstehung des Konzepts der Berufskrankheit (d. h. die Reduzierung umfassender Fragen nach Arbeiter- oder Gewerbekrankheiten und der Focus auf monokausale Ursachenforschung), vor allem die Rolle der Ärzte bzw. ärztlichen Gutachter, werden in knappen Übersichtsskizzen angeschnitten bei *R. Müller/D. Milles* (Hrsg.), Beiträge zur Geschichte der Arbeiterkrankheiten und der Arbeitsmedizin in Deutschland, Dortmund 1984; für die 1920er Jahre nützlich sind vor allem die Beiträge: *P. Klein/D. Milles*, Gewerbehygiene und soziale Sicherheit (S. 510–512); *D. Milles*, Zur Dethematisierung arbeitsbedingter Erkrankungen durch die Gutachtermedizin in der Geschichte der Sozialversicherung (S. 534–550); *D. Milles*, 75 Jahre Landesgewerbärzte in Deutschland (S. 580–602). Die generelle Kritik u. a. an der Gutachtermedizin überzeugt allerdings nicht immer; jedenfalls wird aus den 1920er Jahren ein „durchschlagendes" Gutachten von L. Teleky vorgestellt, der in dem vorgestellten Fall eine arbeitsbedingte Vergiftung feststellte; daraufhin wurde der fragliche Rentenantrag positiv beschieden (S. 542 f.).
66 Vgl. dazu summarisch *E. Wickenhagen*, Geschichte der gewerblichen Unfallversicherung. Wesen und Wirken der gewerblichen Berufsgenossenschaften, Bd. 1, München 1980. – Es wurden dabei zunehmend nicht mehr nur technische und medizinische Kompetenz angesprochen und herangezogen. Der in vielerlei Bereichen angewandter Psychologie aktive Ordinarius *Karl Marbe* (Würzburg) sah hier z. B. auch einen interessanten (Käufer-, Leser- und wohl vor allem Gutachten-) Markt, vgl. *ders.*, Praktische Psychologie der Unfälle und Betriebsschäden, München/Berlin 1926; die vom Reichsarbeitsministerium maßgeblich gelenkte „ständige Ausstellung für Arbeiterwohlfahrt", die 1903 errichtet worden war, wurde 1927 in „Deutsches Arbeitsschutzmuseum" umbenannt (und ausgebaut), vgl. *Deutsches Arbeitsschutzmuseum*, Berlin-Charlottenburg, Berlin 1927.
67 *Wickenhagen*, Geschichte, Bd. 1, S. 203; Bd. 2, S. 536; *Preller*, Sozialpolitik, S. 139 f. Die Plakate der auf Betreiben der Berufsgenossenschaften gegründeten „Unfallverhütungsbild"-GmbH sind zu einem erheblichen Teil archiviert beim Hauptverband der gewerblichen Berufsgenossenschaften, St. Augustin: „Alte Unfallverhütungsbilder", 2 Mappen; veröffentlicht bzw. genutzt wurden sie insbesondere von und in den Werkzeitschriften. Ich danke Herrn Gillo vom Hauptvorstand d. gewerbl. Berufsgenoss. für hilfreiche Unterstützung. – Vgl. auch *Reichsarbeitsverwaltung* (Hrsg.), Das Arbeiterschutzbüchlein der Reichsarbeitsverwaltung, Berlin 1926 (zur Reichsgesundheitswoche); hier sind den oktavformatigen Plakat-Wiedergaben vielfach Sinnsprüche beigegeben, z. B. bei dem Plakat „Schütze dich selbst! Trage enganliegende Kleidung!" hieß es: „Maschinenteil, der sich bewegt, / Greift nicht, wenn engen Rock man trägt.", ebda., S. 9. – Photos zu diversen Schutzmaßnahmen an den Maschinen wurden ca. Mitte der 1920er Jahre auf oktavformatigen Einzelblättern, als „Sammlung bewährter Arbeits-

rierten (Kohle- oder Feder-)Zeichnungen betonte dramatische und lebensbedrohliche Unfälle: Gezeigt wurde der Absturz vom Montagegerüst, der einschlagende Blitz oder Haar bzw. Jackenärmel, die sich in die laufende Drehbank oder das Bohrgestänge verwickelten. Auf ungefähr drei Vierteln der ca. 50 Plakate von 1925 und 1926 erschienen die Verursacher als Opfer; dabei verstärkte die Drastik der Bildersprache den Eindruck, daß nur ‚Dumme' oder ‚Unbelehrbare' so nachlässig oder unvorsichtig handelten.[68] Appelliert wurde an den beherrschten, stets kontrollierten ‚Qualitätsarbeiter' – neben dem die ‚Qualitätsarbeiterin' aber nicht fehlte.

Unfälle, deren Folgen (fast) ausschließlich die Verursacher trafen, berühren die Frage der Kooperation am Arbeitsplatz jedoch nur. Die Berufsgenossenschaften hatten sich aber auch mit einem (im einzelnen schwer zu quantifizierenden) Anteil von kostenträchtigen Verletzungen und auch Todesfällen zu beschäftigen, bei denen Dritte, d. h. Arbeiter aus derselben oder auch aus anderen Kolonnen, das oder die Opfer waren. Für die Vertreter der Kassen stand offenbar fest, daß die Aufmerksamkeit der Arbeiter gegenüber diesen (relativ) fremden Kollegen im Zweifelsfall rascher abnahm als dann, wenn man selbst oder die eigene Kolonne tätig war. Bei der Kampagne von 1925 richtete sich ca. ein Viertel der reichsweit publizierten Werbebilder gegen „Unachtsamkeiten", die Dritten schaden konnten.[69] Es ging z. B. um die nicht geschlossenen Luken, durch die man stürzen, oder Balkenstapel, über die man hinschlagen konnte. Deutlich ist die Frage, ob nicht außer Unachtsamkeit, Ungeschick oder „Leichtsinn" auch Absicht im Spiel sein konnte: sich an anderen zu rächen, anderen „eins auszuwischen".

Zumindest für außenstehende Beobachter galt es als ausgemacht, daß ein erheblicher Teil von Betriebsunfällen nicht durch mangelhafte betriebliche Vorkehrungen,[70] sondern durch „Ungeschick und Leichtsinn"[71] der Arbeiter selbst ver-

---

und Schutzvorrichtungen", von der Maschinenbau- und Kleineisenindustrie-Berufsgenossenschaft in Düsseldorf herausgebracht; zu neun verschiedenen Bereichen wurden insgesamt 79 Photos zusammengestellt (die meisten, 21, zum „Schutz an Maschinen und Triebwerken" und zum „Schutz an Arbeitsmaschinen", 23).

68 Vgl. für diese Sicht oder: Unterstellung auch die sehr konkreten Vorgaben und Einzelanweisungen, wie sie Technische Aufsichtsbeamte, d. h. die Fabrikinspektoren der Berufsgenossenschaften, gaben oder vorschlugen (z. B.: „Stelle oder setze Dich nicht auf den Hobeltisch, der in Bewegung ist"), vgl. Leitfaden für praktische Unfallverhütung unter bes. Berücksichtigung der Metallindustrie, Hrsg. *Maschinenbau- und Kleineisenindustrie-Berufsgenossenschaft in Düsseldorf*, bearb. F. Greve u. F. Kumbruch, 2. Aufl. (Düsseldorf) 1914 (das Beispiel S. 26).

69 Vgl. auch *Didier*, Gesichtspunkte für die Unfallverhütung, S. 28. Danach wurden in „einem westfälischen Hüttenwerk" 16,5 % der Unfälle der „Schuld eines Mitarbeiters" zugeschrieben, der eigenen „Schuld" des Arbeiters 59 % (für 1929), die Zahlen variierten aber erheblich zwischen einzelnen Betrieben, vgl. ebda., S. 28 ff.

70 Zur Verbesserung der technischen Schutzmaßnahmen und Verminderung der „betriebsbedingten Gefahren" vgl. parallel mit Einführung der Unfallversicherung insbesondere von den Berufsgenossenschaften unter der Maxime der Kosten- bzw. Beitragssenkung durchgeführte Aktionen, dazu – als ein Beispiel –: *K. Klein*, Gefahrentarifwesen, Unfallursachen und Unfallverhütung, Vortrag auf der Sectionsversammlung in Soest am 24. Juni 1908 (der Maschinenbau- und Kleineisenindustrie-Berufsgenossenschaft in Düsseldorf), Dortmund 1908; Klein beachtete allerdings nicht nur technische Fragen, sondern bezog auch die „Arbeitskultur" ein, d. h. er verwies bei seinem konkreten Fall, dem Maschinen-Dreschen, auf das „übliche" Saufen, S. 15 ff. Auf die Technik bzw. wie ‚rationale' Interessenkalkulation der Arbeitenden anzuregen sei,

ursacht war. Je nach Autor und Veröffentlichungsort schwankten die Ziffern von 2 % bis 35 %, gelegentlich auch bis an die 75 %.[72] Das gilt für die Zeit um 1900 ebenso wie für die späten 1920er Jahre. Die Ziffern der (gemeldeten!) Unfälle stieg in der Regel nur beim Übergang zu neuen Produktionsverfahren (bes. in den Chemiebetrieben!) bzw. bei neuen Produkten, die mit erstmals in die Industrie rekrutierter Arbeitskraft hergestellt wurden (Rüstungsindustrie ab 1916, erneut ab 1935; Automobilproduktion ab 1922/24). Bereits in den späten 1880er Jahren ist in den Entscheidungen des Reichsversicherungsamtes (der Oberinstanz der für diese Fälle zuständigen Schiedsgerichtsbarkeit) die Tendenz eindeutig, durch Verweis auf den „Leichtsinn" der Arbeiter betriebsbedingte Ursachen und Verantwortlichkeiten von Management oder Meistern möglichst auszuschließen – und damit Haftung der Betriebe ebenso wie Kosten bei der gesetzlichen Versicherung zu sparen.

„Leichtsinn", wie ihn Krankenkassen oder Gewerbeaufsicht sahen, trat offenbar in vielerlei Formen auf, fügte sich also nicht den Kooperationsnormen zwischen Kolonnen, oder zwischen einzelnen Arbeitern. In einem Fall von 1887 war es das „leichtsinnige" Turnen eines Arbeiters an der Welle einer Transmission (seine Kleidung verfing sich, er wurde herumgeschleudert und lebensgefährlich verletzt).[73] In der Kampagne von 1925 galt eine achtlos weggeworfene, noch brennende Zigarette auf einem Holzfußboden als der „Leichtsinn", den es „zu töten" galt („Tötet den Leichtsinn!" – das zugehörige Bild zeigt einen Stiefel, der eine Zigarette austritt). Freilich, das Turnen an der Welle deutet eher darauf, daß sich der Verunglückte zu beweisen suchte, möglichst demonstrativ, sichtbar vor allen anderen. Die Zigarette steht hingegen für Sorglosigkeit gegenüber Dritten, vielleicht auch die Absicht, anderen einen Schaden bzw. einen Denkzettel zu verpassen. Immerhin: „Leichtsinn" konnte durchaus mit „Eigensinn" korrespondieren: Der *„Eigensinn"* des Turners von 1887 mußte in der Logik reibungslosen Betriebs sparsamer Mittelverwaltung zwangsläufig als *„Leichtsinn"* gelten.

---

konzentrierten sich hingegen *O. Feeg*, Unfallverhütung und Fabrikshygiene, Leipzig 1912 (= Bibliothek der gesamten Technik, Bd. 155); *E. Preger/W. Lehmann*, Grundzüge der Unfallverhütungstechnik und der Gewerbehygiene in Maschinenfabriken, neu bearb. von *P. Kämpf/W. Lehmann*, Leipzig 1926; zur These (und Beispielen) der ‚ausgereizten' technischen Vorkehrungen: *Didier*, Gesichtspunkte für die Unfallverhütung, passim.

71 Diese Frage beschäftigte die Versicherungsbehörden und die einschlägige Spruchpraxis seit Einführung der gesetzlichen Unfallversicherung, vgl. *H. Rosin*, Der Begriff des Betriebsunfalls als Grundlage des Entschädigungsanspruchs nach den Reichsgesetzen über die Unfallversicherung, in: Archiv für öffentliches Recht 3, 1888, S. 291–362, bes. S. 347 ff., S. 350 ff. (für diesen Hinweis danke ich A. Rabinbach, New York). Relativ unergiebig, da hauptsächlich mit den gegebenen statistischen Größen operierend, bleibt *V. Agartz*, Das praktische Verhalten der Arbeiterschaft gegenüber der Durchführung des Betriebsschutzes, Diss. rer.pol., Köln 1928. – Tatsächliche Verhaltensweisen, die ‚von oben' als „leichtsinnig" erschienen, finden sich in den Unfallverhütungsbildern und den „falsch-richtig"-Darstellungen und Ratschlägen des „Leitfadens für praktische Unfallverhütung", s. Anm. 68.

72 *Didier*, Gesichtspunkte für die Unfallverhütung, S. 24–30.

73 *Rosin*, Betriebsunfall, S. 350 f.

7. Distanz zwischen Kollegen: „Fliehen aus der Fabrik"

Notwendigkeits-Kooperation bedeutete auch, daß Animosität, vielleicht Feindschaft und Haß den täglichen Umgang ‚einfärben' oder auch prägen konnten. Zuarbeit oder Aushilfe bei anderen schlossen Distanz zu diesen „anderen" keineswegs aus, waren vielmehr mit ihr vermischt – erforderten sie womöglich.
Das Spektrum der Formen, in denen Distanz ausgedrückt und realisiert wurde, war überaus reichhaltig. Wesentlich, vor allem folgenreich war die ‚Aneignung' bzw. der Diebstahl von Werkzeug. Dabei handelte es sich keineswegs nur um (zeitweise) übertragenes Werkzeug, sondern auch um Eigentum von Kollegen. In aller Regel war Werkzeug unerläßlich, um die Handlungs- und Überlebensfähigkeit zu sichern; zugleich symbolisierten Schraubenschlüssel, Hämmer oder Lehren die eigenen Fähigkeiten und Kompetenzen. Getroffen wurde also gleichermaßen die Arbeits- wie die Ausdrucksfähigkeit des anderen.
Distanz zwischen Kollegen prägte und beflügelte vor allem das „Gerede" über- und untereinander. Bitterste Schärfe scheint nicht nur ein Einzelfall gewesen zu sein, auch innerhalb der eigenen Kolonne. In den Antworten auf die Umfrage bei rund 5 000 Arbeitern verschiedener Branchen und Regionen (von Adolf Levenstein) gibt es eine Reihe entsprechender Äußerungen: Beklagt wird das „alberne Geschwätz" der Kollegen;[74] man fliehe die anderen, um nur nicht immer von ihnen „belästigt" zu sein.
In körperlicher Annäherung mochte sich selbst bei schroffer Attacke ein Moment der Zuneigung finden – das „Fliehen" der anderen signalisierte hingegen, daß diese „anderen" offenbar zumindest im Augenblick nicht mehr zu ertragen waren. Das „Fliehen" der anderen war auch in den formellen Pausen weder selten noch neu. Göhre verweist darauf eher knapp; in Berichten und Erinnerungen aus den 1920er und 1930er Jahren finden sich jedoch entsprechende Hinweise. Nicht wenige versuchten, den neugierigen Blicken der Kollegen in den Henkelmann oder das Butterbrotpaket dadurch zu entgehen, daß sie es abdeckten oder – bis sie fertig gegessen hatten – hinter der nächsten Maschine „in Deckung" gingen. Freilich: Bei Geburtstagsfeiern, bei denen mit Duldung durch die Meister und Werkleiter bis zu einem halben Tag regelmäßig gesoffen wurde bzw. werden konnte, waren alle dabei; jeder bekam sein Quantum Bier und Schnaps.
Seit den 1920er Jahren, d. h. dem vermehrten Übergang zum 8- oder 9-Stunden-Tag und der parallelen Einführung von „englischer" bzw. ungeteilter Arbeit (nur mit einer kurzen Mittagspause) wurde eine neue Form des „Fliehens" aus der Fabrik beobachtet oder beklagt. So heißt es in einem Bericht der Firma Krupp an das Gewerbeaufsichtsamt von 1925: „Der Drang der Männer nach möglichst kurzen Pausen (um die Vorteile des früheren Arbeitsschlusses zu genießen) wird von der Arbeitsvertretung unterstützt. Bei den jugendlichen Arbeitern ist das Begehren eines möglichst zeitigen Feierabends verständlich wegen der zunehmenden sportlichen Betätigung".[75]
Dem entsprach das Argument des Gewerkschaftsvertreters, Dr. Meyer-Brodnitz, in einer Diskussion der „Gesellschaft für Gewerbehygiene" von 1929 über „Die

---

74 *Levenstein*, Arbeiterfrage, S. 97 (ein 30jähriger Werkzeugschlosser aus Berlin). – Für das Folgende vgl. *de Man*, Arbeitsfreude, S. 120 ff. (Bericht eines freigestellten Betriebsrates einer Spinnerei bzw. eines Schriftsetzers); vgl. auch ebda., S. 261 ff.
75 Entwurf eines Schreibens an das Gewerbeaufsichtsamt vom 12. Nov. 1925, Historisches Archiv Krupp WA 41/2–312.

Fabrikspeisung": „So hoch wir auch den gesundheitlichen Wert der Pausen veranschlagen, so nötig, vom gesundheitlichen Standpunkt, es auch sein mag, daß die Mittagsmahlzeit nicht gierig heruntergeschlungen werden muß ... so kann man es andererseits der Arbeiterschaft nicht verdenken, daß ihr alles daran liegt, den Arbeitstag möglichst abzukürzen". Allein „Verkürzung der Arbeitszeit", bei gleichzeitig nur kurzen Pausen, sei sinnvoll bzw. akzeptabel.[76]
Fraglos war die Verminderung der täglichen Arbeitszeit ein langfristiger Prozeß. Aber erst die vermehrte Erfahrung mit dem 8-Stunden-Tag nach 1918 verstärkte offenbar die ‚Fluchtbewegung', von der z. B. in dem Krupp-Bericht die Rede ist.

In den zitierten Berichten bzw. Beiträgen wird auch angedeutet, daß es weitreichende Änderungen außerhalb der Fabriken gab: Kommerzialisierte Freizeitangebote waren in den urbaren Zentren bereits unmittelbar nach 1900 spürbar[77]; nach Stabilisierung der Währung und allmählicher Rückkehr zu den Vorkriegs-Reallöhnen nach 1924, bei freilich andauernd hoher Erwerbslosigkeit, öffneten sich erneut bzw. für die Jüngeren „ungeahnte" neue Konsummöglichkeiten. Es lockten auch Attraktionen, die selbst für die Ältesten bestenfalls exotische Erinnerungen sein mochten, an „Friedenszeiten", vielleicht aber auch an die chauvinistische Agitation der Kriegsjahre vor 1918: „der Kino".

8. „WERKSGEMEINSCHAFT" – ZUR MODERNISIERUNG BETRIEBLICHER SOZIALPOLITIK

In der – kriegswirtschaftlich bedingten – Krise der Nahrungsmittelversorgung nach 1916 waren zumal die Großbetriebe zu Verteilungszentren für Nahrungsmittel (vor allem Kartoffeln und Kohl; sofern vorhanden: Fleisch bzw. Schweine, Kaninchen oder Ziegen) geworden. In einigen Werken boten die Küchen auch warme Mahlzeiten an[78]. Nach Beendigung der Hyperinflation, Ende 1923, verlor diese Form der auf die Subsistenz gerichteten Werksgemeinschaft deutlich an Anziehungskraft. Verbilligte Kartoffeln und „Hausbrand" gab es freilich in den entsprechenden Betrieben auch in den folgenden Wintern. Über die materielle Stützung hinaus sollten aber vermehrte Sozialleistungen, vom Gartenbauverein bis zur Kinderlandverschickung und Kleinkindbetreuung, Loyalität bei der gesamten „Werksfamilie" stiften.
Parallel wurde versucht, durch „modernste" Medien, wie Firmen-Illustrierte und eigene Dokumentarfilme, visuelle Identifikationssymbole mit „dem" Industrie-

---

76 Dr. *Meyer-Brodnitz* (ADGB) in der Diskussion über „Die Fabrikspeisung", 18. Sept. 1929, in: *Die Fabrikspeisung*, Berlin 1930 (= Beihefte zum Zentralblatt für Gewerbehygiene und Unfallverhütung, Beih. 16), S. 57 f. – Zum Bericht der „Gewerkschafts-Zeitung" über diese Tagung vgl. Anm. 16.
77 Autorenkollektiv unter Leitung von *D. Mühlberg*, Arbeiterleben um 1900, Berlin/DDR 1983, S. 61 ff.; *J. Mooser*, Arbeiterleben in Deutschland, 1900–1970, Frankfurt 1984, S. 80 ff., S. 141 ff., S. 160 ff.; ein Lokalbeispiel bei *J. Wickham*, Arbeiterpolitik und Arbeiterbewegung in einer Großstadt der 1920er Jahre: das Beispiel Frankfurt am Main, in: Sozialwissenschaftliche Informationen für Unterricht und Studium, 13, 1984, H. 2, S. 22–30.
78 Vgl. für Krupp (in Essen): Historisches Archiv Krupp WA 41/3–611; WA 41/3–627; WA 153/V 154; WA 41/3–740 a.

arbeiter und „der" modernen Maschinerie zu propagieren.[79] Damit modernisierte sich auch der Paternalismus, wie er in rigoroser Fürsorglichkeit spätestens seit der Depression der 1870er Jahre die innerbetrieblichen Hierarchien ergänzt hatte (Konsumanstalten, Fortbildungsschulen auch für Familienangehörige bzw. Ehefrauen und vor allem Töchter; Betriebskrankenkassen waren z. T. hingegen bereits älter, etwa bei Krupp oder der GHH[80]). Das Management versuchte, die Familien zumindest der „respektablen" Arbeiter direkt einzubeziehen. Wenn Ganzheitserfahrungen schon nicht mehr am Arbeitsplatz zu machen waren, dann sollte die „Werksgemeinschaft" als „modernisierte" Betriebsfamilie die mentale Voraussetzung für Kooperation und Hinnahme der Arbeiter schaffen oder erneut stabilisieren.[81]

---

79 Vgl. die ab Sommer 1925 (vierzehntägig) veröffentlichte, an Werksangehörige kostenlos abgegebene „GHH-Werkszeitung der GHH"; zum Konzept: Historisches Archiv der GHH 4001921/13, insbes. Protokoll Schmidt über eine Sitzung beim Reichsverband der deutschen Industrie, Berlin 3. Dez. 1925 sowie Schreiben Schmidt an Kalthoff, GHH-Direktor der Personalabteilung, 7. Sept. 1925 (sie sei regelmäßig an Bildern von Kindern der GHH-Angehörigen sowie Berichten über das Lehrlingswesen interessiert). Die ab 1902, erneut ab 1910 erscheinende „Nach der Schicht", eine Beilage zu den „Krupp'schen Mitteilungen", wurde 1919 eingestellt; 1928 wurde sie als Photo-Illustrierte neu herausgebracht.
Zu den Filmen vgl. Historisches Archiv der GHH 3001012/73. Danach ließ die GHH bis Herbst 1918 zumindest zu vier Abteilungen (Hochofen-, Martinstahl-, Stahl- und Hammerwerk) Dokumentarfilme erstellen, insgesamt 140 Meter Film; einschließlich 50 Mark Beschriftung setzte die „Deutsche Lichtbildgesellschaft Berlin" unter dem 3. Okt. 1918 266 M in Rechnung. Umfangreiche Filmaufnahmen von Betrieben der GHH wurden 1925 gemacht; dabei nutzte man Vogelperspektiven und Trickfilm, vgl. Historisches Archiv GHH 3001012/46.

80 Zu den älteren betrieblichen Angeboten vgl. Wohlfahrtseinrichtungen der Gußstahlfabrik von Fried. Krupp zu Essen an der Ruhr, Bde 1–3, 3. Aufl., Essen 1902; Die Gutehoffnungshütte Oberhausen, Rheinland, Zur Erinnerung an das 100jährige Bestehen 1810–1910, Oberhausen 1910, S. 166–174. – Hinweise auf entsprechende Lohnanteile in den 1920er Jahren gibt in illustrierend-unsystematischer Form der Abschlußbericht des Arbeitsleistungsausschusses, vgl. Verhandlungen und Berichte, Bd. 9, S. 176 f., S. 202.

81 Vgl. zum Konzept *H. Potthoff* (Hrsg.), Die sozialen Probleme des Betriebes, Berlin 1925; *H. Wirtz*, Die Werksfremdheit der Arbeiter und ihre Überwindung, Mülheim/Ruhr 1929; *R. Schwenger*, Die betriebliche Sozialpolitik in der westdeutschen Großeisenindustrie, München, Leipzig 1934; zur Werksfamilienfürsorge, die insbesondere in Großbetrieben des rheinisch-westfälischen Industriegebietes praktiziert wurde, vgl. *C. Sachse*, Hausarbeit im Betrieb. Betriebliche Sozialarbeit unter dem Nationalsozialismus, in: *Dies.* u. a., Angst, Belohnung, Zucht und Ordnung, Opladen 1982, S. 209–274, S. 217–222; insgesamt zu diesen und parallelen bzw. konkurrierenden Vorschlägen und Konzepten (z. B. der „Arbeitsfreude" H. de Mans) *Hinrichs*, Seele des Arbeiters, S. 155 ff., S. 221 ff.; *Hoffmann*, Wissenschaft, S. 251 ff., S. 270 ff.; *Homburg*, Scientific Management.
„Werksgemeinschaft" setzte freilich auch direkt im Betrieb an, zumal bei der Ausbildung und der „Arbeitsschulung". Einflußreich war insbesondere der ehem. Oberleutnant, dann Leiter der Ausbildung im Stahl- und Eisenwerk des Schalker Vereins in Gelsenkirchen, ab 1925 Leiter des „Deutschen Instituts für technische Arbeitsschulung" (DINTA), Karl Arnhold, der sich vor allem schwerindustrieller Förderung erfreute, vgl. *R. Seubert*, Berufserziehung und Nationalsozialismus, Weinheim/Basel 1977, S. 62–95.

Ungeachtet dieser Anstrengungen (und ihrer überbetrieblichen Koordination) änderte sich aber die skeptisch-abwehrende Distanz der Arbeiter nur wenig. Überdies war auch das, was dem Management z. B. als „wohnliche" Pausen- und Ruheräume erschien, aus der Sicht ihrer Benutzer vielfach nur eine Variante jener tristen Massenquartiere und Massenabfütterungen, die mit der Not von Militär- und Kriegszeiten verbunden blieben. „Speisesäle" und Kantinen wurden in den formellen Pausen nur von einer Minderheit aufgesucht. Bei Krupp registrierte man 1925, daß höchstens 25 % der Arbeiter (und auch nur in einigen Abteilungen) diese Angebote der Firma nutzten.[82] Die Nazi-Aktion „Schönheit der Arbeit" versuchte, hier anzusetzen.[83] Die z. T. erheblichen Anstrengungen, die Erholung und damit die Reproduktion der Arbeitskraft im Betrieb anziehender (und damit längere Arbeitszeiten möglich) zu machen, hatten aber nur begrenzten Erfolg. Bei Henschel, einem der großen Rüstungsbetriebe, blieb z. B. die große Mehrheit der Arbeiter zum Essen auch Ende der 1930er Jahre an oder in der Nähe ihrer Arbeitsplätze bzw. Maschinen.[84]

9. Zur Kontinuität von „Eigensinn" bei Gelernten und Angelernten: „Spielereien" am Arbeitsplatz?

„Eigensinn" folgte offenbar einem eigenen Rhythmus. Seine Formen waren keineswegs direkt abhängig von veränderter Arbeitsorganisation und technischen Neuerungen. Und auch die Spaltung der Arbeiterbewegung in SPD und KPD (um nur ein Element in der Arena formalisierter Politik zu nennen) betraf zwar Arbeiter- und Betriebsrats-Wahlen, kaum aber das Verhalten am Arbeitsplatz selbst.
Die Beharrlichkeit, vielleicht die Zähigkeit „eigensinniger" Praxis läßt sich nur konkret veranschaulichen. In den 1920er und 30er Jahren arbeiteten die Kinder und Enkel der Arbeiter, an deren Leben z. B. Göhre für kurze Zeit teilgenommen hatte. Sie hatten sich auseinanderzusetzen mit Kommerzialisierung des Konsums und mit weitreichenden politischen Veränderungen in der jungen Republik; vor allem standen sie an ihren Arbeitsplätzen unter dem Druck der skizzierten „Rationalisierungs"-Versuche. Eigensinn, auch und besonders in den Formen des gegenseitigen „Neckens", verschwand aber keineswegs.

„Industrieller Paternalismus" als Moment (oder Phase) industrieller Herrschaftsstrategie wird insbesondere für die Entwicklung in Frankreich diskutiert; vgl. *G. Noiriel,* Longwy. Immigrés et prolétaires, 1880–1980, Paris 1984; *D. Reid,* Industrial Paternalism: Discourse and Practice in Nineteenth-Century French Mining and Metallurgy, in: Comparative Studies in Society and History 27, 1985, S. 579–607.

82 Vgl. dazu die Angaben aus verschiedenen Einzelbetrieben an die Konzernleitung vom Oktober 1930, Historisches Archiv Krupp WA 41/2–312 (die 25 % wurden aus dem Maschinenbau 9 gemeldet). Zumindest von Arbeitervertretern wurde freilich die Frage nach der Bereitstellung von Speiseräumen zu einem Ansatzpunkt für Auseinandersetzungen mit den Unternehmensleitungen, vgl. *Arbeiterrat der Firma Henschel & Sohn GmbH Cassel,* (Kassel) 1921 (d. i. der Jahresbericht des Arbeiterrates für 1920), S. 9 f. *„Wann kommen die Speisesäle?"* (Sperrung in der Vorlage).

83 Vgl. *Ch. Friemert,* Produktionsästhetik im Faschismus. Das Amt „Schönheit der Arbeit" 1933–1939, München 1980, bes. Kap. 3.2 u. 3.3; s. auch *Sachse,* Hausarbeit im Betrieb.

84 Interviews mit ehemaligen Henschel-Arbeitern, vgl. Anm. 21.

In Erinnerungsinterviews hört man freilich selten oder nie entsprechende Geschichten; zumindest werden sie kaum aus eigenem Antrieb erzählt. Fragt man aber nach, berichten die Befragten – mitunter zögernd – von einschlägigen Episoden. So erinnert sich ein Arbeiter, der ab 1936 in der Stehbolzenabteilung bei Henschel-Kassel beschäftigt war (Lokomotivenbau): Holzgriffe von langen Greifzangen (für die vorgewärmten Rohlinge, die geschnitten und gepreßt werden sollten) waren ab und an einmal mit Schmierfett eingeschmiert. Wer also rasch eine neue bzw. eine zum Abkühlen in einen Wasserbottich gestellte Zange nehmen wollte oder mußte, griff mitunter ins Leere bzw. hatte nur zwei Hände, von denen alles abrutschte, die schmierig und fettig waren – wenn kein Putzlappen in der Nähe war, konnte dies eine für ihn selbst, vielleicht für die ganze Kolonne zumindest ärgerliche Arbeitsunterbrechung bedeuten. Und auch hier traf dieses Pech oder Mißgeschick, dieser „Schabernack" nicht nur einen oder wenige; damit konnte oder mußte jeder rechnen.[85] – Im Gespräch mit zwei Drehern, die ihre Schlosserlehre 1928 (auch bei Henschel) abgeschlossen hatten (die also angelernte Dreher wurden!), erzählte der eine, daß er mehreren Arbeitern und auch dem Meister bei der Besprechung einer Arbeit am Anreißtisch mit weißer Farbe von hinten die Schuhsohlen, die offenbar teilweise angehoben waren oder wurden, angepinselt habe. Sein Kollege berichtete von Drehern: Sie hätten bei anderen mit roter oder auch schwarzer Tusche, die zum Kennzeichnen von Paßgenauigkeiten benutzt wurde, die Handgriffe an der Spindel, überhaupt an der Bank angepinselt. Die Betreffenden hatten dann völlig rote oder schwarze Hände. Und das ging auch sehr schwer ab. Zumindest in der Erinnerung ist das für beide nicht mit Bösartigkeit verbunden; es war kein dauerndes Piesacken, richtete sich nicht nur auf wenige.

Zumal in den Phasen, in denen neue Produktionen durchgesetzt oder Produktionsausweitungen forciert wurden, kam es für die Vorgesetzten auf rasches Anlernen vieler neuer (oder umgesetzter) Arbeiter an. Ein gelernter Holzarbeiter, der 1936 bei Henschel im Lokomotivenbau als Fräser angelernt wurde, kommt jedoch im Gespräch mehrfach darauf zurück: „Da mußtest de mit den Augen stehlen!" Anders: Von den Kollegen derselben Kolonne – alle im Gruppenakkord – war eben nicht gezeigt oder erläutert worden, wie man denn die Schwinge (ein Teil aus dem Kupplungsgestänge der Lokomotive) richtig und vor allem zeitsparend fräsen konnte. Die Kollegen mauerten. Ungeachtet der Rahmenbedingungen des Gruppenakkordes gaben sie keine Hilfestellung; also blieb nur: „Mit den Augen stehlen!"

Sicherlich sind dies vorerst nur Einzelhinweise. Sie stützen dennoch die These, daß „Eigensinn"-Formen keineswegs Monopol der Gelernten waren. Göhres Beschreibungen und die Berichte aus den 1920er und 30er Jahren decken sich in diesem Punkt: Gelernte wie Un- oder Angelernte verhielten sich „eigen-sinnig. „Eigensinn" wurde offenbar branchenspezifisch vermittelt und durchgehalten.

Eigensinn vollzog sich nicht nur, aber vorwiegend wortlos (ohne daß es deshalb geräuschlos zugehen mußte). Nicht selten waren die klasseninternen Zwänge und Erwartungen Stein des „Anstoßes", d. h. körperliche Gewalt oder ‚klammheimliche' Tat richteten sich auch gegen Kollegen und Kameraden. Insofern wird es besonders wichtig, indirekte Zeugnisse und Spiegelungen zu prüfen. Fabrikord-

---

[85] Dazu die Interviews mit den ehemaligen Henschel-Arbeitern, H. A., A. B., W. W. und W. D., vgl. Anm. 21.

nungen und Sicherheitsvorschriften fallen dabei besonders ins Auge. So finden sich z. B. die „Zehn Gebote", die die Maschinenbau-Berufsgenossenschaft 1934 auf Emailleschilder prägen und in den Betrieben aufhängen ließ, im wesentlichen auch vierzig oder sechzig Jahre zuvor:
„1. Benutze Schutzvorrichtungen; 2. Hände weg von Maschinen, die Dich nichts angehen, . . . 4. Vermeide das Reinigen und Putzen während des Ganges . . . 7. Trage eng anliegende Kleidung . . ."
Die ersten neuen Gebote hatten alle ähnlichen Zuschnitt. Es gab aber stets ein „zehntes Gebot": „Unterlasse *Spielereien, Zank* und *mutwillige Handlungen* (Hervorhebungen A. L.); sie bringen Dich und Deine Mitarbeiter in Gefahr".[86]

10. „EIGENSINN" UND KOLLEKTIVES HANDELN

a. Zur Gleichzeitigkeit von Vereinzelung und Gemeinschaftlichkeit

In der häuslichen Reproduktions-Arbeit, aber auch bei der Nicht-Arbeit und „Verausgabung" zu Hause, in der Nachbarschaft oder im Verein wurden vielfältige Kontakt-Netze geknüpft und genutzt (ohne daß damit eine fortwährende Intensität verbunden gewesen wäre: Nachbarn wurden nur selten über die Schwelle gebeten – auch in Arbeitersiedlungen). Im Betrieb konzentrierte man sich hingegen fast ausschließlich auf die Kolonne und die unmittelbaren Nachbarn. Aber bei aller wechselseitigen Aushilfe: Es blieb eine ‚Notwendigkeits-Kooperation'. Sie war stets gefärbt von Distanzierungen *auch* gegen Erwartungen und Zumutungen der Kollegen. „Eigen-sinnig" für sich zu sein, gehörte zum Durchkommen am betrieblichen Arbeitsplatz.
Anhaltende Gleichzeitigkeit von Animosität und auch Feindseligkeit mit – momentaner – Kooperation kennzeichnete offenbar das „Zusammenleben" in der Fabrik. Abstand zu unmittelbaren Kollegen konnte Widerwärtigkeit gegeneinander bedeuten, aber auch vereinzeltes wie gemeinsames Widerstehen ermöglichen – mochte dann freilich wieder in Hinnehmen und Anpassen umschlagen.
Ein Beispiel: Der (angelernte) Metalldreher Moritz Bromme verweist mehrfach darauf, daß er (um 1900) zur Durchsetzung verbesserter Akkordpreise bei den Vorgesetzten allein vorstellig wurde.[87] Und an anderer Stelle klagt er, daß Kollegen für andere in derselben Werkstatt „zu Teufeln" würden.[88] Er läßt zugleich erkennen, daß in der Geraer Werkzeug- und Maschinenfabrik ein hoher gewerkschaftlicher Organisationsgrad zu verzeichnen war.[89] Ganz offenbar hatte diese

---

[86] Gebote für die Sicherheit der Maschinenarbeiter, Emaille-Tafel, schwarz auf gelbem Grund, 38 x 25 cm (hergestellt 1934, J. Ed. Wunderle, Mainz/Kastel), ohne Text erwähnt in: *Leben und Arbeiten im Industriezeitalter*, Stuttgart 1985, S. 522, Nr. 15/19 a. Vgl. auch das Verbot des „Unfugs" in den Arbeitsordnungen der GHH vom Dezember 1891, 12. März 1909, 20. Okt. 1920, § 20 bzw. § 15, Historisches Archiv GHH, 3201404/0; 3201404/3; 3201404/5.

[87] *M. Th. W. Bromme*, Lebensgeschichte eines modernen Fabrikarbeiters (1905), 2. Aufl., Frankfurt 1971, S. 245, S. 252, S. 181.

[88] *Bromme*, Lebensgeschichte, S. 282. – Animosität in vielerlei Form war auch ein Problem für gewerkschaftliche Agitation und Kooperation im Betrieb; ein entsprechender Hinweis im Handbuch für die Funktionäre des DMV läßt das erkennen; *Der Vertrauensmann*, Stuttgart 1925, S. 13: Es werde „sehr oft" gegen den Grundsatz der gegenseitigen Toleranz „gesündigt"; Vertrauensmänner sollten „den Geist der Zwietracht und des Hasses, als mit den Grundsätzen der Demokratie unvereinbar, zurückweisen".

[89] *Bromme*, Lebensgeschichte, S. 257.

Teilnahme an der (sozialistischen) Gewerkschaft jedoch eines nicht zur Folge: regelmäßiges kollektives Handeln. Dabei galt auch generell für eine Periode gedämpfter Konjunktur – wie um 1900 –, daß Belegschaften zur Abwehr von Einschränkungen, z. B. Akkordreduktionen, zusammenfanden. In der Geraer Fabrik lagen die Dinge aber noch anders: Bromme erwähnt gemeinsames Handeln als Angriffsaktion (wobei hier keine Verbesserung der Zeitregelung – für die Reinigung der Maschinen – erreicht wurde, sondern ein Lohnausgleich).[90] In bestimmten Situationen waren also diejenigen, die von Fall zu Fall für andere „zu Teufeln" werden konnten, von und für diese anderen sehr wohl ansprechbar: zur Sicherung von Arbeitsbedingungen (wie der Reinigungszeit der Maschinen), oder um Regeln des Umgangs untereinander und mit den Vorgesetzten zu bekräftigen (wie bei dem „Boykotten", von dem Göhre berichtet).

Versucht man, diese Eindrücke vorläufig zusammenzuziehen, so bleibt: Die Anstrengung, Zeit und Raum ‚für sich' zu sichern, zielte im Betrieb *gleichzeitig* auf Vereinzelung und Gemeinschaftlichkeit. Aber gerade dadurch machte sie beides zu prekären, stets labilen Momenten und Situationen. „Eigensinn" blieb ambivalent: Notwendigkeits-Kooperation fand ein Ventil, wurde durch „Eigensinn" ermöglicht oder gestützt. Gleichzeitig konnte „Eigensinn", zumindest in seinen Folgen, Kooperation auch gefährden. Kalkulierbarkeit bei paralleler Unkalkulierbarkeit der sozialen Beziehungen im Betrieb blieb also charakteristisch für „Eigensinn"-Praxis, für Vorgesetzte *und* für Kollegen.

b. Lebenszyklische Erfahrung und Interessenwahrnehmung

Veränderten sich die Verschränkungen von (Notwendigkeits-)Kooperation und „Eigensinn" angesichts von Parlamentarisierung und Übergang zur Republik? Welche Folgen hatten die generationenspezifischen Erfahrungen von Kriegswirtschaft und Demobilisierung nach 1914 bzw. 1918, aber auch die der Konjunkturbewegungen bis Ende der 1920er Jahre[91] – bei gleichzeitig eher stabilen sozialkulturellen Regional-„Milieus"?

---

90 *Bromme*, Lebensgeschichte, S. 291. – Generell zu den Streikzyklen vgl. *H. Kaelble/H. Volkmann*, Konjunktur und Streik während des Übergangs zum Organisierten Kapitalismus, in: Zeitschrift für Wirtschafts- und Sozialwissenschaften 92, II, 1972, S. 513–544; kritisch zu den hier angelegten Kriterien für „politisches" und „rationales" Verhalten die Fallstudie von *D. F. Crew*, Strike, Sabotage and Socialism: The Strike at the Dortmund ‚Union' Steel Works in 1911, in: *R. J. Evans* (Ed.), The German Working Class 1888–1933, London/Totowa 1982, S. 108–141; zur Weimarer Republik: *E. Domansky*, Arbeitskampf und Arbeitsrecht in der Weimarer Republik, in: Gewerkschafts-Zeitung 1924–1933, Bd. 1924, Reprint, Berlin/Bonn, S. 33–80; *G. D. Feldman*, Streiks in Deutschland 1914–1933: Probleme und Forschungsaufgaben, in: *K. Tenfelde/H. Volkmann* (Hrsg.), Streik, München 1981, S. 271–286.

91 Vgl. zum allgemeinen Zusammenhang die in Anm. 77 genannten Arbeiten – Eine vorzügliche Diskussion der Entwicklung der „Lebenslage" von Industriearbeitern, vor allem von Arbeiter*haushalten*, im Weltkrieg 1914–18 und bis 1923/25 bietet *M. Niehuss*, Arbeiterschaft und Inflation. Soziale Schichtung und Lage der Arbeiter in Augsburg und Linz 1910–1925, Berlin/New York 1985, bes. S. 154 ff. – Generationen- oder kohortenspezifische Analysen, die zugleich „dichte Beschreibungen" lokal-regionaler Lebenswelten geben würden, fehlen bis auf die erwähnten Arbeiten des LUSIR-Projektes (Anm. 27). Material liegt immerhin vor, zuletzt z. B. die Zusammenstellung von Erinnerungsinterviews (die allerdings aus dem erzählten Zusammenhang gerissen und vom

Hinweise für eine temporäre Koppelung lassen sich – in einer ersten Annäherung – aus dem Verhalten von Gewerkschaften 1918–20 bzw. 22/23 gewinnen. Vor allem: Der drastische Rückgang von Organisationsteilnahme und die veränderten Prioritäten bei den Organisationen ab 1924 scheinen hier bezeichnend.[92] Insbesondere 1919 ging es in vielen Streikbewegungen auch um die Abschaffung des Akkordlohnes, d. h. um ein Kernelement der Arbeitsorganisation und -praxis. So hatte der Betriebsrat im LKW-Werk Büssing in Braunschweig im Januar 1919 durchgesetzt, daß Akkordlöhne durch Zeitlöhne ersetzt wurden. Auf die Versuche der Unternehmensleitung im Juni und Juli desselben Jahres, diese Veränderung rückgängig zu machen, reagierte die Belegschaft mit Widerstand – das Unternehmen kündigte schließlich im August der gesamten Belegschaft, die sofort fast geschlossen streikte. Allerdings gelang es dem Unternehmen, die insgesamt ungünstige Arbeitsmarktlage zu nutzen und die Wiedereinführung des Akkordlohnsystems in den folgenden Wochen bei der Wiedereinstellung der großen Masse der Belegschaft durchzusetzen.[93]

In anderen Arbeitskämpfen desselben Jahres waren ähnliche Fragen – der Eingruppierung in Lohnklassen – umstritten (z. B. bei der Berliner Metallindustrie). Und auch in den Auseinandersetzungen von 1922, die überwiegend ohne Streik bzw. Aussperrung entschieden wurden, rangierte die Eingruppierung ganz oben. Diese Konfliktlinie, die in hohem Maße mit den Arbeitserfahrungen und -prozessen im Betrieb verknüpft war, verschwand jedoch nach 1923/24 aus den ge-

---

Verfasser nach seinen Sach-Kriterien neu geordnet sind): *St. Bajohr*, Vom bitteren Los der kleinen Leute. Protokolle über den Alltag Braunschweiger Arbeiterinnen und Arbeiter 1900–1933, Köln 1984 (allerdings sind Arbeitsprozesse ausgespart); für eine genaue Aufschlüsselung und Rekonstruktion einer lokalen Lebenswelt in der Krise; insgesamt weiterhin grundlegend: *M. Jahoda* u. a., Die Arbeitslosen von Marienthal (1933), 3. Aufl., Frankfurt 1975; die 1929 unter Leitung von Erich Fromm vom Frankfurter Institut für Sozialforschung gestartete Fragebogenuntersuchung unter deutschen Arbeitern bleibt – aus verständlichen Gründen – sehr problematisch; bei den knapp 600 ausgewerteten Antworten fehlen z. B. fast ganz ländliche Arbeiter, und auch die Ungelernten sind fraglos unterrepräsentiert, nicht zuletzt sind regionale Aufschlüsselungen nicht möglich (und „Generation" erscheint bestenfalls indirekt über Altersangaben), vgl. die Angaben in *E. Fromm*, Arbeiter und Angestellte am Vorabend des Dritten Reiches, bearb. von *W. Bonß*, Stuttgart 1980, S. 80 ff., sowie die Einleitung von *Bonß*, ebda., S. 7 ff.

Generell zum Generationenkonzept: die zeitgenössischen Studien von *Karl Mannheim*, die 1928 erschienen, vgl. *ders.*, Das Problem der Generationen, in: *Ders.*, Wissenssoziologie, Hrsg. *K. H. Wolff*, Berlin/Neuwied 1964, S. 509–565. Empirisch zu Lage und Verhalten der unmittelbar vor 1914 geborenen (geburtsstarken) Jahrgänge vgl. *D. J. K. Peukert*, Die Erwerbslosigkeit junger Arbeiter in der Weltwirtschaftskrise in Deutschland 1929–1933, in: Vierteljahrsschrift für Sozial- und Wirtschaftsgeschichte 72, 1985, S. 305–328.

92 *Domansky*, Arbeitskampf und Arbeitsrecht, S. 60 ff.
93 *F. Boll*, Massenbewegung in Niedersachsen 1906–1920, Bonn 1981, S. 300; die Hinweise von *Stolle* über – womöglich – ähnliche Aktionen oder Aktionsversuche im August 1920 bei Bayer-Leverkusen bleiben unklar, vgl. *dies.*, Arbeiterpolitik, S. 56 f. u. S. 42. – Vgl zu einem Arbeitskampf vom Juli 1919 gegen einen Betriebsleiter im Oppauer Werk des BASF (und den teilweisen Erfolg): *Schiffmann*, Von der Revolution, S. 174–181; zu einem anhaltenden, allerdings erfolglosen Versuch der Belegschaft dieses Werkes, den 1920 wieder eingeführten Akkord- und Prämienlohn nach einem katastrophalen Unglück im Sept. 1921 wieder abzuschaffen, ebda., S. 237–247.

werkschaftlichen Forderungen: Es ging in den folgenden Jahren fast ausschließlich um Lohnsicherung oder Lohnerhöhung bzw. Arbeitszeitsicherung oder Abwehr weiterer Verlängerung. Gleichzeitig hatten die freien Gewerkschaften einen dramatischen Mitgliederschwund zu verzeichnen: Von Ende 1922 bis Anfang 1924 verloren sie beinahe die Hälfte der Mitglieder (von 7,8 auf 4 Millionen).

Es muß offenbleiben, ob sich in diesen Veränderungen eine massenhafte Resignation spiegelte – wegen des Scheiterns der Re-Organisation der Arbeitssituation oder auch wegen des Fehlschlagens der revolutionären Ansätze von 1918–20. Für Maschinenbauarbeiter, insbesondere in Mitteldeutschland und Berlin, waren beide „Arenen" immerhin zeitweilig zentrale Handlungsfelder gewesen. Es mag sehr wohl sein, daß Fehlschläge bei den Sozialisierungsforderungen, eventuell mehr noch bei den arbeitsbezogenen Zielen, längerfristig Skepsis gegenüber den formalisierten Großorganisationen von Gewerkschaften (und Parteien), aber auch den Staatsbürokratien weckten oder stärkten. Vermutlich gilt aber auch eine lebenszyklische Differenz: Weniger erschüttert waren womöglich die Älteren bzw. die bereits vor 1914 aktiven Teilnehmer der sozialen Auseinandersetzungen und Klassen-Kämpfe. Sie hatten Erfahrungen mit der Abkapselung in einem ausgegrenzten, zugleich „negativ" integrierten und sozial-kulturell formierten „Lager". Beeindruckt und ‚abgeschreckt' waren dann vielleicht eher diejenigen, die als junge Leute mit dem Scheitern vieler Ansätze während der Revolutionszeit ihr politisches ‚Ersterlebnis' gehabt hatten (und für die die Nahrungsnot nach 1915 schroff mit den Konsumangeboten nach 1924 kontrastieren mochte – letztere für viele eine überaus starke Attraktion). Und in den Betrieben gehörten die Jüngeren vermehrt zu den Angelernten. Sie teilten also andere Erfahrungen und (Aufstiegs-)Perspektiven als ein erheblicher Teil der (gelernten) älteren Kollegen.

Das Einpendeln auf das Muster der Auseinandersetzungen, wie es für die letzten Jahre von 1914 bestimmend gewesen war (mit starken und aggressiven Unternehmerverbänden), kennzeichnete Gewerkschaftspolitik ab 1924: Rückwendung zu „klassischen" Positionen. Lohnsicherung und Lohnforderungen, Sicherung von Arbeitszeit bzw. Begrenzung weiterer Ausdehnung hatten wieder Vorrang.[94] Nur für die Älteren war das ein vertrautes Muster.

Festzuhalten ist: Der *Erfahrungsrhythmus* der *„lebendigen Arbeit"* scheint nur sehr vermittelt (oder für kurze Phasen) an die klassischen ‚politischen' Umbrüche, an die Konjunkturen von Wirtschaft und Sozialstruktur gekoppelt. In jedem Fall waren offenbar die alltäglichen Äußerungen von „Eigensinn" *bei der Arbeit* von verminderter Teilnahme an Gewerkschaftsaktionen und veränderter Gewerkschaftsstrategie wenig berührt. Und auch das „Fliehen" der Arbeit, jenes im Vergleich zu früher ungewohnte Verhalten insbesondere der Jüngeren, bedeutete offenbar nicht, daß „Eigensinn" am Arbeitsplatz verschwand oder auch nur zurückging.

---

[94] Zugleich änderten und erweiterten sich Themenbereiche und „Arenen" (Th. Lowi) der Auseinandersetzungen. Neu war insbesondere das ‚Kampffeld' des Arbeitsrechtes und hier u. a. die Frage der Kollektivverträge bzw. der (Ende der 20er Jahre) zur herrschenden Meinung avancierten These vom Vorrang der „Arbeits- und Werksgemeinschaft". Die Position des *einzelnen* rechtsuchenden Arbeiters konnte dabei auch von Gewerkschaftsvertretern als zweitrangig bewertet werden; vgl. *D. Kettler*, Works Community and Workers' Organization: a Central Problem in Weimar Labour Law, in: Economy and Society 13, 1984, S. 278–303; *Domansky*, Arbeitskampf und Arbeitsrecht.

11. „Eigensinn" und Überleben: Aspekte von Arbeiterpolitik im Faschismus

Marktförmige Reproduktion bzw. Konsum waren mit „Eigensinn" am Arbeitsplatz, zumindest von Fall zu Fall, zu vereinbaren. Demgegenüber blieb die Arena formalisierter Politik und politischer Großorganisationen für die meisten Proletarier am Rande.[95]

In spektakulärer Weise konnten die herrschenden Klassen und regierenden Eliten diese Distanz proletarischer Massen zu formalisierter Politik im August 1914 und dann wieder im Winter bzw. Frühjahr 1933 nutzen: Bei der Auslösung des Ersten Weltkriegs wie beim Machtantritt der deutschen Faschisten. In beiden Fällen ist zu fragen, ob nicht gerade proletarischer „Eigensinn" erheblich dazu beitrug, daß die Arbeiter als Klasse ihre Bedürfnisse und Interessen nicht durchsetzen konnten, mehr noch: daß fürchterliche Leiden und Opfer, insbesondere für Proletarier, die Folgen waren.

Die Gegenfrage schließt sich an: Entwickelten sich nicht vor allem aus den eigensinnigen Aktivitäten von politisch organisierten, mehr noch von nicht-organisierten Arbeitern (und Arbeiterinnen) die Antikriegsstreiks von 1917 und 1918, dann die revolutionären Bewegungen?

Diese Frage hat viele Seiten. Hier soll nur ein Beispiel die Ambivalenz und Widersprüchlichkeiten dessen bezeichnen, was ich versucht habe, mit „Eigensinn" zu markieren. Ich stütze mich dabei auf ein Interview mit einem früheren Facharbeiter bei Krupp/Essen.[96] Er war vor 1933 aktiver Jugendfunktionär der sozialistischen Metallarbeiter-Gewerkschaft (DMV), hatte als gelernter Metalldreher bei Krupp angefangen. Er konnte dort nach 1933 weiterarbeiten, zunächst im LKW-Bau, kurz vor Beginn des Krieges dann im Geschützbau. In beiden Abteilungen traf er bzw. war er immer auch mit sozialdemokratischen Genossen zusammen. Diese Facharbeiter konnten sich während der gesamten Zeit, bis 1945, in Vorarbeiterpositionen halten. Ihre kontinuierliche Kooperation im Alltag beruhte immer auch, gelegentlich im besonderen Maße, auf individueller und gemeinsamer „Eigensinnigkeit". Dieses Wechselspiel stützte den Betriebszusammenhang; es funktionierte bei der Sicherung von „Qualitätsarbeit".

Diese „Qualitätsarbeit" hatte aber während der Kriegszeit eine Unterseite: Insbesondere in einem Rüstungs-Großbetrieb wie Krupp war eine der Voraussetzungen von „Qualitätsarbeit" auch das Schurigeln und Ausnutzen von KZ-Häftlingen und Zwangsarbeitern. Nicht allein Vorgesetzte nahmen daran teil, sondern *auch* deutsche (Fach-)Arbeiter[97], die im Einzelfall sehr wohl hätten „anders kön-

---

95 Dazu ausführlicher meine Aufsätze: Le domaine réservé: affirmation de l'autonomie ouvrière et politique chez les ouvriers d'usine en Allemagne à la fin du XIXe siècle, in: Mouvement Social, 1984, Nr. 126, S. 29–52; die erweiterte amerikanische Fassung: Cash, Coffee-Breaks, Horseplay: Eigensinn and Politics among Factory Workers in Germany circa 1900, in: *M. Hanagan/Ch. Stephenson* (Eds.), Confrontation, Class Consciousness, and the Labor Process, New York u. a. 1986, S. 65–95; Organizational Order or Eigensinn? Workers' Privacy and Workers' Politics in Imperial Germany, in: *S. Wilentz* (Ed.), Rites of Power, Philadelphia 1985, S. 303–333.
96 Interview mit Th. W., vom 3. Juli 1985.
97 *U. Herbert*, Fremdarbeiter. Politik und Praxis des „Ausländereinsatzes" in der Kriegswirtschaft des Dritten Reiches, Berlin/Bonn 1985.

nen". Zu ihren Überlebens-Strategien, vielleicht -notwendigkeiten, gehörte zumindest fortdauerndes „Wegsehen", ein „Es-läßt-sich-nichts-Machen". Kooperation *und* „Eigensinn" in der Kolonne, zugleich eine Mischung aus Hinnehmen, Mitmachen *und* Distanz gegenüber Zumutungen „von oben" waren für diese Facharbeiter die tägliche Basis für das eigene „Durchkommen". Das gilt vermehrt für die bis 1933 in Gewerkschaften und SPD oder KPD (oder auch bei christlichen Organisationen) Aktiven. Nach der Zerschlagung der Gewerkschaften 1933 und der meisten illegalen politischen Organisationen 1935/36 blieb denen, die nicht inhaftiert oder sofort umgebracht wurden, nichts als „eigensinniges" Distanzhalten, auch gegenüber Kollegen und Genossen.

„Eigensinn" konnte also beides sein: eine der Voraussetzungen für Weiterarbeiten im Betrieb; dann gehörte zu den unabweisbaren, wenn auch unbeabsichtigten Nebenfolgen, daß der Faschismus länger durchgehalten wurde. „Eigensinn" war aber bei vielen, vielleicht denselben Personen, entscheidend dafür, daß sie, daß antifaschistische Arbeiter die Schrecken von Krieg und Faschismus überleben konnten.

Helmut Gruber

Working Class Women in Red Vienna: Socialist Concepts of the "New Woman" v. the Reality of the Triple Burden

Between 1920 and 1934 the capital city and province of Vienna, comprising nearly one third of Austria's population, became a laboratory for the most far-reaching and comprehensive attempt at a socialist transformation of social and cultural life. This socialist experiment must be seen in the light of the real advantages held and obstacles faced by the socialist leaders in their efforts to bring about a social-cultural transformation of the Viennese working class.[1] Unlike elsewhere in Europe the Austrian left was undivided, with the Socialist party (SDAPÖ) as the unchallenged representative of the working class and the Communist party (KPÖ) never rising above the position of a sect.[2] Moreover, the socialists controlled the municipal/provincial council of Vienna by majorities of at least 60 per cent. This legislative dominance was particularly important because it included the right to raise taxes beyond the national apportionment. The main obstacle to the attempt to create a socialist counter culture was the Catholic Church, which acted politically through the Christian Social party and culturally through its sacramental institutions to prevent any changes in a traditional Catholic and capitalist Austria.

Vienna represented a formidable island in a hostile sea (the national government was in the hands of the opposition throughout the period), and the socialist city councillors and party leaders were forced into a virtual *Kulturkampf* to attain reforms, which were admired and celebrated by social democracy in interwar Europe. Their accomplishments including the long-term maintenance of rent control (allowing for rents of 3 to 5 per cent of worker salaries) and the creation of the so-called "peoples' palaces" – public housing comprising 63,000 apartments with communal facilities such as laundries, baths, kindergartens, libraries and meeting halls, cooperative groceries, playgrounds and gardens, swimming pools, medical and dental clinics, and consultation centers for mothers and youth. A comprehensive health program made inroads against infant mortality and tuberculosis, and an extensive welfare system assumed the responsibility for raising the moral climate of the Viennese family. Structural reforms of the school sought

---

1 See, for instance, *Dieter Langewiesche*, Zur Freizeit des Arbeiters. Bildungsbestrebungen und Freizeitgestaltung österreichischer Arbeiter im Kaiserreich und in der Ersten Republik, Stuttgart 1979; *Alfred Pfoser*, Literatur und Austromarxismus, Vienna 1980; *Joseph Weidenholzer*, Auf dem Weg zum "Neuen Menschen". Bildungs- und Kulturarbeit der österreichischen Sozialdemokratie in der Ersten Republik, Vienna 1981; *Rainer Bausböck*, Wohnungspolitik im sozialdemokratischen Wien 1919–1934, Salzburg 1979.
2 For an account of the socialist victory over the communists in the early years of the Republic, see *Hans Hautmann*, Die verlorene Räterepublik. Am Beispiel der Kommunistischen Partei Deutschösterreichs, Vienna 1971. For an excellent illustration of just how divisive the splits on the left could be, see *Atina Grossman*, Abortion and Economic Crisis: The 1931 Campaign Against § 218 in Germany, in: New German Critique, 14, Spring 1978.

to reduce the influence of the Catholic Church and to increase opportunities for higher education of the working class.³ Most remarkable was the wide network of some fifty socialist party cultural organizations – from libraries, music and art societies, and sports clubs to nature friends, stamp collectors, and cremation associations.⁴

The symbolic success of the Austromarxist experiment – a blending of culture and politics to transform the working class into *neue Menschen* capable of realizing socialism – can hardly be disputed. The same cannot be said for the practical impact of Red Vienna's cultural program on the masses of workers, whose own subcultures and life-styles both pre- and postdated it.⁵ In retrospect, the experiment affected a minority of workers; the majority at best experienced a change in the social and cultural climate. For it to have been otherwise, at least part of the hoped for transformation would have had to be initiated by the workers themselves. But the socialist leaders, acting in the role of city "fathers" and experts, could neither imagine nor permit such initiatives from the downtrodden, whose way of life they considered as yet uncivilized if not barbarous. The leaders laid claim to the program, they aimed at a transformation that was total, and their own culture shaped its contours and standards.

What place was accorded to women in the transformation of working-class life? Socialist party publications were silent or at best obtuse on the subject of women per se or of female consciousness and identity. It was generally subsumed under various higher social goals: the creation of *ordentliche*⁶ (orderly, decent, and respectable) worker families; the need for rational and controlled reproduction, leading to a "healthy" new generation; and the desire to make a varied party life central to the lives of workers. With an ever-increasing number of women in the work force, the party literature devoted considerable space to the plight of women forced to bear the triple burden of work, household, and childrearing.⁷ In at-

---

3 But such fundamental secularization as that of marriage were blocked by the Catholic Church at the national level as was abandonment of the legal designation of the man as head of the family, who alone has the right to determine the occupation of his children and the domicile in which his wife and children will live. See *Adelheid Popp*, Wir Frauen, in: Zehn Jahre Republik, Vienna 1929, p. 14.
4 For a review of the historiography of working-class culture, see *Helmut Gruber*, History of the Austrian Working Class: Unity of Scholarship and Practice, in: International Labor and Working Class History, 24, Fall 1983, pp. 49–66.
5 For critical evaluations of the Vienna experiment, see *Gottfried Pirhofer*, Ansichten zum Wiener Kommunalen Wohnbau der zwanziger und frühen dreißiger Jahre, in: *Helmut Fielhauer* und *Olaf Bockhorn* (eds.), Die andere Kultur. Volkskunde, Sozialwissenschaften und Arbeiterkultur, Vienna 1982; *Reinhard Sieder*, Housing Policy, Social Welfare, and Family Life in 'Red Vienna', 1919–1934, in: Journal of the Oral History Society, Fall 1984; and *Helmut Gruber*, Municipal Socialism and Working Class Culture in Red Vienna: Limitations and Contradictions, in: Anson Rabinbach (ed.), The Austrian Socialist Experiment, 1918–1934, Boulder, Col., 1985, III.
6 For the origins and later meaning of the concept *ordentliche Familie*, see *Joseph Ehmer*, Familie und Klasse. Zur Entstehung der Arbeiterfamilie in Wien, in: *Michael Mitterauer* and *Reinhard Sieder* (eds.), Historische Familienforschung, Frankfurt 1982.
7 The subject quite naturally received extensive and repeated coverage in the publications intended for women: *Die Frau, Die Unzufriedene, Die Mutter,* and *Einheit*. But it was also a major concern of *Der jugendliche Arbeiter, Die sozialistische Erziehung, Der Vertrauensmann, Bildungsarbeit, Der Kuckuck,* and *Der Kampf.* It is interesting to note that female white collar employees, the majority of whom were unmarried, were subject to

tempting to rescue working-class women from this plight, the socialist reformers hypostatized "the new woman" as the female part of the *Neue Menschen* they were in the process of creating in the class struggle on the cultural front. As we shall see, here as elsewhere in the socialists' transformational program the initiators failed to distinguish between their modest initiatives and their expectations – a confusion of the present with the future that resulted in a mythic substitution for reality.

What picture of the "new woman" did the socialist literature project for its readers? Her physical appearance was youthful, with a slender "garçon"-figure made supple by sports, with bobbed hair and unrestraining garments bespeaking an active life; her temperament was fearless, open, and relaxed. To her husband she was a comrade; for her children she was a friend.[8] The working-class woman of yesterday – careworn in appearance, imprisoned by her clothes, unapproachable by those who needed her[9] – was to be abolished by the waving of a magic wand.[10] How was this transformation to be accomplished? One standard answer was the equalization of female and male wages, making it possible for women to turn over housework and child care to paid, trained help.[11] The most common advice for reducing the triple burden was the rationalization of housework. Working-class women were encouraged to provide themselves with electric hot plates, irons, sewing machines, and vacuum cleaners.[12] When the costliness of these implements was remembered, the suggestion was made that women forgo the "luxury of personal presents such as jewelry and dresses" in favor of these labor-saving devices.[13] Otherwise, women were advised to purchase and use these machines collectively.[14] Rationalization of the household was the keynote, and the popular weeklies such as *Der Kuckuck* and *Die Unzufriedene* provided a steady stream of labor and money saving tips for the simplification of housework.[15] One of the most influential pamphleteers of the period turned her ingenuity to simplifying the elaborate Sunday lunch – the bane of the working-class woman.[16] According to her formula soup was to be abandoned in favor of cold canapés (with sardines,

---

versions of the "triple burden" experienced by blue collar women workers. The burden of the former took place in the environment of the family of origin. See *Erna Appelt*, Von Ladenmädchen, Schreibfräulein und Gouvernanten. Die weiblichen Angestellten Wiens zwischen 1900 und 1934, Wien 1985, pp. 169–78.

8 *Gottfried Pirhofer*, Politik am Körper. Fürsorge und Gesundheitswesen, in: *Ausstellungskatalog Zwischenkriegszeit – Wiener Kommunalpolitik*, Vienna 1980, p. 69.
9 See *Marianne Pollak*, Die Unnahbarkeit der Frau, in: Der Kampf, 20/9, Sept. 1927, pp. 435–37.
10 See *Marianne Pollak*, Frauenleben Gestern und Heute, Vienna 1928, pp. 23–24. The municipality created a clinic providing for the correction of physical deformities (bellies, buttocks, breasts) without charge. See *Pirhofer*, Politik am Körper, loc. cit.
11 See *Therese Schlesinger*, Die Frau im sozialdemokratischen Parteiprogramm, Vienna 1928, pp. 5–9.
12 See *Emmy Freundlich*, Zur Frage Einküchenhaus, in: Die Frau, 34/7, July 1, 1925, pp. 5–6 and *Marianne Pollak*, Wie kommt die berufstätige Frau zu ihrem Achtstundentag?, in: Arbeit und Wirtschaft, 1, Jan. 1, 1929, pp. 44–46.
13 See *Irena Hift-Schnierer*, Die neue Frau im neuen Haushalt, in: Die Mutter, 1/12, May 1925, pp. 16–17.
14 *Pollak*, Frauenleben, pp. 39–40.
15 See, for instance, Hilf dir selbst, Der Kuckuck, 2/4, Jan. 26, 1930.
16 *Pollak*, Frauenleben, pp. 37–38.

capers, or olives!); preparation of the main dish and baked dessert were to take place on the previous afternoon; and the accumulated mound of dishes, if neither husband nor children were inclined to wash them, should be left for Monday. Thus, the harrassed working-class housewife was "liberated" on Sunday afternoon.

On occasion the subject of the sexual division of labor in the household was raised but never really explored.[17] Instead, the socialist reformers offered the by now familiar nostrums: equal pay, the shortened work day, extension of the social support system (nurseries, kindergartens, youth centers) and collective facilities, and the use of trained paid houseworkers. The apparent object of these measures was to reduce the triple burden of working women and to make it possible for them to "participate in the working-class movement and to remain intellectually sharp by reading 'sensible' periodicals and books."[18] But there were other goals set for the appropriate use of the free time to be won for women. Time and again the literature applauded the opportunity thus created for women to devote themselves emotionally to husband and children.[19] It would seem that the time gained by women through the rationalization of housework was not to be at their own disposal. The socialist reformers had already allocated it: husbands ground down by conditions at work were to be made secure at home and children tempted by the anarchic street culture were to be tied to the home with tenderness and understanding. Marriage itself was to be altered by these opportunities for freedom. Helene Bauer saw that old institution being transformed into "an erotic-comradely relationship of equals", as women gained status through their work.[20]

However the visions of the "new woman" were formulated and no matter with how many new creative attributes the image was endowed, the emphasis in the end was always on woman's role as mother.[21] Repeatedly it was invoked as wom-

---

17 See *Therese Schlesinger*, Proletarisches Spießbürgertum, in: Der jugendliche Arbeiter, 23/3, March, 1924, pp. 10–11; *Marianne Pollak*, Beruf und Haushalt, in: Handbuch der Frauenarbeit in Österreich, Vienna 1930, pp. 413–19; and *Otto Felix Kanitz*, Vortrag auf dem 2. Kongreß für Sozialismus und Individualpsychologie, in: Die sozialistische Erziehung, 7/11, Nov. 1927.
18 *Robert Danneberg*, Die neue Frau, Vienna 1924, p. 9. This pamphlet was announced (preface) as the first in a quarterly series intended for women and girls already in the socialist party. The stated aim was an "exchange of views" between the party and its female members. It is difficult to imagine what the mechanism for such an exchange might have been.
19 And thus became a good friend to their children and a comrade to their husband. *Pollak*, Frauenleben, p. 45. For *Danneberg*, the model for such emotionalization is the bourgeois woman. See: Neue Frau, p. 9.
20 *Helene Bauer*, Ehe und Soziale Schichtung, in: Der Kampf, 20/7, July 1927, pp. 319–22. Her excessive optimism about the liberating power of work for women led to a sharp critique. *Neschy Fischer* argued that Bauer's notion might apply to a few bourgeois women, but for proletarian women work remained a burden rather than a sign of progress in status. See: Ehe als soziales Problem, in: Der Kampf, 20/8, Aug. 1927, pp. 387–89.
21 The sculptures of women selected for public places by the city fathers invariably depicted the static, ample, and nurturing mother rather than the dynamic, garçon-figured new women. *Anton Hanak*'s "Caring Mother" was representative of the former. See: *Pirhofer*, Politik am Körper, pp. 48, 69.

an's "most noble" calling.²² The whole subject was subsumed under the rubric "population politics", denoting an eugenic approach to the creation of a healthy and supportable new generation. Accordingly, the health of mothers received particular attention. Working women of child bearing age were encouraged to participate in the sports program of the socialist party or at the very least to do 10 minutes of calisthenics on their own before going to work.²³ Thereby they were to be assured of two benefits: to become healthy and strong in preparation for motherhood, and to retain their youth and beauty just like bourgeois women.²⁴ The pregnant and postpartum working woman received similar advice. If she took reasonable care of her body during these critical periods, she would retain her charm and attractiveness in the eyes of her husband.²⁵ Such care included: avoidance of heavy work by those pregnant; avoidance of all work and excitement during the first weeks of the childbed period; massages by a professional or at least calisthenics for several months for nursing mothers. That economic circumstances or financial resources might play a role in making such care possible was raised but never explored.

Some facets of the socialists' image of the "new woman" seemed to suggest that she was to be freed to experience her sexuality for its own sake, as a source of pleasure in the expansion of her selfhood. But socialist reformers found the subject of sexuality troublesome and treated it more as a problem of moral control than of personal fulfillment.²⁶ An article in the bi-weekly for female socialist party members took the reader rapidly through the general evils of capitalism to the dangers of female promiscuity, leading ultimately to prostitution.²⁷ The two, though sequential, were different. Promiscuous women engaged in the sexual act for its own sake because they desired men. Prostitutes sold themselves for money. But "mothers" did neither, because they desired only one specific man and engaged in intercourse only for the purpose of procreation. More widely circulated were the marriage pamphlets of Johann Ferch, a popular socialist writer of elevating fiction and founder of the Union Against Forced Motherhood. One of his frequently reprinted tracts is a treasure trove of male, middle-class attitudes on marriage and sexuality.²⁸ He begins by proclaiming that the place of sex in love and marriage has been exaggerated, fulminates against those who call for sexual freedom for young women as despoilers of the ideal of home-making, catalogs the evils of premarital sex, and warns that casual love will make a person in-

---

22 See *Fedora Auslaender*, Frauenarbeit und Rationalisierung, in: Handbuch der Frauenarbeit, p. 390.
23 *Pollak*, Frauenleben, pp. 24–25.
24 *Marie Deutsch-Kramer*, Die Befreiung der Frau durch den Sport, in: Die Frau, 38/6, June 1, 1929, pp. 10–11.
25 *Dr. Wanda Reiss*, Die Pflege des weiblichen Körpers, in: Die Mutter, 1/1, Jan. 1925, p. 5.
26 For a fuller exploration of sexuality, see *Helmut Gruber*, Sexuality in Red Vienna. Socialist Party Conceptions and Programs and Working-Class Reality, paper delivered at the University Seminar in the History of the Working Class, Columbia University, April 1985 (publication forthcoming).
27 Prostitution und Gesellschaftsordnung, in: Die Arbeiterinnen-Zeitung, 22, Nov. 18, 1919, pp. 3–4.
28 Glückliche oder unglückliche Ehe? Ein Mahnwort an junge Ehe- und Brautleute, Vienna 1922, pp. 5–9. His novels bore such titles as: Küsse die Leben werden; Die nicht Mütter werden dürfen; Am Kreuzweg der Liebe.

capable of the true love on which marriage is built. Nor does Ferch neglect the double standard: the horror a man might feel upon discovering that his true love had been possessed by other men.

The above examples are typical of the puritanical views served up in the party literature. One further illustration is necessary to demonstrate the predominant eugenic strain in virtually all discussions of the sexual question. A physician writing in *Die Unzufriedene*, the popular weekly for unaffiliated women, praised the virtues of marriage and building a home but strongly urged women not to succumb to the prevalent notion of love without marriage.[29] Sexual relations before the age of 20 were particularly dangerous, the doctor insisted, because the as yet immature female sexual organs could be permanently damaged.[30] The subject of sexual promiscuity led to a sharp exchange between the famous anatomist Julius Tandler, the socialist head of the Municipal Welfare Office, and Wilhelm Reich, creator of the sexual consultation clinics, at an international congress of the World League for Sexual Reform in 1931.[31] Tandler blamed promiscuity on the abysmal housing conditions of workers. Reich insisted that overcrowding and lack of privacy led to the sexual repression of workers and not to their license.

The most critical aspect of worker sexuality was not promiscuity (about which no one had precise information) but its consequences in illegitimate children, unwanted births, and illegally terminated pregnancies. Abortion according to § 144 of the penal code was punishable by long prison terms. It was also, in the absence of sex education in the schools and readily available and inexpensive birth control devices (both of which were fought vigorously by the Catholic Church) the prevalent form of birth control in the working class. On the whole, the socialist party occupied a middle ground on the abortion question.[32] It denounced § 144 and the idea of criminality for acts of desperation but denied to women the right to determine the necessity of such intervention. The Linzer party program of 1926 included a special section on birth control, which recommended the carrying out of abortion by public hospitals if the birth might affect the health of the mother, produce an abnormal child, or endanger her economic existence or that

---

29 *Dr. Gertrud Ceranke*, Willst du Heiraten?, in: Die Unzufriedene, 6, July 24, 1926, and Idem., Das Gesundheitszeugnis, Ibid., p. 7. Die Unzufriedene ran advertisements for contraceptive devices, gave tips on health, beauty, clothing, and cooking in an uncommercial fashion, offered a column on "Women Speak from the Heart", and a personal column for marriage seekers.

30 In a later attack on the sexual abstinence literature, *Wilhelm Reich* singled out the harmfulness of designating an arbitrary age – 20 or even 24 – as medically appropriate for the onset of sexual intercourse. In his experience as a sex counsellor, he maintained, those who had made the transition from masturbation to genital sexuality by the age of 20 experienced difficulties in doing so later. See: Erfahrungen und Probleme der Sexualberatungsstellen für Arbeiter und Angestellte in Wien, in: Der sozialistische Arzt, 5, 1919, p. 99.

31 *Julius Tandler*, Wohnungsnot und Sexualreform, and *Wilhelm Reich*, Die Sexualnot der Werktätigen Massen und die Schwierigkeiten der Sexualreform, in: Weltliga für Sexualreform, Sexualnot und Sexualreform. Verhandlungen, Vienna 1931, pp. 5–14, 98–110.

32 See *Hanna Hacker*, Staatsbürgerinnen. Ein Streifzug durch die Protest- und Unterwerfungsstrategien in der Frauenbewegung und im weiblichen Alltag 1918–1938, in: *Franz Kadrnoska* (ed.), Aufbruch und Untergang. Österreichische Kultur zwischen 1918 und 1938, Vienna 1981, pp. 226–29.

of her existing children.³³ But the party's position was somewhat more restrictive than it would seem from a simple reading of that text. Two years earlier the question had been debated in the party press with Adelheid Popp, member of the party executive, arguing for abortion in the first trimester when "no living child" was involved and the gynecologist Karl Kautsky countering with the dangers of the procedure at all times.³⁴ But Tandler carried the day with the formulation finally adopted in 1926 and the proviso that a court consisting of a judge, a physician, a woman representing the mother, and a defender of the unborn fetus would make the determination in each case.³⁵

The socialist party never went beyond this position and never initiated a real campaign for the abolition of § 144 after 1926.³⁶ Nor were significant campaigns organized outside the party, which in Vienna was the only real mobilizing force in the working class. Female party leaders continued to argue for reform of the law in public and in print but usually by intoning the importance of motherhood in allowing pregnancies to be interrupted.³⁷

The equivocation on § 144 by the socialist party can in part be explained by its stand on birth control. It called for the creation of public birth control clinics and the dispensing of birth control devices through the public health service.³⁸ These demands had been made repeatedly in the past, especially by female socialist leaders, who regarded these measures essential in reducing the need for abortion and in making possible the separation of pleasure from procreation in intercourse.³⁹ But neither the socialist party nor the municipality developed a strong and comprehensive plan to turn such programmatic exhortations into reality. This is not to say that scattered attempts were not made by or with the blessing of the above institutions, but they lacked the single-minded commitment with which programs in housing, welfare, and health were undertaken. The municipality did create 36 mothers' consultation clinics throughout Vienna, but their emphasis was on the problems of childbirth, female pre- and postpartum health, and infant care.⁴⁰ The problem of inadequate information about birth control and the inaccessibility of the necessary devices was largely unsolved. A few consultation clinics were created for married couples and the Association for Birth Control did sponsor lectures on sexuality as did women's groups of the party's cultural asso-

---

33 *Schlesinger*, Die Frau, pp. 10–11. The pertinent paragraphs were reprinted in the journals aimed at women.
34 *Benno Wutti*, Die Stellung der Sozialdemokratischen Partei Österreichs zur Frauenfrage, dissertation, Vienna University, 1975, pp. 102–11. See, also, *Karin Lehner*, Reformbestrebungen der Sozialdemokratie zum § 144 in Österreich in der 1. Republik, in: Die ungeschriebene Geschichte: Historische Frauenforschung, Vienna 1985, pp. 302–06.
35 See *Julius Tandler*, Ehe und Bevölkerungspolitik, in: Wiener Medizinische Wochenschrift, 74, 1924. See, also, *Karl Sablik*, Julius Tandler. Mediziner und Sozialreformer, Vienna 1983, pp. 280–83.
36 See: Mit uns zieht die neue Zeit: Arbeiterkultur in Österreich 1918–1934, Vienna 1981, p. 225.
37 See, for instance, *Adelheid Popp*, Geburtenregelung und Menschenökonomie, in: Weltliga, Sexualnot, p. 503.
38 Geburtenregelung und Kinderschutz, in: Die Unzufriedene, 35, Aug. 28, 1926.
39 *Dr. Margret Hilferding*, Probleme der Geburtenregelung, in: Die Mutter, 1/9, Apr. 1925, p. 6.
40 *Sieder*, Housing Policy, footnote 29.

ciations.⁴¹ But such efforts hardly touched more than a small minority of working women. Discussions about and advertisements for contraceptives did creep into party publications. This was particularly true of *Die Unzufriedene*, which took up women's issues most seriously (such as abolition of the law which still permitted "reasonable" physical punishment of wives by husbands). But for every article touching on sexual questions there were many more dealing with proletarian motherhood. The important beginning made by Wilhelm Reich in opening six sexual consultation clinics for workers and employees in 1929 received no apparent support from the party or municipality, despite the clearly necessary function they served.⁴²

What was the everyday life of Viennese Working-class women really like? To what extent were they in a position to be transformed into the "new woman", which the socialist party proffered both as ideal and attainable goal? In attempting to answer these questions it will be useful to consider as a point of departure the excellent survey studies of female industrial workers and homeworkers carried out by Käthe Leichter at the time.⁴³ According to the census of 1934, 42.5 per cent of Viennese women over 15 years old were in full employment.⁴⁴ Of these 46.5 per cent were workers, 24.4 per cent were domestics.⁴⁵ It seems reasonable to look for answers to the above questions among industrial workers, where the larger context, contact with trade union and party, and accessibility to new ideas was most likely to lead to the conflict and gradual blending of traditional values and changing circumstances.⁴⁶

As we follow the industrial working woman through her normal day and extrapolate her experience for the week, month, and year, it becomes apparent that the socialist reformers rendition of the triple burden treated it too lightly and schematically. Working hours for most women began at 7 a.m. and endet at 5 p.m.,

---

41 See *Mit uns zieht die neue Zeit*, pp. 226, 230–31. Attempts by *Die Unzufriedene* editoral office to sponsor consultation hours for the psychological needs of women or the showing of the anti-abortion film "Cyankali" were valiant efforts along these lines.
42 *Reich*, Erfahrungen und Probleme, p. 98.
43 See *Käthe Leichter*, So leben wir ... 1320 Industriearbeiterinnen berichten über ihr Leben, Vienna 1932. This study was based on a one-third return of 4,000 questionnaires distributed in 1931 by shop stewards at the workplace, supplemented by interviews and written communications from the workers. The sample was drawn from all the leading industrial sectors in which women were employed. But, it represents workers whose condition is above the average: somewhat older, more secure at the workplace, not excessively dulled by misery, and already in contact with the working-class movement. The general condition of Viennese working women, Leichter cautions, was considerably worse (3–4). *Leichter*, Wie leben die Wiener Heimarbeiter. Eine Erhebung über Arbeits- und Lebensverhältnisse von tausend Heimarbeitern, Vienna 1928. This survey was conducted in 1927 along lines indicated above, save the assistance of shop stewards. 94.91 per cent of the homeworkers were women.
44 See *Joseph Ehmer*, Frauenarbeit und Arbeiterfamilie in Wien vom Vormärz bis 1934, in: Geschichte und Gesellschaft, 7/3–4, 1981, p. 470 (table 1). As Ehmer acknowledges, the census figures left out a large sector of working women: those who considered themselves employed for less than full time. This category included tens of thousands of homeworkers.
45 *Ibid.*, p. 472 (table 6).
46 See *Joan W. Scott* and *Louise A. Tilly*, Woman's Work and the Family in Nineteenth-Century Europe, in: Comparative Studies in Society and History, 17, 1975.

but with the inclusion of travel time made for an absence from home of 11 to 12 hours a day.[47] But, considering their household obligations, the workday began between 5 and 6 a.m. and lasted until 10 and 11 p.m., making for a total workday of 16 to 18 hours.[48] Almost half of the women and three-quarters of those married did all of the housework; those receiving assistance relied overwhelmingly on mothers and mothers-in-law.[49]

Conditions in the homes of these female workers were not more promising. In managing their household 18 per cent had gas, electricity, and running water; but an equal number had none of these (though more than a third had electricity and water). Almost half of the women workers, and even a quarter of those married, did not have a home of their own but lived with parents (36.6 per cent) or as subtenants. Bedrooms were shared with two or more persons by more than half and with three and more persons by more than a third of the women.[50] Even those who were fortunate enough to live in the new municipal housing (10.8 per cent) generally shared their bedrooms with husbands and children because of the limited space (38 to 48 square meters per apartment).[51] Latter-day oral histories have added interesting details to this picture of crowding. It was common for young married couples to wait 5 to 6 years for an apartment of their own and to live with parents and younger siblings in cheek by jowl conditions. It was not uncommon for children to share their parents' bed or the bed of the same-sexed parent, but even in such proximity parents were never seen in the nude.[52]

The triple burden of these working women included childcare, which further occupied their time and drained their energy. Many women were unable to use available kindergartens because: all accepted children only at age 4; many only opened their doors at 8 a.m., one hour after the adult workday had begun; some served no lunchtime meal; most had long and frequent holiday periods or closed abruptly because of childhood diseases. Frequently the small fees charged by kindergartens and after-school centers were beyond the means of the family.[53] Was the triple burden lightened on weekends? Three-quarters of the sample and four-fifths of the married women devoted Saturday afternoon (the morning was a workday) to housework. Only Sunday afternoon was available as a time for rest and/or recreation to a majority of women; one-third of those married and two-thirds of those single also had Sunday morning free.[54]

---

47 *Leichter*, So leben wir, pp. 41–44.
48 *Ibid.*, pp. 78–79.
49 *Ibid.*, pp. 81–83. Only 14 per cent of the women received some assistance from men with housework and childcare.
50 *Ibid.*, pp. 73–74.
51 *Sieder*, Housing Policy, p. 8.
52 See *Gottfried Pirhofer* and *Reinhard Sieder*, Zur Konstitution der Arbeiterfamilie im Roten Wien. Familienpolitik, Kulturreform, Alltag und Ästhetik, in: *Michael Mitterauer* und *Reinhard Sieder* (eds.), Historische Familienforschung, Frankfurt 1982, pp. 342–43. Their work is based on 60 substantial narrative oral histories of working-class women domiciled in public housing. These are accessible at the Institute for Social and Economic History of the University of Vienna. For married couples living in crowded parental homes see, especially, the files of Frauen Schau, Win, Pre, and Fie.
53 *Leichter*, So leben wir, pp. 94–97. As a result, only 21.9 per cent of the children under 6 went to kindergarten and 18.1 per cent made use of the after-school centers. Of the children under 14, 17 per cent had no supervision whatsoever.
54 *Ibid.*, pp. 109–110.

It is difficult to see how under such conditions women should have considered their work as an enhancement of their status and, indeed, they did not. Aside from the apparent additional hardship, work created conflicts in female identity based on narrowly defined gender role models. The delineation of women's place in the home was strongly reinforced in the postwar period by an emphasis on creating a "real home" for the worker, a home that was "neat and clean".[55] This was made possible in part by the stabilization of domiciles through rent control and in part through the building initiatives of the municipality. The goal of the "proper" home was not only a response to influences from the dominant bourgeois culture; it was in every way promoted by the institutions – schools and social welfare agencies – of the municipality.[56] Such increased valuation of home and domesticity led to an increase in the variety of housework.[57] It also strengthened existing patterns of gender role definition by which females were associated with home and household at an early age.[58] School girls might have resisted such expectations of domesticity in the hope of finding employment, but their horizons were narrow – dressmaker and nanny – reflecting interests limited to female activities such as needle work and taking care of small children.[59]

Conflicts of identity were no doubt reinforced by the realities of the labor market, where women were given the most menial positions, were the first to be fired, and received wages reaching only 50–65 per cent of male wages for equal work.[60] The condition of female homeworkers was far worse.[61] The trade unions did little to alter the impression that women were an unwanted presence at the workplace. Lip service was given to equal pay for equal work at trade union congresses,[62] but on the shop floor the attitude prevailed that women took away men's jobs.[63] As the economic crisis deepened after 1930, there was a widespread attack on married working women as "double earners", which the trade unions appear to have abetted.[64] This lack of support is astounding when one considers that the working

---

55 *Ehmer*, Frauenarbeit, pp. 464–65.
56 *Ibid.*, pp. 461–62.
57 *Ibid.*, pp. 459–60. This conclusion is well demonstrated in an American study. See *Ruth Schwartz Cowan*, The Ironies of Household Technology from the Open Hearth to the Microwave, New York 1983.
58 See *Reinhard Sieder*, Gassenkinder, typescript, p. 15. He points to the clear gender differentiation in the socialization process of children in street and urban niche environments, with girls largely tied to the proximity and demands of home and household.
59 See: *Margarete Rada*, Das reifende Proletarier-Mädchen, Vienna 1931, pp. 59–60, 82–84.
60 See *Käthe Leichter*, Die Entwicklung der Frauenarbeit nach dem Krieg, in: Handbuch der Frauenarbeit, pp. 40, 42 and *Edith Riegler*, Frauenleitbild und Frauenarbeit in Österreich, Vienna 1976, p. 132. Leichter points out that low female wages were a cornerstone of Austrian economic rationalization rather than technology (p. 34).
61 See *Leichter*, So leben Wiener Heimarbeiter, pp. 11, 13, 19, 25, 37, 41, 45. Their wages were 50 per cent less than those of women in industry; they had no collective wage contracts; they suffered from intermittent unemployment; their living quarters were among the smallest, most densely populated, and served as workrooms in addition to their many other functions.
62 See *Wilhelmine Moik*, Die freien Gewerkschaften und die Frauen, in: Handbuch der Frauenarbeit, p. 581.
63 See *Dieter Stiefel*, Arbeitslosigkeit. Soziale, politische und wirtschaftliche Auswirkungen am Beispiel Österreichs, Berlin 1979, pp. 200–02.
64 See Frauenarbeit, in: Arbeit und Wirtschaft, 7/15 (Aug. 1, 1929), p. 698.

women of Vienna supplied 26.4 per cent of the trade union membership.[65] That the trade unions made little effort to integrate women workers or to accord them positions in their organizations commensurate with their numbers can be seen from the low percentage of female stop stewards,[66] the male orientation of trade union papers, and the underrepresentation of women trade unionists at general congresses.[67] It is small wonder then that trade unionism for women workers remained a formality, something expected of them, and that only 21.7 per cent of the women trade unionists in Leichter's study ever attended union meetings and only 3 per cent read the union papers.[68] And, yet, there are indications that women derived certain psychological benefits from work outside the home in the form of female solidarity.[69] Still, work created an ambiguity of feelings at best and gave way under the pressure of the triple burden.

Why, then, did women work in factories? Leichter concludes that it was out of pure economic necessity.[70] Would they have continued to work if that were not so, if their husbands or fathers would have supported them? 85 per cent answered no.[71] The imperatives for such a choice are not difficult to understand. A retreat from work into the household was the only way open for women workers to reduce their triple burden. Neither the city fathers nor the socialist reformers had been able to create sufficient and appropriate social services to reduce their labor in the domestic sphere nor had they seriously broached the traditional sexual division of labor there, which would have made a greater difference than all the labor saving devices and rationalization schemes.

If we look at the bare facts offered in Leichter's study, we need hardly wonder that working women were light years removed from that attractive image of the new women projected in the socialist literature. How could the working women have the figure of a garçon, when her diet consisted largely of bread, starchy grains, potatoes, and fat?[72] What time or energy was there in the working woman's day for

---

65 See Frauenarbeit, Jahrbuch 1932 des Bundes der Freien Gewerkschaften Österreichs, Vienna 1933, p. 115.
66 See Frauenarbeit, in: Arbeit und Wirtschaft, p. 702.
67 By the Trade Union Congress of 1931 the number of female delegates reached 11.3 per cent. But female union membership stood at 22.05 per cent. See *Heinz Renner*, Die Frau in den Freien Gewerkschaften Österreichs 1901–1932: Statistische Materialien. ITH Tagungsbericht, Vienna 1980, 13/1, pp. 322, 329.
68 So leben wir, pp. 116, 122. But 73.3 per cent of her sample were union members.
69 See *Marie Jahoda, Paul Lazersfeld, Hans Zeisel*, Die Arbeitslosen von Marienthal. Ein soziographischer Versuch, Bonn 1980, 1933, pp. 91–92, and *Ehmer*, Frauenarbeit, p. 466.
70 41.2 per cent of the husbands or life companions of these women were unemployed; 82.3 per cent supported others or at least themselves. *So leben wir*, pp. 13, 103, 107.
71 *Ibid.*, p. 54. Leichter exaggerates the importance of the fact that 31.9 per cent of the single women said they would continue working in any case. She overlooks that these women had as yet only limited household and no childcare responsibilities.
72 Generally the lunch brought to the factory consisted of bread and vegetables often eaten unheated. *Ibid.*, p. 80. For the generally high carbohydrate and fat content of working-class diets, see Der Lebensstandard von Wiener Arbeiterfamilien im Lichte langfristiger Familienbudgetuntersuchungen, in: Arbeit und Wirtschaft, 13/12 (Dec. 1959), supplement 8, p. 10.

sports, meetings, cinema, concerts, theaters, or even reading?[73] Given the stress of meeting her daily responsibilities, what opportunity was there for her to be "fearless, open, and relaxed", to become a "comrade to her husband and friend to her children"?

A word or two about the great variety of helpful hints to the housewife/mother served up by the reformers should suffice. Labor saving devices were simply beyond the means of the working woman. Nor did she have the time to organize the collective use or even the small change necessary for the collective purchase of the same. How could the typical kitchen and room or room and a half worker apartment be rationalized, in view of the density of habitation, multiple use of all space, and frequent absence of basic amenities? The problem was not further or better organization but more space. Working women who became pregnant surely did not have to be told what was best for them and the infant to come. It was not out of ignorance that they cut short their legally guaranteed lying-in and postpartum leaves but out of fear of losing their jobs.[74] It is best to pass over the time-saving Sunday lunch with olive canapés without comment. It might be appropriate at this point to ask whom these socialist messages might have reached and served. The socialist party and trade union functionaries, of whom there were some 18,700 in Vienna,[75] certainly. Beyond them, workers in safe and well paid employment in the public and municipal sector, who had already reached a lower middle class living standard, could be reached. But the rank and file female worker in industry and especially the homeworkers and domestics were by and large beyond the wavelength.

The socialist reformers' preoccupation with promiscuity and "disorderly" living missed the mark. No doubt working-class girls were familiar with the intimate details of sexuality, as a result of their socialization in the home and on the street.[76] For them the subject was neither mysterious nor forbidden but a matter-of-fact aspect of life. In the same sense, cohabitation (often for years) before marriage seems to have been widely practiced and accepted.[77] Most couples selected each other without parental interference, with women listing fidelity as a criterion.[78] But, considering that coitus interruptus was the most common form of

---

73 Leichter reports that 78.7 per cent spent evenings at home doing housework. Meetings were attended by 4.4 per cent. Entertainments outside the cinema were virtually unknown as was dancing. Only the radio (outside the press) offered a steady contact with the wider world, but only for 36.1 per cent of the sample. *So leben wir*, pp. 108–15. Leichter makes too much of the young, unmarried women who are able to get out of the home. She neglects that to make this freedom possible some other, usually older, woman in the household had to bear the full burden.
74 See *Leichter*, Entwicklung, p. 38.
75 See *Weidenholzer*, Auf dem Weg, p. 35.
76 The sixty schoolgirls at the point of menarche in Rada's study were well informed about menstruation, pregnancy, intercourse, illegitimacy, § 144, blood tests to determine paternity, and pre- and extra marital relations. See *Reifende Proletarier-Mädchen*, pp. 67–80.
77 See *Pirhofer* and *Sieder*, Konstitution der Arbeiterfamilie, p. 348. For the far from promiscuous sexual initiation and practice of a model young socialist, see *Joseph Buttinger*, Ortswechsel. Die Geschichte meiner Jugend, Frankfurt 1979, pp. 94–96, 123–24, 126–28.
78 *Pirhofer* and *Sieder*, Konstitution der Arbeiterfamilie, pp. 346–47.

birth control,[79] an erotic relationship as Helene Bauer imagined it was hardly possible. Moreover, if we consider the daily life of the working women in Leichter's study, it becomes clear that they had little time, place, or energy to allow for sexual desire (though "marital obligations" had to be fulfilled).

The reality appears to have been one of sexual impoverishment and deprivation rather than excess. Without place, time, and energy, without readily available birth control devices, which made each sexual encounter a fearful one for women, and given the general subordination of women to men, a "normal" sexual life for working women was impossible. What they needed was practical assistance: more living space to provide some privacy for adults and youth; more time during the working week and on weekends to allow for decompression from hard and dulling labor (this also meant dealing with the division of labor in the household); and birth control assistance and medically performed abortions on demand.

Reducing family size was the only means for working women of lightening the triple burden. In the generation born after 1900, the majority had only one child and virtually none more than two.[80] This feat was accomplished without the assistance of the municipality or socialist party. It resulted from the widespread practice of abortion, frequently undertaken by women without the knowledge of the prospective father.[81] In the arrangement of this emotionally traumatic and legally dangerous procedure as well as in the procurement of birth control devices the female network in the factories played an important role.[82]

Surely the socialist reformers were well-meaning, especially in the light of their many initiatives in bettering the lives of Austrian workers. Why, then, were their transformational plans for women so limited, so blind to the actual life styles and deprivations of working women? In the cultural laboratory of Red Vienna a fundamental and perhaps unbridgable distance between leaders and masses came to light. The average worker and the higher functionary inhabited two different worlds between which there was little contact. It was all well and good for Therese Schlesinger, Helene Bauer, Adelheid Popp, Marianne Pollak, and even Käthe Leichter to exhort working-class women to rationalize housework. These leaders knew next to nothing about a burden they were able to turn over to hired help.[83]

---

79 See *Wilhelm Reich*, Sexualerregung und Sexualbefriedigung, Vienna 1929, pp. 7–14. Elsewhere Reich maintained that as a result of the overcrowding in worker domiciles the sexual act was performed fully clothed, in fear of disturbance, or with an indifference to others present. See "Die Sexualnot der werktätigen Massen", pp. 74–75.
80 See *Elisabeth Maresch*, Ehefrau im Haushalt und Beruf. Eine statistische Darstellung für Wien auf Grund der Volkszählung vom 22. März 1934, Vienna 1938, pp. 12, 24–30.
81 See *Ehmer*, Frauenarbeit, p. 468.
82 *Ibid.*, pp. 468–69. The use of birth control devices was probably restricted not so much because of ignorance or inconvenience as because of cost. The average worker weekly family budget for 1932 allowed about 5 Schilling for incidentals and surely less in households where the breadwinner was unemployed. This made disposable condoms and pessaries luxury items. See *Fritz Klenner*, Die österreichischen Gewerkschaften, Vienna 1953, II, p. 893. For the cost, see *Reich*, Sexualerregung, pp. 24–26.
83 For an interesting complaint about socialist female employers who exploited their domestics, see *Helene Goller*, Klassenkampf im Haushalt, in: Die Frau, 37/3, March 1, 1928, p. 5.

The same applies to the other nostrums they offered to their readers. They constantly spoke in imperatives – "society should..." "the municipality is obligated...") and neglected what actually might have been done in their self-congratulatory formulations.[84] Indeed, there is little indication, save the constant refrain about the municipal housing and welfare programs, that an agenda for reform was being followed step by step. Moreover, the reformers tended to view the existing worker subcultures as barbaric and to deny their positive aspects.[85] Their attempts at superimposing "neue Menschen" over working-class reality may have appealed to an elite of functionaries and privileged workers, but they could find little resonance among ordinary proletarians.

The "paralysis of will" which characterized the Austromarxists' immobility on the political front after 1927 also undermined their cultural efforts.[86] To have taken a forceful stand in the municipal council and trade unions on abortion and equal pay for women would have meant to confront the Catholic Church and employers head on. It would, in all likelihood, have sparked the civil war which was stillborn in 1934. Such a risk the socialist leaders were not prepared to take.

---

84 In the sharpest attack on such wishful thinking that has come to light, Sophie Lazersfeld challenged the basis of a program for the sexual education of youth drafted by *Therese Schlesinger* and *Dr. Paul Stein*. No one is served, Lazersfeld argued, "if he is told how desirable things ought to be, but only if he is shown how he can get there." See Zur Frage der sexuellen Aufklärung der Jugend, in: Bildungsarbeit, 20/1, Jan. 1933, p. 52.

85 But it was the subcultural socialization and experience which helped many workers to survive during the depression and guided their actions during the February 12 rising. See, two excellent recent studies, Hans Safrian, "'Wir ham die Zeit der Arbeitslosigkeit schon richtig genossen auch': Ein Versuch zur (Über-)Lebensweise von Arbeitslosen in Wien zur Zeit der Weltwirtschaftskrise um 1930", in *Gerhard Botz* and *Joseph Weidenholzer* (eds.), Materialien zur Sozialwissenschaft, Vienna 1984, and *Hans Schafranek*, "Die Führung waren wir selber" – Militanz und Resignation im Februar 1934 am Beispiel der Oberen und Unteren Leopoldstadt, in: *Helmut Konrad* and *Wolfgang Maderthaner* (eds.), Neuere Studien zur Arbeitergeschichte, Vienna 1984, II.

86 See the superb treatment of the paralysis in *Anson Rabinbach*, The Crisis of Austrian Socialism. From Red Vienna to Civil War 1927–1934, Chicago 1983, ch. 4.

Karin Maria Schmidlechner

Die Frauen in der Arbeiterkultur der Zwischenkriegszeit am Beispiel Österreichs

Auf die Auseinandersetzungen um den Begriff der „Arbeiterkultur", seine Bedeutung bzw. seine Reichweite, die schon vor einiger Zeit begannen und im Grunde noch immer nicht abgeschlossen sind, wird in den folgenden Ausführungen nicht genauer eingegangen, weil einerseits die Grundlinien dieser Diskussion als allgemein bekannt vorausgesetzt werden, andererseits angenommen wird, daß in den einleitenden Beiträgen dieses Bandes schon von ihnen die Rede war. Hier soll nur kurz als Zusammenfassung, Einstieg bzw. Erinnerung auf die beiden grundlegenden Gegenpositionen dieser Diskussion hingewiesen werden:
Arbeiterkultur kann diesen zufolge verstanden werden:
1. Als Sammelbegriff für die vom Alltag abgehobenen im Sinne von kulturell bzw. künstlerisch verstandenen Ausdruckserscheinungen der Arbeiterschaft wie etwa Musik, Dichtkunst, Malerei etc.
2. Als Begriff, unter dem „nicht nur der Besitz von Kulturformen verstanden [wird], sondern auch die Art und Weise, in der das Leben gelebt wird, die Denkweisen, nach denen man lebt, fühlt und urteilt, der Stil, der sich im Lebensverhalten kundtut, die Formen, Normen und Werte der sozialen Prozesse und Gebilde."[1]

Die folgende Untersuchung über die Frauen in der österreichischen Arbeiterkultur der Zwischenkriegszeit bezieht sich ausschließlich auf die unter Punkt 2 angeführte Definition dieses Begriffes.

Dabei wird versucht, das Thema von verschiedenen frauengeschichtlichen Ansätzen her zu bearbeiten, mit dem Ziel, die Frauen in der bis jetzt vom männlichen Standpunkt dominierten Geschichte sichtbar zu machen. Diese ‚Entdeckung der weiblichen Vergangenheit' soll unter verschiedenen Aspekten erfolgen, wobei sowohl die Rolle der Frauen in der Männergesellschaft, als auch die ausschließlich weiblichen, nur den Frauen vorbehaltenen Lebensbereiche behandelt werden.[2]

In Verbindung mit dem frauengeschichtlichen Ansatz zeigt sich im Grunde genommen bereits im Begriff ‚Arbeiterkultur' die Problematik der herkömmlichen Historiographie und die Notwendigkeit neuer Wege. Mit Arbeiterkultur ist die Kultur der Arbeiter im Gesamten gemeint und damit sind automatisch auch die Frauen miteinbezogen. Die Frage, ob es vielleicht auch eine Arbeiterinnenkultur gegeben hat und gibt, war bislang kein Thema für die Historiker. In diesem Beitrag wird versucht, ihr nachzugehen.

---

1 *Wilhelm Brepohl*, Industrielle Volkskunde, in: Soziale Welt 2, 1951, S. 116, zit. nach: *Gottfried Korff*, Volkskultur und Arbeiterkultur. Überlegungen am Beispiel der sozialistischen Maifesttradition, in: Geschichte und Gesellschaft. Zeitschrift für Historische Sozialwissenschaft 5, Heft 1: Arbeiterkultur im 19. Jahrhundert, S. 83–102.
2 Siehe *Gerda Lerner*, The Majority Finds Its Past, Oxford 1971.

Nach 1919 wurde von den österreichischen Sozialdemokraten eine Reihe von theoretischen Konzepten für die verschiedensten Lebensbereiche der Arbeiterschaft entworfen, die diesen Anleitungen und Richtlinien für ihr Leben bieten sollten. Dies war zum einen durch teilweise gravierende Änderungen der Lebensbedingungen, die zu einem großen Teil Resultat der neu erlassenen Sozialgesetze waren, wie etwa die Vermehrung der Freizeit durch die Arbeitszeit- und Urlaubsregelungen, für notwendig erachtet worden, zum anderen sollten dadurch die Enttäuschungen der nichterfüllten hochgesteckten politischen Erwartungen kompensiert werden.

„Gegenwärtig ist das Proletariat auf wirtschaftlichem und politischem Gebiet zur Abwehr gezwungen. Es gibt jedoch ein Gebiet, auf dem wir Neuland erobern können: das ist das Gebiet der revolutionären sozialistischen Erziehung."[3]

Aus Zeit- und Platzgründen kann hier unmöglich eine genauere Beschäftigung mit allen diesen Konzepten erfolgen, lediglich die für den weiblichen Lebensbereich besonders relevanten Themenkreise Familie, Partnerschaft, Erziehung und Freizeit sollen behandelt werden.

1. PARTNERSCHAFT

Grundsätzlich hoben sich die Vorstellungen der Sozialdemokraten über Ehe und Familie nicht wesentlich von den bürgerlichen ab. Das Ideal war auch hier die Kleinfamilie, also eine Gemeinschaft von zwei Ehepartnern mit Kindern. Daneben wurden zwar auch noch andere Konstellationen wie etwa Ehe ohne Trauschein, freie Liebe usw. akzeptiert, doch wurden diese von der Mehrheit der Arbeiter nicht angenommen. Daß auch die geforderte Gleichrangigkeit von Mann und Frau, die das Hauptunterscheidungsmerkmal zwischen bürgerlichen und sozialdemokratischen Ehen bilden sollte, nicht der Realität entsprach, war aber bereits den damaligen theoretischen Denkern in der Sozialdemokratie bewußt. Lassen wir diesbezüglich eine Originalaussage zu Wort kommen. In einem Referat, das Felix Kanitz auf dem 2. Kongreß sozialistischer Individualpsychologen im Jahre 1927 hielt, skizzierte er die Problematik folgendermaßen:[4]

> „Kaum glaublich, aber wahr: In der proletarischen Arbeiterbewegung, deren geschichtliche Aufgabe es ist, die Unterdrückung innerhalb der Gesellschaft aufzuheben, werden Proletarier unterdrückt; sie werden dort selbstverständlich nicht vom Klassengegner unterdrückt, sondern von den eigenen Klassengenossen. Das für die Entwicklung des kindlichen Lebensplanes so wichtige Schema ‚Oben–Unten' spielt in der Arbeiterbewegung selbst eine sehr entscheidende Rolle. Und so schafft und verstärkt dieses Unterdrückungsverhältnis Minderwertigkeit, Entmutigung, Überkompensation bei vielen erwachsenen Proletariern, die in der Bewegung wirken.
>
> Im nachfolgenden wollen wir vier Gegensatzpaare innerhalb der Arbeiterbewegung betrachten, in denen dieses ‚Oben–Unten' deutlich zum Ausdruck kommt.
>
> Das erste Gegensatzpaar sind ‚Mann und Frau' in der Arbeiterbewegung. Wie unsere gesamte Kultur, ist auch die Arbeiterbewegung durchaus männlich orientiert. Gewiß, die Frauen haben formale Gleichberechtigung, in Wirklichkeit aber spielen die Frauen

---

[3] *Otto Felix Kanitz*, Eine sozialistische Erziehungsinternationale (Vortragsanleitung), in: Bildungsarbeit, 1923, S. 43.
[4] *Felix Kanitz*, Individualpsychologie in der Arbeiterbewegung, in: Bildungsarbeit, 1927, S. 175 f.

in der Arbeiterbewegung heute noch eine durchaus untergeordnete Rolle. Ihre Vertretung auf den Parteitagen ist viel geringer als es der Zahl der weiblichen Parteimitglieder entspräche; dies kommt noch stärker bei der Vertretung der Frauen im Parteivorstand zum Ausdruck. Einen weiblichen Referenten auf einem Parteitag hat es seit Menschengedenken nicht gegeben. In den sozialdemokratischen Fraktionen (Nationalrat, Landtag, Gemeinderat) finden wir unverhältnismäßig wenig Frauen. Es gibt in Wien zum Beispiel keinen weiblichen Stadtrat, obgleich es sicher Ressorts gibt, die für die Frauen geradezu geschaffen wären. In den Vorständen der Bezirks- und Lokalorganisationen finden sich ebenfalls viel weniger Frauen als dort sein müßten, wenn die demokratischen Prinzipien auch auf diesem Gebiet befolgt würden. Die Frauen können solcherart nicht beweisen, daß sie ebenso wertvolle Arbeit zu leisten imstande sind wie die Männer. Dann findet man mitunter Erscheinungen, die die Frau wiederum als Anhängsel des Mannes kennzeichnen. Da spricht man von ‚Frau Nationalrat', ‚Frau Gemeinderat' usw., wobei die Frauen den Titel des Mannes übernehmen. Solche Vorfälle hemmen die Frauen auf dem Wege zu ihrer Befreiung und Verselbständigung.

Die Ursachen dieser Erscheinungen sind gewiß zum Teil soziologischer Natur. Der Umstand, daß die Frau den Zwerghaushalt besorgen muß, daß ihr der Kinder Pflege und Erziehung obliegt, ferner, daß sie in sehr vielen Fällen in wirtschaftlicher Abhängigkeit vom Manne steht, trägt gewiß dazu bei, die Frauen an der Entfaltung ihrer für die Arbeiterbewegung wertvollen Kräfte zu hemmen. Doch ebenso entscheidend sind die psychologischen Ursachen. Da sind es eben die Männer in der Bewegung, die sich einreden, die Frauen seien mannigfachen Aufgaben nicht gewachsen. Sie benehmen sich oft Frauen gegenüber so, wie sich stets eine herrschende Klasse gegenüber der beherrschten benommen hat: Sie sprechen ihnen jene geistigen Fähigkeiten ab, die sie selber zu besitzen wähnen. Und in vielen Fällen ist es nichts anderes als die Angst vor der Tüchtigkeit und Fähigkeit der Frau, die den Mann zu dieser Unterdrückungstaktik verleitet.

Individualpsychologische Betrachtung zeigt uns die düsteren Folgen dieser Unterdrückungstendenz. In den Frauen weckt dieses Verhalten der Männer die Gefühle der Entmutigung und der Minderwertigkeit; sie glauben schließlich selbst, daß sie für Politik und öffentliches Leben nicht taugen. Da sie sich in der Organisation nicht zur Geltung bringen können, flüchten sie auf einen ‚Nebenkriegsschauplatz'; das ist dann die Familie. Dort bringen sie sich durch kleine Streitigkeiten, Tratschereien, erzieherische Unterdrückung ihrer Kinder zu der Geltung, die ihnen in der Gemeinschaft der kämpfenden Proletarier versagt wird. Dann schimpfen die Männer über diese ‚typisch weiblichen' Eigenschaften, die sie selbst mit ihren Herrschaftstendenzen gezüchtet haben. Sicherlich würde klares Verständnis für die seelischen Folgen der Frauenunterdrückung innerhalb der Arbeiterbewegung wertvolle Hilfe für die Vergrößerung und Stärkung der sozialistischen Bewegung bringen. Hier also könnte individualpsychologische Erkenntnis der Arbeiterbewegung dienstbar gemacht werden."

Bestätigt wird diese Analyse auch durch Reinhard Sieders Oral-History-Forschungen über den Alltag sozialdemokratischer Frauen in Wien:[5]

„In der Erinnerung an den Vater resp. den Ehemann dominiert das Bild seiner allabendlichen Heimkehr: offenbar waren Frau und Kinder stark auf seine Heimkehr

---

5 *Gottfried Pirhofer/Reinhard Sieder*, Zur Konstitution der Arbeiterfamilie im Roten Wien: Familienpolitik, Kulturreform, Alltag und Ästhetik, in: *Michael Mitterauer/Reinhard Sieder*, Vom Patriarchat zur Partnerschaft. Zum Strukturwandel der Familie, München ²1980, S. 339.

orientiert. Die Frau, weil sie ‚sein' Abendessen kochte – während sie selbst und die Kinder zu Mittag meist nur ‚etwas Kleineres' aßen. Und Frau und Kind(er) mußten immer damit rechnen, daß die Laune des heimkehrenden Vaters schlecht war, denn ‚die Männer waren müd und vielleicht haum sie Sorgen ghobt, um den Posten zu erhalten. Wenn der Mann hereingegangen is, mußte Ruhe sein: ‚Pappa, das Essen!' – und der Mann *war* der Mann!"

Auch aus diesen Bemerkungen geht ganz klar hervor, daß die alten feudal-patriarchalischen Bewußtseinsstrukturen in der Masse der Arbeiterschaft noch sehr stark verankert waren, auch bei den Frauen selbst und nicht durch theoretische Anleitungen beseitigt werden konnten. Nur bei den jungen Frauen war ansatzweise ein Umdenken bemerkbar.

2. Hausarbeit

Die traditionelle Aufgabenteilung zwischen Mann und Frau wurde von der Sozialdemokratie nie in Frage gestellt. Daß die Frauen, auch wenn sie berufstätig waren, fast ausschließlich für die Hausarbeit und die Erziehung der Kinder zuständig waren, wurde offensichtlich auch von den sozialdemokratischen Politikerinnen als gegeben hingenommen. In ihren theoretischen Konzeptionen behandelten sie diese Problematik zwar schon aus der Sicht der Frauen und charakterisierten sie durchaus richtig, bezogen aber in ihren Vorschlägen zur Verbesserung der Situation der Frauen nur selten die Männer mit ein.[6] So forderte auch Therese Schlesinger in ihrer 1921 erschienenen Schrift „Wie will und wie soll das Proletariat seine Kinder erziehen" eine Entlastung der Frau von den Haushaltspflichten, um sich mehr der Erziehung ihrer Kinder widmen zu können, bei der sie aber in verstärktem Maße von Kindergarten und Schule unterstützt werden sollte.

In weiterer Folge sollte diese Entlastung durch die Zentralisierung und Professionalisierung des Haushaltes ermöglicht werden, also durch Einküchenhäuser, Zentralküchen, genossenschaftliche Waschanstalten usw., nicht aber durch eine Miteinbeziehung der Männer in die Hausarbeit.[7]

Schon zwei Jahre früher hatte sich auch Otto Bauer mit dem Problem der Haushaltsführung beschäftigt, das seiner Meinung nach durch die „Sozialisierung der Haushaltungen" mit ähnlichen Einrichtungen wie den eben erwähnten gemildert werden könnte. Ihm ging es aber in erster Linie um Erleichterungen, die sich auf den Mann auswirken sollten, der dadurch ein gemütlicheres Zuhause erleben sollte.[8] Dazu gehörte natürlich auch eine Verbesserung der Wohnsituation, die vor allem in Wien angestrebt, aber nur für einen Teil der Arbeiter auch realisiert werden konnte.

Im Grunde kam jede Verbesserung der Wohnungssituation, die z. B. durch die Gemeindewohnungen ja tatsächlich erreicht werden konnte, hauptsächlich den Männern zugute, die dadurch über bessere Erholungsmöglichkeiten nach der Arbeit verfügten, was nach Aussagen wie der von Otto Bauer ja auch in erster Linie angestrebt wurde:[9]

---

6 Ebda.
7 Sieder, a. a. O.
8 Ebda.
9 Ebda.

„Stellen Sie sich die Geschichte einer Arbeiterfamilie, (...) einer durchschnittlichen Wiener Wohnung vor, wie sie das Privatkapital gebaut hat und wie es vor dem Krieg gewesen ist (...) In den ersten Jahren der Ehe war diese Wohnung mit kleinen Kindern gefüllt, die nacheinander kamen (...) und (...) noch Bettgeher drin."

„Und sagen Sie mir, ob der Arbeiter, der nach seiner Arbeit nach Hause kommt, irgendwann und irgendwie die Möglichkeit hat, je auch nur eine Minute allein zu sein, auch nur eine Minute Ruhe zu haben (...) je einmal etwas lesen zu können, und wenn es nur eine Zeitung wäre. Das ist ganz unmöglich (...) Wenn man acht Stunden gearbeitet hat und müde ist, und die Kinder schreien und Wäsche gewaschen wird, und noch der Bettgeher da ist, das ist nicht auszuhalten (...) Da gibt's nur eins: ins Wirtshaus gehn!"

Daß und ob die Frauen das auszuhalten hatten, stand hier gar nicht zur Debatte, obwohl es eigentlich von ihnen abhing, inwieweit die theoretischen Überlegungen bezüglich neuer proletarischer Lebensformen realisiert werden konnten, von denen sie selbst aber weitgehend ausgeschlossen blieben.

3. ERZIEHUNGSKONZEPTIONEN

Im Österreich der Zwischenkriegszeit gab es gleich mehrere sozialistische Theoretiker, die sich mit der Frage, wie eine nach sozialistischen Gesichtspunkten orientierte Erziehung beschaffen sein sollte, beschäftigten. Zu nennen wären hier vor allem Max Adler, dessen 1924 erschienenes Buch „Neue Menschen" in der theoretischen Diskussion eine führende Stelle einnahm, weiters Josef Luitpold Stern mit seinem Werk „Klassenkampf und Massenschulung", Richard Wagner mit „Sozialistische Menschenbildung", Max Winter mit „Das Kind und der Sozialismus" und Otto F. Kanitz.[10]

Die wichtigsten Bestandteile der von diesen Theoretikern aufgestellten Bildungstheorie waren: eine konsequente Ablehnung der Möglichkeit neutraler Erziehung, die Einordnung der Erziehung in die Erfordernisse des Klassenkampfes, und die Erziehung zur Solidarität, Aktivität und Intellektualität, wie es Kanitz in seinen Grundfragen formulierte:[11]

„1. Das Bürgertum ist eine wirtschaftliche und politische, aber auch eine geistige Macht.
2. Der geistigen bürgerlichen Macht muß das Proletariat s e i n e entgegenstellen. Die Arbeitereltern müssen zu den Kindern ein neues Verhältnis gewinnen.
3. Nicht allein Erziehung macht den Menschen, auch Anlage und Umgebung. Die Erkenntnis von der überragenden Bedeutung der Umwelt leistet dem sozialistischen Erzieher große Hilfe.
4. Es gibt keine neutrale Erziehung.
5. Die sozialistische Erziehung muß entsprechend der seelischen Struktur junger Menschen mit sozialistischer Gefühlsbildung einsetzen.
6. Das Kind muß vor allem zur Solidarität erzogen werden.
7. Nicht nur mit dem Ziele des sozialistischen Kampfes, der solidarischen Gesellschaft, auch mit dem Kampf selbst müssen die Kinder gefühlsmäßig verbunden sein: daher Bildung des Klassengefühls.

---
10 *Max Adler*, Neue Menschen, Gedanken über sozialistische Erziehung, 1924, 2. Auflage, Berlin 1926. *Josef Leopold Stern*, Klassenkampf und Massenschulung, Prag 1924.
11 Siehe *Henriette Kotlan-Werner*, Otto Felix Kanitz und der Schönbrunner Kreis. Die Arbeitsgemeinschaft sozialistischer Erzieher 1923–1934, Wien 1982, S. 193.

8. Sobald es die geistige Reife erlaubt, muß der sozialistischen Gefühlsbildung die Verstandesbildung folgen; diese ist Erziehung der Kinder zum soziologischen Denken und damit zum Klassenbewußtsein.
9. Die Erziehung zur Solidarität, zum Klassengefühl und zum Klassenbewußtsein muß ergänzt werden durch die Erziehung zur proletarischen Disziplin; diese muß die Kinder dereinst befähigen, sich freiwillig den Aufgaben zu unterziehen, die Kampf und Aufbau an sie stellen.
10. Die sozialistische Erziehungsarbeit kann innerhalb der Familie und in der Schule teilweise geleistet werden. Die bürgerlichen Erziehungseinrichtungen und die Kirche wirken ihrer Natur nach gegen die sozialistischen Erziehungsbestrebungen. Die Schul- und Kinderfreunde, ausgebaut zu einer umfassenden Erziehungsorganisation, vermögen alle sozialistischen Erziehungsforderungen zu erfüllen."

Daß diese theoretischen Konzeptionen auch tatsächlich zu den ‚Betroffenen', den Arbeiterfamilien, vordrangen und dort auch wirklich realisiert wurden, muß allerdings stark bezweifelt werden, vor allem, weil es an den geeigneten Vermittlungsinstanzen fehlte. Andererseits konnte man aber auch nicht annehmen, daß Arbeiter oder Arbeiterinnen sich selbständig mit diesen theoretischen Konzepten auseinandersetzen und sie auch anwenden würden. Dafür fehlte es nicht nur an der intellektuellen und zeitlichen Kapazität, sondern auch an der Bereitschaft. Aus vielen mündlichen Gesprächen mit Arbeiterinnen geht außerdem hervor, daß ein nicht geringes Mißtrauen diesen neuen Erziehungszielen gegenüber bestand, was bei den stark an Autorität orientierten und sie auch erlebenden Personen nicht besonders verwundern darf. Eine andere Möglichkeit war die Umsetzung dieser Theorie an den Arbeiterkindern direkt, sozusagen durch Ausschaltung bzw. Umgehung der Eltern, wofür aber geeignete Institutionen vorhanden sein mußten, an denen es allerdings zum größten Teil noch fehlte.

Die einzige schon bestehende und für beide Vermittlungsmöglichkeiten in Frage kommende Organisation waren die „Kinderfreunde". Diese war bereits im Jahre 1908 in Graz von Anton Afritsch, der ursprünglich ohne besondere theoretische Ausformulierung die Förderung fortschrittlicher Erziehungsziele anstrebte, gegründet worden.[12]

Nach dem Vorbild der Grazer Kinderfreunde bildeten sich schon bald auch in Wien und Niederösterreich solche Gruppen. Im Jahre 1917 kam es zum Zusammenschluß aller bestehenden Gruppen zum Reichsverein „Arbeiterverein Kinderfreunde für Österreich", der sich 1923 mit dem ebenfalls schon vor 1914 entstandenen liberalen Verein „freie Schule" zum sozialdemokratischen Erziehungs- und Schulverein „Freie Schule–Kinderfreunde" vereinigte.

In den Statuten dieses Vereins hieß es unter anderem:[13]

> „Der Verein ist vor allem ein Elternverein. Sein Zweck ist es, das Proletariat zusammenzufassen, damit aus gemeinsamer Kraft das geistige und leibliche Wohl seiner Kinder und deren Entwicklung zu sozialistischem Denken, Fühlen und Wollen so gefördert werden, wie es dem einzelnen Elternpaar in der kapitalistischen Wirtschaftsordnung nicht möglich ist. Er führt auch den Kampf um die Freiheit der öffentlichen Schule..."

---

12 Siehe *Eduard Staudinger*, Die andere Seite des Arbeiteralltags. Sozialdemokratisches Vereinswesen in der Steiermark 1918–1934, in: Für Freiheit, Arbeit und Recht. Die steirische Arbeiterbewegung zwischen Revolution und Faschismus (1918–1918), Graz 1984, S. 133–185.
13 Ebda., S. 136 f.

Als Mittel zur Erreichung dieser Ziele sollten dienen:

„Versammlungen, Elternabende, Vorträge, Erziehungssprechstunden mit freier Aussprache und Auskunftserteilung über Erziehungs- und Schulfragen an Eltern, Lehrer und Erzieher, Schaffung von Möglichkeiten für die Kinder, sich auf verschiedenste Art turnerisch, bzw. sportlich betätigen zu können; Durchführungen von Ferienwanderungen und Kinderreisen; gemeinsame Besuche von Museen, öffentlichen Einrichtungen, Anstalten und Betriebsstätten; Ausflüge und Stadtrundfahrten zur Förderung der landeskundlichen, geschichtlichen, erd- und naturkundlichen Kenntnisse; Handfertigkeitsunterricht; Vorführungen von Lichtbildern; Besuch von Theatervorstellungen; Gesang- und Musikübungen; Errichtung von Kinderhorten mit Büchereien zur Bekämpfung der Schundliteratur; Rechtsschutz für Mitglieder in Schul- und Kinderschutzangelegenheiten; Bekämpfung der Gefahren, die den Kindern drohen können, durch: die Vernachlässigung der Erziehung, den Mißbrauch der elterlichen oder vormundschaftlichen Gewalt; die Anwendung der Prügelstrafe; die Verwendung zur Arbeit über das Maß der kindlichen Kräfte hinaus; den Genuß alkoholischer Getränke; die Unterbringung bei fremden Personen, deren Ruf, Wohnung und Lebensverhältnisse keine Gewähr für eine gedeihliche Entwicklung der Pfleglinge bieten; Bekämpfung aller gegnerischen Schulvereine und Jugendorganisationen, deren Bestrebungen im Widerspruch zu den Zielen der sozialistischen Arbeiterbewegung stehen; Anschluß an Verbände ähnlicher Tendenz; Beeinflussung der öffentlichen Meinung zugunsten der Erziehungsgrundsätze des Vereins; Eintreten für die Reform der Schule und die Ausgestaltung der Elternvereine; Erwerb der Konzessionen für Druckereien, Buch- und Musikhandlungen."

Obwohl Afritsch wegen seiner Theorielosigkeit von den Wiener Theoretikern scharf kritisiert worden war, nahm seine Bewegung einen starken Aufschwung und spielte mit über 100 000 Mitgliedern in ganz Österreich in der Vermittlung neuer Erziehungswerte in der Zwischenkriegszeit die entscheidende Rolle.

Für unser Thema ist dieser Verein vor allem im Hinblick auf die noch zu erörternde Thematik der Involviertheit von Frauen in sozialistischen Vereinen von Bedeutung, weil er in einem sehr starken Maße von Frauen – auch in leitenderen Funktionen – getragen wurde. Diese Frauendominanz hat ihre Auswirkungen bis zur Gegenwart, so daß auch heute noch die Kinderfreunde der einzige sozialistische Verein sind, in dem eine Frau den Vorsitz innehat – und nicht nur die Alibi-Stellvertreter-Funktion.

Als zweite, eher indirekte Vermittlungsinstanz wurde im Jahre 1919 die sogenannte ‚Schönbrunner Schule' gegründet. In ihr wurden Erzieher für die Tätigkeit bei den Kinderfreunden ausgebildet. Als Schulleiter fungierte Otto F. Kanitz, dessen schon erwähnte ‚Erziehungsgrundlagen' als Richtlinien für die Ausbildung dienten.[14]

Die an dieser Schule, an der im Laufe ihres Bestehens bedeutende sozialistische Persönlichkeiten, wie etwa Alfred Adler, Max Adler, Emmy Freundlich usw. wirkten, ausgebildeten Erzieher pflegten einen gänzlich neuen Erziehungsstil, der in allen Lebensbereichen zum Ausdruck kam, ob es sich nun um Wandern, Märchenerzählen und Bücherlesen, Feste, Feiern und Kasperltheater oder um Singen und Tanzen handelte, nicht immer zur Freude der Eltern, die diesem neuen Erziehungsstil mit ziemlichem Mißtrauen gegenüberstanden.

---

14 *Kotlan-Werner*, Kanitz, a. a. O.

4. Die Sozialdemokraten und die Abtreibungsfrage

Zu Erziehungskonzeptionen gehört natürlich auch die prinzipielle Frage der Familienplanung. Da die ökonomische Situation der meisten Arbeiterfamilien keine unbeschränkte Anzahl von Kindern erlaubte, waren sehr viele Arbeiterfrauen zu Abtreibungen gezwungen, die aber gesetzeswidrig waren. Die Einstellung der Partei den Frauen gegenüber läßt sich nun sehr gut an ihrer Haltung zur Abtreibung erkennen.

Die offizielle Haltung der Sozialdemokratie zur Abtreibungsfrage hat sich in der Zeit der Ersten Republik mehrmals geändert. Außerdem gab es auch innerhalb der Partei noch verschiedene davon abweichende Auffassungen. Daß man sich überhaupt in dieser Angelegenheit engagierte, wurde nicht von allen Funktionären und Mitgliedern gutgeheißen, weil diese der Meinung waren, daß es für die Partei wichtigere Probleme gäbe als die Agitation um den § 144. Andererseits wollte man sich aber auch nicht die Chance auf mögliche Frauenstimmen, die ein Engagement mit sich bringen könnte, entgehen lassen.

Im Jahre 1920 forderte die sozialdemokratische Frauenreichskonferenz, daß die Unterbrechung der Schwangerschaft straffrei bleibe, wenn sie in den ersten drei Monaten und mit Hilfe eines Arztes erfolgen würde.[15]

> „Ausgehend von der Anschauung, daß die Mutterschaft als höchstes Glück nur dann zu deuten ist, wenn die Eltern in der Lage sind, die Kinder zu ernähren und sie zu tüchtigen Gliedern der Gesellschaft zu erziehen, sieht die sozialdemokratische Frauenkonferenz in den §§ 144 bis 148 St.G.B. eine schwere Gefährdung der Volksgesundheit, da die Strafandrohung durch die genannten Paragraphen dazu führt, daß sich zehntausende Frauen heimlich, ohne fachgerechte Hilfe von dem keimenden Leben befreien, wodurch Frauen in großer Zahl zugrunde gehen. Die Frauenreichskonferenz fordert daher, daß die sozialdemokratische Fraktion im Nationalrat einen Antrag auf Beseitigung der §§ 144 bis 148 einbringe. An Stelle dieser beiden Paragraphen ist die Bestimmung zu setzen, daß die Unterbrechung der Schwangerschaft dann straffrei bleibt, wenn sie in den ersten drei Monaten und mit Hilfe eines Arztes erfolgt."

Die Hauptargumentation der Sozialdemokraten gegen den § 144 stützte sich auf den Aspekt der Benachteiligung der Frauen aus den unteren Schichten, die – aus finanziellen Gründen – nicht wie die Angehörigen des Bürgertums unbemerkt in Sanatorien abtreiben könnten und deshalb viel mehr als jene der strafrechtlichen Verfolgung ausgesetzt seien.

Im Dezember 1920 stellten Adelheid Popp und einige andere Sozialdemokratinnen im Parlament einen Antrag auf Abänderung der gesetzlichen Bestimmungen bezüglich der Abtreibung. Dieser wurde von den Christlichsozialen jedoch boykottiert.

Neben den absoluten Befürwortern der Freigabe der Abtreibung und des Selbstbestimmungsrechtes der Frauen innerhalb der Partei gab es auch noch andere, die dieses Problem in erster Linie aus der Sicht bevölkerungspolitischer Aspekte sahen und im Sinne einer qualitativen Bevölkerungspolitik mit deutlich eugenischen Akzenten für ein Einspruchsrecht der Gesellschaft bei der Abtreibungs-

---

15 Arbeiterinnen-Zeitung vom 21. 12. 1920. Zit. nach: *Karin Lehner*, Reformbestrebungen der Sozialdemokratie zum § 144 in Österreich in der 1. Republik, in: Die ungeschriebene Geschichte. Historische Frauenforschung, Wien 1984, S. 298–308.

frage eintraten. Zu den Vertretern der qualitativen Bevölkerungspolitik gehörten auch Sozialdemokratinnen, wie etwa Emmy Freundlich, die auf der Frauenreichskonferenz des Jahres 1923 erklärte, daß es zu einer Zeit, in der Maschinen vorhanden seien, durch die viele Arbeitskräfte eingespart werden könnten, nicht darauf ankomme, möglichst viele Kinder zu erzeugen und zu gebären, sondern eine kleine Auswahl der besten und tüchtigsten Kinder in das Leben zu führen.[16]
Ähnlich äußerten sich auch die sozialdemokratischen Ärzte, die sich ganz klar gegen die Fristenlösung aussprachen, angeführt vom sozialdemokratischen Wiener Gesundheitsstadtrat Julius Tandler, der das Verfügungsrecht der Schwangeren über den Embryo ablehnte, da dieser bereits Teil der Gesellschaft sei. Tandler verlangte zwar ein Gesetz, nach dem soziale, medizinische und eugenische Indikatoren möglich seien, jedoch sollte die Entscheidung über eine Abtreibung nicht bei der Schwangeren selbst, sondern bei einer eigens dafür eingesetzten Kommission liegen.
Innerhalb der Partei konnten sich die Gegner der Freigabe der Abtreibung eindeutig durchsetzen. Im Linzer Programm von 1926, in dem die Partei erstmals zu diesem Problem Stellung bezieht, sind viele der von Tandler vorgebrachten Überlegungen berücksichtigt. So ist darin auch der Passus enthalten, daß es noch nicht an der Zeit sei, „in die individuelle Freiheit hinüberzuspringen."[17]
Eine teilweise Verwirklichung der sozialdemokratischen Konzepte zur Bevölkerungspolitik wurde unter Julius Tandler in Wien möglich, indem einerseits versucht wurde, Frauen durch soziale Maßnahmen von der Abtreibung abzuhalten und andererseits diejenigen, die diesem Konzept nach keine Kinder gebären sollten, durch eugenische Indikation daran gehindert wurden.
Im übrigen dienten auch die von Tandler eingerichteten Eheberatungsstellen in der Hauptsache diesem Zweck. Hier soll allerdings noch darauf hingewiesen werden, daß diese Maßnahmen und Einrichtungen nicht auf Wien beschränkt waren, sondern in ähnlicher Form z. B. auch in Graz bestanden, allerdings nicht als Resultat gezielter bevölkerungspolitischer Vorstellungen, was in Graz trotz einer relativen Mehrheit der Sozialdemokraten sicher auch nicht möglich gewesen wäre. Ob und inwieweit hinter den Grazer Einrichtungen indirekt sozialdemokratische Vorstellungen standen, kann noch nicht belegt werden.[18]

5. Wohlfahrtseinrichtungen in Graz[19]

Unter dem Eindruck der schlechten Lebensbedingungen während des 1. Weltkrieges wurde in Graz bereits im Jahre 1917 das städtische Jugendamt eingerichtet. Seine Tätigkeit umfaßte im wesentlichen drei große Bereiche, und zwar die Unterhaltsfürsorge, die Erziehungsfürsorge und die Gesundheitsfürsorge.
Graz wurde damals in 21 Fürsorgebezirke eingeteilt, die je einer Fürsorgerin unterstanden, welche noch von ehrenamtlichen Helfern unterstützt wurde. Dem

---

16 *Lehner*, ebda.
17 *Lehner*, ebda.
18 In Graz waren nach den Wahlen von 1919 die Sozialdemokraten mit 20 Mandaten die relativ stärkste Partei und stellten mit Vinzenz Muchitsch auch den Bürgermeister. Fünf Jahre später erhielten sie 22 Mandate (Christlichsoziale 16, Großdeutsche 6, Bund freier Republikaner 2, Nationalsozialisten 2) und Muchitsch blieb weiter Bürgermeister bis zum Jahre 1934.
19 Siehe Die Stadt Graz, hrsg. von der Stadtgemeinde Graz, Graz 1928, S. 200–216.

Jugendamt wurden auch die Kinderheime, Kindergärten, Schülerhorte und Tagesheimstätten unterstellt. Zur Unterhaltsfürsorge gehörte die Betreuung von unehelichen, sittlich gefährdeten sowie unversorgten Kindern und Jugendlichen, weiters Unterstützungen und Erziehungsbeiträge sowie Naturalhilfen, wie die Austeilung von Lebensmittel und Kleidung.

In der Erziehungsfürsorge spielte der Kampf gegen die Kinder- und Jugendverwahrlosung die größte Rolle. Dazu dienten unter anderem vor allem die Kindergärten und Jugendhorte. Ursprünglich waren sowohl die Kindergärten als auch die Tagesheimstätten Privatanstalten und befanden sich erst seit 1919 bzw. 1923 in Gemeindebesitz. 1926 unterstanden dem Jugendamt 12 Kindergärten, von denen neun mit Tagesheimstätten verbunden waren und 11 Schülerhorte. Durch die ständige Überfüllung dieser Einrichtungen sah sich der Gemeinderat im Jahre 1927 veranlaßt, einen Beschluß zum Ausbau der bestehenden zu treffen. Einen sehr wichtigen Bestandteil der Fürsorgetätigkeit des Jugendamtes stellte die Schulfürsorge dar. Sie ermöglichte – durch die Kooperation des Amtes mit den Schulen – einen genauen Überblick über das Verhalten der Kinder bzw. deren Erziehung. Zu diesem Zweck wurden die einzelnen Schulen von Fürsorgerinnen und Schulärzten regelmäßig besucht.[20]

> „Mehr als je zuvor mußte es die Schule nach den schweren Schäden der Kriegsjahre neben der Unterrichtspflege als ihre Aufgabe betrachten, Hemmungen in der Entwicklung der Schulkinder wahrzunehmen, ihren Ursachen nachzuforschen und den modernen Bestrebungen und Anregungen auf dem Gebiete der Fürsorge hilfreich Hand zu bieten; kommt doch jeder in dieser Hinsicht errungene Erfolg nicht nur dem betreffenden Kinde und weiter der ganzen Volksgemeinschaft, sondern auch der Schule selbst wieder zugute..."

Eine nach eigenen Aussagen zufolge zentrale Stellung in diesen Bestrebungen nahm der Stadtschulrat ein:[21]

> „... Der Stadtschulrat hat ... seit jeher sich der Fürsorge und Erziehung von armen und vernachlässigten Kindern besonders angenommen und teils mit eigenen Mitteln und Kräften, teils durch die Einflußnahme nach außen auf die Gründung von Anstalten zum Schutze und zur Beschäftigung der Kinder außerhalb der Schule, insbesondere von Kinderhorten, Wärmestuben, Suppenanstalten, Tagesheimstätten, Jugendspielplätzen, Ferienkolonien und Schülerunterstützungsvereinen hingewirkt, deren Bestrebungen er nach Möglichkeit anregt und fördert."

Ab dem 15. Mai 1924 übernahm das Jugendamt auch die Ausspeisung bedürftiger Kinder und Jugendlicher, die schon in der Vorkriegszeit – allerdings vom Stadtschulrat und privaten Vereinen – durchgeführt worden war. Durch die Zentralküche der Ausspeisung wurden außerdem auch die Horte und Kinderheimstätten des Jugendamtes beliefert. Im Jahre 1926 wurden insgesamt 377 478 Portionen verabreicht. Außerdem oblag dem Jugendamt auch die Aufsicht über die Zieh- und unehelichen Kinder bis zum 14. Lebensjahr, wovon es in Graz im Jahre 1926 bereits 8 000 gab, und deren Pflegeplätze.

In die Bereiche der Gesundheitsfürsorge gehörten die Schwangerschaftsberatung, die Mütterberatung in sechs dafür eingerichteten Stellen und die ärztliche Betreuung der Kinder und Jugendlichen. In den Mütterberatungsstellen und der Klein-

---

20 Ebda., S. 211.
21 Ebda., S. 211 f.

kinderberatung des Jugendamtes wurden unentgeltlich Seife und Lebertran, sowie leihweise Kinderwagen, Kinderkörbe und Kinderbadewannen abgegeben. Außerdem erhielten bedürftige Kinder Kleider, Schuhe und Wäsche. So betrug die Anzahl der abgegebenen Kleidungsstücke im Jahre 1926 5 144. Ein besonderes Augenmerk wurde auch auf die ärztliche Betreuung der Schulkinder gelegt, deren Gesundheitszustand regelmäßig von fünf Schulärzten und einem Chefarzt in Reihen- und Einzeluntersuchungen überprüft wurde, wobei speziell die Schulzahnpflege durch die Errichtung der Schulzahnkliniken intensiviert wurde.
Auch während der Ferienzeit wurden die Kinder vom Stadtschulrat betreut, indem dieser Tagesheimstätten, die 1928 vom Jugendamt übernommen worden waren und hauptsächlich von Hortkindern besucht wurden, Ferienkolonien und Erholungsheime betrieb.
Die körperliche Betätigung der Kinder auch außerhalb des Unterrichts wurde durch die Einrichtung und Erhaltung von Sportplätzen, den Ankauf von Sportgeräten, die kostenlose Erteilung von Schwimmunterricht und die freie Benützungsmöglichkeit einiger Freibäder gefördert. An bedürftige Kinder wurden in den Schulen kostenlos Schulbücher entlehnt sowie die Lehrmittel kostenlos zur Verfügung gestellt.

6. FREIZEIT

Nach Meinung und Wunsch der Parteidenker sollten die Frauen die ihnen zur Verfügung stehende Freizeit entweder in sozialdemokratischen Vereinen bzw. Veranstaltungen, in denen sie sich entweder sinnvoll erholen oder weiterbilden und zudem auch noch sozialdemokratisches Bewußtsein erhalten konnten, verbringen, oder aktiv in der politischen Parteiorganisation tätig sein.[22] Diesbezüglich soll nur darauf hingewiesen werden, daß das sozialdemokratische Vereinsangebot wirklich das ganze Spektrum möglicher Freizeitbetätigungen als bewußte Alternative zum bürgerlichen Vereinsleben abdeckte.
Was nun die Rolle der Frauen in diesen Vereinen anlangt, zeigt sich auch in diesem Bereich die Aufrechterhaltung der traditionellen Hierarchie. Außer in den speziellen Frauenvereinen, wie etwa den Gesangs- und Turnvereinen und eventuell noch in Theatergruppen sowie bei den Kinderfreunden, spielten Frauen nur eine untergeordnete Rolle und waren in den Führungspositionen der Vereine nicht vertreten.[23] Bezüglich ihres Anteils an der Mitgliederzahl ist es im Moment noch unmöglich, detailliertere Aussagen, die in weiterer Folge eine Generalisierung erlauben könnten, zu treffen. In der Realität war es allerdings so, daß vor allem die verheirateten Frauen, aber auch ein Großteil der ledigen kaum über freie Zeit verfügten.[24]
Als eine der wesentlichen Freizeitbetätigungen soll nun die Sportbewegung behandelt werden, weil die neue Körperkultur,[25] die von den Sozialdemokraten propagiert wurde und vor allem die Lebenshaltung, Mode usw. der Jugend beeinflußt hat, in Verbindung mit dem Sport entstanden ist und auch verbreitet wurde.

---

22 *Dieter Langewiesche*, Zur Freizeit des Arbeiters. Bildungsbestrebungen und Freizeitgestaltung österreichischer Arbeiter im Kaiserreich und in der Ersten Republik, Stuttgart 1979.
23 Siehe *Staudinger*, a. a. O.
24 Ebda.
25 Siehe Mit uns zieht die neue Zeit. Arbeiterkultur in Österreich 1918–1934, Wien 1981.

7. DIE FRAUEN IN DER SOZIALISTISCHEN SPORTBEWEGUNG

Im ASKÖ, der sozialistischen Arbeitersportbewegung, war man sehr daran interessiert, Frauen dazu zu bringen, sich sportlich zu betätigen, wobei sich dieses Bestreben von den unterschiedlichsten Motivationen herleitete:[26]

„Durch das Frauenturnen, das gemeinschaftliche Spielen und Wandern wurde das Selbstbewußtsein der turnenden Arbeiterin mächtig gefördert, das Verhältnis der Geschlechter zueinander geläutert und die Gleichberechtigung der Frau als Selbstverständlichkeit anerkannt. Wenn heute bereits eine freiere, frischere Luft manches Prüde und Unnatürliche aus den Arbeiterheimen, von den Arbeiterfesten und im Zusammenarbeiten der Geschlechter in Fabrik und Kontor hinweggefegt hat und einer edleren, freieren Lebensauffassung den Weg ebnete, so ist es nicht zuletzt dem Wirken der Arbeitersportverbände zu verdanken."

Im Jahre 1929 hatte der Frauensportausschuß des ASKÖ, der ein Jahr zuvor gegründet worden war, ein Programm ausgearbeitet, welches am Sozialistische Arbeitersport-Internationale-Kongreß in Prag vorgelegt und dort zum Frauensportprogramm der Internationale erklärt wurde.[27]

„Frauensport und Sozialismus
Die Frau hat durch die Revolution und durch den Sozialismus ihre geistige und politische Gleichberechtigung erlangt. Die politische Gleichberechtigung gibt der Frau das Recht, zu verlangen, daß für ihre geistige und körperliche Ausbildung dieselbe Aufmerksamkeit und dieselben Mittel verwendet werden, wie für die Männer. Wir verlangen auf dem Gebiete der körperlichen Ausbildung der Frauen, die bisher nur ganz ungenügend berücksichtigt wurde, dieselben Fortschritte, wie sie auf den sportlichen Gebieten der Männer aufzuweisen sind. Der Sport soll schon von kleinen Kindern gepflegt werden. Die sportlich ausgebildete Mutter wird imstande sein, auch den Säugling schon turnen zu lassen. Der Turnunterricht soll in allen Schulen, ohne Unterschied der Art, des Alters und des Geschlechtes der Schüler, obligat sein und unter der Kontrolle eines Schularztes stehen. Es ist eine der Hauptforderungen unseres Programms, den Staat und die hierzu berufenen Körperschaften zur Erfüllung ihrer Pflicht auf dem Gebiete des Frauensportes aufzurufen. Der Sozialismus lehrt uns, die Menschenwürde zu beachten. Der Mensch ist ihm nicht eine belanglose Nummer ohne Wert wie dem Kapitalismus. Geistige Freiheit aber bedingt körperliche Freiheit. So wie wir den Geist der Menschen durch den Sozialismus von allen hemmenden reaktionären Anschauungen befreien, so soll auch der Sport den Körper freimachen von allen Hemmungen, die Trägheit und ungesunde Lebensweise verursachen. Der Sport aber, den der Sozialismus fordert, darf nicht in Rekordleistungen sein höchstes Ziel sehen, wie es der bürgerliche Sport macht. Nur im Massensport, in der Erfassung des ganzen Volkes, liegt sein höchster Zweck.

Psychologische Aufgaben des Frauensportes
Die Frauen sind durch jahrhundertelange Unterdrückung unselbständig geworden und leiden unter dem mangelnden Selbstbewußtsein, was in allen Lebenslagen und insbesondere im politischen Leben zum Ausdruck kommt. Diesem Mangel abzuhelfen, ist der Sport das beste Mittel. Die Ausübung jedes Sportes verlangt Geistesgegenwart und

---

26 Siehe *Reinhard Krammer*, Arbeitersport in Österreich, Wien 1981, S. 180.
27 Ebda., S. 183–185.

Geschicklichkeit, Beherrschung der Muskeln und des Denkens. Wer regelmäßig Sport treibt, übt alle seine Kräfte, und gute sportliche Leistungen erzeugen ein gesteigertes Selbstbewußtsein, ein Gefühl der Sicherheit und des Könnens, das sich auf das geistige Leben überträgt. Eine wichtige Aufgabe des Frauensportes ist es, die Frauen durch den Sport zur Überwindung aller Minderwertigkeitsgefühle und gesteigerter geistiger Leistungsfähigkeit zu führen."

Diese emanzipatorischen Vorstellungen entsprachen allerdings nicht der Realität. Das Frauenbild des ASKÖ war nämlich vorwiegend traditionell geprägt, wie man schon an den Aufgabenbereichen erkennen kann, die den Frauen innerhalb der Vereinstätigkeiten zugewiesen wurden.[28]

„Welche Fülle von Arbeit eröffnet sich schon im Arbeitersport für Frauen allein schon! Da gibt es:
1. Zu werben,
2. zu erziehen und zu bilden,
3. zu organisieren,
4. Ordnung zu halten in administrativen Dingen,
5. Kasse zu führen,
6. Wissenschaftlich zu forschen,
7. Erfahrung zu sammeln und sie zu verwerten."

Als wichtigste Aufgaben der Arbeiterfrau wurden aber auch im ASKÖ – ganz konventionell – das Gebären und die Erziehung der Kinder angesehen, wobei kein Zweifel daran gelassen wurde, daß sämtliche Erziehungsaufgaben, wozu eben auch eine gesunde körperliche Erziehung der Kinder gehörte, ausschließlich Sache der Frauen seien.

Außerdem bestand die Meinung, daß eine Tätigkeit im Bereich der Körperkultur für die Frauen auch deshalb besonders geeignet sei, weil vor allem im politischen Leben für die Frauen durch die dort bestehende Dominanz der Männer eine Tätigkeit nicht mehr in Frage käme. Eine gemeinsame sportliche Betätigung von Frauen und Männern war von vornherein völlig ausgeschlossen, da die Meinung vorherrschte, daß Mann und Frau physiologisch und psychisch völlig andersartig seien. Daher fand Frauensport im ASKÖ in eigenen Frauensektionen statt, die sich regen Zuspruchs erfreuten. Im Wiener Arbeiterturnverein z. B. bestanden 71 Frauenabteilungen und damit sogar um 7 mehr als bei den Männern mit 14 865 Turnerinnen.[29]

8. DIE FRAUEN IN DER ARBEITERBILDUNG[30]

Im Rahmen der theoretischen Vorstellungen von den neuen Menschen in der Sozialdemokratie nahm die Bildungsarbeit einen bedeutenden Platz ein. Diese Bildungsarbeit wurde von der zentralen Bildungsstelle in Wien bzw. von den Landesbildungsausschüssen der Bundesländer organisiert und setzte sich aus Schulungen, Kursen und Vorträgen für einen allgemeinen Interessentenkreis oder für bestimmte Zielgruppen zusammen. Eine dieser speziellen Zielgruppen waren die Frauen. Uns interessieren die Bildungsangebote, die speziell für sie organisiert

---
28 Ebda., S. 181.
29 Ebda.
30 Siehe *Langewiesche*, a. a. O., S. 92–235.

wurden, natürlich am meisten, kann man an ihnen doch sehr leicht absehen, welche Ziele sich die Bildungsarbeit bei den Frauen setzte, bzw. welche Vorstellungen man in Hinsicht auf die Frauen entwickelt hatte.
In der Theorie und den Programmen wurde der politischen Schulung der Frauen immer eine besonders große Bedeutung beigemessen. Tatsächlich war aber nur ein geringer Teil der angebotenen Vorträge und Schulungen – die ausgesprochenen Funktionärinnenschulungen ausgenommen – politischer Natur. Sehr viele Vorträge behandelten Themen, die nach der Anschauung der damaligen Zeit als ‚reine Frauenthemen' galten, wie etwa solche über Kindererziehung, Krankenpflege, Eheberatung, Kochkurse usw. Nach den Jahresberichten der Bildungszentrale und der einzelnen Landesbildungsausschüsse waren es allerdings auch gerade diese Themen, die die Frauen interessierten und größere Besucherzahlen erreichten, während die politischen Themen eher nicht auf großes Interesse stießen. Ganz offensichtlich befanden sich die Programmgestalter hier in dem Dilemma, daß die politische Bewußtseinsbildung bei der Mehrheit der Frauen noch nicht so weit fortgeschritten war, um sie zum Besuch politischer Vorträge und Kurse animieren zu können, die zu einer weiteren Aktivierung hätte führen sollen. Im Grunde genommen ist das Desinteresse der Frauen aber vollkommen verständlich, wenn man zum Beispiel bedenkt, daß in dem gesellschaftlichen Klima, in dem sie lebten, eine politische Aktivität, die über die Wahlbeteiligung hinausging, überhaupt nicht erwünscht und in der patriarchalischen Familienstruktur aus Zeitgründen auch gar nicht möglich war, sich diese Frauen also lieber mit für sie brauchbaren Themen auseinandersetzten, wenn sie sich schon einmal die Zeit für derlei Veranstaltungen nahmen.
Dieses Dilemma zwischen Theorie und Praxis wurde zwar schon damals aufgeworfen, von den meisten Theoretikern allerdings weitgehend ignoriert. So wurde ein in der Bildungsarbeit vom April 1928 erschienener Artikel von Marie Feßler, in dem sie sich in kritischer Weise mit den Frauenschulen auseinandersetzte, eindeutig abwertend kommentiert. Die Autorin stellt in ihrem Beitrag zunächst fest, daß es fast keine Frauenschulen gibt und stellt dann einige Forderungen auf, wie eine Frauenschule beschaffen sein müßte.[31]

> „Zunächst soll sie eine Schule sein. Sie soll also einen nach einem bestimmten Lehrplan gegliederten Lehrstoff umfassen, der ein Ganzes bildet. Sie soll einen konstanten Teilnehmerkreis ständig erfassen und zu möglichst intensiver Mitarbeit heranziehen. Die Teilnehmerinnen sollen um die Durcharbeitung des Stoffes in der Schule ihre ganzen Bildungsbestrebungen während der Kursdauer konzentrieren: sie sollen Bücher lesen, die den dort gebotenen Stoff ergänzen, entsprechende Exkursionen machen usw.
> Zweitens soll die Schule eine Frauenschule sein, sie soll sich also auf Themen beschränken, die speziell die Frauen angehen, die man in einer Arbeiterschule nicht so eingehend behandelt. Also keine ‚Lebensbilder großer Sozialisten', kein Kurs: ‚Wie unsere Gesellschaftsordnung entstand.' Damit ist nicht gesagt, daß Frauenschulen nicht auch von Männern besucht werden sollen, im Gegenteil, eine stärkere Anteilnahme der Männer wäre sehr zu wünschen; ausgehen müssen aber die behandelten Fragestellungen von der Frau."

Diese Frauenschulen sollten nach Feßlers Meinung in erster Linie zur Schulung von Funktionärinnen dienen, für die breite Masse der noch indifferenten, zum

---

31 *Marie Feßler*, Grundsätzliches zur Frauenschulung, in: Bildungsarbeit 1928, S. 71–73.

Teil unorganisierten Frauen seien eigene Kurse, etwa über Haushaltsthemen, Erziehungsfragen, Nähkurse durchzuführen.

Werfen wir nun einen kurzen Blick auf die tatsächlichen Aktivitäten in der Frauenbildung:[32]

Das in der Bildungsarbeit angezeigte Programmangebot für Frauenschulen und Frauenvorträge von 1920 bis 1931 zeigt, daß sich diesbezüglich von den Grundtendenzen her nur kaum Änderungen ergeben haben. Die Zweiteilung von politischen und frauenspezifischen Themen wurde bis auf wenige Ausnahmen beibehalten. Sowohl in Wien als auch in den Bundesländern erfolgte eine Erweiterung des Angebotes, die aber nicht immer auch tatsächlich in Anspruch genommen wurde.

Das Übergewicht Wiens bedeutet keine Überraschung, sondern kann eigentlich als selbstverständlich angesehen werden. In Wien fanden im Jahre 1920/21 13 Frauenschulen, in den Bundesländern eine statt. Ein Jahr später wurden in Wien 18 und in den Bundesländern zwei abgehalten. 1922/23 gab es in Wien 13 und in den Ländern 3 Frauenschulen und 1923/24 in Wien 20 und in den Ländern wieder zwei. 1924/25 fanden in Wien 24 und in den Ländern, eigentlich nur in Niederösterreich, bereits acht Frauenschulen statt. Die durchschnittliche Besucherzahl lag in Wien bei 50, in NÖ bei 70 Teilnehmerinnen. Im Bezirk Mürzzuschlag wurde im Jahre 1925 ein Kurs für Frauen, in welchem an 17 Vortragsabenden zu je drei Stunden neben den aktuellen politischen Themen verschiedene Handarbeiten gelehrt wurden, neu eingeführt: „hierdurch war die Möglichkeit gegeben, die Frauen auch für politische Fragen zu interessieren; dieser Kurs war ein Versuch und konnte der Besuch befriedigen."

Sechs Frauenschulen wurden im Jahre 1926 abgehalten, darunter die sogenannte Zentralfrauenschule in Wien, bei der an 12 Abenden Gabriele Proft, Leopoldine Glöckl, Therese Schlesinger und Adelheid Popp, also die prominentesten Sozialdemokratinnen, referierten. An dieser Zentralfrauenschule durften allerdings nur aus den Bezirksfrauenorganisationen ausgewählte Genossinnen teilnehmen. Die übrigen fünf Frauenschulen wurden in den Ländern abgehalten, und zwar eine viertägige in Linz und eine dreitägige in Klagenfurt mit Gabriele Proft, je eine viertägige in Graz und Salzburg mit Emmi Freundlich und eine ebenfalls viertägige in Innsbruck mit Marie Bock.

Einen guten Einblick über die Berufs- und Altersstruktur der Teilnehmerinnen vermittelt der folgende Bericht über eine ebenfalls 1926 abgehaltene Frauenschule mit 27 Teilnehmerinnen:[33]

> „Die Altersdifferenz zwischen den Schülerinnen war noch größer als bei der Parteischule. Zwei Genossinnen standen im 16., vier im 18., drei im 27., vier im 31., drei im 35. und je eine Genossin im 20., 21., 22., 24., 25., 26., 28., 29., 36., 40. und 42. Lebensjahr. Die Gliederung nach Berufen zeigt folgendes Ergebnis: Fabriksarbeiterinnen 6, Bedienerin 1, Heimarbeiterin 1, Angestellte 6, Schulschwester 1, Lehrerin a. D. 1, Studentin 1, Frauensekretärin 1, im Haushalt 9. Es standen also 16 Genossinnen im Erwerbsleben. Die 6 Angestellten waren durchweg bei Partei- oder Gewerkschaftsinstitutionen angestellt.
>
> Eine sehr wichtige Ergänzung des Unterrichtes bildete das morgendliche Turnen, an dem sich die Genossinnen mit viel Freude und meist auch mit voller Präsenz beteilig-

---

[32] Siehe Bildungsarbeit 1920–1934.
[33] Bildungsarbeit 1926, S. 83.

ten. Ferner wurden zwei Exkursionen unternommen und eine Theatervorstellung und zwei Konzerte besucht. An den Abenden fanden Feiern, heitere Vorlesungen, Lichtbildervorträge usw. statt [...] Alle Unterrichtsstunden wurden mit Gesang eingeleitet. Das Programm war nicht überladen, es nahm jedoch die Schülerinnen mit 140 Unterrichtsstunden reichlich genug in Anspruch.

In Donawitz und Judendorf fanden 1927 Frauenschulen in Verbindung mit einem Näh- und Schnittzeichenkurs statt. Insgesamt fanden 1927 von 47 Schulen Vortragsreihen und davon nur 4 in den Bundesländern statt.

Zwei Jahre später hat sich die quantitative Vorherrschaft der Frauenschulen in Wien noch verstärkt. Bis April 1929 fanden von 59 Schulen nur zwei nicht in Wien, sondern in Niederösterreich statt. Nicht eruierbar ist allerdings die Anzahl der abgehaltenen Vorträge für Frauen – außer für die Steiermark, in der von insgesamt 785 Vorträgen 190 speziell für die Frauen bestimmt waren. Im Frühsommer 1929 wurden in der Steiermark auch zwei allgemeine Funktionärinnenschulen veranstaltet, davon ein Frauen-Wochenendkurs für Frauen aus der ganzen Steiermark mit 40 Teilnehmerinnen und eine achttägige Landesfrauenschule mit ebenfalls 40 Schülerinnen. Von Oktober 1930 bis März 1931 fanden in der Steiermark insgesamt 395 Vortragsabende statt. 127 davon waren Frauenvorträge. Bei allen Vorträgen waren 21 550 Männer und 27 517 Frauen anwesend. Leider sind keine weiteren aufgeschlüsselten Besucherzahlen von Vorträgen bekannt. Es wäre eine interessante Frage, ob dieses Frauenübergewicht eine einmalige Erscheinung oder die Regel war.

Auf Grund des bis jetzt zur Verfügung stehenden Materials wäre es nicht angebracht, generelle Aussagen über eine bestimmte Entwicklung in der Frauenbildung zu treffen, noch dazu, weil die diesbezüglichen Berichte in der ‚Bildungsarbeit' eher dazu neigen, positive Tendenzen hervorzuheben und negative unberücksichtigt zu lassen.

Zusammenfassend soll noch einmal festgestellt werden, daß es – aus der Sicht der Frauen – den Sozialdemokraten nur in Ansätzen gelang, ihre theoretischen Vorstellungen von der Konzeption des „neuen Menschen" in die Praxis umzusetzen. Dies lag zu einem großen Teil daran, daß die Theorie zu abstrakt und schwer vermittelbar war und die Realität des Alltagslebens kaum berücksichtigte. Zum andern scheiterten die theoretischen Ansprüche der Sozialdemokraten aber vor allem an den Arbeitern und nicht zuletzt an den Arbeiterinnen selbst, die nicht zu Einstellungs- und Verhaltensänderungen bereit waren bzw. bereit sein konnten. Vor allem für die Arbeiterinnen bedeutete dies, und das sollte hier auch aufgezeigt werden, daß sich ihre Lebensbedingungen in der Zwischenkriegszeit kaum änderten und daß es ihnen daher auch nicht möglich war, sich intensiv mit den neu propagierten Wertvorstellungen auseinanderzusetzen bzw. diese ihren Kindern weiter zu vermitteln. Dies wäre nach den Vorstellungen der Sozialdemokraten ihre Aufgabe und nur ihre und nicht die der Väter gewesen. Auch diese konservative Erziehungsvorstellung erhärtet die Vermutung, daß die Ziele vom neuen Menschen in erster Linie darauf hin abgefaßt waren, den männlichen Arbeitern das Leben auf Kosten der Frauen angenehmer zu machen.

Peter Friedemann

Die Krise der Arbeitersportbewegung am Ende der Weimarer Republik

In der Bundesrepublik hat die Loslösung des Fachs Sportgeschichte aus der allgemeinen Geschichte Anfang der 70er Jahre zweifelsohne zu einer sehr intensiven Beschäftigung mit sportwissenschaftlichen Themen geführt.[1] Seit den „Pionierarbeiten" von Schuster (1962)[2], Timmermann (1973)[3], Ueberhorst (1973)[4] und Fischer/Meiners (1973)[5] kann die Arbeitersporthistoriographie auf eine beachtliche Anzahl an Publikationen, Reprints, Ausstellungskatalogen und auch Tagungen verweisen (Teichler 1984)[6].
Die Forschungen der Sozialhistoriker auf dem Gebiet des Sports haben dagegen erst begonnen.[7] Teichler konstatiert sogar eine „Ausblendung der Arbeitersportbewegung durch die Historiker der Arbeiterbewegung und der neueren Sozialgeschichte".[8]
Die Vermutung liegt nahe, daß die Forschung davon profitieren könnte, wenn beide Disziplinen enger kooperieren würden. Wäre es nicht sogar an der Zeit, daß Sporthistoriker und Sozialhistoriker aufeinander zugingen, Erkenntnisse und Methoden austauschten, um gemeinsam eine „fundierte Sozialgeschichte" des internationalen Arbeitersports zu schreiben? Noch werden solche Desiderate offenbar nicht angemeldet. So plädierte Teichler in seinem exzellenten Überblick über die vielfältige Vereinskultur des Arbeitersports, die von den Naturfreunden zu den Arbeiterfußballern, Roten Radlern, Arbeiterturnern, Arbeiterschützen, Arbeiterschwimmern und sogar Arbeiterseglern bis hin zu Arbeitertennisportlern reicht, erst kürzlich dafür, eine „fundierte Organisationsgeschichte" des Ar-

---

1 Vgl. dazu *Hans Joachim Teichler*, Arbeitersport – Körperkultur – Arbeiterkultur. Kritische Anmerkungen zu einem längst überfälligen Aufarbeitungsprozeß. In: Sportwissenschaft 14 (1984) 4, S. 325–347.
2 *Hans Schuster*, Arbeiterturner im Kampf um die Jugend. Zur Geschichte des revolutionären Arbeitersports 1893–1914, Berlin 1962.
3 *Heinz Timmermann*, Geschichte und Struktur der Arbeitersportbewegung 1893–1933, Ahrensburg 1973.
4 *Horst Ueberhorst*, Frisch, frei, stark und treu. Die Arbeitersportbewegung in Deutschland 1893–1933. Düsseldorf 1973.
5 *Jürgen Fischer/Peter Michael Meiners*, Proletarische Körperkultur und Gesellschaft. Zur Geschichte des Arbeitersports, Gießen 1973.
6 *Teichler*, a. .a .O., S. 325 ff.
7 Zu erwähnen sind Aufsätze von *Volker Schmidtchen, S. Gehrmann* und *Günther Herre* in: *Gerhard Huck* (Hrsg.), Sozialgeschichte der Freizeit, Wuppertal ²1982. Siehe ferner die zahlreichen Hinweise auf den Arbeitersport in Büchern und Aufsätzen von *A. v. Saldern, H. Wunderer, D. Langewiesche, R. Wheeler* sowie in zunehmendem Maße auch Examensarbeiten. Als Beispiel: *H. Lohmann*, Sozialdemokratische Vereinskultur in der Weimarer Republik. Beispiele aus der Arbeitersportbewegung in Hannover, Hannover 1984.
8 *Teichler*, a. a. O., S. 329.

beitersports zu schreiben.⁹ Aufgrund der Quellenlage sicherlich verständlich; schließlich sind, bedingt durch die nationalsozialistische „Kahlschlagpolitik", die Material-¹⁰ und Wissenslücken enorm. Im internationalen Rahmen gilt dies sicherlich analog.¹¹

Daß die Historiker der Arbeiterbewegung und neueren Sozialgeschichte die Arbeitersportbewegung mehr oder weniger ausgeklammert haben, ist unverständlich und verwunderlich, gehörte doch die Arbeitersportbewegung mit 1,2 Millionen Mitgliedern im Jahr 1928 in Deutschland zu dem „vielleicht wichtigsten... Bestandteil der Arbeiterkultur." (Wheeler)¹²

Es kann aber vermutet werden, daß vor allem von dem sogenannten „Paradigmawechsel der Geschichtswissenschaft"¹³, durch den die Wissenschaft der Geschichte sich der „Alltags- und Kulturgeschichtsschreibung", der Regionalgeschichte und der „Geschichte von unten" zugewandt und dabei wie für die „oral history" ein differenziertes methodisches Handwerkszeug entwickelt hat¹⁴, auch wichtige Anregungen für die Sporthistoriker ausgehen können.

Hier soll versucht werden zu begründen, warum die vielleicht „in der Luft" liegende wechselseitige methodische „Befruchtung" der beiden Fachdisziplinen Arbeitersport- und Sozialgeschichtsschreibung historisch und politisch interessant

---

9 Ebda., S. 338.

10 Einen erklecklichen Bestand besitzen, neben dem Archiv der sozialen Demokratie in Bonn, das Institut für Sportwissenschaften der Ruhr-Universität Bochum und das Fritz-Hüser-Institut für deutsche und ausländische Arbeiterliteratur.
Die Friedrich-Ebert-Stiftung verfügt über ein Verzeichnis seiner Bestände: *Anne Bärhausen/Ruth Meyer/Rüdiger Zimmermann*, Arbeitersportbewegung. Ein Bestandsverzeichnis des Archivs der Bibliothek des Archivs der sozialden Demokratie, Bonn 1981.

11 Wie ein Blick in den von *Arnd Krüger* und *James Riordan* herausgegebenen Sammelband „Der internationale Arbeitersport. Der Schlüssel zum Arbeitersport in 10 Ländern", Köln 1985, zeigt, fehlen in beinahe allen Ländern, am wenigsten trotz alledem wohl in Deutschland und Österreich, gute Organisationsgeschichten des Arbeitersports.

12 *Robert F. Wheeler*, Organisierter Sport und organisierte Arbeit. Die Arbeitersportbewegung. In: *Gerhard A. Ritter* (Hrsg.), Arbeiterkultur im Deutschen Kaiserreich, Königstein 1979, S. 58 f.

13 Vgl. *Detlev Peukert*, Arbeiteralltag – Mode oder Methode. In: *Heiko Haumann* (Hrsg.), Arbeiteralltag in Stadt und Land. Neue Wege der Geschichtsschreibung, Argument-Sonderband 94, Berlin 1982.
Vgl. zum Streit das Für und Wider der „Alltagsgeschichte", die in engem Zusammenhang mit der „Arbeiterkulturgeschichte" gesehen wird: *Hans-Ulrich Wehler*, Der Bauernbandit als neuer Heros. Ohne Einbettung in ein umfassendes Geschichtsbild droht eine Sackgasse, in: Die Zeit Nr. 39, 18. 9. 1981, S. 44; *Jürgen Kocka*, Klassen oder Kultur? Durchbrüche und Sackgassen in der Arbeitergeschichte. In: Merkur. Deutsche Zeitschrift für europäisches Denken, 36. Jg., 1982, H. 10; *Martin Broszat*, Plädoyer für Alltagsgeschichte. Eine Replik auf J. Kocka. In: Merkur, 36. Jg., 1982, H. 12. Siehe auch *Ritter* (Hrsg.), Arbeiterkultur; *Jürgen Kocka* (Hrsg.), Arbeiterkultur im 19. Jahrhundert. In: Geschichte und Gesellschaft, 5. Jg., 1979, H. 1; Internationale Tagung der Historiker der Arbeiterbewegung. 17. Linzer Konferenz 1981, Wien 1983.

14 Vgl. dazu die Einleitung in *Lutz Niethammer* (Hrsg.), Die Jahre weiß man nicht, wo man die heute hinsetzen soll. Faschismuserfahrungen im Ruhrgebiet, Berlin/Bonn 1983.

und wichtig ist.[15] In diesen Zusammenhang gehört auch die Frage, warum eine organisatorisch so bedeutende Bewegung wie die der Arbeiterschaft von den faschistischen und nationalkonservativen Kräften ausmanövriert werden konnte. Dies zu fragen liegt um so näher, als es nach der geistig-politischen Wende in Bonn nicht mehr selbstverständlich ist zu sagen, daß der Nationalsozialismus kein Betriebsunfall, sondern ein Kind der deutschen Geschichte ist.[16] Zudem besteht wohl kaum ein ernsthafter Dissens darüber, daß der Untergang der Weimarer Republik von rechts-konservativer Seite mit vehementer Nachhilfe wirtschaftlicher Interessengruppierungen beschleunigt worden ist.[17]

1. ARBEITERKULTUR UND ARBEITERSPORT

Das „Dilemma der Arbeiterkultur" als Kultur proletarischer Emanzipationsbemühungen wird durch das Spannungsverhältnis „freier" und „gebundener" Elemente charakterisiert. Sicherlich machen auch die Arbeiter über ihre Organisationen oder durch ihre alltäglichen Verhaltensweisen ihre Geschichte selbst. Wirklichkeit und auch die realen Verhältnisse und Lebensumstände der Arbeiterschaft sind veränderbar.
Allerdings gilt für die gewerbliche Lohnarbeiterschaft weit mehr noch als für privilegiertere und durch Besitztümer „materieller" oder „kultureller" Natur ausgezeichnete Schichten, jenes wieder häufiger zitierte Diktum[18] von Karl Marx, der „Determination" durch Geschichte und soziale Umstände:
„Die Menschen machen ihre eigene Geschichte, aber sie machen sie nicht aus freien Stücken, nicht unter selbstgewählten, sondern unter unmittelbar vorgefundenen, gegebenen und überlieferten Umständen."[19]
Die vielfachen Hemmungsfaktoren einer freien Entfaltung der Kräfte und des politischen Wollens außerhalb des eigenen Einflußbereichs, aber auch ihre Rückwirkungen auf die innere Verfassung der Arbeiterbewegung selbst sind weitgehend bekannt.[20] Man denke an den paramilitärischen Sprachgebrauch im Turn-

---

15 In einigen Arbeiten des „Nestors" der westdeutschen Arbeitersportgeschichtsschreibung, *Horst Ueberhorst*, klingt an, daß das Desiderat der größeren Verschränkung der beiden Disziplinen besteht, die Umsetzung ist freilich kaum erkennbar. Geschichtswissenschaft und Sportgeschichte sind nicht sozialgeschichtlich vermittelt. *Ders.*, Probleme der Geschichtswissenschaft. Ein Beitrag zur politisch-historischen Bildung, in: Aus Politik und Zeitgeschichte, Oktober 1979; *ders.*, Deutsche Turnbewegung und deutsche Geschichte. Friedrich Ludwig Jahn und die Folgen, in: Ebda., Juli 1978. Vgl. auch das Protokoll einer Tagung der Deutschen Vereinigung für Sportwissenschaft im Frühjahr 1985 in Freudenberg.
16 Vgl. *Hans Mommsen* auf der Fachtagung der Historischen Kommission der SPD in Bonn am 1. 3. 1985. Besprechung der Süddeutschen Zeitung vom 5. 3. 1985 von *Ivo Frentzel*.
17 Vgl. Industrielles System und politische Entwicklung in der Weimarer Republik. Verhandlungen des Internationalen Symposiums in Bochum vom 12.–17. Juni 1973, *Hans Mommsen/Dietmar Petzina/Bernd Weisbrod* (Hrsg.), Düsseldorf 1974.
18 In der von Rosa Luxemburg abgewandelten Formulierung: Die Menschen machen ihre Geschichte nicht aus freien Stücken, aber sie machen sie selbst. Einladung zu einer Geschichte des Volkes in NRW. Hrsg. von *Lutz Niethammer u. a.*, Berlin/Bonn 1984.
19 MEW 8, S. 315; MEW 37, S. 463 f.; MEW 3, S. 533.
20 Vgl. *Gerhard A. Ritter*, Arbeiterkultur im Deutschen Kaiserreich. Probleme und Forschungsansätze, in: *ders.* (Hrsg.), Arbeiterkultur, S. 15 ff.

unterricht, insbesondere im wilhelminischen Erziehungssystem.[21] Die Arbeitersportbewegung, 1893 als eine freiheitliche Emanzipationsbewegung gegen den wilhelminischen autoritär-militärischen Obrigkeitsstaat entstanden, ist selbst keineswegs frei von ähnlichen Disziplin- und Ordnungsmustern. Sie war, wie ein Schüler von Ernst Bloch, Joachim Schumacher, dies über viele Partei- und Gewerkschaftsführer aus dem Exil 1936/37 in Frankreich schrieb, „zwar gegen den Geist der deutschen Kaserne organisiert", vermochte sich aber davon nicht zu befreien.[22] Die in der sozialistischen Presse noch am Ende der Weimarer Republik in der Sportberichterstattung verwendete Sprache ist ein frappierendes Beispiel dafür, wie nachhaltig jene Sozialisation wirkte. Im sozialdemokratischen Bochumer Volksblatt häufen sich Begriffe wie diese: „Kampf den bürgerlichen Sportskanonen", „Vorwärts zum Kampf", „Vorwärts marsch", „Abteilung halt", „Parteisoldaten", „Heerschauen", „Truppenverschiebungen", „Armeen", „Bataillone" etc. In einem Arbeitskreis ehemaliger Arbeitersportler und Mitglieder des Reichsbanners nahm ein anwesender jüngerer Franzose noch kürzlich mit Verwunderung die offenbar langjährig eingeübte Disziplin (einschließlich Tempo) bei der Einnahme der Mahlzeiten zur Kenntnis. In 7 Minuten war das Mittagsmal „verschlungen", das Geschirr abgeräumt, der Kaffeetisch gedeckt.
In einer beachtenswerten Analyse hat der Germanist und Sporthistoriker Gerhard Hauk vor kurzem die kollektiven Symbole der Arbeiterkultur und des Arbeitersports verglichen[23] und festgestellt, daß der autoritativ-militärische Sprachgebrauch vornehmlich in der Arbeitersportbewegung zu beobachten ist. Zudem werde es über Rituale des Marschierens im Gleichschritt, sowie bei Frei- und Ordnungsübungen erleichtert, Disziplin- und Ordnungsvorstellungen durchzusetzen. Sie hatten die Funktion auch öffentlich zu demonstrieren, daß die Arbeiterschaft durchaus fähig war, dem stärker werdenden Faschismus organisatorisch etwas Gleichwertiges entgegenzusetzen. Die gigantischen Aufmärsche der „durch den Sport gestählten und ertüchtigten Jugend des Proletariats" (Julius Deutsch)[24] – etwa bei der Arbeiterolympiade 1931 in Wien – suggerierte in der Tat Macht und Stärke. Nicht nur auf den ersten Blick war diese Ertüchtigungsform geeignet, dem faschistischen Gegner Paroli zu bieten. Aus den Reihen der sozialdemokratischen und insbesondere kommunistischen Arbeitersportbewegung gingen viele aktive Widerstandskämpfer gegen den Faschismus hervor. Andererseits kann aber die Frage von A. Klönne nicht übersehen werden, ob darin nicht zugleich die Gefahr der Anpassung an autoritäre, spezifisch preußisch-deutsche Orientierungen lag: „Konnte die vermeintliche Stärke nicht in bestimmten Situationen leicht in Schwäche umschlagen, dann nämlich, wenn Kommandos von oben ausblieben?"[25]

---

21 Vgl. dazu *H. Lemmermann*, Kriegserziehung im Kaiserreich. Studien zur politischen Funktion von Schule und Schulmusik 1890. 1918, Bd. 1, Lilienthal/Bremen 1984, S. 8 f., S. 136 ff.
22 Vgl. *Joachim Schumacher*, Die Angst vor dem Chaos. Zur falschen Apokalypse des Bürgertums, Reprint Frankfurt 1982.
23 Vgl. *Gerhard Hauk*, „Armeekorps auf dem Weg zur Sonne". Einige Bemerkungen zur kulturellen Selbstdarstellung der Arbeiterbewegung, in: Fahnen, Fäuste, Körper. Symbolik und Kultur der Arbeiterbewegung. Hrsg. für das Institut zur Geschichte der Arbeiterbewegung von *Dietmar Petzina*, Essen, Juni 1986, S. 69 ff.
24 Vgl. *Julius Deutsch*, Unter roten Fahnen. Vom Rekord- zum Massensport, Wien 1931, S. 24.
25 zitiert bei *Hauk*, S. 137 f., Anmerkung 36.

Wie schwer es gerade der Arbeitersportbewegung als der breitesten Gruppierung der Arbeiterkultur gefallen ist, eine „Entidentifizierung" von der dominant militärisch-autoritativen Kultur herbeizuführen, wird exemplarisch bei der Betrachtung des inneren Vereinslebens eines kleinen Arbeitersportvereins im Ruhrgebiet (1932: 67 Mitglieder) deutlich. Der 1917 gegründete Arbeitersportverein Witten-Annen[26] wird äußerlich durch die „Idee der Befreiung des Menschen durch den Sozialismus", durch die „Erziehung zur proletarischen Körperkultur" zusammengehalten. Die gegen Ende der Weimarer Republik selten werdende Praxis, Vorträge über diese Thematik halten zu lassen, steht im krassen Gegensatz zur Routinearbeit des Vereins. Ein Vereinsmitglied referiert z. B. noch am 20. Januar 1933 über die Bedeutung, innere Kraft und Stärke des „sozialistischen Internationalismus", über die 15 Millionen organisierten Gewerkschaftsmitglieder, über die 2 Millionen Sportler, die der Sozialistischen Arbeitersportinternationale (SASI) angeschlossen sind, die zu einem „internationalen Block von gewaltiger Macht auch jenseits der Meere zusammengeschweißt" seien. Er gab der Erwartung Ausdruck, daß die auf den Arbeiterolympiaden in Leizig (1922), Frankfurt (1925) und Wien (1931) gezeigte „innere Kraft und Stärke" ausreichen würde, „sich gegen den Faschismus und für die Befreiung der Arbeiter durch das Proletariat zu behaupten." (20. 1. 1933)

Die Klagen und Sorgen des Vorstands stehen zu solchen „hehren" Ideen im krassen Widerspruch, sie sehen kaum anders aus als in einem beliebigen bürgerlich-traditionellen Verein: Von Abwanderungen zu einem anderen, besseren Verein ist die Rede, sobald der Leistungsabfall der eigenen Fußballmannschaft absehbar wird: „Es ist eine komische Sache, daß man dann erst geht, wenn wir durch die Niederlage evtl. als Gruppenmeister nicht mehr in Frage kommen." (24. 9. 1932) Beklagt wird der Mißbrauch des Vereinsstempels, der mangelnde Besuch der Mitgliederversammlungen, die Denunzierung von Kollegen und die Beitragsdisziplin: „Genosse P. ermahnt die Genossen, die bürgerlichen Sportplätze zu meiden, denn es sind meist die Genossen, die mit Beiträgen im Rückstand sind, die die Sportplätze besuchen." (18. 6. 1932)

Der Widerspruch zwischen Anspruch und Wirklichkeit, der die Arbeiterkulturbewegung vor 1933 charakterisierte,[27] wird im Arbeitersport besonders deutlich. Hier die Euphorie der großen Massenveranstaltungen, die „internationale Heerschau", die (mit Blick auf die Arbeiterolympiade in Wien 1931) „mächtiger ist als alles, was bisher der Arbeiterklasse gelungen ist" (Friedrich Adler)[28], dort die erwerbslosen Arbeitersportler, die nicht wußten, wovon sie z. B. Beiträge und das sogenannte Wäschegeld (30 Pfennig/Spieltag) für die zerschlissene Sportkleidung oder selbst den Fußball bezahlen sollten.

Der Sozialhistoriker wird freilich versuchen müssen, zum objektiveren Verständnis dieser ambivalenten Erscheinung weitere gesellschaftliche Bedingungen zu berücksichtigen.

2. Die Distanz der Partei zu einer eigenständigen Kulturpolitik

Das Diktum von F. Engels, Bourgeoisie und Proletariat würden sich in Kultur und Sprache wie Feuer und Wasser unterscheiden (MEW 2, 229), stimmte eigent-

---

26 Das handschriftliche Protokoll befindet sich im Besitz des Autors.
27 Vgl. *Peter Friedemann*, Anspruch und Wirklichkeit der Arbeiterkultur 1891–1933, in: Fahnen, Fäuste, Körper, op. cit., S. 101 ff.

lich nie so richtig. Zumindest ist nicht erkennbar, inwieweit die SPD bemüht war, den Emanzipationskampf der Arbeiterbewegung mit einem „differenzierten Kulturkonzept" in der Weise zu begleiten, daß kulturelle Werte und Normen aus der proletarischen Wirklichkeit heraus entwickelt wurden. Wie G. Hauk nachgewiesen hat,[28] handelte es sich vielmehr um Wertvorstellungen, die den bürgerlichen Kollektivmythen des Animalischen, des Chaos, des Schmutzes und der Unordnung lediglich entgegengesetzt wurden. Die alternativen Werte der Menschlichkeit, Ordnung und Sauberkeit täuschten auch die Möglichkeit der Aufhebung gesellschaftlicher Gegensätze durch Anpassung an bürgerliche Normen vor. In diesem antagonistischen Gesellschafts- und Kulturverständnis hatten differenzierte Betrachtungsweisen, die sich aufgrund veränderter sozialer Bedingungen und Lebensweisen ergaben bzw. eigentlich ergeben hätten, keinen Platz.[30]

Natürlich mußte aus der Sicht der organisierten Arbeiterbewegung der Akzent der politischen Arbeit auf die Verbesserung der sozialen Frage und Arbeitsbedingungen gelegt werden. Vor allem gehörte hierzu der Kampf um den 8-Stunden-Tag. Bei einem 14- bis 10stündigen Arbeitstag konnte nicht erwartet werden, die noch freie Zeit für das kärgliche sozialistische Kulturangebot zu opfern. Das legitime Entspannungsbedürfnis wurde in der Regel in Kneipen bei Bier und Schnaps befriedigt. Julius Deutsch hat das 1931 noch anschaulich beschrieben: „Ältere Leute, es müssen gar nicht alte sein, werden sich noch gut erinnern, wie vor 20 und 30 Jahren der Arbeiter seinen Sonntag verbrachte. Nach der Wochentage Mühen und Plagen wollte er sich vor allem einmal ordentlich ausschlafen. Dann bereitete man sich langsam auf das nicht immer reichliche, aber doch etwas bessere Mittagessen vor und dann ging es nach einem kleinen Mittagsschläfchen ins Wirtshaus. Am Biertisch saß es sich bequem und gemütlich bis zum Abend und mitunter auch länger, solange eben die paar Kronen reichten, die sauer genug verdient waren."[31]

Ein Teil der Arbeiter und Angestellten wurde auch von der offiziellen nationalen Festkultur (Sedansfeiern, kaiserliche Geburtstagsfeiern), vom Tingeltangel der bürgerlichen Schützen-, Bürger- und Kriegervereine angezogen.[32] Auch die Lesegewohnheiten bekräftigten, daß eine Befreiung von der hegemonialen bürgerlichen Kultur nicht erfolgt ist.[33]

Es zeigte sich, daß das Bedürfnis nach kulturellen Betätigungen zwar vorhanden war, das vorgegebene Raster, das zwischen legitimen „Klassenfesten" und unge-

---

28 Vgl. Mit uns zieht die neue Zeit. Arbeiterkultur in Österreich 1918–1934. Eine Ausstellung der österreichischen Gesellschaft für Kulturpolitik und des Meidlinger Kulturkreises, Wien 1981, S. 96.
29 *Hauk*, a. a. O.
30 Vgl. für Lebensweisen allgemein: *Richard J. Evans*, The German Working Class 1888–1933. The Politics of Everyday Life, London 1982 und *Dieter Langewiesche/ Klaus Schönhoven* (Hrsg.), Arbeiter in Deutschland. Studien zur Lebensweise der Arbeiterschaft im Zeitalter der Industrialisierung, Paderborn 1981.
31 *Julius Deutsch*, a. a. O., S. 3.
32 Das Spannungsverhältnis zwischen hehrem Streben nach „internationaler Solidarität" und „nationalpatriotischem" Zeitgeist war schon für die frühe deutsche Arbeiterbewegung kennzeichnend. Vgl. *Werner Conze/Dieter Groh*, Die Arbeiterbewegung in der nationalen Bewegung. Die deutsche Sozialdemokratie vor, während und nach der Reichsgründung, Stuttgart 1966.
33 Vgl. *Hans-Josef Steinberg*, Sozialismus und deutsche Sozialdemokratie. Zur Ideologie der Partei vor dem I. Weltkrieg, Bonn-Bad Godesberg ⁴1976, S. 129 ff.

liebten „Volksfesten" unterschied, der Erwartungshaltung vieler Arbeiter nicht gerecht wurde. Das Mißtrauen der Partei gegenüber allem, was mit Kunst und Kultur zu tun hatte, wirkte sich für andere Denkansätze, etwa die Pflege der traditionellen Volkskultur, negativ aus.[34] Die Rede vom „Vertrauensdefizit der Partei" gegenüber Kunst und Kultur war verbreitet oder, wie Wilhelm Liebknecht es ausdrückte, „das kämpfende Deutschland hatte keine Zeit zum Dichten".[35]
Die nicht gerade kulturschöpferische Politik der organisierten Arbeiterbewegung hatte in der Weimarer Republik verhängnisvolle Folgen. Als nach 1918 ein Teil der staatlicherseits gesetzten Hemmungsfaktoren (Aufhebung des Koalitionsverbots für jugendliche Arbeiter, des Wahlverbots für Frauen) entfiel, traten mit Übernahme traditioneller Aufgaben der Parteien und Gewerkschaften durch Staat und Kommune, vor allem aber durch die wachsende Bedeutung der kommerzialisierten Massen- und Freizeitindustriekultur[36] bereits wieder neue Einengungen für eine freie, schöpferische Entfaltung der „zweiten Kultur" auf. Nur in den ersten acht Jahren nach Ende des I. Weltkrieges kann von einem wirklichen Aufschwung kultureller Aktivitäten, allerdings weniger auf Seiten der MSPD, gesprochen werden. Der dann einsetzende „Utopieverlust"[37] konnte nur teilweise durch neue Formen und sinnstiftende Symbolbilder der proletarischen Bewegung (Massenveranstaltungen, z. B. der „Großmacht Arbeitersport", Sprechchorbewegung, Laienspieltheater, politische Kabaretts u. ä.) relativiert werden.[38]

3. Der „Erosionsprozess" in der Arbeitersportbewegung

Die Behauptung ist, daß hiervon und damit auch von den Massenveranstaltungen des Arbeitersports (Arbeiterolympiaden) keine auf die Massen der unorganisierten, sporttreibenden Arbeiterschaft identitätsbildenden Hoffnungssymbole ausgingen. Diese zur Entmythologisierung des Arbeitersports beitragenden Bemerkungen mögen überraschen. Sie haben auch die Funktion, den Untersuchungsgegenstand nicht auf eine enge, heroische Rolle der organisierten Arbeitersportbewegung bei der Gestaltung von Festen und Feiern zu beschränken.[39]

---

34 Vgl. *William L. Guttsman*, The German Social Democratic Party, 1875–1933. From Ghetto to Government, London 1981, S. 331 f.
35 *Helmut Barth* (Hrsg.), Zum Kulturprogramm des deutschen Proletariats im 19. Jahrhundert. Eine Sammlung kulturpolitischer und ästhetischer Dokumente, Dresden 1978, S. 22.
  Vgl. Neue Zeit 1893/94, Bd. 1, 343: „Das bißchen Muße und alle geistige Kraft, die dem Proletariat zu Gebote stehen, absorbiert der Kampf, der Klassenkampf; zum Besingen des Kampfes in formvollendeter Weise bleibt weder ausreichende Muße noch Kraft übrig."
36 Vgl. *Dieter Langewiesche*, Politik – Gesellschaft – Kultur. Zur Problematik von Arbeiterkultur und kulturellen Arbeiterorganisationen in Deutschland nach dem Ersten Weltkrieg, in: Archiv für Sozialgeschichte 22. Bd., 1982. Vgl. *A. v. Saldern* in diesem Band.
37 Vgl. *Erich Fromm*, Arbeiter und Angestellte am Vorabend des Dritten Reiches. Eine sozialpsychologische Untersuchung, Stuttgart 1980.
38 Vgl. *Dieter Blecking* (Hrsg.), Arbeitersport in Deutschland 1893–1933. Dokumentation und Analysen, Köln 1983.
  Vgl. *John Clark*, Bruno Schönlank und die Arbeitersprechchorbewegung, Köln 1984.
39 Nicht immer frei von solchen Versuchungen der Wiener Ausstellungskatalog „Mit uns zieht die neue Zeit".

Die zugrundegelegte Unterscheidung zwischen Arbeitersportbewegung (der vierten und bedeutendsten Säule der Arbeiterkulturbewegung) und „sporttreibenden Arbeitern" vermag den Zugang zu jenen, wie ich meine, neuen Wegen der Arbeitersportgeschichtsschreibung zu öffnen.

Bereits kritische zeitgenössische Beobachter hatten auf die abseits stehenden oder in bürgerlichen Vereinen engagierten Arbeitersportler aufmerksam gemacht.[40] Offenbar gab es in der Praxis nicht mehr das eindeutige Polarisierungsverhältnis zwischen bürgerlichem und proletarischem Sport. Viel trug dazu bei, daß auch die bürgerliche Seite sich nicht mehr, wie noch die DTler 1914, unverhohlen nationalreaktionären Parolen verschrieb oder z. B. den Frauensport unterdrückte.[41] Vor allem aber war nach 1918 die repressive Staatsstruktur entfallen, die in gewisser Weise der Nährboden für die Entstehung gegenkultureller Aktivitäten war.[42] Die mit Fortschreiten der Industrialisierung sich vor allem in den Großstädten verändernden Arbeits- und Lebensbedingungen wirkten sich ferner auf das Klassenbewußtsein aus. So wurden im Bergbau im Zuge der Rationalisierung „Gedingegemeinschaften" zerrissen,[43] damit die für den Arbeitersport des Ruhrgebiets typische Übertragung kameradschaftlicher Strukturen vom Arbeitsplatz in den Arbeitersportverein erschüttert. Die für die Herausbildung kollektiver Verhaltensweisen jahrzehntelang wichtigen „offenen Wohngemeinschaften" wurden aufgelöst[44] und damit wiederum auch die für die Vereinsbildung so wichtigen Voraussetzungen familiärer Verbandsstrukturen.[45]

Dies führte dazu, daß Freizeit auch bei Arbeitern nicht mehr nur durch eigene aktive sportliche Betätigung ausgefüllt wurde, sondern in zunehmendem Maße als Kompensation für den „eintönigen, geist- und persönlichkeitstötenden Arbeiteralltag" begriffen wurde. Da angestaute Emotionen, aber auch Aggressionen, nicht mehr alleine durch eigene Sportaktivitäten im kleinen Verein kompensiert wer-

---

40 Vgl. ATZ Nr. 1 vom 15. 6. 1922; Sportpolitische Rundschau 1928, Nr. 4. In der Freien Turnerin vom 30. April 1924, 11. Jg. Nr. 5, S. 1, wird beklagt, daß die Mehrheit der Sportlerfrauen Rechtsparteien wählen. Daß Schalke 04, obwohl ein klassischer Arbeiterverein, dem bürgerlichen Westdeutschen Sportverband angegliedert war, ist ein weiteres Indiz dafür, daß sich die Fronten verwischten.

41 Im Bochumer Anzeiger, einem bürgerlichen Blatt, liest man am 31. Juli 1922 folgenden Hinweis, der mit einem feinen Unterschied auch in einer Arbeitersportzeitung stehen könnte: „Überall rüstet sich die Frau zu einem friedlichen Wettstreit mit dem Mann, überall die Glieder und Brust von Kraft gespannt, von Wetter und Sonne die glatte Haut gebräunt. Das ist Abkehr von Puder, Pomade und Maniküre, das ist Körperkultur."

42 So erübrigten sich Eigeninitiativen der Sportler auch dadurch, daß die Kommunen im Rahmen ihrer sozialpolitischen Aufgaben auch für Arbeitersportler Sportstätten bereitstellten. Ein ganz anderes Kapitel ist das des „Betriebssports", der in zunehmendem Maße Anreize für erwerbslose Arbeiter schuf. Vgl. Faschismus im Ruhrgebiet. Material hg. von der Gauführung des Roten Frontkämpfer-Bundes. o. O. o. J.

43 Vgl. dazu: *Detlev Peukert*, Kolonie und Zeche. Arbeiterradikalismus, Widerständigkeit und Anpassung – Ruhrbergarbeiter zwischen Faschismus und Wirtschaftswunder, in: SOWI 9, 1980, H. 1, S. 24 ff.

44 *Klaus Tenfelde*, Bergarbeiterkultur in Deutschland. Ein Überblick, in: *Ritter* (Hrsg.), Arbeiterkultur im 19. Jh., op. cit., S. 12 ff.; *ders.*, Das Fest der Bergleute. Studien zur Geselligkeit der Arbeiterschaft während der Industrialisierung am Beispiel des deutschen Bergbaus, in: *Ritter* (Hrsg.), Arbeiterkultur, S. 209 ff.

45 *Jean-Luc Malvache*, Arbeitersport in Bochum (Hrsg. Arbeitskreis arbeitende Jugend vor 1933. DGB/VHS), H. 5, Bochum 1984.

den konnten, da hier der natürliche Geltungstrieb und der soziale Unterlegenheitskomplex nicht genügend Berücksichtigung fanden, wuchs auch beim Arbeitersportler die Begeisterungsfähigkeit für den „Zuschauersport", worauf neben Wildung u. a., de Man in seinem vielgelesenen Buch zur Psychologie des Sozialismus kritisch aufmerksam gemacht hat:

> „Die Massen, darunter die auch für die Arbeiterschaft so typischen Sportfanatiker, sind dabei nur Zuschauer, Zeitungsleser, Wetter, kindliche Schwärmer für die Helden des Tages und Nachahmer ihrer Posen. Es heißt „Sport", wenn 10 000 Menschen, um sich die Langeweile durch Aufregungen zu vertreiben, zwei Faustkämpfer, zweiundzwanzig Fußballer oder ein Dutzend Motor-Rennfahrer angaffen und sich dabei gegenseitig Sachverständigkeit vorzuschwätzen versuchen, ... Der Sinn des Ganzen ist Erhöhung des positiven Selbstgefühls im Spiel der wechselnden Spannungen, die der Wettbewerb und das Abenteuer auslösen ... Auch dem biederen Handwerker und Bauern von heutzutage genügen noch die spießerlich-gelinden Aufregungen des Skatabends und des Kegelklubs; die Mehrzahl der auf stärkere Reize erpichten Sportfanatiker stellt neben einer Minderheit blasierter Bourgeoissöhnchen die große Menge der Arbeiter und Angestellten, die als Sportinteressenten um so mehr zu gelten versuchen, als sie in ihrer Erwerbsarbeit seelisch herabgesetzt werden".[46]

Auch wenn man sehen muß, daß die Argumentation de Mans aus der Distanz des Intellektuellen erfolgt und die Kritikfähigkeit der Zuschauer sicherlich unterschätzt wird, ist die Interdependenz zwischen Arbeitsbedingungen sowie passivem und aktivem Sport doch richtigerweise problematisiert worden. In dem Maße, wie der Sport zunehmend professionalisiert wurde, vergrößerte sich die Distanz zwischen Zuschauer und Profi sogar noch erheblich. Die fehlende Möglichkeit der Identifikation mit der Arbeit im Alltag, sowie die soziale und räumliche Distanz der Idole, die nicht mehr beispielsweise in der Kneipe und Lotto-Annahmestelle ansprechbar, faßbar sind, wird als „Liebesentzug" empfunden. Dies vergrößert den Stau von Emotionen und Aggressivität, der sich bei den seither häufiger werdenden Ausschreitungen der nicht unbedingt sporttreibenden „Fans" entladen kann.

Zahlreiche Jugendliche vor 1933 bewog nicht zuletzt auch dieser Entwicklungsprozeß, sich von der organisierten Arbeiterbewegung abzuwenden und, wie besonders in Berlin geschehen, sich in sogenannten „Wilden Cliquen" zusammenzuschließen.[47] In diesen „Cliquen", die insbesondere den Nazis ein Dorn im Auge waren, wurden Tugenden praktiziert wie „Solidarität", „Kameradschaft", „geistige Beweglichkeit", „körperliche Geschicklichkeit", „lebensbejahende Ausgelassenheit", aber auch „Gruppendisziplin" mit gelegentlichen Anlehnungen an linke Gruppen der Arbeiterjugendbewegung (SAJ, KJVD, Arbeitersportbewegung, rote Jungfront), freilich auch anarchistischen Zügen und „wütendem Haß gegen alles Bestehende", das ihre Lebenslust unterdrückte. Sport wurde hier in ei-

---

46 *Hendrik de Man*, Zur Psychologie des Sozialismus. Neue unbearbeitete Auflage, Jena 1927, S. 36 ff.
47 Vgl. *Helmut Lessing/Michael Liebel*, Wilde Cliquen. Szenen einer anderen Arbeiterjugendbewegung, Bensheim 1981. Vgl. *Eve Rosenhaft*, Organising the ‚Lumpenproletariat': Clique and Communists in Berlin during the Weimar Republic, in: *Richard J. Evans* (Hrsg.), The German working class 1883–1933. The politics of everyday life, London 1982. Für das Ruhrgebiet gibt es gerade in der Erwerbslosenzeit seit der Wirtschaftskrise ähnliche, wenngleich noch nicht erforschte Phänomene.

ner Nische zwischen „Privatheit" und „Politik", zwischen „Privatidylle" und „Öffentlichkeit" betrieben.

Zusammengefaßt läßt sich von einem „Erosionsprozeß" sprechen, der trotz aller Versuche, das Bild einer disziplinierten Organisation zu wahren, auch die Arbeitersportbewegung nicht verschone. Die veränderten Arbeiteralltagsstrukturen, die mit Beginn der Wirtschaftskrise weiter verschlechterte soziale Situation der jugendlichen Arbeiter, verschärften die Spannungen zwischen Organisation und Basis. Die Arbeiteralltagskultur, Humus für neue gesellschaftspolitische Strategien,[48] bestimmte nicht mehr die Programmatik auch der Arbeitersportbewegung. Versuche, die Arbeiterkulturpraxis neu zu gestalten,[49] drangen nicht mehr nach oben, konnten von Partei und Gewerkschaft nicht mehr umgesetzt werden. Ebenso wie die anderen sozialistischen Vorfeldorganisationen, in denen allerdings theoretische und politische Diskussionen bis hin zu frühen Spaltungen noch heftiger ausgetragen wurden,[50] war auch die Arbeitersportbewegung in der entscheidenden Phase 1933 geschwächt. Dem politischen Willen der Nationalsozialisten konnten keine massenwirksamen Hoffnungssymbole entgegengesetzt werden. Im Gegenteil, der Nationalsozialismus hat es mit den Mitteln von Technik und Massenpropaganda verstanden, den „Erosionsprozeß" einseitig zugunsten disziplinierter Massensportveranstaltungen zu beschleunigen.[51]

Sicherlich ist die Diskreditierung der Arbeitersportbewegung und ihrer Formen durch die Nazis ausschlaggebend dafür gewesen, daß nach 1945 die Arbeitersportorganisationen mehr oder minder nicht wieder aufleben konnten.[52] Wenn dies jedoch von einigen ehemaligen Arbeitersportlern bedauert wird, so weil für sie trotz Nationalsozialismus andere Inhalte und Erfahrungen, Praxisformen der Solidarität und Kollektivität in Arbeiteralltag und Arbeitersport prägend geblieben sind. Genau hier könnte die Forschung ansetzen.

Der Zusammenhang von Arbeitsbedingungen/Arbeiteralltag und Sport als Komplementärerscheinung könnte noch stärker ins Blickfeld gerückt werden. Es gilt, ausgehend vom Begriff der „Lebensweise der Arbeiter",[53] in Anlehnung an den englischen Sprachgebrauch „cultures"[54], die besonderen Werte und Normen des Arbeitersports in den Regionen und in der jeweiligen Zeit herauszuarbeiten. Auch die Sportgeschichtsschreibung dürfte zukunftsorientierte Erkenntnisse

---

48 Vgl. *Helene Maimann*, Bemerkungen zu einer Geschichte des Arbeiteralltags, in: *Gerhard Botz* u. a. (Hrsg.), Bewegung und Klasse. Studie zur österreichischen Arbeitergeschichte, Wien 1978, S. 600 f.
49 Eine für diesen Zusammenhang interessante, noch kaum ausgewertete Quelle sind die letzten Jahrgänge des Funktionärsorgans der SAJ, „Der Führer".
50 Vgl. *Dieter Klenke*, Die SPD-Linke in der Weimarer Republik, 2 Bde., Münster 1983.
51 Vgl. *Henning Eichberg/Michael Dultz* u. a., Massenspiele, NS-Thingspiele, Arbeiterweihespiel und olympisches Zeremoniell, Stuttgart 1977.
52 Vgl. *Franz Nitsch*, Warum entstand nach 1945 keine Arbeitersportbewegung? Ein quellenkritischer Beitrag zur Organisation des Sports nach dem 2. Weltkrieg, in: Sportwissenschaft 6 (1976), S. 172 ff.
53 Vgl. *Richard Williams*, Gesellschaftstheorie als Begriffsgeschichte, München 1972, S. 389 ff.; *Ritter* (Hrsg.), Arbeiterkultur, S. 18 f. Vgl. *Dieter Langewiesche*, Politik – Gesellschaft – Kultur: Zur Problematik von Arbeiterkultur und kulturellen Arbeiterorganisationen in Deutschland nach dem I. Weltkrieg, in: Internationale Tagung der Historiker der Arbeiterbewegung, 17. Linzer Konferenz, 1981, S. 15 ff.
54 Vgl. *Evans*, a. a. O.; *Michael Vester*, Was dem Bürger sein Goethe, ist dem Arbeiter seine Solidarität, in: Ästhetik und Kommunikation Jg. 7, 1976, H. 24, S. 62 ff.

eher aus Untersuchungen zur Kontinuität der soziokulturellen Dimension unter branchen- und lokalspezifischen Aspekten ableiten können als von einer zu engen Orientierung an der politischen Arbeitersportgeschichtsschreibung. Das gilt im nationalen wie im international vergleichenden Rahmen. So dürfte die Frage, warum es nach 1945 keine Kontinuität der alten Arbeitersportbewegung gegeben hat, sicherlich nicht nur auf die spezifische Konstellation bestimmter Funktionärskonferenzen der ersten Nachkriegsjahre zurückzuführen sein.[55] Es hängt eben auch mit der Krise der alten Arbeitersportbewegung zusammen, die es nicht rechtzeitig vor 1933 verstanden hatte, für differenziertere Bedürfnisse neue Formen zu entwickeln. Es wäre denkbar, daß unter Anknüpfung an den Trend in der Sozialgeschichtsschreibung, repräsentiert etwa durch die Essener und Hagener Forschungen von Karl Rohe, Lutz Niethammer, Franz Brüggemeier, Alexander von Plato, Bernd Parisius, Michael Zimmermann, Ulrich Herbert und Detlev Peukert[56], sowie die Arbeiten des Bielefelder Historikers Josef Mooser[57], auch die Sporthistoriker einen neuen Zugang zum Arbeitersport finden könnten.[58]

Angeknüpft werden soll damit auch an jene hierzulande durch Dieter Groh bekanntgewordenen Thesen,[59] die weder von bloßer Anpassung, Verbürgerlichung oder Veredlung[60] der sozialdemokratischen Arbeiterschaft oder im Sinne der DDR-Forschungen von einer Klassenkultur[61] sprechen, sondern hervorheben, daß die sozialdemokratische Alltagskultur oder „Subkultur" zunächst das Ergebnis des Klassenkampfes von oben war und nicht das des systematischen Ver-

---

55 *Nitsch*, a. a. O., S. 200.
56 *Karl Rohe*, Vom alten Revier zum heutigen Ruhrgebiet. Die Entwicklung einer regionalen politischen Gesellschaft im Spiegel der Wahlen, in: *Karl Rohe/Hans Müller* (Hrsg.), Politik und Gesellschaft im Ruhrgebiet, Hain 1979, S. 21 ff.
 Lutz Niethammer (Hrsg.), „Die Jahre weiß man nicht, wo man die heute hinsetzen soll": Faschismuserfahrungen im Ruhrgebiet. Lebensgeschichten und Sozialkultur im Ruhrgebiet, Bd. 1, Berlin 1983.
57 *Josef Mooser*, Arbeiterleben in Deutschland 1900–1970. Klassenlagen, Kultur und Politik, Frankfurt am Main 1984.
58 Einen Versuch in dieser Richtung unternehmen *B. de Buhr/R. Klaus*, Die Arbeitersportbewegung als proletarische Massenbewegung. Untersuchungen zur Sportauslegung und zum Selbstverständnis anhand ausgewählter Quellen am Beispiel des Arbeiterradfahrer- und Kraftfahrerbundes Solidarität. In: Hochschulsport 1 (1980), S. 15 f.; vgl. auch *Wilhelm Hopf*, Arbeitersport und Arbeitersportbewegung, in: *Hans-Jürgen Schulke* (Hrsg.), Kritische Stichwörter zum Sport, München 1983, S. 54–60. Zum Problem der Aggression im Sport, allerdings nur bezogen auf den aktiven Sport, vgl. *E. Frogner*, Aggression im Sport. Ebda., S. 252–259.
59 *Dieter Groh*, Negative Integration und revolutionärer Attentismus. Die deutsche Sozialdemokratie am Vorabend des Ersten Weltkrieges, Frankfurt/Berlin 1973.
 Vgl. *Guenther Roth*, The Social Democrats in Imperial Germany. A Study in Working-Class Isolation and National Integration, Totowa, N.J. 1963.
60 *Brigitte Emig*, Die Veredelung des Arbeiters. Sozialdemokratie als Kulturbewegung, Frankfurt 1980.
 Vgl. *Adelheid v. Saldern*, Auf dem Weg zum Arbeiter-Reformismus. Parteialltag in sozialdemokratischer Provinz Göttingen (1870–1920), Frankfurt 1984.
61 Vgl. Literatur und proletarische Kultur. Beiträge zur Kulturgeschichte der deutschen Arbeiterklasse im 19. Jahrhundert, Berlin 1983. Vgl. die Arbeiten des Lehrstuhls der Sektion Ästhetik und Kunstwissenschaften der Humboldt-Universität zu Berlin unter der Leitung von *Dietrich Mühlberg*.

suchs, eine formelle Identifikation mit dem reaktionären kapitalistischen Klassenstaat zu vermeiden. Wertvorstellungen und Normengefüge der sozialdemokratischen Arbeiteralltagskultur deckten sich mit Verhaltensweisen der gesellschaftlichen Gruppierungen, die durch die anwachsende horizontale und vertikale Mobilisierung vieles von ihrem Klassencharakter zu verlieren begannen.[62] Möglicherweise lassen sich gerade im Arbeitersport als Teilbereich der Arbeiteralltagskultur Normen und Verhaltensweisen aufdecken, die das auch gegenwärtig zu beobachtende Bedürfnis nach Identitätsbindung und Ausbildung neuer und humanerer Solidarstrukturen durch selbstorganisierte Kulturarbeit historisch untermauern. Vielleicht signalisiert der Rückgang der Zuschauerzahlen der Fußballbundesliga auch, daß die Ablenkungsfunktion des großen Sports bei Teilen der Arbeiterschaft der Einsicht gewichen ist, daß selbstbetriebener Sport letztlich mehr, entspannender und gesünder ist. Möglicherweise bedeutet dies langfristig für manche Kommune notwendigerweise auch, kulturpolitische Förderungsprogramme zu ändern. Vielleicht würde auch die friedenspolitische Orientierung der alten und ihr verpflichteten Arbeitersportbewegung davon profitieren können.[63] Vor allem aber, und dies erscheint für den komparatistisch-historischen Aspekt wichtig, kann erst eine sozialgeschichtliche Betrachtungsweise der Arbeitersportbewegung die Voraussetzung für einen sinnvollen Vergleich bieten. Bis auf wenige skandinavische Länder war die deutsche Arbeitersportbewegung zwar zahlenmäßig die bestorganisierte. Und doch war sie dem „Erosionsprozeß", später auch den Manipulierungsbemühungen der Nationalsozialisten, stärker ausgesetzt als andere Länder.

---

62 *Hans Mommsen*, Die Sozialdemokratie in der Defensive: Der Immobilismus der SPD und der Aufstieg des Nationalsozialismus, in *ders.* (Hrsg.), Sozialdemokratie zwischen Klassenbewegung und Volkspartei, Frankfurt/M. 1974, S. 106 ff.
63 Vgl. *Teichler*, op. cit., S. 341; *ders.*, Sportler für den Frieden, in: Vorwärts, Nr. 32 vom 3. August 1985.

Verzeichnis der Autorinnen und Autoren

Friedhelm Boll, geb. 1945, Dr. phil., wissenschaftlicher Angestellter im Institut für Sozialgeschichte Braunschweig-Bonn.
Veröffentlichungen: Frieden ohne Revolution? Friedensstrategien der deutschen Sozialdemokratie vom Erfurter Programm 1891 bis zur Revolution 1918, Bonn 1980; Massenbewegungen in Niedersachsen 1906-1920, Bonn 1981. Aufsätze und Rezensionen zu inhaltlichen und methodischen Fragen der Arbeiterbewegung, der proletarischen Frauenbewegung und der Streikforschung. Laufende Arbeiten: Arbeitskämpfe in Deutschland, England und Frankreich um 1890; Jugend nach 1945.

Madeleine Rébérioux, Professorin für Zeitgeschichte an der Universität Paris VIII.
Veröffentlichungen u. a.: La République radicale (1898-1914), Le Seuil; Jaurès et la classe ouvrière, Maspero; Histoire générale du socialisme, PUF, T. II u. IV; Les ouvriers du livre et leur Fédération, Temps actuels. Laufende Arbeiten: Edition der Werke von Jaurès; Forschungen zur Geschichte der Weltausstellungen; internationale Geschichte der Arbeiter in Buch- und Zeitungsdruckereien.

Adelheid von Saldern, geb. 1938; Professorin für Neuere Geschichte am Historischen Seminar der Universität Hannover.
Veröffentlichungen u. a.: Hermann Dietrich, Boppard 1966; Vom Einwohner zum Bürger, Berlin 1973; Mittelstand im „Dritten Reich", Frankfurt/New York 1979 (2. Aufl. 1985); Auf dem Wege zum Arbeiterreformismus, Frankfurt 1984 sowie Aufsätze zur Geschichte der Arbeiterbewegung, der Kommunalpolitik sowie der Wohnungspolitik des späten 19. und des 20. Jahrhunderts. Laufende Arbeiten zur Entstehung und Entwicklung der Neubauviertel der 1920er und 1960er Jahre.

Dietrich Mühlberg, geb. 1936; Ordentlicher Professor für Theorie und Geschichte der Kultur, Leiter des Wissenschaftsbereichs Kultur an der Humboldt-Universität zu Berlin (DDR).
Veröffentlichungen u. a.: Woher wissen wir, was Kultur ist, Berlin 1983; Arbeiterleben um 1900, Berlin 1983 (Hrsg. u. Mitautor); Proletariat. Kultur und Lebensweise im 19. Jahrhundert, Leipzig 1986. Laufende Arbeiten zur Kulturgeschichte der deutschen Arbeiterklasse bis 1945 sowie zur Theorie der sozialistischen Kultur.

Helmut Konrad, geb. 1948; ordentlicher Universitätsprofessor für Allgemeine Zeitgeschichte an der Universität Graz.
Veröffentlichungen u. a.: Das Entstehen der Arbeiterklasse in Oberösterreich, Wien 1981; Widerstand an Donau und Moldau, KPÖ und KPČ zur Zeit des Hitler-Stalin-Paktes, Wien 1978; Nationalismus und Internationalismus. Die österreichische Arbeiterbewegung vor dem Ersten Weltkrieg, Wien 1976. Laufende Arbeiten zur österreichischen Arbeiterbewegung der Zweiten Republik, zur politischen Kultur und zur Geschichtstheorie.

Jutta Scherrer, geb. 1940; Professorin für Russische Geschichte an der Ecole des Haute Etudes en Sciences Sociales Paris.
Veröffentlichungen u. a.: Die Petersburger Religiös-Philosophischen Vereinigungen, Berlin/Wiesbaden 1973, sowie Aufsätze zur russischen Intelligenz und zum linken Bolschewismus um Bogdanov. Laufende Arbeiten: Edition einer bisher unveröffentlichten Korrespondenz zwischen Maksim Gor'kij und Aleksander Bogdanov in Russisch, Französisch und Italienisch sowie Forschungen zum „linken Bolschewismus" als Alternative zum Leninismus und zur bolschewistischen Intelligencija.

Danielle Tartakowsky, geb. 1947; Assistentin für Zeitgeschichte an der Universität Paris I.
Veröffentlichungen: Les premiers communistes français, Paris 1980; Une histoire du PCF, Paris 1982 sowie Aufsätze in diversen Sammelbänden und Zeitschriften, besonders über den Kongreß von Tours sowie zum Front populaire. Laufende Arbeiten zur Geschichte des französischen Kommunismus und zur Vorbereitung einer Habilschrift über Straßendemonstrationen in Frankreich von 1918 bis 1968.

Stefano Musso, geb. 1952, tätig in der italienischen Erwachsenenbildung.
Veröffentlichungen zur Geschichte der Arbeiter und der Arbeiterbewegung in Turin, zum Verhältnis von Arbeiterbewegung und Faschismus sowie zu Rationalisierungsproblemen unter dem Faschismus und zur Geschichte der Fiat-Fabrik nach dem Zweiten Weltkrieg. Eine laufende Arbeit zur Rationalisierungsgeschichte der Metallindustrie zwischen 1910 und 1940 wird demnächst erscheinen.

Noëlle Gérôme, geb. 1936; wissenschaftliche Angestellte am CNRS und am Centre de Recherches d'Histoire des Mouvements Sociaux et du Syndicalisme in Paris. Schwerpunktmäßige Publikationen zur Industrieethnologie. Laufende Arbeiten ebenfalls zu diesen Themen sowie zur Geschichte und Anthropologie des Festes der Humanité.

Alf Lüdtke, Dr. phil., geb. 1943; wissenschaftlicher Referent am Max-Planck-Institut für Geschichte, Göttingen.
Veröffentlichungen: Kooperation der Sozialwissenschaften (mit H. Uhl), Stuttgart 1977; Klassen und Kultur (mit H. Medick u. a.), Frankfurt 1982; „Gemeinwohl", Polizei und „Festungspraxis". Staatliche Gewaltsamkeit und innere Verwaltung in Preußen, 1815-1850, Göttingen 1982; sowie Aufsätze zum Arbeitsverhalten von Arbeitern. Laufende Arbeiten: Alltagswirklichkeit, Erfahrungsweisen und politisches Verhalten bei fabrikindustriellen Produzenten, 1870-1930; Industriebilder – Bilder der Industriearbeit?; Verwaltungswissen und Polizeipraxis im späten 19. und frühen 20. Jahrhundert.

Helmut Gruber ist Charles S. Baylis Professor of History at Polytechnic University in New York, Mitherausgeber der International Labor and Working Class History sowie Chairman am Seminar in History of the Working Class at Columbia University.
Veröffentlichungen: Léon Blum, French Socialism, and the Popular Front: A Case of Internal Contradictions, Cornell University Press 1986; Soviet Russia

Masters the Comintern: International Communism in the Era of Stalin's Ascendancy, Doubleday 1974; sowie International Communism in the Era of Lenin, Cornell University Press and Fawcett 1967; Doubleday 1972.

Karin Maria Schmidlechner, geb. 1954, Dr. phil., Universitätsassistentin in Graz.
Veröffentlichungen: Die steirischen Arbeiter im 19. Jahrhundert, Wien 1983. Laufende Arbeit: Die Frauen in der Steiermark seit 1945.

Peter Friedemann, Dr. phil., geb. 1938; Geschäftsführer des Instituts zur Geschichte der Arbeiterbewegung der Ruhr-Universität Bochum.
Veröffentlichungen: Das Problem der Einheit im politischen Denken Mablys, Heidelberg 1968; Materialien zum politischen Richtungsstreit in der deutschen Sozialdemokratie 1890-1917, Frankfurt/Berlin 1978; Aufsätze über Streiks und Hungermärsche sowie die Geschichte der Internationale. Laufende Arbeiten zur Wirkungsgeschichte der Französischen Revolution in der europäischen Arbeiterbewegung, zur Arbeiterkultur und zu den Gewerkschaftsfesten im rheinisch-westfälischen Industriegebiet vor 1914.